오래된비판 그 후 30년

백기완, 강준만, 김민웅 외 31인 지음

말+
독립무크

일러두기

1. 여기에 실린 글 34편은 모두 월간 말에서 골라 재수록했다.
2. 기사의 제목과 전문, 중간제목, 본문은 특별한 경우를 빼고는 거의 수정을 하지 않았다.
3. 본문의 내용 중 (소괄호) 안은 월간 말 편집부가, [대괄호] 안의 내용은 말+ 편집부가 표기했다.
4. 필자의 직함은 예전 그대로 적었으며, 현 직함을 표기할 경우엔 (괄호) 안에 넣었다.

오래된 말 속에서 찾는 자화상

편집부

'공해'라는 낱말조차 없었던 1960년대, 우리는 한강에서 멱을 감고 밤 깊은 금호강에서 등불을 켜며 게를 잡았다. 그러나 30년이 지난 지금, 우리는 하늘과 땅 그리고 물을 잃어버리게 되었다. 어제의 30년이 내일의 30년에 미칠 '파국'을 걱정하며 이 글을 싣는다.

최열 환경재단 이사장(당시 공해추방운동연합 의장)이 『말』지(1991년 2월호)에 쓴 글의 서문이다. 그로부터 근 30년이 지났다. 우리는 또 어느 대목에서는 여전히 "어제의 30년이 내일의 30년에 미칠 '파국'을 걱정하며" 살아가고 있다. 그런 걱정은 비단 환경문제에만 국한된 것이 아니다. 정도의 차이는 있지만 민족, 국제, 경제, 노동 등의 분야도 마찬가지다.

그런데 우리는 오늘날 이전에는 존재한 적이 없던 완전히 새로운 문제와 마주하고 있는 것일까? 얼핏 보면 1980년대 전두환 군사정권과 노태우부터 배울 점이 있을 것이다. 이것은 『오래된 비판』을 기획한 이유이기도 하다.

아직 젊은 시절의 유토피아를 찾지 못해 답답한 마음으로 살아가는 386세대에겐 과거의 초심을 떠올리게 하는 책, 그리고 새로운 미래를 열어나갈 젊은 세대에겐 세대소통의 징검다리가 되는 책이 되길 바란다. 그리고 역사의 방관자가 아닌 참여자로 살아온 독자들은 이 속에서 우리사회가 그려나갈 바람직한 자화상의 모습을 찾기를 바라는 마음이다.

마지막으로 필자 중의 한 명이 근 30년 만에 덧붙인 '후기'를 소개하며, 이 책이 젊은 세대와 기성세대가 새로운 세상에 대해 함께 고민하는 작은 디딤돌이 되기를 바란다.

"386세대 전체가 현실의 청년 세대로부터 '진보기득권'으로 지목되는 아이러니한 사태가 발생했다. 우리 자식 세대에게는 이런 세상을 물려주지 말자는 목표하에 치열하게 투쟁했던 세대가 다시 구체제의 일원이 되어버린 것인지? 우리가 자식 세대에게 물려주려는 것은 과연 어떤 세상인지, 다시 한 번 진지한 성찰이 필요할 때다."

* 기억 속에서 사라졌을지도 모를 오래된 원고의 게재를 허락해주신 34명의 필자에게 감사의 마음을 전합니다. 그리고 사전에 원고 게재 동의를 받지 못한 필자가 몇 분 계십니다. 이 책을 보시게 되면 편집부로 연락주시기 바랍니다.

차 례

제1장

민족·북한

왜왕은 우리의 원수다

-일본은 우리에게 무엇인가

거대한 경제력으로 신군국주의를 꿈꾸는 일본은 과연 우리에게 무엇인가?
우리는 혹시 '일본을 쫓아가야 한다'는 환상 속에 진짜 일본의 모습을 잊어버린
것은 아닌가. 세대가 변해도 변하지 않는 제국주의 일본의 모습을 독재정권과의
관계 속에서 조망해본다.

백기완·통일문제연구소 소장

일본 천황은 우리 민족의 원수

노태우씨의 방일을 전후해서 국내에서는 두 가지 두드러진 현상
이 일어나고 있다. 하나는 이 땅의 노동자들에 대한 전례없는 가혹한
탄압이 노태우 군사독재에 의하여 가해지고 있는 것이요, 또 하나는
민중의 문제인 통일문제를 민중 스스로 추진할 수 있는 권리는 원천적으로
억압·탄압하면서 유독 남북의 당국자회담을 위주로 한 통일문제는 그
어느 때보다도 소리 높여 떠들고 있는 것이 그것이다.

여기서 일본이란 무엇일까.

노태우 군사독재 더하기 일본이란 등식, 즉 일본을 제쳐놓고 노태우 군사독재의 정체를 말할 수 없는 것이며, 아울러 노태우 군사독재를 따로 떼어놓고 현대 일본을 헤아릴 수 없는 등식이 성립된다는 것이다. 그러나 그러한 등식을 풀이하는 방법과 입장, 즉 현대 일본을 분석하는 올바른 입장이란 이 땅 민중의 입장에서 민중의 해방과 그 완결인 민중이 주도하는 해방통일을 전제로 했을 때만 가능하다는 것이다.

이러한 입장에서 볼 때 일본은 우리에게 과연 무엇인가.

이번 노태우씨 방일을 전후해서 드러난 일본은, 한국민에 대한 사과형식으로 된 일본천황의 말 하나만 가지고 보더라도 여전히 제국주의국가요 우리 민족의 원수다.

"우리나라에 의해 초래된 이 불행했던 시기에 귀국 국민들이 겪었던 고통을 생각하고 본인은 통석(痛惜)의 염(念)을 금할 수 없다"는 일본천황의 사과, 그러나 이것은 전혀 사과일 수 없는 망발이라고 필자는 단언한다. 실은 제국주의자의 공갈이라는 사실을 필자는 경험을 통해 말할 수 있다.

일본 제국주의가 태평양전쟁을 일으킬 무렵 필자는 국민학교[초등학교]에 입학, 성적이 좋아 반장이 되었으나 4학년부터는 성적이 아주 떨어지고 말았다. 왜말 '국어'와 수신 교과과목이 성적 하락의 주원인이었다. 우리 할아버지가 왜놈 경찰에 잡혀가 독립운동 혐의로 29일 동안을 모진 고문을 당하고 돌아가신 원한으로 우리 집안에서는 왜말 쓰기를 금했기 때문에 왜말과 수신 교과 성적이 좋을 리 없음은 당연하였다.

노태우씨의 작태는 반민족적 행위

그때 우리 반에는 도덕교과인 수신(修身) 성적이 나빠 매일 선생님께 핀잔을 받는 나의 벗이 있었다. 그는 무엇 때문에 수신과목이 떨어졌던가. 그때만 해도 등교를 하면 왜놈 천황이 있는 동쪽을 향해 무조건 허리 굽혀 절을 해야 했는데 이 친구는 항상 뻣뻣이 서서 절을 했다. 이것이 불경스럽다고 회초리를 맞곤 했지만 그 소년은 끝까지 등을 굽히지 않았다. 왜 그랬을까. 그의 아버지 때문이었다. 농사꾼인 그의 아버지가 어느 장날 그 소년과 함께 소달구지에 땔나무를 한 바리 싣고 팔러 가다가 왜놈 주재소(파출소) 앞에 이르러 소가 똥을 쌌는데 그것이 일본천황에 대한 모독이라고 왜놈은 소몰이 채찍으로 매를 드니, 견디다 못한 그의 아버지가 "야, 이놈들아. 왜놈은 소몰이 채찍으로 어찌 사람을 치느냐!"며 그 채찍을 도로 뺏어 후려갈긴 죄로 철창에 가서는 영 돌아오지 않았다. 이른바 제국주의 전쟁터에 징용으로 끌려간 것이다.

그 까닭으로 동쪽을 향해서 뻣뻣이 서 있던 그 소년, 그것으로 해서 회초리를 맞으며 분노의 입술을 깨물던 그 소년. 세월은 흘러 그때로부터 거의 오십 년이 지난 요즈음 신문 지상에는 그 당시 끌려갔던 우리 동포들이 모진 혹사 끝에 콘크리트에 덮여 집단 생매장되었다는 보도가 있다.

일본천황이란 누구인가. 이러한 집단학살의 원흉이다. 그 학살현장에서 절을 않는다고 회초리를 맞으면서도 입술을 깨물고 이를 갈던 우리의 원수다. 그가 지금 우리에게 사과한다면 대체 어떻게 해야 할까.

'통석의 염'이라는 거짓된 사과로 되어서는 안 된다. 일본 사람도 도대체 무슨 뜻인지 잘 모르는 말로 문제의 본질을 왜곡해서는 안 된다. 그러면 어떻게 해야만 했던가. 우선 지난날 한일관계는 불행했던 과거가 아니라 일본 제국주의의 침략과 범죄의 시대였음을 분명히 해야만 한다. 그리고 그때 그 범죄에 대한 죄과를 엎드려 빌어야만 한다. 뿐만 아니라 그러한 제국주의 침략이 지금도 정치·경제·군사적으로 감행되고 있다는 사실을 시인하고 이러한 제국주의의 속성을 해체하기 위하여 한·일 양국의 양심이 함께 노력하자고 했어야만 한다.

그러나 그러한 침략시대를 불행했던 과거로 얼버무리고, 또 사과랍시고 '통석의 염'이라는 일본 사람도 잘 안 쓰는 속임수 용어로 바꿔치기한 것은 무엇을 의미하는가. 이는 일본 제국주의의 역사적 구조를 자인한 것으로서 오늘의 일본이야말로 우리 민족의 원수임을 입증한 것이다. 따라서 이러한 일제의 상징이요, 전범자인 일본 천황의 변명을 사과라는 뜻으로 받아들이도록 우리 국민들에게 강요하고 있는 노태우씨의 작태는 무엇일까. 세대로 보아 그도 국민학교 시절 그때 그 소년처럼 턱없이 일제천황이 있는 동쪽을 향해 절을 강요당하던 소년시절이 있었던 사람이라면, 참으로 그런 치욕을 함께 받던 민족적 분노가 있었다면 어찌 그런 변명을 받아들일 수 있을까. 그러나 그렇지 않은 것을 보면 노태우씨의 작태야말로 후대에 반민족행위로 기록되리라는 것을 누가 부인할 수 있을까.

노동자·농민의 적, 일본

오늘의 일본은 과연 무엇일까. 필자는 이 땅의 민중, 그 알짜인 노동자·농민의 적이라고 생각한다. 애시당초 일본이 한반도 재침의 칼을 빼 들고 덤벼들 무렵 한일협정(1965년)을 필사적으로 반대하던 우리 민족

세력의 입장은 이러했다.

첫째, 일본은 처음에는 상품시장, 다음에는 약탈적인 자본시장을 노리고 다시 쳐들어온다. 특히 직·간접투자를 통해 우리 민족경제를 일본 독점자본주의 체제 내로 흡수하는 전형적인 신식민지 침투모형을 이루려 할 것이므로 민족자주를 위해서는 절대 용납할 수 없다.

둘째, 이러한 침략은 우리 민족경제의 자주적 토대를 무너뜨리면서 그 피해는 주로 노동자·농민 등 민중에 대한 수탈로 귀결, 이에 대한 우리 민중의 저항봉기는 필연적이다. 이때 일본 독점자본 및 그와 결탁한 국내 매판자본을 물질적 기초로 한 박정희 군사독재는 민중 탄압적 통치를 강화, 민중의 자유를 골격으로 하는 민주주의를 파괴하려 할 것이므로 이 땅의 민주화를 위해서도 용서할 수 없다.

셋째, 일본의 한반도에 대한 정치·경제적 지배는 군사적 지배로 발전할 것이고, 일본 자본주의의 군사적 요구, 그것은 일본의 한반도 분단의 군사적 장악이요, 그리하여 한반도 분단을 영구화하려 할 것이므로 이 땅의 해방통일을 위해서 일본의 재침은 불문곡직하고 몰아내야 한다.

그러나 이러한 역사적 전망을 마구잡이로 탄압한 나머지 일본 재침의 계기를 허용한 결과는 어찌 됐던가.

작년의 대일무역 역조 약 40억 달러-지난 1965년부터 1989년까지 역조 총액은 무려 5백14억 달러-에서 보이듯 특히 국제경제의 이상 조류 덕으로 흑자로 돌아선 지난 1986년부터도 유독 대일적자 폭이 늘어날 정도로 우리 민족경제는 일본에의 예속이 깊어가고 있는데 그 피해는 주로 누구한테 갔던가. 이 땅 민중의 알짜인 노동자·농민에게 갔음은 두말할 여지가 없다.

그것은 박정희 군사독재에 이은 전두환 군사독재 그리고 노태우 군사독재로 강화된 일련의 정치과정이었다. 일본 독점자본의 침투를 정치적으로 대변하는 이런 독재체제가 노리는 억압·착취의 대상은 대체 누구였던가. 일반적으로 이와 같이 민주주의의 파괴과정으로 형식화되는 사회변화의 이면에는 사실 노동자·농민의 자유, 그것을 골간으로 하는 진짜 민주주의의 파괴과정이었음을 부인할 사람은 아무도 없는 것이다.

가령 '외국인 투자기업의 노동조합 및 노동쟁의 조정에 관한 임시특례법'(1970년)을 예로 들어보자. 그것은 일본 독점자본이 한국에 대한 상품시장 침투를 완결하고 자본침투를 할 단계에서 이들 일본 독점자본의 장사를 위하여 자주 민중을 법으로 억압한 대표적인 사례다. 이 법은 천하 악법인 노동조합법과 함께 우리 노동자에 대한 착취를 진행하는 데 무차별적으로 동원되었다. 이 법이 여론에 몰리자 역대 군사독재정권들은 그것을 곧 국내기업에 대한 보장이라고 강변했다. 가령 삼성재벌과 일본 소송(小松)과의 결합, 현대재벌과 '다이코', 금성재벌과 일본전기의 결합 등. 그러나 이것들이 온전한 의미의 결합이었던가? 아니다. 국내 자본의 일본 독점자본에의 편입이었다. 따라서 그네들에 대한 보호란 사실은 일본 독점자본의 보호였다. 또 설사 국내 독점자본의 보호가 목적이었다고 치자. 재벌의 무제한 자본축적을 위하여 자국 민중을 그렇게 희생시켜도 되는가.

일본은 민중해방통일을 가로막는다

이름이 '한국수미다'이지 일본자본이 전부인 한국수미다 노동자들이 일본까지 건너가서 싸우고 돌아온 실례는 우리에게 분노의 눈물을 자아내게 한 바 있거니와 일본자본인 한국웨스트전기 등 마산수출자유지역에서의 노동자들의 항쟁은 오늘날의 일본 독점자본의 침투가 곧 우리 민중과의 모순으로 집약되고, 따라서 일본 독점자본이야말로 이 땅의 민중의 자유와 그것의 실체인 민주주의의 적이라는 것을 입증한다고 하겠다.

현대 일본은 무엇인가.

지난날 박정희는 일본을 형님나라라고 했고, 전두환씨는 공동운명체의 나라라고 했다. 또 어떤 학자는 우리가 따라가야 할 발전의 모형이라고 얼빠진 소리를 했던 일본은 과연 우리에게 무엇인가. 분명히 말하지만 일본은 우리 형님나라도 아니고 공동운명체의 나라도 아니다. 그러면 우리가 따라가야 할 발전의 모형인가? 그것도 아니다.

그러면 일본은 과연 무엇일까? 현대 일본은 예전보다 더 급속도로 군국주의로 치닫고 있으며 그것은 일본 독점자본주의의 내재적 모순의 자기발전이면서, 동시에 한반도 분단의 지속적인 군사화, 긴장강화의 조작을 통해 군사대국으로 변모해가고 있는 국제적 모순이고 우리 민족 해방통일의 적이라고 지적한다.

이 점 주어진 지면으로는 다 이야기할 수 없겠으므로 일본 군국화 문제만 설명한다면 이런 일화를 하나 소개하는 것이 좋을 듯하다.

1986년 봄 일본천황의 아들 '아키히토'의 내한 문제를 어떻게 할 것이냐는 문제를 가지고 필자를 포함한 재야인사 몇 사람이 유명한 정치인 두 사람과 외교구락부에서 회동했을 때다. 지금은 배신의 길을 간 어느 정치인 왈, "지금 일본은 군국주의로 가고 있고 아키히토는 그 군국주의의 상징이라 그의 방한은 반대하는 것이 좋겠소"라고 말하자 이에 다른 어느 정치인 왈 "지금 일본을 군국주의라고 할 수야 없지 않느냐"는 것이었다.

그때만 해도 점잖게 여타 좌중이 말이 없었고 그렇다고 이야기가 결론으로 가지는 않아서 필자는 한마디 하지 않을 수가 없었다.

딱 부러지게 "일본은 지금 군국화의 길을 가고 있다. 그것은 첫째 일본 독점자본주의의 현 단계가 군사적 유효수요의 창출을(자위대 무장) 통해서 지탱되고 있고, 둘째 그것은 한반도 분단의 군사화를 특히 이 땅에 대한 경제적 장악을 끝내고 긴장의 조작, 남북등거리 외교, 한·미·일 등의 군사동맹화를 통해 이룩해가는 것으로 보아 일본은 지금 군국주의로 치닫고 있다. 따라서 그런 군국주의의 상징, 아키히토의 방한은 마땅히 반대해야 한다"고 말을 하자 그때 이런 필자의 의견에 대해서 무슨 까닭인지 더이상 반대하는 사람이 없었던 것으로 기억된다. 그러나 일본 군국주의에 대한 인식논리가 통일된 것은 아니었다.

어쨌거나 일본 군국주의는 지금 어느 단계에 왔을까. 1990년 일본의 군사비는 2백억 달러이고 이것은 미·소에 이어 세계 제3위를 차지하며, 이 엄청난 군사비는 지난 1985년 국민총생산의 1%를 넘지 않는다는 제한규정이 깨진 이래 계속 확충된 것이다.

이것은 지난날 일본 군국주의에 희생을 당해왔던 우리 민족으로 보면 놀라운 일이다. 그러나 그런 것은 아랑곳도 없다는 듯이 마쓰모토 주로(松本十郞) 일본 방위청장관은 "방위예산 총액은 어떤 장비가 필요한지를 먼저 검토한 후에 산출해야 하기 때문에 처음부터 국민총생산의 1%로 묶어놓을 생각은 없다"(1989. 10. 14, 「동아일보」)고 말하고 있다.

또 가이후 일본 총리는 "무력사용을 목적으로 하지 않는 유엔 정전감시대에의 참여, 해외 일본인의 보호, 구출 등을 위한 자위대 해외파견을 검토하겠다"(1989. 10. 7, 「조선일보」)고 말하고 있다.

이것은 무슨 말인가. 만약 한반도에서 전쟁이 일어날 경우, 아니 한국 민중에 의하여 지금 한반도에서 약탈적 이윤추구를 하고 있는 일본 독점자본의 범죄행위가 위협을 받는다면 일본군대를 파견할 수 있다는 망발이 아니겠는가.

일본 군국주의는 통일의 구조적 장애물

이것은 이미 일본의 군국주의가 은밀히 진행되던 단계를 넘어 세계 분쟁지역을 상대로 아주 노골적으로 진척되고 있다는 방증이다. 이 점을 미국의 동아시아태평양 담당 차관보는 이렇게 뒷받침하고 있다.

동유럽과 소련의 긴장완화에도 불구하고 미·일의 군사적 동맹관계가 양국의 국제적 동맹 강화의 토대가 되고 있다. …… 미·일은 비용의 공동부담을 넘어 두 나라의 안보조약에 바탕하여 책임 분담으로 나가야 하며 이것은 곧 힘의 분담을 의미한다.(1990. 4. 1, 「한겨레신문」)

이러한 일본의 군사력 강화는 미국의 태평양방위전략에 한국과 함께 참가, 노골적으로 한반도 분단을 군사적으로 강화하려는 저의를 드러내고 있다. 그 실제가 지난 1989년 태평양훈련(PACEX)과 1990년 환태평양훈련(RIMPAC)의 참가다.

환태평양훈련이란 그것이 비록 현재로서는 미국의 주도 아래 실시되고는 있지만 일본으로 보면 한반도 분단의 군사적 장악이요, 일본 독점자본주의의 구조적 모순을 군사적으로 해결하자는 것, 또한 그것을 한반도의 희생을 통해서 달성하자는 제국주의의 욕구가 아닐 수 없겠다.

이때 우리로 보면 일본은 무엇일까. 박정희씨 말마따나 형님나라인가. 아니다. 새로운 침략자다. 그러면 전두환씨 말마따나 공동운명체인가. 아니다. 분단의 장벽을 군사적으로 틀어쥐고 우리의 해방통일을 군사적으로 가로막는 구조적 장애다.

그렇다면 이러한 일본을 예의 주시, 이에 대처할 생각은 아니하고 유독 일본 독점자본에 의하여 짓밟히고 있는 이 땅의 노동자를 탄압하고, 또 한편으로는 이른바 공안정국의 연장선에서 민중에 의한 해방통일운동을 가혹하게 탄압하면서 일본과 다시 거래를 촉구하는 노태우 군사독재 그리고 이와 연결된 일본 군국주의는 무엇일까.

그것은 이 땅의 절대다수 민중의 자유, 그것을 파괴하는 이 땅의 민주주의의 적일뿐만 아니라 그러한 민중이 주도하는 해방통일의 결정적 장애요, 적이 된다. 따라서 일본 군국주의의 재침략을 물리치는 일은 우리 민중과 일본 군국주의와의 문제이면서 아울러 노태우 군사독재를 끝장내고 이 땅에 민주화를 쟁취하려는 우리 민중의 당면과제라고 생각한다. 나아가 일본 군국주의를 물리치고 해방통일을 이룩하는 길은 '노태우 군사독재 끝장'이란 명제와 분리해서 다룰 문제는 결코 아니라고 생각한다.

다만 여기서 문제되는 것은 지금 '일본은 우리에게 무엇이냐'는 인식을 철저히 하는 것이라고 생각한다. 한때는 일본의 오늘을 군국주의라고 했다가 이를 주관적으로 철회하는 정치 배신의 태도로는 안 된다. "일본은 지금 군국주의가 아니지 않느냐" 하는 반민중적 역사의식을 갖고는 오늘의 군사독재 끝장문제, 노동해방문제, 나아가 민중이 주도하는 해방통일 문제를 그르칠 가능성이 있다.

그러면 어찌해야 할 것인가. 민중의 입장에서 현대 일본과 노태우 군사독재의 등식을 철저히 인식하고 민중이 나섰을 때 민중해방통일은 승리할 수 있으리라고 확신한다.

말 · 1990년 8월호

판문점 관할 주한미군 '유엔사'

임수경 양이 판문점의 군사분계선을 넘자마자 첫 번째로 신병을 확보한 곳은 유엔사였다. 분단의 장벽을 관리하는 이 이방인의 정체는?

강응찬 · 자유기고가

널문리의 역사적 변화

판문점은 행정구역상 경기도 장단군 진서면의 군사경계선 상에 있는 취락으로 속칭 널문리(板門店)라고 한다. 이곳은 1951년 10월 25일 정전회담이 열리기 시작하면서부터 오늘날과 같은 명성을 얻게 되었지만 한국전쟁 이전에는 보잘 것 없는 한촌이었다.

1988년에는 남쪽으로부터 이곳을 지나 북쪽으로 가겠다는 학생들이 세간의 이목을 집중시키더니 올해에는 북쪽으로부터 통과하여 내려오겠다는 '밀입북자'들로 인해 판문점은 그 유명세를 톡톡히 치르고 있다.

문익환 목사는 남북 관계가 경색된다는 북한 당국의 염려를 받아들여 제3국으로 돌아왔고 임수경씨와 문규현 신부는 판문점을 돌파했다.

남한 당국은 그러한 행동이 통일에 도움을 주지 않는다면서 이들을 반국가사범으로 몰아 모두 구속시켜 버렸다.

한편 북한 당국은 정례 '반미월간'(6월 25일부터 7월 27일까지)과 이 문제를 연계시킨 이후에도 임수경씨의 판문점 통과를 허용해 줄 것을 촉구하며 반미 선전 공세를 강화한 바 있다.

그런가 하면 북한과 함께 정전협정의 주요 당사자인 미국은 국무부 성명을 통해 임수경씨와 북한에게 정전협정을 위반하지 말라고 경고했었다.

이러한 전례 없는 일련의 사태는 우리에게 다음과 같은 질문에 대한 해답을 요구한다. 판문점은 어떤 곳이기에 그곳을 넘어가거나 넘어오겠다는 우리 국민의 앞에 국내적으로는 공권력의 철쇄가 기다리고 있으며 국제적으로는 정전협정 위반이라는 으름장이 기염을 토하고 있는가?

판문점은 어떤 곳인가

이 문제를 풀기 위해서는 먼저 판문점이 누가 무엇을 하는 곳인가를 살펴보아야 한다.

이곳에는 1953년 7월 27일에 성립한 「한국군사정전에 관한 협정」에 의거하여 정전협정의 실시를 감독하고 모든 위반 사건을 협의, 처리하기 위하여 북한과 유엔 각 5명의 대표로 구성된 군사정전위원회 본부가 있다. 또 4개국(폴란드, 체코슬로바키아, 스위스, 스웨덴)으로 구성된 중립국군사위원회가 설치되어 있다.

정전협정 제1조 7항에는 "군사정전위원회의 특정한 허가 없이는 어떠한 군인이나 민간이나 군사분계선을 통과함을 허가하지 않는다"고 규정되어 있기 때문에 임수경씨든 문 목사나 문 신부든 이들의 판문점 통과는 주한유엔사령부의 동의가 없는 한 정전협정 위반 사건으로 된다.

그런데 판문점의 남쪽을 책임지고 있는 유엔사령부는 주둔국인 대한민국 정부의 동의가 없기 때문에 그들의 '월남'을 허용할 수 없다고 발표했었다. 따라서 통일은커녕 판문점이라도 자유롭게 왕래하게 되려면 정전협정의 개폐가 선행되지 않으면 안 된다.

그러나 정전협정은 또한 스스로 "쌍방의 한 급 높은 정치회담을 진행하여 평화적 해결을 달성하는 것(2조 13항)"을 위한 잠정적인 조치로서 자신을 규정하고 있다. 이렇듯 과도적인 정전협정에 주한유엔군이라고 해서 언제까지나 목을 매고 있을 수는 없을 것이다.

그렇다면 그들은 왜 임씨의 판문점 통과를 정전협정 위반을 들먹이면서 가로막았는가? 이 같은 상황이 왜 지난 36년간 요지부동이었는가? 판문점의 관할권이 군사정전위원회에 있다는 사실로부터 바로 알 수 있듯이 이 문제는 매우 첨예한 군사적, 군사-정치적인 성격을 띠고 있다. 그러므로 우리는 주한유엔군을 실질적으로 대표하는 미국과 남한 사이의 전반적인 군사관계와 관련하여 이 문제에 접근하지 않으면 안 된다.

루이스 메니트리 호칭 세 가지의 수수께끼

군사정전위원회는 남쪽에서는 당연히 주한유엔사령부(UNC)

가 이를 담당한다. 유엔사령부 예하에는 판문점 공동경비구역을 지키는 유엔경비대가 편제되어 있는데, 이 부대가 바로 임수경씨의 남하를 가로막고 정전협정을 '수호'한 유엔군의 전위부대이다. 이 부대의 병력과 장비 등 일체는 주한미군에서 공급한다. 이러한 주한유엔사령부의 사령관은 미군 대장 루이스 메니트리이다.

한편 주목을 요하는 또 하나의 부대는 판문점 바로 아래에서 최전방 부대로 전개되어 있는 미 육군 제2보병사단이다. 이 사단의 일부가 민간인 통제선(임진강) 상에 가로놓인 '자유의 다리'를 경비하면서 남한의 학생이나 재야인사의 판문점 행을 원천봉쇄하고 있다. 막강 화력을 자랑하는 미2사단은 그 자신 주한미군의 일원인 한편 한국군에 대해 작전지휘권을 행사하는 한미연합사령부로부터 작전 통제를 받으며, 대북한 전투력으로 기능하고 있다. 이 한미연합사(CFC)의 사령관 역시 미군 대장 루이스 메니트리이다.

그런데 주지하듯이 루이스 메니트리는 주한유엔사나 한미연합사와는 독립적으로 존재하면서 이 태평양사령부의 지휘를 받는 주한미군의 사령관이기도 하다.

이렇게 되면 머리가 약간 어지러워진다. 정전협정을 관장하는 주한유엔사, 한국군에 대한 작전지휘권을 장악하고 있는 한미연합사, 이들과는 독립하여 미 태평양사령부의 일원으로 움직이는 주한미군사령부-이 세 가지가 굳이 구분되어 기능하는 이유는 무엇인가? 더구나 외부에서 보면 남한의 명맥을 쥐고 있는 것이나 다름없어 보이는 이 세 가지를 나누어 놓고 한 사람의 미군 장성에게 통째로 지휘권을 떠맡기는 이유는 또 무엇인가?

일견 복잡해 보이는 이 문제를 이해하기 위해서는 한층 더 복잡한 한미 군사관계의 현주소를 찾아보지 않을 수 없다. 한미 군사관계는 한미군사위원회(MCM)를 결절점으로 하여 3원적인 형태를 취하고 있다. 양국은 각기 독자적인 군사체계를 유지하면서 따로 지역 차원에서 한미연합사에 의해 통합 전력을 관리하고 있다.

그러나 물론 더 중요한 것은 형식보다 내용이다. 한미연합사의 작전통제를 받는 단위 부대들을 보라. 미군은 주한미군의 일부인 38방공포여단과 제2사단이 편입되어 있는 반면 한국군은 거의 전부가 미군 대장을 사령관으로 하는 한미연합사 휘하에 배치되어 있다. 그런데 이 한미연합사와 어깨를 겨누고 있는 유엔사는 도대체 무엇인가? 방대한 한미 군사관계의 체계 속에서 그 존재는 왜소하고 어색하기 짝이 없어 보인다.

그러나 이미 살펴보았듯이 이러한 유엔사가 대표의 일부인 군사정전위원회는 판문점을 관할하면서 남한뿐 아니라 북한까지를 포함하는 한민족 전체의 운명을 다루는 기구이다.

유엔사의 내력

다 아는 것처럼 주한유엔사령부는 한국전쟁의 발발과 거의 동시에 아주 신속하게 구성되었다. 1950년 7월 7일 유엔 안전보장이사회는 당시 유엔에서 막강한 권위를 누리고 있던 미국의 제안을 받아들여, 북한에 대해 국제기구에 의한 군사제재를 단행할 것과 미국 사령관과 유엔기 아래 통합사령부를 설치하고 미국에 대하여 유엔군을 편성할 것을 일임하는 결의안을 채택하였다.

그리하여 미 극동군 최고사령관 맥아더를 총사령관으로 하는 유엔군이 꾸려졌으며, 한국군은 7월 18일에 작전지휘권을 미국에 이양함으로써 미군에 예속된 형태로 유엔군에 참여하였다. 1953년 정전협정의 체결에 미국이 남쪽의 대표자가 되었던 것은 당연한 일이었다.

이렇듯 처음에 유엔사가 탄생했을 때는 오늘날의 한미연합사나 주한미군까지를 포괄하는 전시 국제군사기구로서의 성격을 갖고 있었다. 전쟁이 끝나고 난 뒤에도 이 유엔사는 존속하였을 뿐만 아니라 1954년 11월 한미상호방위조약이 발효되었음에도 한·미 양국 정부 간의 양해사항(한미의정서)에 따라 한국에 대한 군사작전지휘권을 계속 행사해 왔다.

단일하게 짜여 있던 한미 군사관계에 변화가 오기 시작한 것은 1957년 동경에 있던 유엔사가 서울로 이전하여 주한유엔사로 되면서부터였다. 이때 유엔사 일반명령 38호에 의해 주한미군의 작전지휘권이 미 태평양사령부로 이전되어 유엔사 휘하로부터 떨어져 나갔다(물론 주한유엔사령관은 주한미군사령관이 겸임). 주한미군과 한국군은 이때부터 각각 다른 이중적 지휘 통제 아래 놓이게 된 것이다.

그러나 유엔사가 계속 한국군에 대한 작전지휘권을 행사하는 것은 곧 장애에 부딪혔다. 1973년부터 주한유엔사의 해체와 주한 외국군 철수를 주장하는 북한 쪽 결의안이 유엔에서 세력을 얻어 가더니 1975년 30차 유엔총회에서는 마침내 "정전협정의 유지를 위한 대안을 관계 당사국 간의 협의를 통하여 마련할 것을 권고한다"는 미국 쪽 결의안과 함께 통과되기에 이르렀다.

바로 이러한 시기에 권위를 잃어가는 유엔사를 대체하여 한미 양국 합참의장 간에 체결된 약정에 의해 1978년 창설된 것이 한미연합사였다.

한국군에 대한 작전지휘권은 유엔사령관으로부터 비록 자연인으로서는 동일한 인물이지만 한미연합사령관으로 이동하였다.

판문점과 분단영구화 전략

그리하여 오늘날 보이는 것처럼 유엔사의 한미연합사가 분리되었다. 이러한 분리의 결과 남한 군대의 작전지휘권 문제와 남북한과 미국을 포함하는 정전협정의 문제가 또한 분리되었다. 여기에는 미국이 유엔이란 국제무대에서 세력을 잃어가는 추세가 반영된 측면도 있지만 다른 한편으로는 그러한 추세에 적응하여 남한에 대한 영향력을 계속 유지해 보고자 하는 전략이 개재되어 있기도 하다.

그렇다면 이제 남한의 군사작전권을 틀어쥐는 데 있어서 '무화과 잎사귀'가 되어 주었던 유엔사의 기능을 판문점 관할에만 국한시키게 된 미국의 전략은 무엇인가? 구성원이라고는 미군뿐인 주한유엔군이 정전협정과는 아무 관련도 없는 남한 정부의 불허 방침을 핑계로 들면서 임씨의 판문점 돌파를 극력 저지하는 속사정은 무엇인가?

우리는 여기서 1970년대 이래의 집요한 분단영구화 전략에 주목하지 않을 수 없다. 유엔사는 남북한의 잠정적인 군사적 분단에 기초한 정전협정이 존속하는 한에서만 판문점을 지킬 수 있다. 그런데 한미 군사관계의 체계를 보면 알 수 있지만 유엔사는 한미군사위원회의 통제 아래 있기 때문에 일관된 미국의 전략에 따라 움직인다. 그 미국은 바로 저 잠정적인 군사분계선을 사각교차승인에 의한 영구 국경선으로 바꿔 놓은 뒤에야(또는 동시에) 정전협정을 개폐하려고 한다. 정전협정의 한쪽 대표인 유엔사는 그때까지 정전협정과 판문점을 수호하도록 짐 지워져 있는 것이다.

이제까지 살펴본 대로 남한 국민이 자기 땅인 판문점이라고 해서 자기 맘대로 넘을 수 없다는 데는 판문점을 지키는 유엔사나, 그것의 실세인 미국이나, 미국에 종속되어 있는 남한 정부나 이해관계가 일치하고 있다. 이런 현실 앞에서 우리에게 주어진 과제는 어떻게 현실적으로, 저 막강한 세력들의 분단영구화 전략을 국민에게 쉽게 알려주면서 판문점을 넘을 수 있을까 하는 것이다.

말·1989년 9월호

| 후기 |

최근 한미 간에 전시작전권 반환 이후의 유엔사 위치에 관한 논의가 진행 중인 것으로 알려졌다. 미국 측은 전작권 반환 이후에는 유엔사 권한과 역할을 강화하자는 입장이고, 한국 측은 유엔사는 한미연합사에 대한 지휘 권한이 없다는 입장을 견지하고 있다. 일부 평화운동단체는 유엔사의 해체를 주장하고 있기도 하다. 이후 협의 결과에 따라 유엔사를 둘러싼 논쟁이 격화될 것으로 예상된다. (편집부)

한국전쟁에 극비리 참전한 일본군

6·25 당시 인천상륙작전에 일본군 함대가 동원되었다. 2차 대전 때 악명을 떨쳤던 일제의 이시히 세균부대가 맥아더 특명으로 북한 지역에 잠입, 활동하기도 했다. 그 뒤 이 모든 사실은 극비에 부쳐졌다. 그동안 은폐되어 온 일본군 한국전쟁 참전의 실상을 파헤쳐 본다.

류상영 · 연세대 대학원 정치학과 박사과정

일본의 6·25전쟁 알리바이

한국전쟁 발발 40주년을 맞는 오늘, 우리는 지금도 생생히 증언되고 있는 일본제국주의의 식민지 정책을 목격하고 있다. 재일동포 3세의 법적 지위 문제와 지문날인 거부운동을 접함과 동시에 이와 무관하게 추진되는 한국 대통령의 방일 계획을 전해 듣고 있다. 어느 일본인의 표현처럼 '가깝고도 먼 나라' 일본은 과연 한국 민중에게는 어떤 족적을 남기고 있는가? 한일합방 이후 현재까지 일본의 제국주의적 대한관계사는 지금에 와서 되돌아볼 때 엄청난 '은폐와 망각의 역사'로 명명될 수밖에 없다. 식민지시대 탄압사가 아직까지도 새로 발굴되어 하나씩 폭로되고 있다. 그러나 그동안 일제 패망 이후, 특히 6·25전쟁 때 일본이 우리민족의 비극에 어떻게 관여했는지는 거의 알려지지 않고 있는 실정이다.

40여 년 동안 새까맣게 잊고 있던 일본의 한국전쟁 참전은 우리에게 다시금 망각의 역사를 일깨워주고 있다. 지문날인으로 문제되고 있는 일본의 '외국인등록령'이 바로 한국전쟁 기간 중 대내적 전시체제 강화로 개발된 통제장치이고, 오락실과 빠찡꼬(파친코)도 한국전쟁 기간 중 일본이 군수용으로 과잉생산한 구슬을 전용한 전쟁 산물임은 어렵지 않게 확인할 수 있다. 지금의 일본경제도 또한 결코 한국전쟁과 무관하게 설명될 수는 없는 성장과정을 거쳤다. 즉 일본경제의 성장은 '한국전쟁특수(特需)'에 힘입은 것으로 한국 민중에게 지극히 파괴적이고 살상적인 전쟁의 대가를 강요했던 결과물이다.

제2차 세계대전에서의 패배로 일본은 미군정의 지배를 받게 되었고, 미군정의 초기 대일 점령정책은 일본을 경제적으로는 강화하되 군국주의의 부활을 제한하기 위해 비군사화와 민주화를 골자로 하는 '아시아의 스위스' 혹은 '농경국가' 정책을 진전시켰었다. 하지만 1948년 이후 미국의 대소 냉전인식 강화, 중국 사회주의혁명의 전개 등에 따라 정책의 전환이 이루어진다. 1948년 1월 6일 로열 미육군장관은 "미국은 일본을 충분히 자립할 수 있을 정도로 강력하게 만들고 안정시킴과 동시에 극동에서의 전체주의 전쟁의 위협에 대처할 방법의 역할을 할 수 있는 자족적인 민주주의국가로 지원할 단호한 목적을 갖고 있다"고 천명한다. 즉 '극동의 스위스'가 '아시아의 공장'으로 '농경국가'가 '반공의 방벽'으로 전환하게 된 것이다. 이러한 정책의 전환은 대일 배상정책의 완화, 재벌해체를 목적으로 제정되었던 경제력집중배제법의 포기, 대일원조의 강화 등으로 구체화되었다.

일본의 재무장과 군국주의 부활에 가장 결정적인 계기가 된 사건은 두말할 필요도 없이 한국전쟁이었다. 한국전쟁을 계기로 전범들이 새로운 실력자로 재등장하고 해체의 위기에 있던 전쟁 재벌들이 다시 급성장하게 되었으며 미·일평화조약과 군사동맹이 조기 실현되었다.

은폐된 일본 함대의 인천상륙작전 참전

그러면 일본의 재무장화 과정에서 한국전쟁 중 일본군이 어떤 역할을 했는지를 구체적으로 살펴보자. 일본군의 참전은 대체로 소해작전(掃海作戰) 요원, 군수물자 수송원, 특수업무 종사자, 기타 해·공군기지 역할 및 군수품 생산공장으로서의 역할 등으로 간추려진다. 1950년 7월 8일 자위대의 전신인 7만5천 명의 국가경찰예비대 창설과 8천 명의 해안보안청의 증원이 맥아더의 지령에 의해 단행된다. 이는 주일미군의 한국전선 투입으로 생긴 힘의 공백을 메우기 위한 조치이기도 하다. 일본군의 가장 대규모의 참전은 1950년 10월에서 12월 사이에 해안보안청 소속 1천2백 명의 소해작전 대원이 한국에 파견됨으로써 시작되었다. 이 파병은 미 극동해군 참모부장 버크(Arleigh A. Burke) 소장과 일본 해상보안청장관 오오구보 다케오(大久保武雄) 사이에 구체적으로 논의되고, 요시다(吉田) 수상에 의해 '절대적 비밀을 유지'하라는 조건하에 승인되었다.

해상보안청은 소해정 21척으로 구성된 특별소해대(特別掃海隊)를 한국전쟁에 파견했는데, 이 특별소해대는 해상보안청 항로개발본부장인 다무라 히사미(田村久三) 해군대령을 총지휘관으로 하고 기함(旗艦)에는 3백 톤의 소해모함을 사용하고 소해작업의 마무리에 사용할 6백 톤의 시항선(試航船) 외에 소해정으로는 해상보안청의 각 관구에서 작업 중이던 것 중 차출한 배로 1번대에 4척, 2번대에 5척, 3번대에 5척과 10번대에 7척으로 편성하였다. 이 가운데 1번대는 이미 1950년 9월 상순에 출항하여 미군의 인천상륙작전에 참전하였고, 2번과 3번대는 10월 10일에 원산해역에 도착하여 3천여 개의 기뢰를 제거하는 데 성공함으로써 10월 25일의 원산상륙작전을 지원하였으며, 4번대는 서해안의 군산해역 소해작전에 참전했다. 이 특별소해대는 1950년 10월 2일부터 12월 12일까지 8주간에 걸쳐 연 46척의 소해정과 1천2백 명의 구해군 출신의 대원이 출동하여 인천·원산·군산 외에도 해주·진남포를 합친 5개 해역에서 총 3백27km의 수로와 6백7평방마일의 정박지에 대한 소해작업을 폈던 것이다(자세한 사항은 藤原影,『日本軍事史』, 동경, 일본평론사, 1987, 정하광,『일본방위정책의 이상과 현실』, 경남대극동문제연구소, 1989, pp. 113~114. 참조).

이 기간 중 기뢰폭발로 일본 소해정 2척이 침몰되어 19명이 사망했다. 오오구보가『해명의 나날들』이라는 저서에서 밝힌 증언에 의하면, 이 작전은 10월 6일 맥아더 최고사령관의 이름으로 미 극동해군사령관 조이(Turner C. Joy) 중장이 발표하였는데 이 작전과 관련한 당시의 급여는 평상 월급의 두 배 수준이었고 보급은 미 해군으로부터 받았다 한다.

전선에서 활약한 일본 이시히 세균부대

이 외에 군수물자 수송을 위해 많은 일본인 철도노동자와 선원들이 한국전에 투입되었다. 1955년 4월 일본에서 발행된 『진상』(眞相)이라는 잡지 83호에는 미군을 따라 한국으로 건너간 1백 명의 일본인 여성에 관한 기사가 게재되기도 했다. 또한 한국어와 한국 지리에 밝은 구 조선총독부 관리들이 미군 지도국(地圖局)에서 줄곧 근무해 온 사실도 공공연한 비밀로 인정되고 있다.

하지만 더욱 주목해야 할 사실은 소모적이고 파괴적인 살상전의 양태를 보인 한국전쟁의 주요 부분이 일본군의 특수업무 종사자들에 의해 극비리에 수행되었다는 점이다. 예컨대 미군의 초토화작전에 주요 무기로 투하된 네이팜탄에는 메이드 인 재팬(made in japan)이라는 상표가 찍혀 있었고, 양측 간에 치열한 논쟁의 대상이 되었던 세균전에도 일본군이 동원된 것으로 확인되고 있다. 1950년 7월 27일 로이터통신은 "일본군 약 2만5천 명이 한국전선에 참전하고 있다"고 보도했으며, 10월 16일 평양방송도 일본인 부대의 참전에 항의한 바 있다. 또 1951년 12월 8일 북경방송은 "이시히(石井西郎) 전(前) 중장 등 일본의 세균전 전문가가 미군에 협력하여 한국에서 세균전을 수행하려 하고 있다"고 주장하였다. 이시히 세균부대의 한 구성원이었던 기타노(北野政次)는 1961년 8월 19일부터 「일본의 사신보」에 연재했던 「방역비화」(제4권)에서 "맥아더 사령부의 지시로 한국전선에 파견되어 약 4개월간 체재하면서 유행성출혈열 바이러스의 확보에 종사했다"고 쓰고 있다. 또 2차 대전 전범자였던 고타마(兒玉士夫)가 1950년 7월 맥아더에게 서한을 보내고 일본인 의용병을 한국전선에 보내는 계획의 승인을 요구했던 사실도 일본 외교문서 공개에 의해 드러나고 있다(사토다치야, 『한반도의 군사지도』, 과학과 사상, 1989, pp.44~46).

일본의 한국전 참전을 확인해주는 증언은 미국 측 당국자에게서도 흘러나오고 있다.

전후 초대 주일 미국대사를 역임한 머피(Robert Murphy)는 일본 철도원의 한국 파견 등 한국전쟁 중 일본의 역할을 다음과 같이 증언하고 있다.

> 일본인은 놀랄 만한 속도로 4개의 섬을 하나의 거대한 보급창고로 변화시켰다. 그러지 않았더라면 한국전쟁은 치러질 수 없었을 것이다 …… 일본의 선박·철도전문가들은 숙련된 부하들을 데리고 한국으로 건너가 미국과 나란히 유엔군사령부 산하에서 일했다. 그것은 극비였다. 그러나 유엔군은 한국을 누구보다도 잘 알고 있는 이들 수천 명의 일본인 전문가들의 도움이 없었다면 한국에 체재하는 것마저도 곤란한 지경에 빠졌을 것이다.(Robert Murphy. *Diploma Among Warnors*, New York : Double day & Company Inc, 1964, pp.347~348)

1978년에야 공개된 일본인 참전 희생자

한국으로 가는 군수물자의 수송은 특별조달청의 주선으로 일본의 해운회사가 한꺼번에 인수하였으며, 수많은 선원·항만 하역노동자들이 미국의 LST에 승선하여 여러 가지 형식으로 한국전쟁에 참전하였던 것이다. 일본의 공식문헌 「점령군조달사」에 나와 있는 군수수송업무 관련 일본인 전사자 및 사상자 수를 보면 다음과 같다.

• 특수항만 하역자 : 업무상 사망 1명, 업무상 질병 79명, 기타 21명(사망자

3명), 계 1백1명.

- 특수선원 : 업무상 사망 22명, 업무상 질병 20명, 사상사(私傷死) 4명, 사상병 2백8명, 계 2백54명.
- 기타 한국해역 등지에서 특수수송 업무에 종사하던 중 사망한 자 26명(항만 하역 4명, 선원 22명)

　일본정부는 공식적으로 이 이외의 참전 및 전사자는 없다고 주장하고 있으나 앞에 설명되었듯이 실제로 더 많은 인원이 전선과 후방업무에 참전한 바 있고, 밝혀지지 않은 사망자도 더 있을 것으로 예측된다. 미국의 공식문헌에도 북한인민군에 포로로 잡혔다가 일반포로로 송환된 일본군이 확인되고 있다. 이 당시의 사망자들은 그동안 비밀로 취급되다가, 1978년 가을에야 겨우 전몰자로 서훈 받음으로써 비로소 공개되어 전사자 취급을 받을 수 있게 되었다.

　일본인 학자인 가지무라(梶村季樹)에 의하면, 공개적인 동원은 이루어지지 않았지만 일본자위대의 전신인 경찰예비대도 맥아더가 궁극적으로 한국전쟁 참전까지 빈틈없이 고려하여 만든 병력이었고, 요시다 수상과 미 국무장관의 고문 덜레스(John Foster Dulles) 사이의 긴밀한 회담 끝에 체결된 1951년 9월의 미·일평화조약도 일본이 한국전쟁에 적극적으로 협조한다는 원칙에 약속했기 때문에 좀 더 쉽게 체결된 것으로 분석되고 있다. 실제로 미·일평화조약은 대소봉쇄를 위한 미·일 군사동맹조약의 성격을 갖는 것으로서 한국전쟁의 전선이 교착되고 장기화 조짐이 보이자, 장기적이고 확대된 전쟁에 대응하기 위하여 미국이 장기적인 위기상태를 조장하면서 일본을 전선에 적극적으로 가담시킬 것을 전략적으로 구상한 결과였다고 볼 수 있겠다.

일본의 한국전쟁 참전은 인적인 참여뿐만 아니라 주요 무기 및 폭탄 등의 개발 생산과 관련한 군수와 병참의 측면 또한 큰 것이었다. 이는 곧 '한국특수'에 의해 일본이 전후 세계 경제대국으로 부상한 직접적인 계기가 되었다.

전쟁 특수와 경제부흥

한국전쟁이 발발했다는 소식을 듣고 요시다 수상은 신붕(神棚) 앞에 나가 "이것이야말로 하늘이 내린 은혜입니다"라고 기도한 바 있고, 이시가와(石川一郎) 일본 경단연(經團連) 회장은 '천우'라고 기뻐하는 등 일본의 대자본가들은 한국전쟁을 '천우' 혹은 '신풍(神風)'으로 여길 만큼 반겼던 것이다.

당시 도지라인(dodge-line)에 의한 디플레이션정책으로 극심한 불황에 허덕이고 있던 일본경제 상황에서 볼 때, 특히 일본의 중공업독점자본에는 한국전쟁이 그야말로 기사회생의 돌파구였다. 미국은 일본 독점자본의 거대한 생산력을 충분히 이용한다는 방침하에 노골적으로 대일정책을 전환하였고 일본은 단시일 내에 한국전쟁의 전선병참기지 혹은 아시아의 군수공장으로 바뀌게 되었다. 일본경제는 이미 1952년에 태평양전쟁 이전(1934~1936년) 수준으로 회복되었다. 1950년 일본의 '국민총소득'은 전쟁 전의 수준으로 회복되었고 수출입 균형도 1950년 하반기에 패전 후 처음으로 흑자로 돌아섰다. 한국전쟁이 장기화되고 미국의 대규모 폭격전과 소모전이 본격화되면서부터는 네이팜탄 등의 완성병기와 비행기·함선 등의 보수를 발판으로 일본의 중공업 부문은 비약적으로 성장하였다. 군수생산은 1951년 10월 현 일본무기공업회의 전신인 일본기술생산협력회가 발족하면서 한국특수에 의한 무기의 생산재개 준비가 완성되었다. 1952년 8월에는 경단연 방위생산위원회가 결성되어 본격적인 무기·군수 생산에 임했고 1952년 3월에는 무기·항공기·탄약의 생산 금지를 공식적으로 해제한 바 있다.

한국전쟁 기간 중 일본의 '한국특수' 수입을 보면 1950년 하반기에 이미 1억 달러를 넘어섰고, 1951년에 5억7천만 달러, 1952년에 8억3천만 달러(이해 일본의 수출총액 중 41%를 차지), 1953년도에는 8억1천만 달러를 기록한 바 있다. 뿐만 아니라 일본의 피복공업이 최대의 호황을 누렸고, 고철·금속·광산 산업에 이어 일본의 식량난이 차차 해소되기 시작한 것도 바로 이 시기부터였다.

이외에 미군은 일본 내 토지를 접수하여 군사기지 및 시설확장을 꾀함과 동시에 철도와 전화망을 전시체제로 독점했다. 지리적으로 한반도와 가까운 후쿠오카(福岡) 시의 경우 최전선 기지로서 이다즈키 비행장의 확장은 물론, 레이더기지(나다·기타자키)와 고사포진지(하코자키·미나미고우엔·나카하라)가 구축된 것을 비롯하여 항만시설의 일부가 군용으로 전용되었다. 또한 한국전쟁 중 군수물자 수송에는 국철이 주로 이용되었다. 그때까지 하루 평균 30~40만 톤이었던 수송량이 바로 2~3배로 뛰어올랐다. 작전 상의 긴급성이 요구되었기 때문에 대량으로 한국전선으로의 항공수송을 위한 준비가 진행되었다. 이 때문에 일반수송은 크게 제한되어 일반 정기열차도 운휴하는 사태가 속출하기도 했다.

한국전쟁의 일본 내 유물, 재일동포 지문날인

한편 한국전쟁을 치르는 동안 일본은 마치 자국이 전쟁을 하는 것보다도 더욱 철저한 통제체제를 구축하였다. 전후 점령 초기부터 진행되어온 소위 '빨갱이 사냥'이 거세져 일본공산당 중앙위원회가 해산되고 「아카하다(赤旗)」에 대한 정간 명령이 내려진데 이어 1950년 7월 28일에는 신문·통신·방송관계 직장에 대한 대대적인 검거선풍을 불러온 바 있다. 숙청의 물결은 신문·방송의 7백4명을 비롯한 영화 1백13명, 전기산업 2천1백37명, 석탄 2천20명, 철강 1천2명, 통신 5백1명 등 전 산업에 일제히 불어 닥쳐 전체 약 2만2천 명이 숙청되었다. 특히 반전운동을 자발적으로 전개했던 재일본 조선인과 일부의 젊은 일본인 학생·노동자들이 주로 탄압의 대상이 되었다. 현재 비난의 대상이 되고 있는 지문날인 제도와 외국인등록증 항시 휴대의무 등의 제도도 바로 한국전쟁 중인 1950년 10월 점령군의 지시에 의해 시행된 '출입국관리령' 및 '외국인등록령'과 함께 주로 조선인을 상대로 고안된 억압체제의 유물이다.

이처럼 일본은 사실상의 한쪽 전쟁당사자였고 동시에 완전히 실질적인 병참기지와 군수공장 역할을 했다.

한국근현대사를 통틀어 한국민중 탄압의 배후에는 항상 일본제국주의가 있었고 그들의 흔적은 언제나 은폐되었지만 곧 비인간적이고 잔인한 그들의 본질은 생생하게 폭로되고 증언되어왔다. 한국전쟁에 전혀 무관했던 것처럼 주장해왔고 우리 스스로도 등잔 밑의 어둠처럼 망각해온 점도 없지 않았다. 그러나 이제 한국전쟁의 가장 파괴적이고 비인간적인 부분에 일본의 역할이 있었고, 현재의 일본경제는 곧 한국전쟁 당시 한국 민중에게 강요된 소모전과 피의 대가였음을 분명히 확인치 않으면 안 된다.

6·25전쟁 40주년을 맞아 다시 한번 일본제국주의의 본질과 족적을 분명히
하지 않을 수 없다.

말 · 1990년 6월호

"나는 왜 평양에 갔나"

이 편지는 임수경과 함께 판문점을 넘어 분단장벽을 허문 문규현 신부가 1989년 6월 1차 방북 시 친형 문정현 신부에게 보낸 것이다. 문규현 신부는 장문의 편지에서 방북 결의과정, 방북 소감, 민족적 과제에 대한 사제로서의 입장 등을 밝히고 있다.

문규현 · 신부

형님, 갈 길 가는 겁니다

형님. 금단의 땅, 그러나 내 민족, 내 겨레가 사는 또 하나의 조국을 방문한 감회의 나날을 보내는 동안 염려로 무거운 나날을 보내셨으리라 생각하니 깊은 이야기를 나누지 못한 채 다녀올 수밖에 없었음이 마음에 걸립니다.

지난 6월 1일 전화를 드렸을 때, 그리고 재고의 여지를 비추실 때 가야 할 길 감에도 불구하고 무거운 마음으로 고뇌에 얽힌 형의 모습을 상상하기에 어렵지 않았습니다. 분단하에서 일그러져가는 민족 앞에서, 통일이란 미룰 수 없는 역사적 과제 앞에서, 너무나도 당연하고 자연스러운 일을 두고 환하게 내다보이는 내 일에 대한 염려의 무거움이었을 것입니다. 차라리 형이 걷고 말지 동생이 걷는 것을 원치 않으셨으리라 느끼고 있습니다.

그러나 50년이 다 되어가도록 열망해왔던 통일이란 민족적 대 과제 앞에서, 민족의 성원으로서 크리스천으로서, 더더욱 사제로서 인류의 하나 됨을 절규하며 죽음으로 몸 바친 예수 그리스도의 십자가의 의미를 오늘에 되살리는 자 되고자 오랜 생각과 노력 끝에 실행한 결단이었습니다.

제가 부제품을 받기 전 어느 날, 한 사람의 양심적인 행위에 "인간이 되라"고 내뱉는 치욕적인 일방적 판단 앞에 아파하시던 형을 생각합니다. 그때 형은 저에게 이렇게 물으셨죠.

"이것이 사제의 길인데 그래도 갈래?"

"그렇다고 갈 길 안 갑니까?" 하는 저의 대답에 기쁨과 걱정이 엇갈리는 미소와 더불어 저와 모처럼 술 한잔을 나누며 사제의 길을 나누었죠. 자못 걱정스러운 마음에 연꽃처럼 환하게 피어나는 기쁨을 형님의 얼굴에서 읽을 수 있었습니다. 그때부터 형은 저를 성인으로 대해 주셨습니다.

1년 후 저의 사제서품 2개월을 앞두고 형은 옥고를 치르셔야 했지요. 서품 직후 서대문 구치소를 찾는 발걸음 유쾌하진 못하였습니다. 아니 그보다 외롭게 가시는 길이 그것도 가지가지의 판단을 받으며 가시는 길이 주저 없이 따를 길만은 아니었습니다. 저의 첫 축복을 청하시고 무릎 꿇어 받으신 후 형은 우셨습니다. 그때 제 말이 기억나시는지요?

"서품식 때 같이 기도하며 축하

해주기 위해 마련된 한 자리가 비어 제대가 온통 비어 있는 듯 허전하고 슬펐습니다. 그러나 앞으로의 길이 바로 이 길인걸요. 외로워하지만 않습니다. 형도 외로워 마십시오. 가시는 길 동료가 또 하나 생겼습니다."

그래요 형님, 갈 길 가는 겁니다. 혼자라 생각지 않고 힘차게 다녀왔습니다. 통일을 향한 민족의 염원이 함께 하기에 외롭지 않았습니다. 함께해야 함을 느꼈습니다.

한 점의 후회가 없으며

형님, 제가 북의 동포를 찾아가겠다는 뜻은 1년 전부터 공적인 이야기처럼 되어 왔습니다. 그러나 형도 아시다시피 여러분들의 뜻도 있고 또한 마무리 짓지 못한 저의 과정도 있어서 보류해 왔습니다. 그러나 그 어느 분도 이렇다 할 말씀 한마디도 주시지 않았습니다. 예나 지금이나 어른들 눈에는 제가 감성적 환상에 사는 미성년으로 보이나 봅니다. 이러한 문제들이 저와의 문제일 뿐 아니라 오늘의 기성세대와 새 세대의 문제가 아닐는지요.

저의 이번 결단은 쉽게 이루어진 어제 오늘의 일이 아닙니다. 저의 사제로서 삶을 쉽게 결단하지 않았듯이 민족통일을 갈망하며 통일의 길이 되어 보겠다는 저의 작은 행위도 쉬운 결단은 아니었습니다. 오늘을 사는 신앙인으로서 또 사제로서 이 민족의 땅에 진리와 평화와 정의를 세우고 밝히며 실천 속에 사는 민족의 일원이기를 원하는 요구에 대한 충실한 응답의 삶을 살고자 고뇌하는 한 인간의 결단이었습니다.

방문 전이나 다녀온 오늘 이 시간에도 한 점의 후회가 없으며 오히려 할 일 했다는 자부심과 함께 기쁩니다. 오늘 저의 작은 행위로 빚어지는 모든 일이 거쳐야 할 과정이며, 한 번은 있어야 할 일들이며 또한 성과의 하나라고 믿습니다. 민족적 통일의지를 굳건히 세우고 한 발자국 한 발자국 힘차게 내딛어야 할 때라 생각합니다. 적어도 민족적 비극을 반세기는 넘기지 말아야 하지 않겠습니까? 길어지면 길어질수록 통일의 길은 멀어질 것이기 때문입니다.

형님, 오늘 우리 한반도에서 일어나는 그 어떠한 일도 분단된 민족의 통일문제를 떠나서 생각할 수도 풀 길도 없지 않습니까? 인권의 문제도, 민주화의 문제도 통일이 이루어지지 않고서는 그 해결을 볼 수 없는 일이 아닌지요. 분단이 계속되는 한 요원한 문제임이 너무나 확실하지 않습니까?

1980년 5월 민주화를 염원하는 죽음의 행진이 분단을 핑계로 오늘 이 순간까지도 결실 맺지 못하고 지하에서 통곡할 일들만 지속되고 있으며, 오늘 이 시간도 그 숭고한 죽음을 계승하는 투쟁의 연속도 무참히 짓밟히고 있지 않습니까? 민주화와 통일은 분명 숭고한 민족의 요구이건만 가진 자들의 독점물이 된 채 좌경·용공의 이름하에, 국가보안법이란 흉기 아래 민족의 염원은 압살당하고 있습니다. 내 땅, 내 민족의 생사를 외세에 맡겨 버리는, 주권을 내던지는 치욕적인 어리석음만 지속될 뿐입니다.

오늘에 이르기까지 어느 한 곳에서도 어느 민족의 염원을 성취시켜 준 적이 없는 그들이건만 우리 은인이고 파수꾼으로 강요되어 왔습니다. 조상으로부터 이어받은 거룩한 땅이 핵무기란 흉기로 무장되고 민족을 말살시키고 세계의 평화를 깨버릴 화약고가 되어가고 있는데도 말입니다. 우리 귀여운 민족의 아들딸들이 그네들의 유희나 기분풀이 감으로 짓밟혀도 말 한마디 못하는 치욕적인 일이 계속되고 있음을 보고 있습니다. 그래서 형님의 사랑하는 제자 조성만 열사는 그의 죽음으로 외쳤습니다. 우리가 살길은 외세에서 민족을 되찾고 민족통일을 실현하는 길이라고 말입니다. 언제까지나 기다릴 수만은 없다고 말입니다. 언제까지 죽음들을 애도하고 열사의 칭호만 붙이고 있어야 하는지요.

성만이의 분향소에서 한없이 울었습니다

저는 작년 6월 잠시 귀국했을 때 성만이의 분향소에서 죄스러움에 한없이 울었습니다. '우리의 민족현실을 외면한 신앙이 너를 죽음에 이르게 하였구나'하는 죄책감에서였습니다.

그의 죽음에 논란의 여지는 있다손 치더라도 그에겐 그 여지를 생각할 수 없을 만큼 민족통일은 우리 민족공동체를 이루는 길이요,

민족의 살길이 바로 통일에 있기에 하느님의 뜻을 실천하는 소중한 응답으로 통일의 제단에 자신을 바쳤다고 생각합니다. 그래서 그는 통일염원의 불꽃을 타오르게 하였습니다. 성만이는 생명은 하느님의 뜻 안에서만 영생한다는 것을 죽음으로 고백했습니다. "하나 되게 하소서" 기도의 실현을 위해 죽음의 길을 택하신 오늘의 그리스도의 죽음이라면 지나친 미화일까요……

형님, 성만이의 죽음을 슬퍼하기보다는 그의 죽음을 전하고 '통일 향한 삶에서 부활한 너와 함께 하리라'는 다짐을 그 영전 앞에서 가졌습니다. 더이상 이런 아픈 죽음을 가져올 수 없기에 예상되는 현실적 어려움을 뛰어넘어 하나 되어야 할 민족의 땅을 향하게 하였습니다.

적으로만 규정되고 회개해야 할 대상으로만 규정되고 받아들여질 때 하나 될 수 없기에 더더욱 그렇

습니다. 분명 우리는 갈라질 수 없는 한 민족이요 통일은 어떤 대가를 치르고라도 성취해야 할 민족적 사명임을 확인 선포하고 통일의 진일보를 내딛고 싶었습니다. 누가 뭐라 해도 북도 괴뢰집단이 아닌 동족임을 만남을 통하여 확인 선포하고 민족 통일의 길을 모아 함께 나아가는 하나의 시작이고자 했습니다.

과연 우리는 적이 아니었습니다. 북한동포들 역시 평화를 갈망했습니다. 전쟁의 폐허를 복구하고 딛고 일어나기 위해 허리띠를 졸라매야 했던 평화건설 투쟁은 그들이 평화를 원하고 있음을 말해주었습니다. 그들의 평화건설을 향한 가열찬 노력은 전쟁은 더이상 있어서는 안 된다고 외치는 듯했습니다. 그러기에 평화협정 체결과 불가침선언은 당연한 것이며 무조건적이라는 데 서로는 이의가 없었습니다.

형님, 제가 6월 6일 정의구현사제단이 가진 통일염원미사에 큰 의의를 두고 함께 하고자 했던 뜻도 민족통일의 염원 속에 살아온 지난 45년 우리의 노력을 공동 제물로 바쳐 한 하느님 아버지께 함께 기원하며 통일의 길로 민족의 정기를 모으고 분단의 벽을 헐어 버리는 것이 오늘 제가 할 일이라 생각했기 때문입니다. 가장 가능성이 많고 합법적인 조건을 갖춘 신분이 저라고 생각했기 때문입니다. 이 작은 저의 뜻을 주께서는 이루어주셨습니다. 항간에서 논란되는 것으로 보이는 대표는 아니었지만 민족의 숙원 앞에 대표가 따로 있겠습니까? 대표성 때문에 하지 말아야 할 일이 아니지 않습니까? 정말 쉽게 이루어질 일이 아닙니다. 통일의 길이 얼마나 멀고 험한지도 새삼 느낄 수 있는 어려운 과정이 요구되었습니다.

5월 28일에서야 확실한 일정이

확정되고 중국 입국사증을 6월 1일에서야 받아 6월 2일에야 떠날 수 있었습니다. 내 땅을 밟고 내 동포들과 함께하는데 불과 서울에서 3시간 거리밖에 안 되는 평양 길을 판문점에서 쉬어갔으면 얼마나 좋았겠습니까? 그렇지 못한 현실이 안타깝고 마음 아픈 일임이 분명합니다. 그렇다고 포기할 일은 아니라 생각했기에 일본을 거쳐 중국에 이르렀으나 중국의 천안문 사태가 악화되어 피눈물과 함성이 터지는 날이라 평양에 들어가기도 얼마나 어려웠는지 모릅니다(북경 문제는 다른 기회에 나누기로 하겠습니다). 통일을 향한 민족의 염원이 그리스도 안에 일치하는 역사적 시간을 이루어야겠다는 일념에 도착하는 순간까지 얼마나 마음 조아렸는지 모른답니다. 많은 외국인이 철수하고 철수당하는 시간이기에 더더욱 복잡했습니다.

원래의 뜻은 판문점 안의 통일각에서 이루고자 했지만 준비 관계상 또 보다 많이 참여하기 위해 평양 장충성당에서 가질 수밖에 없었습니다. 역사의 새 시작에 임하는 경건한 자세로 미사를 봉헌하고 통일을 향한 단결과 평화통일을 기원했습니다. 시종일관 눈물로 하느님께 호소했습니다. 참으로 이보다 더 의미있고 감동적인, 또 정성되이 봉헌된 미사와 기도는 기억하기 어려운 듯합니다.

"낫기를 원하느냐?"

형님, 민족통일은 어느 특정인, 특정 부류만 독점해서 될 일은 아니라고 생각합니다. 민족 전체의 뜻과 삶의 참여가 있어야 할 것입니다. 저는 문익환 목사님의 북한 동포 방문은 온 민족이 환영하고 기뻐해야 할 일이었다고 봅니다. 작금의 경색되어져 가는 정국은 통일을 독점하고자 하는 위정자들의 계략이지, 문 목사님이 시기를 잘못 택하거나 방문 자체가 잘못되어서가 아니라고 생각합니다. 오히려 민족의 염원에 부응하여 정치적으로 이용하고 판단하기보다 그 숭고한 민족통일을 향한 살신성인의 뜻을 수렴하고 민족을 이끌어가야 마땅한 민족성원으로부터 받은 책임을 다하는 길이 아니겠습니까? 자신들의 민족적 책임을 외면한 채 조국의 민주화와 통일의 염원을 압살하고 자신의 정권안보에 급급한 반민족적 행위에 한없는 슬픔과 연민의 정을 느낍니다.

형님, 통일이란 이 민족의 숭고한 염원과 하느님의 뜻이 정치적 수단이나 흥정거리일 수는 없는 일입니다. 북의 김일성 주석과 그 노동당도 남의 노태우 대통령과 민정당도 민족의 염원과 함께 민족의 뜻을 수렴하는 것이 당연한 의무가 아닐까요?

형님, 통일이 뭡니까? 남과 북 갈라진 민족이 하나되어 어울려 사는 삶 아닐는지요. 2주간의 저의 방문의 나날은 통일 그 자체였습니다. 격의없이 함께 어울릴 수 있었습니다. 함께 민족적 비극의 역사를 아파하고 울 수 있었습니다. 그러기에 통일 그 자체였습니다. 이념과 제도를 떠나 어울린 우리들의 만남은 평화였습니다. "평화는 전쟁 없는 상태만도 아니요. 적대세력 간의 균형 유지만도 아니며, 전제적 지배의 결과도 아니다" 정확하게 말해서 정의와 사랑이 실현된 인간의 총체적 삶의 세계 그 자체라 할 때 동포끼리 서로 총부리를 겨누는 적대관계와 또 이를 조장하는 이념도 제도도 평화통일을 깨뜨리는 무서운 죄악일 것입니다. 이번 저의 동포와의 상봉은 이 무서운 죄악에 함께 대항하고 척결하며 이를 조장하는 어떠한 외세도 배격하기 위하여 민족이 단결해야 함을 서로 확인하는 시간이었습니다.

형님, 곧 만나 뵙겠지요.

끝으로 저의 묵상 한 가지 나누고 싶습니다. 벳짜다기 연못의 치유의 기적을 묵상합니다(요한 5, 1~18). 삼십팔 년 동안이나 앓고 있는 병자를 보시고 "낫기를 원하느냐?"고 물으셨습니다. 병자의 대답은 낫기를 원하는데 아무도 '기적의 물'에 넣어 줄 사람이 없다고 대답합니다. 예수께서 "걷어들고 걸어가거라" 하시자 병이 나아서 요를 걷어 들고 걸어갔습니다. 그 날은 안식일이었습니다. 그래서 요를 걷어 든 자체가 시비가 되었습니다.

형님, 민족통일은 언제나 소원일 수만은 없습니다. 지금이 일어나 가야 할 때입니다. 시기가 정해져 있지 않습니다. 지금이 하느님 아버지께서 '하나'의 역사를 하고 계시는 때이기 때문입니다. 아무튼 45년 동안 허리가 잘려 외세의 이해 다툼의 자리가 된 민족의 강토에 통일의 의지를 세워 어떠한 장애 요소도 걷어들고 소원 성취를 위하여 일어나 가야 할 때가 바로 지금입니다. 이 시간 민족의 거대한 발걸음이 내딛어지기를 기원합니다.

동생 문규현 올림

말 · 1989년 9월호

내가 만난 김일성

서경원. 그는 국회의원이기 전에 농민운동가였으며 동시에 가톨릭 신자였다.
그가 결행했던 북한 방문의 내막을 알기 위해 2천 매에 달하는 그의 상고이유서
가운데 김일성 주석과의 대담을 중심으로 그대로 옮겨 싣는다.

서경원 · 평민당 국회의원

나는 왜 북한에 갔는가

안기부나 공안검찰은 나에게 간첩 행위를 하기 위해 평양을
다녀왔다 해서 보안법을 적용하여 구속했습니다. 그리고 재판도 하기
전에 언론을 동원하여 온갖 음모를 꾸미고 결국은 자기들의 각본에,
의해서 수사 결과를 발표했습니다. 그러나 나는 분단된 내 분신인 북한
땅과 북한 동포들에 대한 나의 애정과 갈라져서는 숨이 막혀 죽을 것
같은 생각, 도대체 북한은 사람 살 곳이 아니고 사람 죽이기 좋아하는
특수하게 생긴 사람들만 사는가? 정말 공산주의자들은 밥만 먹으면 사람

죽이고 전쟁을 통하여 무력으로 통일해서 반대하는 사람은 다 죽이고 자기들 세상을 만들려는 사람만 사는 곳인가? 라는 의문과 함께 방북을 결심했습니다. 그리고 이 땅을 살리는 길은 오직 통일과 민주화이며 이 땅의 주체인 농민이 고통 속에서 해방되는 길은 통일과 민주화 외에는 없다는 것이 나의 결론이었습니다. 그 바탕 위에 북한의 행정수반인 김일성 주석을 만나 진솔한 대화를 하고 싶었던 게 나의 소망이었습니다. 가지 못하는 땅! 갈 수 없는 땅! 만날 수 없는 또 하나의 나의 조국!

통일이 정치꾼들의 술수로서만 끝나는 행위를 용납할 수 없는 게 나의 심정이었으며 이러한 역사 앞에 죄를 자초하는 작태들은 더이상 방관할 수 없다는 게 나의 방북 결심의 전부였습니다.

나는 1988년 8월 18일 평양공항에 도착했습니다. 공항 활주로는 시멘트로 돼 있었습니다. 비행기가 도착해서 멈추자 군인들이 비행기를 호위했는데 그들은 약 1백 미터쯤 도열해 있었고 장성 같은 사람과 공항 책임자로 보이는 사람이 나를 맞이해주었습니다.

평양공항은 김포공항보다 작았고 여객기는 내가 타고 갔던 소련제 일류신 비행기 외에 없었습니다. 저쪽 공항 언덕에 군용으로 보이는 프로펠러 비행기가 2대, 헬리콥터가 4대 있었는데 덮개로 덮여 있었으며 바로 우리 비행기 옆에도 헬리콥터 한 대가 있었는데 덮개를 덮어놓았습니다. 나는 안내책임자에게 저게 군용 아니냐고 했더니 그렇다고 했습니다. 그날 밤 나는 평양에서 자고 오후 늦게 비행기 편으로 자강도라는 곳의 김일성 주석의 기거 장소로 갔습니다. 다음날 아침에 맑은 고원지대인 그곳에서 간단한 산책을 하면서 한없이 울었습니다.

이렇게 내가 사는 함평 소나무나 여기 자강도 소나무가 똑같은데 왜 우리 땅을 가고 오지 못하는가? 나는 자강도 고원지대 무공해 산소만 배가 부르게 마시고 또 토해내고 또 마시면서 생각했습니다. 내가 앞으로 여기를 올 것인가? 못 올 것인가?

안내 책임자인 김 선생이 "감회가 어떠냐"고 묻는 말에 나는 "저기 숲속에서 울면서 남인수씨가 불렀던 「삼팔선」을 혼자 읊조렸노라"고 했더니 김 선생 역시 아무 말 없었습니다. 김 주석을 만나러 갈 시간이 돼서 나와 김 선생은 응접실로 들어가서 기다렸습니다. 그동안 안내책임자를 통해 "말은 어떻게 하고 인사는 어떻게 하고, 뭐 질문할 요지를 적은 메모라도 있으면 보여줄 수 없겠느냐" 할 줄 알았습니다. 그런데 차가 와서 탈 때까지도 아무 말이 없는 것이었습니다.

내가 자고 머무르던 집과 김 주석 거처는 승용차로 10분 정도 거리였는데 그동안에 다른 얘기만 하고 내가 예상했던 의전에 관한 얘기는 한마디도 안 꺼내는 것이었습니다. 오히려 내가 궁금해서 "아니 의전 절차는 어떻습니까" 했더니 김 선생은 "아 그야 서 의원 선생 맘이 있는 대로 하시지요" 하는 것이었습니다. 이건 또 무슨 소린가? 해도 너무 하는구나! '위대하신 수령님'을 뵈올 때는 어쩌고저쩌고 해야 할 것이며 최소한 한마디 정도의 지침은 있어야 하는데 …… 이 사람들은 내가 어떻게 하나 시험해보자는 것인가 …….

현관 앞에서 기다린 김일성 주석

내가 탄 차는 벤츠 승용차인데 훤히 트인 비스듬한 잔디밭 가운데 섰습니다. 왼쪽에 김 주석 숙소가 있는데 겉모양은 내가 잤던 집보다 화려하지 않았습니다. 김 주석 숙소를 향해 걸어가다 보니 현관에 김 주석이 나와서 미리 서 있지 않은가. 나는 문득 6·3 당시 우리 국무총리가 일본의 수상인지 총리인지를 만나러 갔는데 15분을 기다렸다 해서 국제적으로 문제가 됐었고 각 신문이 정부 대표를 이렇게 대우할 수 있냐고 떠들어대던 일이 생각이 났습니다. 솔직히 말해서 상대는 북의 최고 책임자이고 나는 야당 국회의원 신분인데, 미리 나와서 그것도 내가 도착하기 전에, 말하자면 대기하고 있는 것이었습니다.

참 이상하다? 내 짐작에 넓은 홀에 으리번쩍한 금색으로 장식한 높은 의자에 떡 버티고 앉아 "서 동무 거기 앉지" 하면서 미동도 안 하리라는 것이 김 주석의 면모였습니다. 나는 약 30미터 정도 떨어진 거리에서 걸어가면서도 참 이상하다. 철저한 '권위주의자' '독선자'의 외모가 아닌데, 내가 잘못 왔나, 혹시 김일성 비슷한 사람이 대리로 만나주면서 쇼하는 게 아닐까 하는 의심까지 들었습니다. 그러나 일단 부딪쳐보자, 혹을 보면 진짜인지 가짜인지, 그리고 목소리가 서울 TV에서 꾸며 하는 건지 아니면 같든지 이판사판이겠지 하고 걸어 올라가는데, 어~어 이 노인네가 이제는 걸어 나오네. 주석이면 그래도 무게잡고 떡 버티고 서서 악수 정도 하겠지 했는데 걸어서 나오다니.

김 주석은 "아이고! 먼 길 오시느라 얼마나 고생했어요"라며 인사말을 꺼냈습니다. 이에 나는 "처음 뵙겠습니다. 안녕하세요" 하면서 인사를 했습니다. 그러자 김 주석은 "우리 한번 껴안읍시다" 해서 나는 "그러지요" 하면서 우리는 꼭 부둥켜안았습니다. 이때 카메라의 펑펑 터지는 소리가 요란했습니다. 그러고 나서 악수하면서 나와 김 주석은 둘이서 정면으로 기자들을 향해 포즈를 취했습니다. 사진 촬영을 마치자 김 주석은 소개를 했습니다. 첫 번째로 허담 조국평화통일위원회 위원장을 소개받고 인사했습니다.

김 주석은 역시 목소리는 「지금 평양에선」 등에서 나온 목소리와 별 차이가 없었습니다. 그리고 내가 받은 첫인상은 평범한 '아버지' 같은 인상이었으며 그렇게 자연스러웠고 목소리는 마치 마이크에서 울리는 그런 음성이었습니다. 그리고 키가 클 줄 알았는데 내 키와 대동소이할 정도였습니다. 얼굴은 미남형이었고 눈에 쌍꺼풀이 졌으며 몸자세는 꼿꼿하며 비틀어짐이 없었습니다. 뚱뚱한 것은 생각했던 거와 같았습니다. 옷은 모택동식일 줄 알았는데 청회색 양복에 파란색 넥타이였고. 신발은 검정 구두였는데 무늬 없는 구두였습니다. 머리는 요즘 신문에 나오는 것처럼 뒤로 넘겼고 검은 안경테로 된 안경을 쓰고 있었습니다.

나는 이때부터 김 주석의 건강 상태, 인품, 그가 가지고 있는 민족관, 국가관, 인생관 등을 짧은 시간이지만 자세히 세밀하게 관찰하기로 했습니다. 우리는 오른쪽 복도로 들어가다가 왼쪽으로 조금 돌아서 문을 열고 들어갔는데 거기는 회의장 같기도 했고 강의실 같기도 했는데 약 15~20평 될까 했으며 긴 책상이 놓여 있었는데 이 회담장에는 나와 김 주석, 허담 그리고 안내책임자였던 김 선생이 참석하고 젊은 안내자는 참석은 했으나 멀리 떨어져 앉았고, 나와 김 주석은 책상을 가운데로 마주 보고 앉았으며 허 위원장은 김 주석 오른쪽에 앉았습니다. 허담은 검은 안경을 썼고 머리는 길게 길렀으며 눈은 매우 이지적이었고 맑았으며 얼굴은 흰색이었는데 건강에 약간 이상이 있지 않나 하는 심증이 갔는데 확실하지는 않았습니다. 그러나 그는 맘에 여유가 있게 보였고 상대방에게 안정감을 주는 태도였습니다. 키는 내 키와 별 차이가 없게 보였습니다.

김 주석의 얼굴을 자세히 보니 코를 중심으로 오른쪽에 저승꽃이 14~17개 정도 피어 있었고 오른쪽 귀에 보청기를 끼었는데 나와 대화하는 동안 가끔 허 위원장에게 "지금 하신 말이 무슨 말이지"라고 묻는 걸봐서 귀가 상당히 어둡구나 했습니다.

나에게 정중한 경어를 꼭 쓰는 김 주석은 주교님이나 추기경 같은 느낌을 강하게 풍겼고 좀 더 부드럽게 표현하자면 가까운 스승을 만난 인상을 짙게 풍겼습니다. 북한식 말대로 하면 '수령'이니까 조금이라도 권위의식 같은 냄새가 약간이라도 나야 하지 않겠는가. 그런데 강당 회의장도 아무리 둘러봐도 내가 묵었던 집보다 더 수수하고 벽은 지금 내가 살고 있는 서울구치소 13동 상층 3방과 비교해도 별 차이 없는 흰색 종이로 바른 벽이었습니다.

김 주석은 가끔 손을 책상 위에 올려놓곤 했으며 말이 잘 안 들려서 그런지 오른쪽 귀, 또는 턱을 가끔 고이거나 만지곤 했습니다. 그는 내가 하는 말을 빠짐없이 자세히 들으려 했으며 끝까지 듣고 나서 자기 의사를 표현했는데, 반대 의견을 말할 때도 상대의 기분을 건드리지 않고 능숙하게 주장했습니다. 나는 사전에 메모했던 '통일에 대한 방안'이라는 메모지를 꺼냈습니다.

전쟁상태 후손에게 물려줄 수 없어

김 주석 그동안 농민운동을 하시며 농사지으며 고생을 많이 하셨다는 소식을 들었습니다. 이렇게 어려움을 무릅쓰고 오신 것을 기쁘게 생각합니다.

서 의원 사람이 살아가는 데 가장 중요한 생명을 살리는 농사에 종사하면서 농사는 생명을 살리는 것은 분명한데, 우리는 한 핏줄끼리 싸우고, 살 되는 밥을 먹으며 전쟁까지 하지 않았습니까? 내가 주석님을 만나려 하는 주된 이유는 한 핏줄끼리 이 전쟁 상태를 언제까지 후손에게 물려줄 수 없다는 데 있습니다.

김 주석 예, 나는 언제 누구와도 만나 대화합니다. 그리고 민족문제 더구나 분단문제는 나도 가장 관심이 많은 문제입니다. 어쨌든 전쟁은 안 해야 합니다. 좋은 말씀 하셨는데 사실 과거 전쟁 때 북조선은 그야말로 남은 게 없었습니다. 있다면 죽은 시체였고 살림집이 거의 잿더미였습니다. (여기서 김 주석은 말을 잠시 멈췄습니다.) 그것도 미군 폭격기에 의해서였습니다.

서 의원 제 의견도 김 주석님과 별 차이 없습니다. 남한이나 북한이나 강대국들에 의한 피해자가 아니겠습니까? 그런 입장은 같다고 봅니다.

문제는 그런 역사를 가지고 그 바탕 위에서 '앞으로'는 어떻게 할 것인가가 문제라고 봅니다. 과거를 가지고 앞으로도 계속 원수같이 갈라진 상태로 나갈 것인가, 아니면 과거를 거울삼고 청산해서 신뢰를 구축하고 평화를 바탕으로 통일의 길로 나갈 것인가 하는 것은 바로 우리가 결정할 일이 아니겠습니까?

(내가 말하는 동안 김 주석은 허 위원장에게 "지금 그 말 무슨 말이지" 하고 물을 때가 간혹 있었습니다.)

김 주석 예, 그렇지요. 앞으로가 중요합니다. 무엇보다도 남북 당사자들이 주체로서 직접 일을 풀어나가야 합니다. 그게 원칙이 아닙니까?

서 의원 주석님, 그러면 내가 몇 가지 복안, 통일을 위한 방안을 간단하게 말씀드리고자 합니다.

김 주석 예 말씀하시오. 무슨 말이든지 좋습니다(그는 모든 일에 자신과 여유를 가지고 있는 인상을 짙게 풍겼습니다. 그리고 그는 진심으로 내 얘기를 진지하게 듣고 있었고 한 번도 눈을 다른 곳에 팔지 않았습니다).

남북 당국자들이 서로 책임 전가

서 의원 엊그제 7·7선언이 나왔습니다. 물론 7·7선언은 7·4 공동성명 다음으로 신선한 충격이었습니다. 그러나 이것은 민중의 힘으로 통일의 광장까지 끌어내는 작업이 없는 한 무궤도 열차라고 봅니다. 그리고 북한 측이나 남한 측은 책임을 상대에게 전가하고 있습니다. 그러면서 '평화통일'이란 노래를 부르는 것으로 끝납니다. 정말 가장 시급한 '이산가족 만나기'도 하는 척하다가 끝나는 게 작금의 현실이라고 봅니다. 이렇게 되니까 가장 피해를 보는 계층은 바로 남과 북의 '농민·노동자' 계층입니다.

남북 당국자들은 농민·노동자가 잘살아야 나라가 안정된다고 하지만, 지금 이 순간도 남과 북의 농민은 주인이 아니고 종의 굴레에서 벗어나지 못하고 있음은 이들이 판문점에서 만나 농업을 중심으로 대화를 할 수 있도록 하자는 데 남북 당국이 성의를 보이지 않는 데서 확인됩니다. 그리고 휴전선에서 총을 들고 양쪽을 적으로 응시하며 80% 이상의 농민의 아들들이 남과 북의 정권에 의해서 이용당하고 있으며, 저도 농사를 짓다가 오성산 아래서 34개월 28일이라는 세월을 부끄러운 역사 속에 묻어버렸습니다. 저는 곧 남한의 군부독재와 북한의 장기집권의 책임자들이 역사 앞에서 보상과 함께 이러한 책임을 7천만 겨레 앞에 밝혀야 한다고 주장하는 바입니다.

(나는 그때 이런 말을 하고 내가 성해서 돌아갈 수 있을 것인가? 영원히 못 돌아갈 것인가도 생각했지만 나는 이게 나의 사명이라고 생각하면서 소신을 절대 굽히지 않겠다는 각오를 다졌습니다. 김 주석은 한시도 눈을 돌리지 않고 나의 주장과 정세에 관한 얘기를 끝까지 듣고 대답했습니다.)

김 주석 예, 잘 들었습니다. 정세를 보시고 판단하시는 것은 정확히 보셨다고 생각합니다.

서 의원 이번에는 남한 당국과 북한 당국이 해야 할 일을 말씀드리겠습니다.

김 주석 예, 하시지요.

서 의원 남한국민들은 이유가 어디 있던지 간에 주석님을 호전자, 적화통일주의자로 알고 있습니다. 현 단계로서는 '반공정책'이 남한에서는 통일의 장애요인이 되고 있습니다. 다시 말씀드리면 남한 국민들에게는 "공산화되면 모두 죽는다"는 의식이 철저하게 뿌리를 내리고 있습니다. 공산주의가 지상에 낙원을 이뤄준다고 하는 홍보나 선전은 남한국민들에게는 믿어지지 않는다는 말이 되겠습니다. 오히려 공산주의는 폭력과 전쟁을 수반한다고 인식되고 있습니다.

내가 왜 이런 말씀을 드리냐 하면 남한의 군부독재가 '반공'을 정권연장 수단, 인권탄압의 구실로 이용하는 기회를 왜 북한은 주고 있느냐는 말입니다. 그러니까 반대로 말한다면 남북 공히 기본적으로 통일할 의사가 없다고 볼 수밖에 없습니다.

다음은 권력을 주석님의 아들에게 승계한다는 것은 옳지 않다고 보며 남한의 많은 민주인사도 이점은 아주 안 좋게 보고 있습니다.

북한 체육부와 남한 체육당국자 간에 88올림픽 개최, 참여 여부를 놓고 여러 차례 회의를 한 걸로 알고 있으며 그 회담의 결과는 좋지 않게 된 걸로 알고 있습니다. 저는 88올림픽을 반대한 사람입니다. 그러나 북한에서는 맞지 않고 속상한 일이 있더라도 참여해야 합니다. 이 같은 교류가 통일을 앞당기는 계기가 된다는 것을 주장합니다.

그리고 평양교구를 재건해야 합니다. 왜냐하면 남한국민들은 "북한은 종교를 아편으로 보고 탄압했다. 공산주의자는 무신론자이기에 종교를 그들의 적으로 볼 수밖에 없다"고 생각하고 있습니다.

그래서 인식전환이 시급하다고 보며 성직자들이 왔다 갔다 하고 추기경이 평양을 방문하면 세계가 북한을 보는 눈이 달라집니다. 그렇게 되면 남한 당국은 폐쇄된 북한사회라는 말을 못하게 됩니다.

북한에서는 남한이 여소야대가 돼서 통일이나 민주화를 기대하는 분들도 있을지 모르나 야당이란 게 보수적인 한계가 크기 때문에 기대는 금물이라고 봅니다.

그리고 휴전선 군사방송은 서로를 비난하는 데서 위로의 방송으로 전환해야 합니다. 제가 군대에 있을 때 비난의 소리만 들렸지 한 동포라는 기본적인 인간미 넘치는 방송은 못 들었습니다. 시정돼야 합니다. 그리고 가능하면 서울 말씨로 억양을 바꿔야 합니다.

다음은 가장 중심적인 계층인 농민교류를 제안합니다. 농산물 종자·정보 교환은 통일을 앞당기는 운동의 기점이 된다는 말입니다. 그리고 농민들의 가축이나 농산물 종자 속에 무슨 공산주의니 자본주의니 하는 게 있을 수 없고 이것은 어디까지나 생명과 일치됩니다. 이것은 이념 이전의 일이라 봅니다.

다음은 가족왕래 문제입니다. 서신교환, 전화통화, 명절 때 상봉, 가족왕래 순으로 할 수 있습니다. 가능성 있는 것부터, 부담없이 쉬운 것부터 해야 하지 않겠습니까?

이상의 몇 가지 말씀을 순서 없이 드렸습니다. 저는 가능성 있는 것부터 하다 보면 어려운 일도 풀리리라 확신합니다. 이제 주석님의 말씀을 듣고자 합니다. 감사합니다.

김 주석의 통일관, 긴장완화가 핵심문제

김 주석 아주 중대한 말씀 감명 깊게 들었습니다. 지금 그 의견에 대하여 몇 가지 답변 겸 또 내가 보는 남북문제, 통일관을 말씀드리겠습니다. 먼저 통일의 관건으로서 긴장이 완화돼야 합니다. 그리고 팀스피리트 등 공공연한 군사행동은 제거해야 합니다. 그 바탕 위에 '불가침선언'을 채택해야 합니다.

서로 총을 겨누고 있으면서 무슨 통일입니까? 올림픽에 참가하고 이산가족이 만나더라도 전쟁 중에 그런 일이 진행된다는 것이 가능하겠으며, 설령 된다 해도 그것은 위선입니다. 순서가 있어야 하고 순서에 의해서 일이 진행돼야 합니다. 죽이는 연습, 전쟁연습을 미국과 손잡고 해마다 하고 있는데 누구를 죽이자는 것인지 서 의원 선생은 생각해봤습니까? 말은 좋지요. 전쟁하지 말고 통일하자! 얼마나 좋은 말입니까. 그러나 결국 서 선생 말처럼 한 핏줄을 죽이자는 것 아닙니까? 그래서 근본문제인

'불가침선언'을 공동으로 체결하고 무기 치우고 쓸데없는 군인 일하는 데 보내고 미군은 물러나야 합니다.

우리는 이제 전쟁을 다시 하면 다 죽습니다. 그것도 강대국들의 앞잡이 되는 전쟁은 막아야 합니다. 우리가 미국을 까닭 없이 미워할 필요도 없습니다. 우리는 미국에게 말도 할 수 없으리만치 죽고, 파괴됐습니다. 그리고 북한에는 소련군 외국군대 없습니다. 원칙의 순위가 무엇인가 생각해야 합니다. 노태우 선언은 환영하지만 '불가침선언'하고 나면 미군 철수하라는 말 필요 없게 되지 않겠습니까? 우리는 두 개의 조국인가? 하나의 조국인가? 깊이 생각해야 합니다. 하나로 통일하기 어렵다면 우선은 양쪽을 서로 인정하면서 통일하는 '연방제'도 있습니다. 그 이름은 '연방위원회'라고 해도 좋고 우리가 주장했다 해서 연방제 반대한다면 '민족최고위원회'라고 하던지 명칭이나 방법 같은 것은 문제가 안 된다고 봅니다.

다음은 통일논의를 왜 정부로만 일원화하는지 이해가 안 갑니다. 모든 민주세력들 모든 운동단체들이 대화할 수 있는 뒷받침을 정부는 해주면 됩니다.

통일논의라는 것은 모든 인민이 참여하는 속에서 이루어져야 합니다. 정부만이 독점하는 것은 독선입니다. 앞서 요구하셨던 몇 가지에 대하여 말씀드리지요.

추기경이시든 문 신부이든 우리는 오시는 분들을 반갑게 환영할 것입니다. 김수환 추기경이 오신다면 열렬히 환영할 것입니다.

종교 활동에 대하여 말씀하셨는데 우리는 종교를 가져라, 믿지 마라 할 필요가 없다고 봅니다. 북한에서는 말만 사랑하고 실천 없는 사랑은 거짓이라 여깁니다. 그래서 남한의 성직자들이 북한에 와서 종교 활동하는 것을 우리는 보장할 겁니다. 휴전선 군사방송을 개선하라고 하셨는데 그것도 개선하겠습니다. 좋은 충고라고 봅니다.

다음 반공문제인데 우리는 공산주의 하자고 않습니다. 서로를 인정하고 당장은 힘들겠지만 상호 신뢰를 중심으로 교환·왕래하다 보면 인민들이 스스로 결정할 문제라고 봅니다.

올림픽 문제도 그렇습니다.

우리 측에서 국기를 두 개 올리자는 것이고 개폐회식을 서울과 평양에서 나눠서 하자는 것이지 종목을 가지고는 그 다음입니다. 그런데 남조선에서는 그렇게 못하겠다는 것입니다. 그렇다면 그 저의가 어디 있는가? 그래서 이 문제를 가지고 8차 회담까지 갔습니다. 결국 결렬됐지만 상대를 인정해야지요. 서로를 인정 안 할 때 어떻게 같이 할 수 있느냐는 것입니다.

농산물 또는 종자 교환을 말씀하셨는데 찬성합니다. 우리는 우리 기술로써 개발한 품종, 가축 개량 등은 어느 나라 못지않다고 봅니다. 우리는 어느 때 어느 장소라도 응할 수 있고 또 좋은 사업입니다.

가족왕래계획 등은 7·4공동성명에서도 나왔지만 끊어졌던 민족적 가족의 연계 만남이 지속돼야 합니다. 누구도 가족의 헤어짐을 막을 수 없고, 만날 수 있도록 해야 함이 원칙이라고 봅니다.

김일성의 손금과 혹

나는 김 주석과 대화하는 동안 주로 그의 몸에서 풍기는 인간미를 체험하면서 "저런 얼굴 저런 모습을 왜 서울 TV에서는 얼마 전까지만 해도 사인펜으로 악당의 두목 같은 모습으로 그렸을까. 대한민국의 정보기관의 능력이 김 주석 사진 한 장 구할 길이 없어서 그랬을까?"라는 생각에 빠지기도 했습니다. 일본인들, 우리의 할아버지를 총으로 쏴 죽이고, 작두에 목을 잘라 죽이고 광화문 앞에서 공개 교수형하고 할머니를 정신대로 끌고 가 윤간을 하고 나서 천리타향 원귀로 만든 저 흉악한 일본인의 수상, 천황도 사진으로 공손히 TV에 방영하지 않았는가.

그래서 나는 그의 체모를 자세히 관찰했습니다. 그리고 나는 메모지에 그의 특이한 손금을 그리기 시작했습니다. 오른손 생명선은 힘차고 손목까지 이중으로 뻗었고 생명선 건너편으로 쌍벽을 이루는 듯 무명지 쪽으로 가다가 삼각형이 있었습니다. 그리고 왼손의 생명선은 이상하리만치 손목선 아래까지 내려와 있었습니다. 나는 필시 김 주석의 명은 길겠구나! 함을 느꼈고 김 주석 특유의 자존심이랄까 고집이랄까도 강하지 않을까? 그리고 그 삼각형은 잘은 모르겠지만 독특하다는 것은 알 수 있을 것 같았습니다.

그리고 회담장에 들어갈 때 뒤에서 보았는데 목 뒤에 혹은 분명 있었습니다. 나는 김 선생에게 물었습니다. 남한에서 김 주석님 목 뒤의 혹을 마치 큰 단점이나 된 양 말이 많은데 그 혹을 수술할 수 없습니까? 혹 그런 이야기 못 들으셨습니까? 이에 대해 안내책임자인 김 선생은 "그래요, 우리가 몇 차례 수술하자고 권했습니다. 그런데 본인께서 '내가 별 큰 불편이 없는데 뭣 하러 의사의 시간과 노력을 내게 쓰게 하느냐'고 하시며 반대하셨습니다. 그런 걸 우리가 강제로 붙잡고 수술할 수는 없지 않습니까" 하는 말에 나는 "맞는 말"이라고 대답하면서 한편으로는 부끄럽게 생각했습니다. 고르바초프 이마의 흑점, 등소평의 작은 키 등은 우리 언론들도 아무렇지 않게 보도하면서 어떻게 한 민족인 김일성의 그것도 뒤편에 있는 혹을 마치 삼천리 강토에 그 혹이 액물이나 된 것인 양 말하는 행위는 유치하지 않은가 생각해 봅니다.

이렇게 말하면 "너는 사상이 아무래도 이상해. 그래 김일성이 그렇게 좋더냐?"라고 말할 사람도 있겠지만 나의 주장이 틀렸는가 생각해봅시다. 사람이 살다보면 혹이 턱에 난 사람도 있고 온 얼굴에 점투성이인 사람도 가끔 봅니다. 그 사람들이 보기가 좀 거북해서 흉이라고 트집 잡는 것은 졸렬한 처사가 아닙니까? 우리는 핵심적인 얘기를 마치고 홀가분한 맘으로 나는 "주석님 고맙습니다. 이렇게 성실한 자세로 의견을 교환했다는데 감사를 드립니다" 하고 말했습니다. 이에 김 주석도 "고맙습니다. 충분한 답변이 못된 것 같아서 죄송합니다. 그러나 우리는 앞으로 통일이라는 민족적 과제를 안고 모든 이들이 걱정하고 노력하면 통일의 그날이 오리라고 봅니다"라고 대답하였다. 그러나 김 주석은 끝내 '권력승계' 문제는 답변을 회피했습니다. 아무래도 상당히 아픈 부분이겠구나 라고 생각했습니다.

권력승계 문제는 답변 안 해

나는 김 주석과 자리를 옮기면서 아쉬운 게 한두 가지가 아니었습니다. 왜냐하면 농민문제를 경제적 차원에서만 풀려고 들면 피차가 피곤하다는 말을 상기한 바 있거니와 농민이 분단의 가장 큰 피해자임을 다시 강조하면서 김 주석이 가지고 있는 민족관과 농업과의 관계는 어떤 맥락을 가지고 있는가? 그런 맥락에서 생명관을 잘 풀면 통일의 문제는 원천적인 입장에서 정리되고 잘되리라고 봤던 것입니다.

우리는 식당으로 갔는데 현관 왼쪽 바로 그 앞이었다. 식탁은 둥글었고 동쪽 윗산 쪽으로는 거의 창문이 벽을 다 차지했는데 실내가 아주 밝고 산에서 10~20생 소나무가 주로 보였고 조그만 연못에서 폭포수가 떨어졌는데 내 느낌으로 봐서 그것은 인공폭포가 아닌가 했습니다. 그리고 식탁 가운데는 여러 가지 꽃을 꽂은 꽃바구니가 놓여 있었으며 앉은 자리 순서는 나를 중심으로 왼쪽에 김 주석, 그 건너가 젊은 안내자(프라하 공장에서 만난), 내 오른편은 허 위원장, 건너가 김 선생이 자리했는데, 좌석 식사인 수는 5명인 것으로 봐서 젊은 안내자와 김 선생은 상당히 고위층으로 짐작됐습니다. (나에게는 말을 안 했지만) 내가 당신 직책이나 나이, 이름이 뭐냐고 물을 수는 없는 일이었습니다. 식사는 좁쌀이 약간 섞인 밥이었고 국은 산나물국이었는데 반찬은 도라지, 더덕무침. 산나물 등으로 이름 모를 나물들이었고 생선이 있었고, 술은 인삼주와 정금주 같았는데 색깔은 자주색으로 아주 아름다워 보였습니다. 정금주 아니냐고 했더니 백두산 근처에만 있는 무슨 나무열매라고 했습니다. 먼저 김 주석이 술잔을 들고 "자! 고생 많으신 서 의원 선생 우리 통일을 위해 건배합시다" 해서 나는 술잔을 들고 "감사합니다. 진심으로 통일을 달성합시다" 하며 술잔을 꽝! 부딪치면서 마음속으로부터 우러나오는 통일을 기원했습니다. 인삼주도 맛이 좋았지만 색깔이 자주색인 술은 맛이 딱 당길 뿐만 아니라 40도 이상은 될 만큼 독했는데 뒷맛이 향긋했습니다. 김 주석은 식성이 왕성한 편이었으며 허 위원장은 식성이 그렇게 좋은 편은 못 돼 보였습니다. 나는 식사시간을 이용하여 "주석님 북한의 농업정책은 어떤 바탕 위에서 입안하십니까?"라고 질문했습니다.

김 주석 예, 물론 남조선 농업정책과는 차이가 많지요. 우선 농민들에게 땅을 무상공여함으로써 땅을 사야 한다는 부담이 없는 쪽이지요. 남조선은 땅을 사유재산으로 제도화했는데 장점도 있지만 소농들이 어렵지 않겠습니까?

서 의원 예, 저 같은 경우 땅을 살 때 제일 어려웠습니다. 그런데 제가 질문하는 것은 땅 문제도 중요하지만 우선 농업이란 생명과 관계가 깊지 않습니까? 그런데 경제적 가치. 이윤을 높이기 위해, 수확량을 높이기 위해 비료 주는 양을 높인다든가 하는 죽임의 농법으로 간다는 것이 세계적인 추세가 아닌가 보입니다.

김 주석 좋은 얘기입니다. 물론 북조선에서는 쌀이 충분하진 않습니다. 대신 잡곡이 많습니다. 우리는 될 수 있으면 좋은 땅 맑은 물의 오염을 막고 있습니다. 소출을 올리기 위해 비료 많이 주고 제초제 쓰면 우선은 편하고 농민의 수입은 오르겠지만 결국은 그게 죽음으로 가는 길이 아니겠습니까? 그리고 경쟁 심리에서는 욕심으로 치닫는 수밖에 없지요. 강대국들이 또는 잘 산다는 나라들이 소비하고 자동차 많은 것으로 잘사는 기준을 삼고 있는데 잘 산다는 나라들 많이 소비하는 나라들의 문제가 상상 외로 많아지고 있습니다. 대동강에서 고기 잡아서 먹을 수 있습니다. 한강에서 고기 낚아서 마음 놓고 먹을 수 있습니까? 그리고 우리 농민들은 건강이 안 좋고 아프면 본인 부담이 거의 없이 치료해주고 있습니다. 우리는 농민을 제일 우선으로 대우하고 있습니다. 왜냐하면 말씀하신 대로 생명 그 자체를 농민의 손으로 살피고 있지 않습니까?

조선에선 기름 한 방울 안 나고 있습니다. 서울이 차가 많다고 우리보다 부자로 잘 산다 그러는데 농민들 매년 빚지게 만들고 서울사람 몇 사람이

자가용 있다 해서 무슨 소용 있습니까?

서 의원 잘 알겠습니다. 저는 그래서 북한의 농업기술이나 농업을 운영하는 농민의 입장도 남한의 화학농사와는 상당한 차이가 있으리라 봅니다마는 농약 공해라든가, 일손 부족으로 심지어 논두렁 밭두렁 풀도 화학제초제로 죽이고 씨를 뿌리고 있습니다마는 북한의 농법과 남한의 농법을 비교연구 하는 작업이 이루어져야 한다는 뜻에서 남북한 종자·가축 등의 정보교환은 꼭 이뤄져야 한다는 주장입니다.

그리고 생명의 농법 공동위원회라든가 남북생명농사위원회라든가 하는 차원에서 농민은 재창조자로서 대우를 받아야 한다고 주장합니다. 즉 농민은 건강문제, 휴가문제, 교육문제, 주택문제 등에서 모두 특혜를 받아야 합니다.

우리는 농업문제에 대해 좀 더 깊이 있게 다루고 싶은 맘이 있었지만 정해진 시간 때문에 식사와 함께 이야기를 마칠 수밖에 없었습니다.

김 주석은 나에게 "이제 헤어지면 언제 또 만날지 모르지만 통일이 돼서 다시 만나 이 술을 들기를 희망합니다"라며 자주색 술을 한 잔 더 들었다.

김 주석 만나서 회담을 마치고 나는 삼지연으로 갔습니다. 가면서 김 선생은 다음과 같이 말했습니다.

김 선생 오늘 수령님께서 놀라움을 표시하셨습니다.

서 의원 아, 내가 무슨 실수라도 했습니까?

김 선생 아닙니다. 사실은 지금까지 동포 중에서 수령님 앞에서 서 의원 선생처럼 솔직하고 대담하게 의사를 밝히는 사람이 없었습니다.

서 의원 나는 특별히 곱게 다듬어 말하는 재주도 없으며 듣는 사람이 불편이 없게 하는 교양을 갖추지도 못한 게 사실입니다. 다만 평소에 살아왔던 소신으로 말씀을 드렸을 뿐입니다.

김 선생 수령님께서는 아주 놀라셨습니다. 대단한 사람이라고 하셨어요.

서 의원 글쎄요, 무엇이 대단한 것이었는지 알 수 없지만 나는 여기 관광하러 온 게 아닙니다. 우리 겨레를 억누르는 모순이 바로 쪼개진 조국의 현실에서 기인했다는 확신을 갖고 있고 또 그렇게 된 이 땅의 한을 풀어야 한다는 나의 목표가 있습니다. 다른 것은 없습니다.

김 선생 옳습니다. 우리는 그 모순을 공동의 노력으로 깨야 합니다. 아무튼 오늘의 대화는 너무도 중요했습니다.

서 의원 모든 일은 실천이 중요합니다. 이제 이것저것 다 제치고 과감하게 실천해야 합니다. 「우리의 소원은 통일」이라는 노래를 남북이 같이 부르고 있는 줄 압니다. 그 노래를 7천만 겨레가 목청을 높여서 합창할 날을 우리 성공시킵시다.

김 선생 꼭 성공해야지요. 한민족인 우리가 무엇 때문에 적이 됐습니까? 우리는 하나이지요.

서 의원 김 선생님 나는 조국산천을 꽉 보듬고 가끔 부르는 노래가 있습니다. 그리고 산에 가서 나는 주로 이 노래를 부릅니다. (주위의 사람들이 박수를 치기 시작했습니다.) 부르라고 안 하셨으면 나는 섭섭했을 겁니다. 부르지요. 이 노래는 1950년대의 대중가수 남인수 선생이 피맺히게 불렀지요. 3절까지 부르겠습니다. 이름은 「삼팔선」입니다.

북한방문을 마치고 평양 공항으로 와서 탑승하기 전 응접실에서 차를 한 잔씩 나누고 있는데 허담 위원장이 도착했습니다.

허담 짧은 시간에 쉬시지도 못하고 강행을 해서 얼마나 피곤하시겠습니까.

서 의원 주석님을 뵙고 제가 평소 때 생각했던 또 해야 된다는 일들을 중심으로 의견을 교환한 점이 큰 소득이라고 봅니다.

허담 감사합니다. 뭐 당장이야 쉽게 일이 풀리겠습니까마는 우리는 이 땅 위에서 다시는 동족끼리 피 흘리는 전쟁은 끝을 내야 합니다. 가까운 장래에 통일의 문이 열려 자유스럽게 오고 갈 수 있기를 기대합니다. 안녕히 가십시오.

말 · 1990년 9월호

나의 사랑하는 북한 아내 순임에게

1990년 12월 『말』지 편집실에는 독일에 있는 독자로부터 한 통의 편지가 날아들었다. 1989년 10월부터 4개월간 본지에 수기를 연재했던 인민군 종군기자 이인모씨의 아내와 아들이 현재 평양에 살고 있음을 확인했다는 내용이었다. 이 글은 이인모씨가 북에 있는 아내에게 40년 만에 보내는 편지다.

이인모 · 비전향장기수(1993년 송환)

1950년 7월 마지막으로 본 아내

여보, 순임이.

1950년 7월, 내가 전선으로 떠나던 그날 아침, 현관에서 신발을 신고 신돌매(신발끈─편집자)를 졸라맬 때 당신은 문설주에 붙어 서서 어린 것을 안고 눈물을 흘렸지요.

당신이 너무나 슬피 우니 역시 슬픈 얼굴로 떠나는 나를 바라보고 계시다 "야, 순임아 울지 마라. 내가 열여덟에 저 애 아버지가 세상을 떠났고 그 후 일곱 달만에 유복자를 낳아 오늘까지 저 애만 바라보며 수절하였는데 하늘이 무심찮아 죽지 않고 살아 돌아올 것이다"라고 말씀하시던 어머님.

일제에 반대하는 애국자들의 심부름을 든다고(한다고-편집자) 내가 떠돌아다녀 어머님은 내내 혼자 지내셔야 했소. 집을 수색하러 종종 찾아오는 일제 경찰의 온갖 횡포를 참으면서 사셔야 했던 어머님에게 해방은 얼마나 기쁜 일이었겠소.

내 나이 열여섯 살에 애국자들의 심부름을 들다가 처음으로 일제경찰에 잡혀갔다오. 자식 놈 얼굴이라도 보려고 경찰서로 떠나려는 어머님을 외삼촌이 "젊은 과부가 면회를 가면 일제 경찰 놈들이 너를 농락하려고 별짓을 다 할 터이니 집에 가만히 있어라. 내가 알아서 처리할 테다" 하며 말리셨답니다. 그래 어머님은 붙잡혀간 아들 얼굴도 못보고 눈물만 흘리셔야 했지요.

그해 가을 규밀밭 가을을 하는데

(추수를 하는데-편집자), 할아버지·삼촌들 모두 다 낫을 들고 고랑을 썩썩 베어나가는데 어머님 혼자 낫을 쥔 채 고랑에 엎드려 계셨더랍니다.

'아들 생각에 저런 모양이다' 하고 생각한 다른 사람들이 무어라 말도 못하고 계속 고랑을 베어나가다가 그 고랑을 다 베고 딴 고랑을 베어 돌아올 때까지도 어머님이 그 자리에 그러고 계시더라지요. 삼촌이 하도 딱해 "아주머니 무얼 생각하고 있어요?" 하고 말을 붙이자 화닥닥 정신이 든 어머님은 "얘가 왔기에 이야기를 하고 있었는데…… 내가 꿈을 꾸었나, 얘가 어디 갔지? 금방 여기 있었는데……" 하며 헛소리를 하셨답니다.

해방이 돼서 아들과 함께 마음 놓고 살게 되어 마냥 기쁨에 젖어 계시던 어머니, 그러나 해방 이후 5년간 하늘처럼 믿고 살던 아들이 전선에 나가게 됐을 때 떠나는 아들 앞에서 결코 그 아픈 마음을 내보이지 않고 태연한 체 하시던 불쌍한 어머니, 그리고 당신을 전선에서의 어떠한 곤란 속에서도 잊어본 적이 있었겠소.

어머님과 당신을 두고 떠난 그날 아침 평양에 가니 중앙당에서 급히 군대 문화부로 가라는 것이었소. 그래서 그쪽으로 가서 문화부 종군기자로 배치받고 서부전선으로 떠나게 되었다오. 그런데 서울에 있는 인민군대들이 급하게 필요해 하니 따발탄을 몇 궤짝만이라도 내가 타고 갈 트럭에 싣고 가 달라는 부탁이 있어서 그렇게 하게 되었소.

미군 비행기의 심한 폭격 때문에 차에 불도 못 켜고 어둠 속을 달리는데 경기도 평택을 지나 대전으로 가는 길을 지날 때였소. 공주로 가는 갈림길에 다리가 하나 있었는데 미군 비행기가 그 다리를 끊는다고 폭격을 한 것이 빗나가 한 톤짜리 폭탄이 대전 가는 길에 떨어져 큰 구덩이가 생겼던 모양이오. 어둠 속에서 여기를 지나다 그만 차가 뒤집히고 말았소. 맨 밑에 깔린 내 위에는 따발탄 궤짝이 덮이고 그 위에 다시 차 무게가 내리누르고 하여 정신이 희미해져 갈 때 내 머리에 떠오른 것은 '나이 어린 당신을 못 보고 죽는구나' 하는 생각이었다오. 다행히도 뒤에서 오던 차가 곧바로 멈춰서 전복된 차를 끌어낸 결과 목숨을 건질 수 있었소. 이것이 전선에 나와 처음으로 맞은 죽을 고비였지요.

북으로 가지 않고 지리산에 남은 뜻은

또 한 번은 당시 제1선이었던 경남 사천에 있는 6사 문화부에 취재 관계로 갔다가 진주로 돌아오던 때의 얘기요. 남강 다리를 건너려는 순간 미군 비행기가 여러 대 몰려와 다리를 마구 폭격하는 것이 아니겠소? 몸을 숨길 곳이 없어 헤매는데 다리 옆 폭격에 타버린 빈터에 굴러있는 밥 짓던 가마솥이 눈에 들어오기에 하도 급하여 그것을 머리에 둘러쓰고 엎드려 있었다오. 폭격이 끝난 다음 가마솥을 벗고 일어서니 집 타버린 재와 가마솥 검댕이로 몸을 가린 옷 전체가 새카맣게 돼버렸소. 옷을 벗어서 남강 물에 씻어 풀 넝쿨에 널어 말리면서 오로지 생각나는 것은 당신뿐이었소. 다시는 보지 못하게 되는 것이 아닐까 생각하니 당신이 보고 싶어 미칠 것만 같더군요.

미군의 인천 상륙으로 인민군대가 북으로 후퇴했을 때 당신은 미친 듯이 나를 찾았으리라 생각하오. 내가 당신이 있는 북으로 가지 않고 지리산에 남은 일, 그리하여 40년이 지난 지금까지 당신을 대하지 못하고 있는 일, 이 모든 결과를 가져온 나의 선택에 대해 이야기해보려 하오.

내가 후퇴하여 지리산에 들어갔을 때 빨치산을 뽑는 심사가 진행되고 있었는데 사실 나는 몸이 약하다하여 심사에 떨어졌었다오. 그래도 해보겠다고 사정을 했는데 북으로 후퇴하란 말만 들었지요.

여기서는 안 되겠다 싶어 나는 가까운 곳에 있는 진양군 군당에 찾아가 사정해 보기로 했소. 한 20리 정도 내려가니 대원사라는 절이 있고 그 옆 골짜기에 진양군당의 거점이 있었소. 군당위원장을 만나 내가 그곳까지 찾아온 사연을 이야기하니 그의 말이 경리부에 있는 취사장에 가서 밥부터 먹고 오라는 것이었소. 밥을 먹고 다시 가니 그는 "진양 군당 거점을 평촌 부락으로 옮기니 동지는 여기 남아 소를 지키고 있으라"고 했소.

산중에 웬 소인가 했더니 인민군대가 급히 후퇴하면서 전투지구 주변에 널려 있는 임자 잃은 소들에

탄환을 싣고 왔다가 험한 산길로 소들이 더이상 갈 수 없게 되자 소임자를 찾아달라고 사정사정하며 진양 군당에 맡긴 소라는 것이었소. 그런데 소임자를 찾기는 힘든 일이라 이 지역에 소 없는 사람을 알아보고 그들에게 나눠줄 수밖에 없는데 그때까지만 지키고 있으라는 얘기였소.

결국 북쪽 출신 세 명과 그 지방 출신 두 명이 남아 소를 지키게 되었소. 하룻밤을 자고 나니 북쪽 출신 한 사람이 자기는 북으로 후퇴하겠다며 식량을 좀 나눠달라는 것이었소. "진양 군당에서 지시받은 일이 있는데 아무 연락도 없이 가서야 되겠는가"하고 말렸으나 기어코 가겠다기에 밀가루를 덜어주니 그는 떡을 구워가지고 떠났소. 좀 있다가 나머지 북쪽 출신 한 사람도 후퇴하겠다고 나서는 것이 아니겠소. 결국 그도 떠나고 그 지방 출신 둘과 나 셋이서 쓸쓸히

새운 그 밤에 내 마음이 어땠겠는지 당신이 짐작해볼 수 있겠소?

당신이 나하고 결혼하겠다고 했을 때 당신 어머니는 크게 반대하셨지요. 그때 당신 어머니가 우리의 결혼을 반대한 것은 자식에 대한 모성애 때문이었지 다른 이유는 아니었다는 것을 나는 이해하고 있소. 열여덟 살에 과부가 되어 그 아들 하나 바라보며 갖은 고통을 참으며 수절한 늙은 어머니를 돌보지 않고 자기 혼자 돌아다닌 사람이니 자기 아내도 그 불쌍한 어머니와 같이 팽개칠지도 모른다는 당신 어머니의 염려는 어쩌면 당연한 것이 아니었겠소?

빨치산 심사에 떨어지고도 당신이 있는 북쪽으로 후퇴하지 않고 산에 남은 나의 처사를 보면 당신 어머님이 옳았는지도 모르오. "순임이를 자네에게 절대 줄 수 없다"는 당신 어머니의 말을 받아들였더라면 당신이 과부 아닌 과부는 되

지 않았을 터인데 하는 생각도 하여본다오.

여보!

지리산에서 소를 지키게 됐을 때 후퇴하겠다는 사람들과 함께 떠나지 않고 오히려 그들을 말렸던 것은 조국통일을 위해서였다든지, 당신을 생각하는 마음이 부족해서는 아니었다든지 하는 말을 길게 늘어놓고 싶지 않구려. 당신이라면 내 맘을 알 것이오 당신이 생각해보오.

무릎에 총 맞고 잡혀

그 후 경남도당 산하의 유격대원이 되어 겪은 이런저런 일들은 생략하고 내가 오늘까지 살아있게 된 까닭이기도 한 포로가 된 순간의 얘기를 들려주고 싶소.

1950년 12월 국군의 총공세가 전개되었소. 우리 부대는 이른 새벽 마천으로 가기 위해 능선을 있는 힘을 다하여 오르고 있었는데, 저 위에서 앞서가는 심상태 동지가 흰 눈을 벌겋게 물들이며 굴러 내려오는 게 아니겠소? "오르지 말라"는 심 동지의 고함에 그 자리에 섰더니, 그가 계속 굴러 내려와 "능선에 오르자마자 국군이 고지에 걸어놓은 중기를 마구 쏘아 허동욱 동지(경남도당 부위원장)가 즉사하고 나도 복부를 맞았으니 빨리 피하라"는 것이었소.

우리는 방향을 바꿔 대성골로 가기로 했는데 여기서 나는 무릎에 총알을 맞고 말았소. 같이 가던 조영래 동지가 옷을 찢어 내 무릎을 싸맨 다음 나를 그 옆 바위에 은폐시켰다오. 동지들이 수색대와 싸우는 총소리가 잦아든 후 수색대의 총구가 내가 숨은 바위틈까지 찾아들었소. 그들이 "꼼짝 마라"고 소리치며 총구를 가슴에 들이대던 일, 출혈이 심해 정신이 아뜩한 나를 목고에 담아 수색대 지휘부로 끌고

갔던 일이 희미한 기억으로 남아
있소.

여보!

그 추운 겨울, 탄환을 배에 맞은
채로 동지를 살리겠다고 눈 위를
굴러 내려온 동지가 죽어가는 모습
을 이 눈으로 보면서도 그를 두고
나는 살겠다고 바위틈에 숨을 때의
내 마음이 어땠겠소? 이것이 바로
분단된 조국의 슬픔이요, 민족적
인 비극이 아니겠소?

여보!

내가 당신이 있는 북으로 후퇴하
지 않고 삶과 죽음을 넘나들어야
하는 지리산에 남은 행동에 소영웅
심이나 이기심과 같은 불순한 부분
이 끼어있었다면 나는 그것에 대해
당신에게 용서를 빌고 싶소.

진실이 깃든 겉보리 덕에 견딘 징역살이

한시도 잊은 적이 없는 당신에게

꼭 들려주고 싶은 이야기가 있소.
역시 내가 선택한 삶의 현장 지리
산에서 남쪽 출신의 동지로부터 전
해 받은 진실한 마음에 대한 얘기
요.

1950년 대공세 때 전투 중 후퇴
하여 토굴 속에 숨어 있을 때의
일이오. 조영래 동지가 모두에게
호주머니를 들추어 비상식량을 꺼
내놓으라고 했소. 모두들 호주머
니를 터니 쌀도 아닌 겉보리가 두
어 주먹 나왔소. 모두들 굶고 있으
니 그것을 조금씩 나눠주는가 했더
니 그게 아니었소. 그 겉보리를 모
두 나의 호주머니에 넣어주며 "북
쪽 출신이라 말씨도 다르니 앞으로
제일 곤란할 것이오. 급할 때 그거
라도 씹으시오" 하는 게 아니겠소?

그 진실한 전우애를 내 어찌 잊
겠소. 감옥에 갇혀 캄캄한 좁은 독
방에 앉아 한두 해도 아닌 몇십
년. 가족이 없으니 편지도 없고 편
지가 없으니 회답도 할 수 없는

그야말로 꼼짝 못하고 당국에서 주는 밥덩이만 바라고 앉아있는 고통스런 징역살이를 참고 이겨낼 수 있었던 것은 내 마음속에 영원히 간직해온 당신 그리고 조영래 동지의 진실이 깃든 겉보리 덕분이었다오.

당신과 나와 우리의 어린 것이 건전하게 살 수 있는 통일조국의 꿈, 그것을 위해 지리산 눈밭을 달리고 달렸는데 그 세월이 40년이 되었구료.

이제 다 늙어 죽게 된 지금 나에게 간절한 소망이 있다면 조국이 통일되어 당신과 함께 어머님 묘 앞에서 목이 터지게 어머니를 부르며 통곡하고 싶은 것뿐이라오.

다시금 조국통일을 외치며 당신의 얼굴을 그리면서 이만 그치겠소.

1991년 1월
이인모

말 · 1991년 2월호

제2장

경제

'투기와 테러의 왕국' 삼성그룹

결과는 예상한 대로 이병철의 삼성이 계획적인 밀수를 한 것으로 판명되었다. 이병철은 관계자들에게 2백만 달러의 정식 커미션을 상납하고 국내에서 이를 보증하는 한편 내자조달 속셈으로 한국시장에서 가장 인기 있는 품목만을 골라 비료 공장 건설자재라고 위장하여 밀수입을 하고 있었다.(『김형욱 회고록』 중에서)

이성태·전국노운협 노동자신문 기자

'삼성의 황제' 이병철

'노조 없는 삼성'의 단계를 넘어 '노조를 필요로 하지 않는 삼성'이 되었다는 '삼성왕국'에서 또다시 '반란'이 일어났다. 1989년 6월 1일 삼성조선 노동자들이 회유와 탄압을 뚫고 파업에 들어갔다. 삼성조선 노동자들은 작년 민주노조 설립투쟁이 좌절된 이후에도 결코 삼성과의 싸움이 끝나지 않았음을, 그리고 새로운 싸움이 시작되었음을 선언한 것이다.

작년 삼성조선 노동자들의 투쟁과정에서 반도체 등 첨단산업의 선두주자 삼성, 눈만 뜨면 '인간제일'을 외치는 삼성에서 노동자들은 돈 주고 부려 먹는 노예에 불과하다는 사실이 분명히 드러났다. 노동자들은 삼성이 교육한 내용에 의심을 품지 말고 노조를 싫어하는 '회장'의 뜻에 어긋나는 일을 하지 말면서 오직 주는 대로 받고 고분고분 일하는 모범적인 '신민' 삼성맨이 되어야만 쫓겨나지 않고 살 수 있는 것이다.

　삼성은 이미 '암울한 왕국'이 되어 있다. 다섯 사람 이상의 노동자가 모이면 신고해야 되는 곳, 동료가 동료를 감시하고 고발하는 곳, 무비 카메라가 감시하고 도청 장치로 엿듣는 곳, 한 번 찍히면 평생 감시 대상이 되는 곳이 바로 지금도 '휴먼테크'를 속삭이는 삼성왕국이다.

　지금 독점재벌 삼성은 매출액 17조에 제당·모직에서 신문·병원 등 거의 전 업종에 걸친 42개의 계열사와 15만 노동자를 거느린 거대한 왕국을 구축하고 있다. 과연 삼성은 어떻게 이 같은 독점재벌의 아성을 쌓아올 수 있었을까. 이병철 회장이 "면면이 장엄과 생기발랄함과 창의력과 결단력을 겸비(「중앙일보」 사설)"했기 때문인가. 삼성의 「신입사원연수교재」에는 다음과 같이 쓰여 있다.

　　즉 국가가 부강해야 국민이 행복하다는 신념을 가지고 사업을 통해서 국가를 부강하게 하는 길에 일생을 바치기로 했던 것이다. …… 이 회장이 지난 40여 년의 기업 활동 중에 40여 개의 회사를 새로 설립하거나 인수해서 훌륭한 기업으로 키운 사실만 봐도 이와 같은 경영이념이 얼마나 훌륭하게 수행되었는가를 웅변적으로 증명하고도 남음이 있다.

따라서 이병철씨의 헌신적인(?) 노력에 의해서 이룩된 삼성왕국 내에서 그는 절대적인 권력자로 군림할 수밖에 없었다.

이제는 없어졌지만 해마다 효창운동장에서 열리는 삼성그룹 종합체육대회에서 사원들이 카드섹션으로 그의 얼굴 모습을 화려하게 펼쳤던 일, 또 한때 경호원을 꼭 수행케 했던 일, 이사급 운전기사를 둔 일 등이 그의 고고한(?) 처신과 연결되어 그에게 천황(사내의 별명)의 이미지(?)를 안겨 주었던 것은 사실이다.(「재벌 25시」 중에서)

그러나 삼성은 '밀수와 탈세' 등 수단, 방법을 가리지 않은 돈벌이를 통해 커온 것으로 이미 세상에 알려져 있다. 삼성재벌이 성장할 수 있었던 비결이 있다면 그것은 철저히 정치권력과 유착, 온갖 특혜를 받으면서 노동자들의 피땀을 쥐어 짜온 것에 있을 뿐이다.

술장사와 부동산투기로 시작

이병철씨는 1936년 협동정미소를 차려 사업을 시작한다. 물론 그 자금은 대부분이 식산은행 마산지점으로부터 대부받은 것이었다.

사전 업종조사를 마친 이병철씨가 첫 사업 후보지로 마산을 택한 것은 당시 마산이 경남 일대의 농산물 집산지라는 사실에 착안해서였다. 일본으로 보내기 위해 이곳에 모이는 쌀은 연간 수백만 석에 달했다.

이병철씨는 사업의 동기를 그의 자서전인 『호암자전』에서 이렇게 말했다.

물론 구체적인 계획이 떠오른 것은 아니었다. 무엇인가 해야 한다. ······ 독립을 위해서 투신하는 것 못지않게 국민을 빈곤에서 구하는 일이 또한 시급하다. 식민지하에서 관리생활이란 떳떳하지 못하다. 사업에 투신하자. 꾸민 것처럼 들릴지 모르나 사실이다.

일제하에서 농민의 쌀을 수탈해 일본으로 보내는 과정을 중계해 돈을 버는 것이 이병철씨에게는 '국민을 빈곤에서 구하는 일'이었던 것이다.

1년 후 이병철씨는 정미업과 함께 도정한 쌀을 운반하기 위해서 운송업을 시작했다. 일제의 중요한 조선수탈 축이 식량수탈이었으므로 이병철씨 사업이 안 된다면 오히려 이상했을 것이다. 돈이 쌓이기 시작했다. 이병철씨는 즉시 삼성의 주특기인 부동산투기, 즉 토지를 사 모으기 시작했다. 투기의 출발 동기는 아주 간단하고 순수(?)했다.

이때 산 논은 평당 25전으로 총액은 10만 원, 그런데 은행의 감정결과는 11만 원을 융자해 줄 수 있다는 것이다. 매입대금은 은행융자로 전액 지불하고도 남는다. 이렇게 손쉬운 돈벌이는 흔하지 않을 것이다. 토지 투자사업은 순조로웠다. 식산은행의 금고가 마치 나의 금고로 착각될 정도가 되었다.(『호암자전』 중에서)

1938년에 이르러 이병철은 드디어 식품가게인 삼성상회와 양조업을 시작했다. 중일전쟁의 장기화로 전시 체제가 강화되어 식품장사와 술장사는 돈 잘 버는 사업이었다. 특히 양조업은 재고부족으로 고민하는 형편이었다. 이때에 이르러 '독립운동 하는 것 못지않은 사업'을 했던 이병철씨는 요정에 파묻히기 시작한다.

> 항상 친구나 양조업자들과 어울려 요정으로 향하는 일이 잦았다. 돈과 시간을
> 주체 못하듯 밤마다 새벽 1시가 지나서야 귀가하고 아침에는 열 시가 넘어서
> 야 일어나는 나태한 생활이 계속되었다. …… 대구의 요정이 싫증이 나면
> 서울이나 동래 등지로 나들이를 했으며 그래도 마음에 차지 않으면 일본의
> 별부나 경도 등지로 원정까지도 했다.(『호암자전』 중에서)

이런 이병철씨의 '사업보국' 정신 즉 국민을 구하기 위해 수단과 방법을
가리지 않고 돈을 벌자'는 정신은 해방이 되어서도 면면히 이어진다.

가장 존경하는 인물 이승만

이승만 정권하에서 삼성은 미국원조의 주종인 설탕·밀가루·면
화 등을 가공해 파는 소비재산업에 뛰어 든다.

1953년 임시수도인 부산에서 이병철씨는 수입상인 삼성물산주식회사
를 설립했다. 삼성물산의 사업은 당연히 번창해 1년 후에는 3억 원의
출자금이 20배인 60억 원으로 늘어났다. 곧이어 이병철은 "국민의 일상적
인 필수품을 언제까지나 수입에 의존하고 있으면 해외의존의 국민생활이
나 경제체질을 영원히 탈피할 수 없다"는 미명하에 제일제당을 만들어
떼돈을 번다.

더구나 공장설립에 들어간 자금도 모두 "사업취지에 대한 상공부 등
관계당국의 이해와 지지로 18만 불, 그리고 내자의 부족분은 상공은행의

이상실 행장이 선뜻 2천만 환의 융자를 허락해주어(『호암자전』 중에서)"
거뜬히 해결되었다.

당시 남한 민중은 생활필수품·의약품이 부족해 고통 받고 있었다.
그럼에도 굳이 이병철씨는 설탕공장을 지었던 것이다. 돈벌이를 위해서라
면 민족의 이익이나 민중의 고통쯤은 아랑곳 하지 않는 독점재벌의 본질이
이미 나타나고 있었다고나 할까.

이 무렵 이승만 정권은 은행민영화를 추진했다. 그때까지 은행은 정부
소유로 되어 있었다. 일제 강점기부터 은행 맛을 알고 있었던 이병철씨가
은행을 마다할 리가 없었다.

이 은행주 불하는 재벌의 실력을 가늠하는 각축장의 성격을 띠고 있어
기업들은 정치적 영향력 등 모든 수단을 다 동원하고 있었다. 결국 '정부의
요청에 따라' 흥업은행 주의 83%를 시작으로 조흥은행 주 55% 상업은행
주식의 50%를 매입함으로써 전체 시중은행 주식의 50%가 이병철씨의
손아귀에 굴러 떨어졌다. 이에 대해 이병철씨는 이렇게 쓰고 있다.

이미 산업계에서 삼성의 비중이 큰 터에 금융기관까지 장악했으니 삼성의
우위는 절대적이었다. 그러나 이 입장을 이용하여 임의로 금융기관을 운영하
고자 했던 것은 결코 아니다. 시중 은행주를 매수한 것은 이 나라 금융의
근대화를 기필코 실현하자는 일념에서였다.

삼분폭리와 사카린 밀수
4월 혁명이 터지자 국민들은 이병철이라는 부정축재자의 처단

을 강력히 요구했다. 1960년 9월에는 삼성 6개사에 대해서 전체 추징금의 25%인 50여억 환의 금액이 통고되었다.

이병철씨가 국민의 지탄을 피해 일본으로 도피해 있던 중에 5·16쿠데타가 발생했다. 그는 고심 끝에 '전 재산의 국가헌납'을 내용으로 하는 편지를 박정희 소장에게로 보냈다. 귀국해 박정희 소장을 만난 이병철씨는 '정경유착의 필연성'을 역설해 이후 부정축재자 문제는 흐지부지 끝나게 된다.

그러나 오래지 않아 '제 버릇 남 줄 수 없는' 이병철씨와 삼성은 '삼분폭리 사건'과 '사카린 밀수사건'을 일으켰다. 삼분폭리 사건은 삼성 등의 재벌이 원조 달러를 이용해 밀가루·설탕·시멘트를 독점생산 한 후 엄청난 값으로 되판 사건이다.

또한 사카린 밀수사건은 공사 건설 중이던 삼성그룹 계열의 한국비료가 건축자재를 가장, 사카린 원료인 OTSA 60톤을 일본으로부터 도입해 그중 38톤을 금복화학에 내다판 사건이었다. 이 사건은 운반인부 몇 명이 사카린을 훔쳐 팔다 들통이 났다. 물론 이병철씨는 '전혀 모르는 일이며 사실무근'이라고 오리발을 내밀었다.

결과는 예상한 대로 이병철의 삼성이 계획적인 밀수를 한 것으로 판명되었다. 이병철은 관계자들에게 2백만 달러의 정식 커미션을 상납하고 국내에서 이를 보증하는 한편 내자조달 속셈으로 한국시장에서 가장 인기 있는 품목만을 골라 비료공장 건설자재라고 위장하여 밀수입을 하고 있었다. 그 품목들이 사카린은 물론 표백제·전화기제품·수세식변기, 심지어 목욕하는 욕조에 이르기까지 1만여 가지에 달하고 있었다. 울산 현장에서 나의 요원들이 조사를 시작하자 이병철 측은 당황하여 물건들을 모래사장에 묻기도 하고

바다에다 버리기도 하면서 난리를 쳤다.(『김형욱 회고록』 중에서)

결국 '건설 중인 한국비료를 국가에 바치는 동시에 모든 사업에서 손을 떼겠다'고 발표하고 이병철씨는 한 발 물러서게 된다. 그러나 이병철씨는 이 사건을 겪으면서도 반성은커녕 오히려 한술 더 떠 언론이 일을 망쳤다고 생각하고 언론을 장악하려 시도한다. 그래서 이병철씨는 라디오 서울과 동양텔레비전방송 그리고 중앙일보를 각각 설립한다.

1970년대에 들어와서도 삼성왕국의 영토 확장은 멈출 줄을 몰랐다. 박정희 대통령에게 직접 부탁하여 따낸 삼성전자를 시작으로 호텔신라, 삼성석유화학, 삼성중공업 등이 잇따라 설립되었다.

삼성왕국의 완성

1980년 5공화국이 들어서자 이병철씨의 삼성왕국은 제철을 만나게 된다. '제5공화국'을 구성하고 있는 주축인 소위 'TK사단의 대부'라는 신현확씨 그리고 전두환·노태우씨와 이미 관계를 형성하고 있었기 때문이다. 〈표1〉을 보면 정경유착의 검은 고리가 확연히 드러난다.

기부금 납부에 있어 삼성이 빠진다면 이상할 지경이었다. 당연히 일해재단에 45억을 바친 것을 시작으로 삼성과 독재정권 사이의 역사는 다시 '화려하게' 꽃피기 시작한다.

삼성은 1980년대 들어 급성장을 계속해 드디어 현대를 추월하고 10여 년 만에 다시 1위를 차지했다. 그리고 한국전자통신 등의 인수와 부동산투기를 통해 중앙일보사·고려병원에서 반도체통신에 이르는 삼성왕국을 완성했다.

그럼에도 삼성은 지금까지도 돈벌이가 된다고 판단하면 일단 인수하고 보는 '못된 버릇'을 여전히 가지고 있다. 〈표2〉에서 보는 것처럼 첨단산업의 삼성이 어처구니없게도 옥수수기름 등 중소기업 고유업종 8개 분야에 진출해 있다. 게다가 1982년부터 신발제조업체인 스타원과는 실질적인 계열관계를 형성해 오면서도 여신규제 및 여론을 의식, 협력업체로 위장시켜 오기까지 했다.(「국민일보」 1989. 5. 16)

삼성의 반민중성을 보여주는 또 하나의 사건이 있다. 1989년 삼성계열 골프장인 안양컨트리클럽이 인접 지역의 서민아파트 건설을 저지한 것이다. 서민아파트가 들어설 경우 골프장 내부가 편히 들여다보여 내방객들로부터 골프장 이미지가 크게 나빠진다는 것이다. '독점재벌의 천국'에서 허덕여야 하는 민중의 현실이 적나라하게 드러나는 것이다. 하기야 같은 재벌인 동부의 한국비료 인수(이미 장관회

〈표1〉 이병철의 성장 과정

정부 및 관계

성 명	직 위	관 계
김성진	문공부장관	동생 김현진 삼성물산 근무
황산덕	법무부장관	홍진기 사장과 친교
신직수	중앙정보부장	홍진기 사장과 사돈
신현확	보사부장관	홍진기 사장과 친교
민복기	대법원장	홍진기 사장과 친교
이진중	검찰총장	홍진기 사장과 친교
윤만덕	CIA 부국장	이종기 상무와 친교

군부

성 명	직 위	관 계
이세호	참모총장	3군사령관 시부터 친교
신정수	제9사단장	자매부대 관계
고광도	육군참모차장	이종기 상무 친교
차규헌	수도사령관	이종기 상무 친교
김영선	제2훈련소장	이종기 상무 친교
전두환	경호실 차장	이건희 친교
노태우	공수단장	이건희 친교

1977년 중앙정보부 작성 보고서 「이병철과 삼성왕국」에서 재인용

의에서 합의한)를 저지
한 삼성의 실력이니 서민
아파트 건설저지 정도야
지극히 '상식적'이라고
할 수밖에 없다.

〈표2〉 주요그룹별 중소기업 고유업종 참여 현황

업체명	전경련의 38개 해제요청 품목
삼성(8개)	도금업, 골판지 상자, 순방모사, 혼방모사, 순방모직물, 혼방모직물, 시계케이스, 옥수수기름

「국민일보」 1988. 12. 14)

부동산투기와 족벌체제

삼성의 주특기 중 하나는 '부동산 투기'이다. 삼성은 비서실에 부동산 투기전담자를 두고 있다고 알려졌을 정도이다.

부동산 투기 중 용인자연농원은 무려 4백50만 평에 이르는 농지와 임야 위에 '동물의 왕국'을 만든 투기와 사치가 합해진 돈 놀음의 극치를 보여주는 것이다. 이병철씨는 자서전에서 이렇게 변명하고 있다.

"우리 국토의 60%는 산야, 그 중 25%는 개발이 가능하다고 한다. 이를 개발하여 생산적인 자원의 공급원으로 만드는 것은 실질적으로 그만큼 국토를 넓히는 결과가 된다. 용인자연농원은 이런 뜻에서 국토개발의 시범사업으로 착수된 것이다."

개발이 필요하면 안양의 골프장을 개발하면 되는 것이지 멀쩡한 농토를 메우고 농민을 쫓아낼 필요는 없을 것이다.

1980년에 들어와서도 삼성은 여전히 부동산 투기재벌의 '명성'을 빛내고 있다. 〈표3〉을 보면 역시 삼성은 토지와 유형고정자산에서 2위인

〈표3〉 **10대 그룹 유형 고정자산 현황**

그룹	총자산	① 토지	② 건물 및 기계장치	유형고정자산 (①+②)
1. 삼성	5조 9천억	3천억	2조 2천억	2조 5천억
2. 럭키금성	5조 6천억	1천9백억	1조 9천억	2조 1천억

(1989, 한신경제연구소)

의 특성이 있다. 그것은 삼성이 럭키금성에 못지않은 족벌체제라는 것이
다. 일찍이 1971년 이병철씨는 삼성공제회를 설립하면서 이렇게 이야기했
다.

"나는 기업의 사회에 대한 궁극적 책임은 부의 사회적 환원에 있다고 굳게
믿는 바입니다. …… 무릇 기업발전에 있어서는 근로자들의 역할이 지대했습
니다. 더욱이 한국적인 역경 속에서도 오늘의 삼성을 이룩한 것은 오로지
피땀어린 종업원 여러분의 한결같은 노력의 결정의 소산으로 확신합니다."

그러나 이병철씨가 사망하자마자 그의 가족은 15만 삼성노동자와 민중
의 피땀으로 쌓아 올린 삼성을 이리저리 나누어 가졌다. 〈표4〉에서는
그들이 어떻게 삼성을 지배하고 있는가를 잘 보여주고 있다.

'인간중심의 철학'과 노동자탄압

이병철씨는 「중앙일보」 창간 8주년 기념사에서 이렇게 말했다.
"모든 것의 시초는 인간이며 모든 일의 중심 또한 인재이다. 나의 인생체
험과 기업경영을 통하여 절실하게 통감하여 온 것이다."

그러나 이병철씨의 '인간중심'의 철학은 노동자들을 탄압하고 착취하는 데 타의 추종을 불허하는 것이었다. 1950년대 제일제당 노동자들의 농성 투쟁을 깡패들을 동원해 탄압했던 삼성의 '전통'은 1978년 제일제당 김포공장의 노동자들을 폭력적으로 깨부수면서 계속되었다.

〈표4〉 이병철 일가의 삼성지배

이병철(사망)		
맹희	손경식(처남)	안국화재 사장
	재 현(아들)	제일제당 차장
창희		새한미디어 회장
건희		삼성회장
	홍라희(처)	중앙일보 상무
태휘		제일제당 상무
인희		호텔신라 고문
	조운해(남편)	고려병원 이사장
덕희	이종기(남편)	중앙일보 사장
명희		신세계 상무
	정재은(남편)	종합화학 부회장

또한 1987년 삼성중공업 민주노조 설립을 유령노조로 막은 이래 삼성은 2년이 넘는 지금까지 노조설립 자체를 가로 막고 있다. 지금 42개 계열사 중 노조가 있는 곳은 「중앙일보」 등 2개 사에 지나지 않음을 볼 때 삼성의 노동자 탄압이 얼마나 가혹한 것인가를 알 수 있다.

그럼에도 삼성은 '노조 없는 삼성'을 뛰어넘어 '노조를 필요로 하지 않는 삼성'을 이룩했다고 자랑한다.

수원 삼성전자단지의 한 노동자는 이렇게 말했다.

"사실 삼성이 돈을 많이 준다고 하지만 꼭 그렇지만도 않습니다. 삼성전자의 경우 7년 근무에 기본급 24만 원을 받는 정도입니다. 여름이면 50~60도까지 올라가는 숨이 콱콱 막히는 현장에서 일해야 하고요. 2~3달 동안 하루도 못 쉬고 일할 때도 있습니다. 명절요? 용해로가 식으면 안 된다는 핑계로 쉬게 해주지를 않아 삼성코닝 사람은 조상이 없다고 스스로 냉소합니다."

그런데 삼성노동자들은 중공업·안국화재 등 몇몇 사업장을 제외하면 아직 힘있게 싸우지 못하고 있다. 이유는 간단하다. 상식을 뛰어 넘는 무자비한 탄압과 세뇌공작이 판을 치고 있기 때문이다.

삼성의 노사관리 지침

「88노사관리 지침 제4호(위기상황의 인식과 완벽한 대응)」라는 지침서에는 삼성 노동자들에 대한 탄압방침이 자세히 나와 있다.

…… ② 내부동요를 방지하여 「노사관리 1백80일 비상작전」을 성공적으로 수행하는 것은 물론 노사안정의 기틀을 더욱 굳건히 하도록 해야 하겠음.

二. 중점관리사항

1. 대내외 노사 정보활동 강화

민감한 정보활동은 노사관리의 성패를 좌우하는 중요한 요소이므로 경쟁사, 인근사업장을 중심으로 한 외부동향을 빠짐없이 입수, 분석함은 물론 관련사전 사업장이 이를 공유하는 공조체제를 갖추고, 사내의 문제사원에 대한 A, B, C급 구분관리와 아울러 이들의 동태, 접촉하고 있는 인물, 출입하는 장소 등에 대한 파악을 통하여 차질 없는 노사관리를 할 수 있도록 하되, 특히 근무 교대시간을 활용한 불순행동 획책 움직임이나 불온유인물의 반입 경위 등을 철저히 파악, 봉쇄토록 함.

2. 종업원들의 관심을 건전한 방향으로 유도함.

3. 임금인상에 따른 내부분위기 파악 및 홍보강화

4. 총선을 전후한 근무기강의 확립

5. 학연, 지연 등 파벌 조성 방지

6. 비상근무체제 점검

지금의 상황은 노사문제에 관한 한 「실전상황」임을 잊지 말고 다음 사항을 점검하여 한 치의 허점도 없는 철저한 대비를 하도록 함.

① 상황실 운영 및 근무체제

② 농성사태 대비책

· 필요한 인원 및 장구의 사전 준비

· 중장비 등 농성에 사용될 위험물, 장비 등의 관리 철저

③ 대외섭외 강화 및 비상대책

또한 삼성은 비서실에서 작성한 대외비 「노사분규의 향후 전망 및 영향과 대응」에서는 '노조가 불필요한 이유 및 노조설립에 따른 폐해'까지 친절하게(?) 적어두고 있다.

이 자료에는 노조 없이 모범적으로 운영되고 있는 사례로 1989년 초 우리나라 노동자들의 노조결성을 폭력적으로 짓밟았던 모토로라를 들고 있다. '노조 없는 삼성'이란 모토로라처럼 '노조를 박살내는 삼성'임을 쉽게 알 수 있다. 삼성은 노무관리를 하는 것이 아니라 노동자들과 전쟁을 하고 있는 것이다.

올해 4월 폭력구사대(세이콤)는 각목과 쇠파이프로 민주노조를 보장하라는 농성 근로자들을 무차별 구타하고 이에 항의하는 주민과 할아버지를 곤봉으로 후려치고, 배가 부른 임산부를 발로 밟아 낙태시키는 만행을 저질렀던 것이다.(삼성조선 민주노조쟁취위 유인물, 1988. 12. 9)

치밀한 감시와 교육

번번이 삼성노동자들의 노조결성이 좌절되는 것은 삼성재벌의 조직적인 감시와 교육 때문이다. 한 삼성전자 노동자는 이렇게 말했다. "노조를 만들려 하면 싹부터 자릅니다. 삼성코닝의 경우 코닝 안기부라 불리는 교대 관리실이란 것이 있어 각종 정보수집을 합니다. 이 교대관리실은 근무 연수 10년 이상이 되는 생산직 출신으로 구성 됩니다. 동료를 밀고하게 하는 거지요. 또 문제가 되는 사람의 경우 24시간 감시를 해 그 사람이 잘 가는 화장실까지 파악하며, 친구 결혼식장에까지 쫓아다닐 정도입니다. 또 관리자들이 납치해 '나도 옷을 벗어야한다'며 눈물을 흘리며 사표를 호소하는 연극도 합니다. 웬만한 의지로 버티지 못하지요. 또 기숙사에 도청장치, 탈의실에 무비카메라를 설치하는 것은 보통입니다. 사람이라면 정말 할 수 없는 것을 삼성은 서슴없이 합니다."

지난 3월 31일에는 수원의 경기대에서 학생들의 집회내용을 파악하던 삼성 노무과 직원 5명이 발각돼 잡히기도 했다. "삼성은 생산성보다 노동자관리에 더 신경 쓴다"는 어처구니없는 말이 사실로 드러난 사건이었다.

삼성은 한편으로는 가차 없는 탄압을 진행하면서 다른 한편으로는 끈질긴 세뇌교육을 반복한다. 입사 직후 소위 '삼성 맨'으로 만드는 교육을 시작으로 틈만 나면 현장에서 조·반장과 관리자들을 통해 반노동자적인 교육을 시킨다. 1988년에는 현대중공업 테러 주범인 제임스 리와 고문기술자 이근안까지 동원해 노동자들을 협박하기도 했다. 「노사분규의 향후 전망 및 영향과 대응」에는 이렇게 쓰여 있다.

각 사는 종업원에 대한 수시 정신 교육을 통해 직업윤리나 회사관 확립을 자연스럽게 유도해 나가는데 주력해야 할 것임.

교육 실시에 있어서는 강제적 성격을 배제하고 다양한 프로그램을 통해 흥미를 유발토록 하되, 내용에 있어서는 회사의 경영방침이나 실상을 알린다든지, 노조 없이 회사를 잘 이끌어 나가는 성공사례, 종업원이 주도하는 구사사례 등을 적절히 배합하여 회사가 곧 자신들의 삶의 터전임을 분명히 인식토록 하는데 중점을 두어야 할 것임.

한편 경영자나 일선 관리자들은 노사문제를 대함에 있어 지나치게 이론만을 내세우거나 또는 감정적으로 대하기에 앞서 상황에 따라 유연하게 대처할 수 있는 노사관리의 테크닉도 갖추도록 노력하여야 할 것임.

세워지는 민주노조의 깃발

그러나 질식할 듯한 감시의 눈초리 속에서도 삼성노동자들은 투쟁을 계속하고 있다. 납치와 회유, 폭력과 고문을 뚫은 2년간의 끈질긴 투쟁을 벌인 삼성조선 노동자들은 노동자협의회를 활용해 파업에 들어갔다.

또한 「중앙일보」 언론노동자들은 "「중앙일보」를 아예 폐간하고 노조가 없는 새 신문을 검토한" 삼성의 방해 공작을 깨부수고 노조를 결성하고 지켜냈다. 독점재벌 삼성에 민주노조의 찬란한 깃발이 휘날릴 날이 멀지 않은 것이다. 삼성의 한 노동자는 주먹을 불끈 쥐고 이렇게 말했다.

"삼성이 끈질기면 우리는 더 악착같이 싸울 겁니다. 삼성이 강요하는 노동자는 진정한 인간이 아니라 노예이기에 우리는 투쟁할 수밖에 없습니다. 비록 지금은 3개의 노조밖에 없지만 우리는 좌절하지 않습니다. 오래지 않아 민주노조의 돌풍이 불어 닥치리라는 것을 현장 동료들 속에서 느낍니다. 그날을 만들기 위해서 우리는 쓰러지고 또 쓰러져도 다시 일어나 싸울 겁니다."

말 · 1989년 7월호

한국의 기술위기와 대일종속구조

어떻게 보면 우리의 기술위기는 대안이 없어서라기보다는 의지의 결여에서
더 크게 기인한 것이다. 이젠 기술을 보는 시각 자체가 크게 바뀌어야 한다.
기술은 더이상 공장 안에나 있는 것으로 봐선 안 된다. 기술은 패권다툼의
핵심이요, 장래 우리 민족의 현실을 규정하는 요소다.

이재권 · 서울경제신문 과학기술부 기자

'기술마찰'이 '기술전쟁'으로, 기술패권주의의 바람

지금 전 세계적으로 기술패권주의의 바람이 거세게 불고 있다.
세계의 패권을 좌우하고 그 향방을 가름하는 열쇠가 과거의 군사력·영
토·경제력으로부터 '기술'로 옮겨지고 있는 것이다. 물론 한 나라의 군사
력·경제력과 기술력이 동전의 앞뒤처럼 연관성을 갖고 있기는 하지만
최근 들어 기술은 패권의 가장 중요한 결정 요소로서 독자적인 위치를
구축할 만큼 전면에 부각되는 추세를 뚜렷이 보이고 있다.

기술패권주의가 국제정치 판도의 새로운 핵심 분석용어로 등장하기 시작한 것은 세계경제를 주도해온 미국이 무역수지 적자를 기록하기 시작한 지난 1986년부터다. 깜짝 놀란 미국정부가 적자의 내용을 분석해 본즉, 일본 이외의 나라에 대해서는 3백억 달러 정도의 흑자인데도 일본에 대해서는 그것을 웃도는 적자였다. 미국으로서는 결코 인정하고 싶지 않은 처참한 현실이었겠지만 그 후 적자규모는 기하급수적으로 불어났다. 그 직접적인 원인은 미국산업, 특히 하이테크산업의 현저한 경쟁력 상실로 분석됐다.

그때부터 '기술마찰'이 생겨나고, '기술전쟁'의 양상으로 확대돼 지금까지 이어지고 있으며 앞으로도 한 세대 이상은 풍미할 전망이다. 미국이 무역수지 적자를 기록한 즈음부터 미국에서 쏟아져 나온 『강대국의 흥망』『일본의 음모』『기술전쟁』『메이드 인 아메리카』등의 서적은 2류국으로 전락하기에 이른 미국의 신세한탄, 대일 기술 콤플렉스, 국력재건의 촉구 등을 나타내는 동시대정신의 표현이었다. 또 '미국의 시장 진출을 막지 말라'는 성격의 우루과이라운드체제 가동이나 △통상법의 대폭 개정 △엄청난 지적소유권 보호 압력 △산업경쟁력위원회 발족 △국방비 삭감 △연구개발 투자 중 민수기술 비중의 대폭 증대 △속속 제정되는 산업기술 진흥 관련 입법 등은 절치부심한 미국의 절박한 전쟁수단이나 다름없이 비쳐지고 있다.

한편 기술패권주의라는 태풍의 핵으로 떠오른 일본은 어떤가. '미국기술에의 무임승차' '기술도둑' 등 미국 언론·의회·정부로부터 온갖 비난을 동반한 '일본배싱(때리기)'을 당하고 있지만 일본은 이제 미국과 까마득하게 벌려놓은 산업기술의 압도적인 격차를 발판으로 미국뿐 아니라 세계의 기술무대, 세계의 시장을 석권해가고 있다. 일본 서점가를 장식하는 베스트셀러를 훑어보자. 조셉 나이 하버드대 교수의 『불멸의 대륙 아메리카』에 응수하는 미즈타니가 『아메리카의 파산』으로 조소를 보낸다. 『기술대국에 고립 없다』 『기술국부론』 『기술대국의 과제』 『일본형 기술이 세계를 변혁시킨다』 등은 일본의 지식인이 국민과 과학기술자에게 보내는 응원이요 격려이자 세계기술의 패권을 이미 거머쥐었다는, 나아가 국제정치의 중심을 도쿄로 옮겨놓을 수 있다는 야망의 표현이다.

"기술이 국가를 낳고 기술이 국가를 망하게 한다"

한때의 영화를 지금도 추억하는 유럽은 어떤가. 미국에 이어 일본으로부터 시장을 여지없이 유린당하고 있는 유럽 각국이 대응의 연대전략으로 통합(EC)을 추진하고 있는 것은 문화선진국의 위치를 고수하기 위한 게 아니라 기본적으로 유럽시장의 방어, 또 날이 갈수록 기승을 부리는 일본이라는 '황화[黃禍]'에 대한 자구책이라는 측면이 강하다. 특히 주목할 만한 것은 경제공동체(EEC)로 출발한 EC가 최근 들어 통합의 효과를 극대화하기 위해 긴요한 전략으로 기술공동체(ETC)를 채택했다는 것이다. 그 구체적인 모습이 HDTV 공동개발이나 에스프리(ESPRIT)·유레카(EUREKA) 등 대규모 기술개발 프로젝트를 회원국 공동참여의 형식으로 수행하고 있는 것이다. 또 지멘스·톰슨·필립스 등 유럽의 다국적기업들 간에 경쟁관계는 희석되고 기술제휴 내지 흡수합병(M&A)이 빈발하고 있으며, 심지어 미국의 다국적기업과도 전에 없던 제휴를 하고 있다. 일차적으론 일본을 견제하기 위한 것이겠지만 기술력의 증강을 위해, 공동의 적에 대항키 위해 과거의 적과도 손잡는 합종연횡의 양상이 도처에 나타나고 있다.

최근 국제정치를 바라보는 새로운 분석틀을 제시해 충격을 던져준 바 있는 일본의 정치학자 야쿠시지 타이조는 그의 저서 『테크노 헤게모니』를 통해 근대 이후의 역사변천 과정에서 나타난 제국·패권국의 부침과 자리바꿈을 '기술'이라는 '키워드'로 해석해야 한다는 주장을 내놓고 있다. 기술은 무력·경제력과 상관되는 부분도 있지만 완전히 독립적인 개성과 운동 원리를 가지고 국제정치에 관여하기 때문에 정확하게 기술의 시점을 갖지 않으면 열국 관계 변화의 전모를 파악할 수 없다는 것이다. 그는 "기술이 국가를 낳고 기술이 국가를 망하게 한다"고 단언하며 과거 4백여 년간 국가의 흥망은 "기술을 훔치고 기술유출을 저지한 결과"라고 말하고 있다. 야쿠시지는 이런 시각에서 과거 미국과 영국이 전쟁상태에 있던 1812년께 당시 영국의 팍스브리타니카를 가능케 했던 실질적인 주역인 섬유기계-즉 기계기술-의 대미 밀수사건이 결국 영국의 안전보장을 약화시킨 결과를 낳았다는 예를 들고 있다. 또 지난 1987년 발생한 도시바 COCOM(대공산권수출통제위원회) 사건의 경우 9축공작기계 기술의 소련 유출이, 소련의 원자력잠수함 대책을 국가의 제1급 안전보장 문제로 간주하는 미국에게는 직접적인 안보의 위협으로 작용하기 때문이었다고 풀이하고 있다.

기술패권주의에 휘말려든 한국의 '기술위기'

팽배해져가는 기술패권주의는 우리에게 무엇을 시사하는가.

우리도 뒤질세라 패권경쟁국의 대열에 뛰어들 힘이 우리에게는 없다. 그러나 분명한 현실은 우리가 원치 않아도 이미 기술패권의 소용돌이에 말려들어 있으며, 우리가 아무 준비도 갖추지 않은 채 패권경쟁이 격화되고 있어 우리는 상대적으로 중심에서 더 밀려났고, 그 결과 3저 호황이 지나간 뒤 급전직하(急轉直下) 한국의 경쟁력은 땅에 떨어지고 있는 것이다.

그 으뜸가는 요인은 '기술의 정체'이며 따라서 '기술의 위기'가 현실진단의 본질이다.

기술의 위기를 초래한 요인은 많다. △연구개발투자의 부족 △기술인력의 부족 △기술정책의 빈곤 △기초과학의 낙후 등이 흔히 거론된다. 이 모두 시급하게 해결할 과제들이다. 그러나 투자의 절대규모는 적으나 이 역시 경제 규모를 고려하면 연간 3조 원에 달하는 금액이 적다고만은 할 수 없다. 또 빠른 속도로 늘고 있다. 기술 인력은 양보다는 보유한 인력의 고도화가 더욱 중요하게 인식되고 있다. 그 같은 노력을 하지 않은 것이 문제다. 기술정책은 지금까지 좋은 대안들이 수없이 제시됐지만 항상 소외된 탓에 제대로 실천되지 않았다는 데 문제가 있다. 기초과학은 영원한 씨뿌리기로, 지속적인 투자와 고단한 인내가 필요하지만 단기적인 처방은 아니다.

우리가 기술의 위기를 맞은 보다 본질적인 요인으로 지적되는 것은 거의 고착상태로 구조화되다시피 한 기술의 종속메커니즘이다. '내재화된 기술의 종속구조'라고 단언하기에는 그 극복의 실례도 만만찮게 나타나고 있어 성급한 감이 있지만 과학기술 전문가들일수록 기술종속에 대한 '감'이 더 강하다는 것을 쉽게 찾아볼 수 있다.

기술종속의 대표적인 예가 국내 기계산업이다. 그리고 기술종속이 가장 심한 분야가 기계산업이라는 점은 탈종속의 전망을 더욱 어둡게 한다. 상품을 생산하는 로봇·공작기계 등 일반기계가 만일 국산화돼 있지 않으면 새로운 상품을 생산할 때마다 기계를 수입해야 하는 구조가 반복되고 판매의 부가가치도 크게 떨어지기 때문이다. 특히 기계산업의 대일 종속은 심각한 정도에 이르렀다.

지난 1990년 우리나라의 총 무역적자는 60억 달러 정도인데 반해 자동차·조선을 제외한 기계설비·부품 등 일반기계류 부문의 무역적자는 75억 달러를 기록했다. 다시 말해 다른 부문에서 번 돈이 기계류 수입하느라 해외로 빠져나갔다는 것이다. 그런데 대일 기계류 무역수지 적자는 67억3천만 달러로 기계류의 무역적자 총액 중 무려 90%를 차지하고 있다. 또 대일 기계류 무역적자는 총무역수지 적자보다도 많아 일본에서 기계를 수입해오는 한 결국 '헛장사'를 하고 있는 셈이다. 우리의 설비투자 및 수출 증가와 대일 기계류 수입이 완전히 맞물려 있는 것이다. 정부가 기술개발 지원을 할 만큼 했다는 면피용 홍보재료로 항상 들먹이는 반도체의 경우 지난 1989년 한 해에만 클린 룸 등 반도체장비 수입액이 12억 달러로 그해 반도체 총매출액에 육박했다.

물리적 종속과 정신적 종속

왜 이렇게 됐는가. 실제로 일본기업이 국내 산업을 지배하는 일반적인 방식을 살펴보자. 어떤 제품이건 조립품은 부품의 품목 수와 가격을 따져볼 때 대개 10% 이내의 품목이 60% 정도의 가격을 차지하는 핵심부품이고, 20%까지가 80% 정도의 가격을 차지하며, 나머지 80%가 20%의 가격을 차지한다. 이를 A·B·C부품이라면 처음에 일본기업은 국내기업체에 기술을 거의 넘겨준다. 판매전략, 영업방법, 공장설계까지 친절하게 도와준다. 우리 기업이 어느 정도 성장하면 오히려 자문역과 기술진을 보내 더 도와준다. 확실한 '자기사람 만들기' 전략이다.

그러다가 '시기가 익었다'고 판단되면 돌연 사정이 달라진다. 핵심은 A부품이다. 수출용 자동차·오디오·VCR·사무자동화기기·공작기계 등에 없어서는 안 되는 핵심부품의 값을 올리거나 품귀상태를 조장한다. 우리 기업인들은 일본이 부르는 값으로 울며 겨자 먹기로 사오는 수밖에 없다. 한 꺼풀 더 들추면 일본기업의 속셈은 가히 전율할 만하다. A부품의 수출물량을 조절함에 따라 우리나라 관련 상품의 수출·내수 물량이 자동적으로 파악되며, 마음먹은 대로 물량을 조절할 수 있게 된 것이다. 일본기업의 이해관계에 따라 제3국 시장에서 한국기업과 경합할 경우 부품수출을 중단하면 그 결과는 뻔하다.

이 같은 물리적 종속에 더해 기업가의 정신적 종속도 종속관계를 자초하는 요인으로 작용하고 있다. 우리나라 주요 기업의 회장들이 대부분 인간관계로 묶인 일본인 자문역을 두고 있다는 것은 널리 알려진 사실이다. 사업 다각화, 신규 사업 진출, 공장부지 선택에 일본인 자문역의 조언은 거의 절대적이다. 우리의 산업 패턴과 구조가 일본을 빼다 박은 것은 우연이 아니다. 아무튼 그 결과 일본식 공업문화가 충만한 풍토에서 신규 설비투자 시 수입선의 선택은 대부분 일본 이외에 달리 생각할 여지가 없다.

'기계류의 총아'로 불리는 공작기계를 보자. NC(수치 제어) 선반·머시닝

센터 등 현대적인 생산 장비가 보급되기 시작한 1980년대 중반부터 대우중공업·기아기공·두산기계·화천기계·현대정공·삼성중공업 등 국내 굴지의 기계업체들이 황금시장을 노리고 앞다퉈 일본의 제휴선을 잡아 생산을 해오고 있는데, 대부분 제휴기간이 끝나 가는데도 핵심기술을 이전받지 못해 중요부품은 모두 수입하는 실정이다. 생산 시작 5년이 지났지만 그때나 지금이나 부품수입, 조립생산에서 한 치도 벗어나지 못하는 형편인 것이다. 결국 일본의 제휴선들은 한국의 내로라하는 기업들을 내세워 대리전쟁케 해 그 과실만 따먹고 있다. 우리 기업들의 기계기술 자립 노력이 부족한 점과 일본이 이를 방해하는 통제메커니즘을 갖고 있다는 점이 상호작용하고 있어, 기계산업의 탈종속은 안타깝지만 전망이 매우 어둡다.

기술도입 건수는 줄고, 로열티는 폭증하고

다른 산업분야도 사정은 마찬가지다. 대외 기술의존도를 평가하는, 현재로는 유일한 지표인 기술 수출·수입의 기술무역수지를 보면 지난 1989년의 경우 수출액이 1천50만 달러(29건)인 데 비해 수입액은 무려 9억3천만 달러(7백51건)로 수출액의 93배를 기록했다. 기술도입은 일본과 미국에 항상 편중돼 매년 80% 정도를 차지하고 있다. 특히 지난 1962년부터 도입한 기술 5천7백94건 중 대일 기술도입은 그 절반을 넘는 2천9백88건을 차지한다. 여기서 특기할 만한 것은 일본과 미국 기술의 1건당 로열티의 차이다. 일본기술의 가격이 10이라면 미국기술은 17로 일본기술이 훨씬 싸다. 기술의 수준 차 때문에? 아니다. 이는 일본이 우리 기업에 어느 수준 이상의 기술은 결코 제공하지 않음을 반증하는 것으로 해석하는 게 타당하다. 그도 그럴 것이 일반적으로 일본기술의 질이 높으며 협상조건도 비슷하기 때문이다.

우리의 기술종속 문제는 최근의 기술보호주의 때문에 더욱 복잡해지고 있다. 과거의 종속양상을 중심부(미국·일본)에서 주변부(우리나라)로 핵심 원천기술은 아니더라도 주변기술 정도는 무리 없이 흘러나오는 '당나귀와 홍당무'의 관계로 거칠게나마 표현할 수 있지만 지금은 형편이 전혀 달라졌다. 그나마 주던 홍당무마저 주지 않겠다고 거절하고 나선 것이다. 직접적으로 나타나는 현상이 일본·미국으로부터의 기술도입 건수가 눈에 띄게 줄어든 반면 로열티는 폭증하고 있는 것이다. 이는 1986~1988년의 3저 호황기에 국내자본축적이 대폭 늘어나 대외채무가 크게 감소함에 따라 과거와 같은 '자본종속'의 무기가 효력이 떨어져 기술종속을 대체수단으로 강구했기 때문일 것이라는 풀이도 가능하다. 물론 일차적인 의도는 한국의 성장 견제와 자기시장 지키기일 것이다.

산업(제조업)은 경제의 모든 것이나 다름없고 기술은 산업의 '피'라 할 수 있으므로 피가 흐르는 혈관을 차단하는 것이 산업을 말라비틀어지게 하는 결과를 초래한다는 것은 불문가지다. 물론 일본과 미국은 자신들의 이해와 필요에 따라 한국의 산업이 말라죽지 않을 정도의 기술은 제공할 것이다. 우리나라는 종속이 더욱 심화되느냐 마느냐 하는 분기점에 와 있는 셈이다. 매우 냉철한 판단으로 '기술정세'를 분석해야 할 시점이다.

어떤 이는 "미국·일본과의 기술이전 관계를 단절하고 기술자립에 매진하자"는 주장을 펴기도 하지만 이는 현실을 도외시한 우국충정론에 지나지 않는다. 이미 산업구조·기술정보·상품패턴이 국가 간에 밀접하게 연결돼 있는 실정에서 기술교류의 단절은 섣부른 국수주의, 고립주의적 발상이며 또 불가능한 일이다. 오히려 선진국 간 패권경쟁의 긴장이 작용하는 '힘의 장'에 뛰어들어 국가 간의 경쟁관계를 우리가 주도적으로 활용하려는 노력이 강조된다.

기술종속 탈피의 시나리오

탈종속이 완전히 절망적인 것은 아니다. 희망의 싹은 살아 있다. 미국·일본의 대한 기술이전 건수가 줄었다고 하지만 속을 들여다보면 고도기술인 특허권을 수반한 기술도입은 오히려 크게 증가했다는 사실을 발견할 수 있다. 지난 1980년까지는 특허권을 포함한 기술도입이 전체의 20%에 불과한 데 비해 1984~1988년까지 5년간은 전체의 46.1%가 특허권을 수반한 것이다. 이는 그만큼 선진국에서 흘러넘친 기술(Spring Effect)을 받아 담을 수 있는 우리의 그릇이 커졌다는 뜻이다. 기술의 수용능력, 학습능력이 향상됐다는 뜻이다. 미·일의 기술보호주의는 우리의 기술수용능력 향상과 무관하지 않다. 지난 1960, 1970년대 가진 기술이 아무것도 없던 척박한 시절에 비해 우리의 기술수준이 크게 높아진 것은 분명하다.

여기서 다분히 비관적인 현실분석인 '기술종속'을 낙관적인 내포를 담는 '기술의존' 내지 '기술격차'라는 말로 치환시킬 여지가 주어진다. 격차가 있어 어느 정도 의존이 불가피한 단계에서는 '기술의 혁신'이 가장 중요한 덕목이 된다.

우리에게 유망한 시나리오는 이런 것들이다. △치밀한 예측과 수요분석을 통해 극소수의 전략적인 과제를 선정, 대규모 연구비로 집중개발

△현 수준의 기술·생산체제로도 끊임없이 혁신, 특허를 창출함으로써 기술이전 협상의 유리한 고지 확보(크로스라이선스) △국내생산기반이 없는 분야도 기초기술에 과감히 투자, 그 성과의 기술수출 및 기술수출을 담보로 한 생산기술 도입 등이다.

어떻게 보면 우리의 기술위기는 대안이 없어서라기보다는 의지의 결여에서 더 크게 기인한 것이다. 이젠 기술을 보는 시각 자체가 크게 바뀌어야 한다. 기술은 더이상 공장 안에나 있는 것으로 봐선 안 된다. 기술은 패권다툼의 핵심이요, 장래 우리 민족의 현실을 규정하는 요소다.

"독일인은 호황에 투자를 많이 한다. 불황일 때는, 그러나 더 많이 투자한다"는 자세를 우리의 기업가·정부가 본받을 일이다.

말 · 1991년 8월호

전경련의 북한 진출전략

북한산 모시조개를 조심스럽게 들여온 지 3년 만에 남북한 간 경제협력의 검토 수준은 두만강 경제특구 공동개발로까지 발전하고 있다. 남북교역은 지금 어느 지점에 와 있는가. 재벌그룹들이 진작부터 가동시켜온 북한전담팀의 대북전략 추진 현황을 살펴본다.

이재영 · 본지 편집차장(현 남북경협뉴스 편집인)

최종 목적지는 북한

"정부가 소련에 30억 달러를 지원하고 중국과의 교류를 확대해 나가는 것은 모두 북한 때문이 아니겠습니까. 북방 진출의 최종 목적지는 북한이라고 봅니다."

(주)선경 시장개발실의 정무영 실장은 최근 재계의 북방진출 움직임을 이렇게 진단했다. 선경은 1988년 공산권교역 전담반으로 시장개발 5팀을 발족시킨 이후 1989년 조직개편을 거쳐 현재 시장개발실이 공산권교역을

전담하고 있다. 선경은 공산권시장을 크게 동구·소련 시장, 중국·북한 시장, 베트남·라오스 등 동남아 공산권시장으로 나누고 있다. 팀 단위로 각 시장의 조사활동을 벌이고 있으며 실무적인 교류는 현지 지사와의 협력을 통해 이루어진다.

다른 재벌그룹들도 북방팀의 규모는 선경과 비슷하다. 코오롱상사는 개발사업본부 산하에 소련과 동구권국가를 담당하는 동구사업팀 6명, 북한과 중국을 담당하는 동북아사업팀 5명, 베트남·라오스·캄푸치아[캄보디아]를 담당하는 시장개척팀 3명을 두고 있다. 또 현대는 특수지역팀, 대우는 지역사업본부, 효성물산은 시장개척부라는 부서명으로 각각 별동대 형식의 북방교역 전담팀을 운영하고 있다.

다만 현대와 대우의 경우 북한 관련 업무는 팀 내에 두지 않고 그룹 총수(정주영 명예회장, 김우중 회장)의 직속 비서실에서 관장하고 있다. 반면 삼성물산은 기존의 시장개척 1, 2팀을 1991년 8월 1일자로 개편하여 소련팀, 동구팀, 특수지역팀으로 나누었다. 이중 특수지역팀에서 북한을 담당하도록 해 북한지역 전담실무자를 확대 보충했다.

그동안 언론을 통해 보도되던 남북교류에 관한 각종 기사는 거의 대부분이 종합상사 시장개발팀을 통해 이뤄진 것이다. 그러나 이들 소규모 인원이 단독으로 교역을 성사시키는 것은 아니다. 해외지사와 긴밀한 협조관계를 유지하고 있고 오히려 해외지사가 더 큰 역할을 하는 수도 있다. (주)대우의 해외지사는 헝가리·체코 등 동구 6개 국가에 6개소, 소련에 2개소, 중국에 4개소, 기타 베트남 등에 4개의 지사를 두고 있다. 각 지사별로 인원은 1~2명에 불과하지만 현지의 투자환경조사, 교역파트너 접촉 등 매우 비중 있는 업무를 담당하고 있다.

이들 재벌그룹 종합상사는 그러나 아직까지 북한지역에 지사를 설치하고 있지는 못하다. 다만 장기적으로 북한지역에 현지 지사를 설치할 수 있기를 희망한다고 관계자들은 밝히고 있다. 효성물산의 서승화 이사는 "북한은 검열절차가 복잡하고 통계 등 정보수집에 애로가 있는 지역이어서 아직은 문제가 많다. 현재로서는 중국시장이 전망이 밝지만 장기적으로는 북한에 눈을 돌려야 한다"고 말했다. 삼성물산도 조만간 북한에 무역사무소를 개설하는 것을 목표로 활발히 움직이고 있다.

각 종합상사마다 약간씩 차이는 있지만 재벌기업의 공산권팀 관계자들은 북한진출을 꺼리기보다는 오히려 적극적으로 나서야 한다고 생각하고 있다. 북한이 문을 열기만 하면 상품이든 기술이든 합작투자든 가리지 않고 물밀듯이 밀고 들어가겠다는 태세다.

제3국 통한 간접교역엔 중소기업 참여 늘어

1988년 10월 남북교류협력법이 시행된 지 4개월여 만인 1989년 2월 효성물산은 분단 이후 처음으로 남북한 직항로를 통해 북한산 무연탄 2만9백 톤을 들여왔다. 물론 홍콩의 중계상을 통해 들여오긴 했지만 남북교역이 시작된 지 얼마 되지 않아 성사된 '큰 거래'라는 의미가 한층 강조됐다. 그러나 막상 무연탄이 인천항에 들어오자 '계약위반' 소동이 빚어졌다. 반입한 무연탄은 계약 당시의 괴탄(덩어리)이 아닌 분탄(가루)이라는 것. 이러한 사태가 발생하자 국내 언론은 무연탄의 반품 여부에 기사의 초점을 맞추었고 모 일간지는 이 사건을 「도입 효성, 손해배상 청구준비 한창」, 「홍콩 중개상도 확인」 등의 제목으로 취급, 막 피어나려던 남북한 교역에 찬물을 끼얹었다.

그러나 교역을 담당했던 효성물산의 한 관계자는 당시의 무연탄이 선적과정에서 문제가 있어 일부 분탄으로 바뀌었을 뿐이며 품질에는 하자가 없는 우수한 제품이었다는 것이다.

또 1989년 초 정주영 현대그룹 명예회장의 방북 이후 남북관계가 급전할 기미가 보이자 당국은 남북한 간의 교역을 주선하던 제3국 상사의 뒷조사에 나섰던 것으로 알려졌다. 이는 정부가 그간 남북한 교역을 '속도조절'해 왔던 것으로 볼 수 있다.

어쨌든 이후 최근까지 남북한 간의 경제교류는 제3국을 통한 일용품의 간접교역 수준에 머물렀다. 1988년 10월부터 1991년 7월까지 정부가 승인한 남북교역 규모를 살펴보면 반입은 총 2백90건에 1억2천5백만 달러, 반출은 모두 10건에 1천7백37만 달러에 달하고 있다. 통일원이 『통일백서』에서도 밝혔듯이 대북교역 허용 이후 남북한 경제교류는 남한 쪽의 종합상사를 통한 반입 위주의 소규모 간접교역 중심이었다. 이들은 초기에 기업홍보 차원의 전시용 물품 반입에 주력했다. 1988년 11월 현대가 북한원산지 표시의 모시조개를 처음으로 들여온 것을 비롯해 미술품 등의 반입이 이에 속한다.

올해 들어 중소업체의 참여가 두드러지면서 북한물품 반입이 급증했는데 품목도 지하자원, 원자재뿐 아니라 수산물, 한약재 등으로 다양해졌다. 1991년 현재까지 북한에서 가장 많이 들여온 품목은 남한에서의 희소광물인 철강재와 아연과 그리고 수산물이다.

그러나 품목의 증가와는 반대로 1991년 7월 중 재벌기업들의 북한물자 반입은 중소기업의 15개사에 비해 4개사에 불과해 오히려 상대적으로

〈표〉 **남북교역 품목별 반출입승인 현황**(1991. 1~1991. 7)

(북한물품) 반입		(남한물품) 반출	
품 목	금 액	품 목	금 액
아연괴	22,426	HDPE (고밀도폴리에틸렌)	6,250
수산물	16,813		
철강재	11,309	쌀	1,750
금괴	7,167	농업용비닐	1,283
한약재	4,976	직물류	1,180
무연탄	3,979	고유황경유	845
시멘트	2,729	세탁비누	760
기타	11,977	기타	429
계	81,376	계	12,497

(단위 : 천 달러)

저조했다. 더구나 1990년까지 주로 현대·삼성·럭키금성·쌍용·효성 등 대기업들이 철강재 등의 물품 도입을 주도했지만 종합상사의 매출액에 비해 액수가 너무 적어 이들 물품 반입이 '획기적'인 사건이 되지 못할 뿐 아니라 이제는 홍보용으로도 구실을 못하고 있다. 대우의 경우 1988년 이래 반입실적이 거의 없어 간접교역에 관심이 없다는 것을 보여주고 있다.

강화되는 종합상사의 북한팀

재벌기업이 이처럼 남북한 간 간접교역에 비중을 두지 않고 있는 것은 여타 공산권에 비해 북한의 교역규모가 미미하기 때문이다. 이러한 사실을 반영하듯 전경련에서조차 북한 관련 교역을 연구하는 전담팀이 없다. 전경련 국제부의 이성환 과장은 "전경련의 남북교역에 관한 정보는 1개 기업의 팀 단위보다 낮은 수준이고 현재로서는 국제부에서 거시적 접근을 할 수밖에 없다"고 말하고 있다.

또 1988년 10월 창립된 이후 현재 공산권 교역 관련 조사 업무를 맡고 있는 IPECK(국제민간경제협의회, 회장 김우중)에도 40여 명의 박사급 전문위원 중 북한 문제를 전담하는 위원은 없다. 국가 간 경제협력위원회의 경우도 한·중 경제협력위원회, 한·소 경제협력위원회는 있어도 남북 경제협력위원회를 구성하려는 민간 차원의 움직임은 보이지 않고 있다. 다만 KDI, 경제기획원 등에서 정부 방침에 따라 장기 전략을 연구하고 있는 것으로 알려지고 있다. 따라서 재벌기업이 남북교역과 관련한 정보를 얻는 창구도 일본·홍콩 등 해외지사나 통일원·안기부 관련자로 제한되고 있는 실정이다.

이 같은 사실은 남북한 간 경제교류의 현황을 반영하고 있기는 하지만 그렇다고 해서 재벌그룹 종합상사 내의 '북한팀'의 지위가 낮아진 것은 결코 아니다. 오히려 북한팀은 강화되고 있다고 볼 수 있다. 삼성물산의 북한팀이 강화된 것을 비롯해 현대·대우 등도 겉으로 드러나지는 않지만 회장 직속 비서실의 북한팀을 강화하고 있다고 전해지고 있다. 남북한 간의 경제교류가 한계를 안고 있으면서도 재벌기업의 북한팀이 강화되고 있다는 사실은 이들의 북한 진출 전략이 바뀌고 있다는 신호이다. 재계의 북한전략이 바뀌었다면 이는 북한의 변화와 맞물려 있다고 볼 수 있다.

합영공업부 설치 이후 북한의 변화

북한이 남한의 재벌과 손잡고 남북교역을 넓혀나갈 가능성이 있는지에 대해서는 많은 의문이 제기되고 있다. 북한은 무역을 "자립적 경제건설을 촉진하며 나라들 사이의 호상협조관계를 발전시키기 위하여 완전한 평등과 호혜의 원칙에서 유무상통하는 상품교환의 한 형태"라고 정의하고 있다. 국제분업의 토대 위에서 이윤동기에 따라 움직이는 자본주의 무역관과는 거리가 먼 것이다.

또 북한은 남한과는 개발전략이 다를 뿐 아니라 북한에서 생산된 물품은 내부수요에 충당하고 있고 수출의존도가 낮다. 그나마 북한의 주요 수출품목은 장기계약방식으로 수입국과 묶여 있어 남한에 수출할 여분이 많지 않다. 남한의 소비재상품 역시 생활수준이 다른 북한시장을 개척한다는 것도 쉽지 않은 일이다. 냉장고 몇 대를 북한에 수출할 수 있다고 해서 냉장고 생산라인을 늘리겠다고 나서는 국내 기업은 없듯이, 북한 역시 남한지역을 대상으로 수출 주종품목을 육성하지는 않는다는 것이다. 업계에서도 이 같은 상황을 감안해 상품교역에 큰 기대를 걸고 있지는 않는 듯하다.

한편 북한은 제3차 7개년계획 기간(1987~1993) 동안 과학기술투자를 GNP의 3~4% 수준으로 끌어올려 전자공학, 유전공학, 생명공학 등 첨단과학기술 개발에 주력하고 있는 것으로 알려지고 있다. 또 북한 대외무역의 70%를 차지했던 COMECON이 해체됨에 따라 북한도 자본주의권의 기술과 자본을 수용하는 방향으로 정책을 선회한 것으로 보인다.

북한은 이보다 앞선 1984년 9월 합영법을 제정하여 외국인 투자자의 50% 이상 주식소유를 허용하면서 조총련계 자본을 유입하기 시작했다.

북한은 또 1988년 10월 한국정부의 남북교류협력법 제정과 때를 같이해 그해 11월 합영공업부를 설치해 보다 적극적인 외자유치에 나섰다.

이와 관련해 특기할 만한 점은 현재 북한의 조선금강산국제무역개발회사 총사장으로 있는 박경윤(55, 여)씨의 북한 진출이다. 박씨는 원래 충북 청주 출생으로 1958년 도미, 오클라호마대학을 졸업한 후 로스앤젤레스 지역에서 사업을 하다 1천만 달러 규모의 자본금을 갖고 북한에 진출한 여류 사업가이다. 박경윤씨는 북한에 고려상업은행, 금강산국제무역개발회사, 금강산국제관광회사 등을 설립하고 고려상업은행을 통해서는 북한의 채권을 발행해 재미동포의 북한개발자금 투자를 유도하는 역할을 맡고 있는 것으로 알려졌는데 북한 당국도 박씨를 상당 정도 신뢰하고 있다고 한다. 최근 직교역을 성사시킨 후 북한의 섬유공장과 광산의 합작개발에 참여하겠다고 나선 두성통산과 천지무역의 교역 파트너도 박경윤씨인 것으로 밝혀졌다.

재벌기업들의 관심은 바로 이 부분에 집중되고 있다. 이러한 선례로 보아 북한과의 직교역은 물론 합작투자와 직접투자까지 가능하겠다는 판단을 하게 된 것이다.

합작형태는 아니지만 코오롱상사의 양말기계 수출도 직교역과는 다른 차원에서 평가되고 있다. 코오롱상사는 지난해 양말기계를 해외 법인을 통해 북한에 수출하고 그 대금을 양말로 받아 이를 다시 유럽에 수출하는 OEM방식의 남북교역을 성사시켰다. 또 기계작동을 위해 외국 국적의 기술자 2명을 북한 현지에 파견하기도 했다. 섬유산업을 근간으로 하는 코오롱그룹은 임금 등 원가상승으로 국제경쟁력을 갖출 수 없다고 판단, 이미 베트남에 섬유기계를 수출하는 등 상당한 성과를 올리고 있다.

베트남에서 저렴한 원가로 생산된 원단을 코오롱이 구상무역 형태로 사들여 제3국에 판매하는 방식을 택한다는 것이다.

이러한 전략은 베트남의 경제발전단계로 보아 우리나라의 1960년대와 마찬가지로 섬유산업개발로 갈 수밖에 없다는 판단에서 세워졌다는 것이 코오롱 관계자의 증언이다. 코오롱이 북한에 양말기계를 수출한 것도 이와 같은 맥락에서이다. 더욱이 북한은 베트남보다 훨씬 우수한 노동력과 자원을 보유하고 있다는 사실이 북한진출의 유인이라고 코오롱 관계자는 말한다.

"북한에 현지 무역사무소 차리겠다"

코오롱뿐 아니라 다른 재벌기업들도 남북한 UN가입을 계기로 합작투자사업이 활발해질 것이라는 기대 아래 여러 채널을 통해 합작투자 가능성을 타진하고 있다. 현대그룹이 금강산개발을 다시 추진할 것이라는 소문과 함께 삼성의 청진 섬유공장 검토설, 쌍용의 동해안 연육공장 건립설 등이 업계에 나돌고 있다. 이를 뒷받침이라도 하듯 최호중 부총리 겸 통일원장관은 7월 20일 "남북총리회담에서 경제교류를 주요 의제로 삼겠으며 대북한 직접투자 방안을 정식으로 거론하겠다"고 밝혔고, 관계 부처에서는 합작투자가 더 유리하다고 판단, 지침 마련에 들어간 것으로 알려졌다.

한편 재벌기업들은 "거래에 사람이 따르지 않으면 소용이 없다"는 인식 아래 궁극적으로는 북한 현지에 직원을 파견할 계획을 세우고 있다. 현지 지사를 통해 직교역은 물론이고 합작투자와 각종 개발사업에 관한 정보를 직접 입수하겠다는 전략이다. 삼성은 그동안 공산권교역을 원활하게 하기 위해 몇년 전부터 외국국적을 취득한 한국인을 직원으로 채용해왔던 저력을 바탕으로 어떻게 해서든 북한에 무역사무소를 설치하려 하고 있는 것으로 알려지고 있다. 최근 북한팀을 강화한 것도 "최종적으로는 북한에 사람을 파견하기 위한 것"이라고 삼성 관계자들은 밝히고 있다.

현재 중국에 가장 많은 지사(연내 설치 예정인 광주, 항주 포함 6개)를 설치하고 있는 대우도 북한 지사에 관심을 두지 않을 수 없다. 더구나 대우는 그동안 김우중 회장의 맨발 외교로 아프리카 지역에 13개 지사를 설치, 이들 지사가 대우그룹 내의 의전부에 소속되어 영사기능까지 수행할 정도의 외교능력을 발휘하고 있다. 이로 미루어 북한지사 설치에도 대우가 앞서나갈 것이라는 전망이 가능하다. 또 현대그룹도 1989년 정주영 명예 회장의 북한방문 때 타진된 금강산개발의 재개를 위해서라도 북한지사 설치를 적극 추진하지 않겠느냐는 관측이다.

그러나 언론의 계속된 추측보도에도 불구하고 이러한 사실이 아직 공식적으로 확인되지는 않고 있다. 또한 이것이 남한 재벌들의 '희망사항'일 뿐이라는 비관적인 견해도 있다. 북한에는 현재 정무원 무역부 산하에 조선평양무역상사 등 1백여 개의 무역상사가 있지만 북한 당국의 지도 아래 움직이고 있기 때문에 남한의 종합상사들이 경쟁적으로 뛰어드는 생리를 수용하지 않으리라는 것이다.

UNDP의 두만강 경제특구 타당성 검토

합작투자 외에도 국내재벌들이 관심을 두고 있는 분야는 최근

논의되고 있는 북한의 두만강유역 경제특구개발계획이다. 이러한 계획은 북한이 UNDP(유엔 개발계획기구)에 △두만강 유역의 경제특구 타당성 조사와 △외국자본 유입의 효과를 검토해줄 것을 요청하면서 본격화되기 시작했다. 북한 당국이 UNDP에 대해 상당한 신뢰를 보내고 있기 때문에 이 같은 의뢰가 가능했을 것으로 보고 있다. UNDP는 1979년 11월 북한 당국과 협정을 체결, 1980년 12월 평양에 대표부를 개설해 제1차 주기(1982년~1986년) 국가사업계획을 수행하면서 북한의 과학기술분야에 상당한 도움을 주었고 현재 수행 중인 제2차 사업(1987년~1991년)도 성공적인 것으로 평가되고 있다. 북한 당국의 이러한 의뢰에 따라 UNDP는 두만강유역을 잇는 새별·웅기·나진항의 경제특구 타당성 조사에 본격 착수할 것으로 보이는데, 한국 정부도 조사단에 공동 참여하겠다는 의사를 밝힌 것으로 알려졌다.

아직은 타당성 검토단계이지만 30억 달러 규모로 예정된 이 사업에 남한 재벌이 UNDP를 끼고 컨소시엄(국제차관단) 형태로 참여할 수 있게 된다면, 남북한 간 경제교류에 획기적인 전환점을 맞이하게 될 것이다. 또한 이 지역은 소련의 블라디보스토크와 중국의 훈춘이 연결되는 곳으로서 장차 동북아경제권의 중심지역으로 부각될 가능성도 엿보이고 있다.

그러나 한국의 참여 여부가 낙관적인 것만은 아니다. 중국이 희망하고 있는 훈춘 지역까지 포함되면 너무나 방대한 규모의 개발이고 사회간접자본 투자에는 장기간의 회수기간과 거액의 투자비가 들어 일본기업도 선뜻 나서지 않고 있다는 것이다.

결국 재계가 꿈꾸고 있는 직교역, 북한 현지사무소 설치, 합작투자 등은 북한의 내부 사정에 의해 좌우될 공산이 크다. 또 북한은 박경윤씨의 금강산국제무역개발회사를 통해 동경에 무역사무소를 설치해 남한재벌과의 접촉을 '창구 단일화'하지 않겠느냐는 관측도 설득력이 있다. 재계의 북한팀 관계자들은 이러한 사정을 두고 북한의 경협창구가 "틀 창문 같다"고 비난하고 있다. 북한이 소련처럼, 혹은 동구나 중국처럼 '확실한 개방'을 해줄 것을 바라고 있지만 현실이 그렇지 못하다는 것이다. 재계의 '최종 목적지 북한' 전략은 이렇듯 많은 변수와 한계를 안고 있다.

경제협력과 정치협력

　　　최근 한반도를 둘러싼 국제정세는 급변하여 그 조류는 남북한의 유엔 동시가입으로까지 이어졌다. 기업들은 그동안 적으로만 여겨오던 북한을 경제협력의 대상으로 보기 시작했다. 각 종합상사의 북한팀은 정중동(靜中動) 상태이고 재벌 총수들의 북한전략은 이미 정치권의 대북전략과 보조를 맞추고 있다.

　문제는 바로 이 점에 도사리고 있다. 정치적 관계개선이 경제협력보다 우선순위이기는 하지만, 경제협력이 자칫 '정치적 목적'에 이용될 수도 있다는 점이다. 최근 김우중 회장의 방북을 '정치특사'로 바라보고 있는 것도 재계의 북한전략이 정치적 성격을 띨 수밖에 없음을 반증한다.

　'정치적 목적'이란 다름 아닌 '현 체제의 고수'를 의미한다. 북한을 경제적으로 고립시키는 것이 남한에도 유리하지 않다는 정부 일각의 판단, 흡수통합의 가능성이 희박한 현실 등이 이러한 판단의 근거다. 즉 경제인들의 '최종목적지 북한' 전략을 적절히 이용하면서 '최종 목적은 분단고수'를 바라는 세력이 있다는 것이다.

지난 냉전시대 동안 '적대를 통한 공존'을 유지해왔듯이 경제교류가 남북한 간 '공존을 통한 적대'에 도움이 된다면 이 또한 바람직하지 못하다. 경제협력이 남북한 긴장완화에 도움이 될 수 있다는 점은 분명하지만, 그것은 통일을 향한 국민적 공감대 위에서 진행돼야 한다.

말 · 1991년 9월호

| 후기 |

기억이 가물가물하지만 취재가 쉽지 않았다. 다시 쓴다 해도 나아질 것 같지 않다. 1988년 이후 북한 진출했던 1,154개 기업이 2010년 5.24 조치로 이삿짐도 못 싸고 내려왔다. 이후 지금까지 단절되어, 남북경협은 30년 전보다 후퇴했다. 1989년 정주영 회장 첫 방북 때 "단기 이익 집착 말고 한민족공동체 위하라"던 언론은 얼마 후 "북, 정씨 망향심 이용"이라며 매도했다. 지금의 언론도 별반 달라진 게 없다. (이재영)

재벌 2세와 상속세

이건희 회장은 어떻게 1백76억 원의 상속세만 내고 연간 매출액 22조 원을 자랑하는 삼성그룹을 합법적으로 상속받을 수 있었는가. 이를 파헤쳐본다.

이세정 · 서울경제신문 정경부 기자

강남에 15억짜리 땅 가진 8살짜리 지주

얼마 전 서울의 요지인 강남 테헤란로에 여덟 살짜리 지주가 50여 평의 땅을 가지고 있어 화제가 된 적이 있다. 시가 15억여 원에 달하는 땅을 어린 아이가 갖고 있다는 사실이 밝혀지자 국세청이 조사에 나섰다.

그러나 국세청이 조사해본 결과 적어도 세금상으로는 아무런 하자가 없는 것으로 나타났다. 이 아이의 부모는 3년 전에 아이 이름으로 땅을 사면서 3천여만 원의 증여세를 자진 납부했기 때문이다.

지금은 시가(時價) 15억여 원에 달하지만 땅을 살 당시에는 지금처럼 가격이 높지 않았고 더구나 시가의 20%선에 불과한 내무부 과세표준액에 맞춰 증여세를 계산, 3천여만 원을 자진 신고했던 것이다. 단 3천여만 원의 세금만 낸 채 합법적으로 수억 원짜리 땅을 다섯 살 꼬마에게 물려줄 수 있었고 현재는 이 땅이 시가 15억여 원을 상회하고 있다. 앞으로 이 어린이가 성인이 되었을 때 그 땅값이 얼마가 될지는 상상조차 하기 어렵다.

만일 이 부모가 그 땅을 자기 이름으로 사놓았다가 몇십 년 후 자식에게 물려준다면 그때 내야 할 상속세는 최소한 3천만 원의 수십 배가 될 것이다.

이처럼 실제 가치에 비해 극히 적은 금액만을 세금으로 내고 재산을 얼마든지 미리 물려줄 수 있는 길이 있기 때문에 흔히 상속세를 '바보세'라고 부른다. 제대로 내는 사람이 바보라는 뜻이다.

최근 참치회사로 유명한 동원산업의 김재철 회장이 일본에서 유학 중인 장남 김남구씨에게 주식 59만 주를 물려주면서 증여세 62억 원을 자진 신고한 사실이 밝혀져 재벌 2세와 상속세 문제가 또다시 세간의 관심사로 등장했다.

지난해 동양그룹의 고 이양구 회장이 작고했을 때 유가족들이 낸 상속세 총액이 41억 원이었고, 부의 상징이었던 삼성그룹의 고 이병철 회장이 타계하면서 1988년 이건희 회장 등이 1백76억 원의 상속세를 냈던 것과 저절로 비교가 되기 때문이다.

삼성이라면 자타가 공인하는 대한민국 최대 재벌이고 동양그룹 또한 재계 서열 30위권에 가까운 중견재벌인 반면 동원산업은 지난해 겨우 대규모 기업집단에 끼어든 50위 정도의 그룹이다. 매출액만 비교해보아도 동원산업의 1989년도 매출액은 3천5백억 원, 동양그룹은 이의 2배에 가까운 6천1백55억 원, 삼성그룹은 60배에 달하는 21조8천9백억 원으로 차이가 나며 당기순이익을 보면 동원 2백50억 원, 동양 6백67억 원, 삼성이 2천9백32억 원이다.

그런데 동원이 낸 증여세 62억 원은 동양이 낸 상속세의 1.5배, 삼성의 40%에 달하고 있다. 그것도 동원은 소유주식의 일부만을 증여한 데 불과한 반면 동양과 삼성은 그룹 전체의 소유권이 이전된 것이다. 이 같은 사실 때문에 많은 사람들은 재벌 2세들이 제대로 상속세를 내지 않은 채 막대한 재산을 물려받고 있다는 의혹의 눈초리를 보내고 있다. 이는 일면 타당한 비난이면서도 다른 한편으로는 맞지 않는 의심이다. 재벌 2세들이 물려받은 재산에 비해 내는 상속세가 너무 적다는 측면에서는 적절한 지적이다. 하지만 현행 세법에 따라 내야 할 세금은 모두 냈다는 사실을 상기하면 재벌들에게는 억울한 비난일 수 있다는 얘기다.

삼성그룹의 상속세와 동원산업의 증여세

지난 1987년 11월 삼성그룹 창업주 고 이병철 회장이 작고하자 그의 유산이 얼마나 될지가 관심거리였다. 이듬해 5월 유가족들이 고 이 회장의 유산으로 2백37억2천3백만 원, 이에 따른 상속세 1백50억1천8백만 원을 신고하자 이에 대한 반응이 두 가지로 엇갈렸다. 당시 38개의 계열사를 거느리며 1987년 한 해에만 1천7백97억 원의 순이익을 올린 그룹의 총수가 남긴 재산이 기껏 2백37억 원이라니 말도 안 된다는 반응이 일반적이었다.

그러나 재계에서는 오히려 '의외로 많은 액수'에 놀라움을 나타냈었다. 고 이 회장의 뛰어난 이재(理財)와 절세(節稅) 기술에도 불구하고 이처럼 많은 액수의 세금을 낸 것은 한국 최대의 재벌이라는 '삼성제일주의'를 지키기 위해 나름대로 체면을 살리기 위해서라는 반응이었다.

국세청은 삼성의 상속세에 대한 의문을 한 치도 남기지 않겠다는 듯 서울지방국세청 조사국의 정예요원 9명으로 전담반을 구성, 7개월간이나 재산을 추적했다. 그 결과 국세청이 추가로 밝혀낸 유산은 36억1천5백만 원으로 이에 따른 상속세 26억1천2백만 원을 추징했다. 결국 '돈의 상징'이었던 고 이병철 회장은 2백73억3천8백만 원의 재산을 남겼고 이중 1백76억3천만 원을 상속세(방위세 포함)로 내 유가족들에게는 97억8백만 원의 재산밖에 물려주지 못한 셈이다.

모두 1백억 원도 채 안 되는 상속재산이고 이중 이건희 삼성그룹 회장의 상속지분만 따지면 20억 원에도 못 미치는 셈이다. 그러나 이건희 회장은 현재 매출액이 22조 원을 넘고 자본금 1조 원에 이르는 46개 계열사의 경영권을 완전히 장악하고 있다. 유산을 모두 물려받았다 하더라도 1백억 원이 안 될 텐데도.

유가족이 자진 신고한 상속재산은 △삼성물산 등 9개사 주식 88만8천3백74주, 1백65억5천8백만 원 △서울 이태원동의 주택과 경기도 용인의 토지 및 일본 도쿄의 택지 등 부동산 52억3천2백만 원 △골프회원권(일본의 7개 포함) 등 유가증권 16억4천만 원 △현금 및 예금 2억 원 △기타 동산 9억3천만 원 등 모두 2백37억여 원이다. 당시 삼성그룹은 어느 수준에서 상속재산을 신고해야 할지를 놓고 무척 고심했던 것으로 알려지고 있다. 고 이 회장의 실제 유산이 얼마 되지 않아 나름대로 적정한 액수를 짜맞추기가 쉽지 않았다는 것이다. 재미있는 사실은 고 이 회장이 타계할 당시 무주택자였다는 것. 당시 이 회장이 거주했던 이태원동의 주택은 계열사인 중앙개발 소유로 되어 있었지만 고 이 회장이 집 한 채 없이 작고했다는 것은 항간의 웃음거리가 될 것이라는 판단에서 상속재산에 포함시켰다는 후문이다.

공익법인을 이용한 절세·탈세 수법

한편 당시 삼성그룹은 국세청이 국민의 시선을 의식해 무리하게 상속재산을 높게 평가했다고 불만을 표시했었다. 삼성 측 주장은 고인이 쓰던 만년필, 전기스탠드, 탁상시계까지 상속재산에 포함시켰으며 자진신고를 하지 않은 재산이라며 국세청이 찾아낸 정원수, 정원석까지 신고해야 하는 줄은 생각도 못했다"는 것이었다.

그러나 재계의 많은 사람들은 반대로 삼성이 국세청의 체면을 세워주기 위해 어느 정도 추가적발이 가능하도록 여지를 남겨두었던 것으로 추측하고 있다. 작고 1년 이내에 처분한 재산이 남아 있다면 상속재산에 포함된다는 사실을 모를 리 없는 삼성이 이를 방치한 까닭은 국세청에서 찾아낸 재산이 있다는 사실을 통해 상속세 통과의례의 구색을 갖추기 위한 것이었다는 얘기다.

그렇다면 고 이병철 회장은 어떤 방법으로 이처럼 적은 세금만 낸 채 상속을 마무리 지을 수 있었을까? 조세전문가들은 그 비결을 사전상속 및 재산의 위장 분산 그리고 공익법인 등을 이용한 합법적인 절세 때문에 가능했다고 지적한다.

사전상속은 앞에서 소개했던 여덟 살짜리 어린아이에 대한 땅 상속의 경우에서 볼 수 있듯 아주 적은 세금으로 많은 재산을 후손에게 물려줄 수 있다. 한 걸음 더 나아가 소액의 증여세만 내고 물려받은 재산을 기반으로 훨씬 많은 재산을 사전 상속받을 수 있는 가능성이 생긴다.

부동산을 예로 들어보자. 집을 사 본 사람은 대부분 국세청으로부터 자금출처를 입증하라는 우편 질문서를 받아 본 경험이 있을 것이다. 부동산 구입 자금의 70~80%를 자신이 벌었거나 갖고 있었다는 증거를 대지 못하면 부모 등 다른 사람으로부터 증여받은 것으로 보고 증여세를 물리는 게 국세청의 업무처리 관행이다.

이는 역으로 말하면 부동산 구입자금의 70~80%만 자신

〈표〉 대기업의 상속·증여세 과세실적(1980년 이후)

(금액단위 : 백만 원)

순위	재벌명	대표자	세액		
			계	상속세	증여세
1	한국화약	김승연	27,740	6,928	20,812
2	삼성	이건희	18,107	17,629	478
3	범양상선	박승주	13,754	10,158	3,595
4	한진	조중훈	12,480		12,480
5	동아	최원석	8,035	5,602	2,433
6	삼미	김현철	7,065	6,501	564
7	현대	정주영	5,471		5,471
8	한일합섬	김중원	5,138	3,884	1,254
9	동양시멘트	이양구	2,175		2,175
10	태광산업	이임용	1,969		1,969
11	동국제강	장상태	1,940		1,940
12	럭키금성	구자경	1,655		1,655
13	효성	조석래	1,488	531	957
14	금호	박성용	1,430	1,106	324
15	쌍용	김석원	1,263		1,263
16	롯데	신격호	995		995
17	삼양사	김상응	973		973
18	신동아	최순영	927		927
19	한국타이어	조양래	648		648
20	미원	임창욱	479		479
21	선경	최종현	413		413
22	코오롱	이동찬	328		328
23	대우	김우중	289		289
24	태평양화학	서성환	282		282
25	삼환기업	최종환	169		169
26	한양	배종렬	101		101

＊1989년 국세청의 국회 제출 자료.
＊동양시멘트는 1990년 초 41억 원의 상속세 납부.
＊현대그룹은 1980년 이전 42억5천2백만 원의 증여세 납부
(1984년 재무부의 국회제출 자료).

의 자금이라는 사실을 입증하면 실제로는 증여를 받았더라도 증여세를 내지 않을 수 있다는 뜻이다. 더구나 이때 부동산 구입자금이란 실제 매입가격을 의미하는 게 아니라 시가의 20% 수준에 불과한 내무부 과세표준액을 기준으로 하고 있었고 지난해부터야 비로소 공시지가(시가의 80% 수준)를 기준으로 삼고 있다.

10억 원 상당의 부동산을 1차로 증여, 이에 따른 증여세로 1억2천만 원 정도(내무부 과세표준액 2억 원에 60%의 증여세 최고세율을 곱해 산출된 세액)만 납부한 후 이를 팔면 2차로 50억 원 규모의 부동산을 사더라도 자금출처를 입증할 수 있게 된다. 50억 원 규모의 부동산을 매입할 때 내무부 과세표준액은 10억 원 수준에 불과할 것이기 때문이다. 이런 방식으로 서너 차례만 자금출처를 대 가며 자녀에게 계속 큰 규모의 부동산을 증여하면 수백억 원대의 사전상속 정도는 쉽게 처리할 수 있다는 것이 전문가의 설명이다.

지금은 이 같은 방식의 부동산 사전상속은 다소 어려울 것으로 여겨지고 있다. 부동산 관련 세금의 기준이 지난해부터 시가의 80% 수준에 이르는 공시지가로 바뀌었기 때문에 증여세 자체도 옛날에 비해 많아졌고 부동산을 사고파는 데 뒤따르는 양도소득세 또한 만만치 않게 되었기 때문이다.

그렇더라도 미리미리 적은 금액으로 나누어 사전 상속하는 것은 오랜 시간이 걸린다는 불편함은 있지만 세금도 줄이고 조금이라도 값쌀 때 물려줘 가격상승을 노릴 수 있기 때문에 아직도 많이 이용될 수 있는 방법이다.

사전상속 수법 부동산에서 주식으로

부동산뿐 아니라 주식도 사전상속의 주요 대상이다. 주식의 경우는 부동산과 달리 실명이 아닌 가명구좌를 통해 매입할 수 있다는 장점까지 있다. 또 자신이 소유한 기업의 주식을 사전 상속함으로써 안정된 후계자체제를 구축할 수도 있다. 최근 증권감독원에 의해 적발되는 주식 위장 분산 사례가 부쩍 늘어나고 있는 것은 사전상속의 주요 대상이 부동산에서 주식으로 옮겨가고 있지 않느냐는 추측을 낳게 하고 있다.

이같은 측면에서 보면 동원산업의 김재철 회장이 장남에게 주식을 증여하고 증여세를 자진 납부한 어리석은(?) 행위가 충분히 이해가 된다. 김 회장이 62억 원에 이르는 거액의 세금을 자진 납부했다는 사실이 밝혀지자 각 언론들은 '양심적인 기업인' '기업인의 표상' 등등 온갖 찬사를 그에게 보냈다.

하지만 김 회장의 증여세 자진납부도 어떤 의미에서든 사전상속이다. 특히 김 회장이 장남에게 주식을 물려준 동원산업은 상장회사이기 때문에 김 회장으로서는 증권감독원에 대주주 지분변동신고를 하지 않을 도리가 없었던 처지였다. 결국 김 회장으로서는 어떻게든 여론에 노출될 수밖에 없었던 주식 증여였고, 따라서 증여세 자진납부도 이 같은 맥락을 전제로 이해해야만 한다. 더구나 지금 주식을 증여함으로써 장차 주식 가격이 많이 올랐을 때에 비해 훨씬 적은 세금으로 상속이 가능하다는 점도 있다.

이건희 삼성그룹 회장이 이 같은 사전상속을 통해 재산을 물려받았는지는 알 수 없지만 이건희 회장이 증여세를 납부했던 기록은 국세청 자료에 나타나 있지 않다. 이건희 회장은 몇년 전 자신은 전문경영인에 불과하다며, 일반인의 시각과는 다른 발언을 한 적이 있다. 계열사의 주식을 10%도 채 가지지 못한 자신이야말로 전문경영인 아니냐는 것이 이 회장의 주장이었다. 이 회장 개인의 소유주식만 가지고 따진다면 한편으로는 수긍할 수 있는 말이었다.

그러나 삼성그룹 계열사로서 상장된 회사의 주식 중 평균 26.5%를 이건희 회장 개인이 가지고 있는 것이나 마찬가지인 현실에서 누구도 그 말에 동의할 수 없음은 명백하다.

문화재단을 통한 계열사 지배

사전상속에 따른 증여세도 내지 않았는데 이처럼 많은 주식을 장악할 수 있는 방법은 주식의 위장 분산이나 계열사 간 상호출자 및 공익법인을 통한 재산의 분산 등이다. 위장 분산이야 가명으로 취득하면 금융실명제가 실시되지 않는 한 파악할 수 없는 일이다. 계열사 간 상호출자는 한 회사가 자본을 출자해 자회사를 설립하고 그 회사가 또다시 다른 회사를 설립하는 등의 방법으로 기업을 지배해나가는 것을 말한다.

특히 재벌이 상속세를 적게 내면서 자손에게 기업을 고스란히 물려주는 데 큰 기여를 하는 것은 바로 공익법인이라는 존재이다. 공익법인의 존재와 상속세 절세의 관계는 고 이병철 회장의 상속세에서 극명하게 드러난다.

고 이 회장은 타계하기 3개월 전인 1987년 8월 28일 국보급 보물과 고서화 등 2천1백74점을 삼성미술문화재단에 출연(기증), 상속세 과세대상에서 제외시켰다. 고 이 회장의 미술품에 대한 높은 안목과 수집벽은

익히 알려져 있는 만큼 이 미술품들의 가치는 새삼 거론할 필요가 없을 것이다. 당시 미술계에서는 가격을 굳이 따지자면 수천억 원에 달할 것이나 미술품의 가치로는 가격을 산정할 수조차 없다고 평했다.

이처럼 값진 미술품들을 개인이 소장하고 있는 것보다야 문화재단이 갖고 있으면서 많은 사람이 관람할 수 있는 기회를 부여하는 게 바람직한 것은 사실이다. 다만 문화재단이라는 공익법인이 설립자 및 그 후손들의 영향력을 전혀 벗어나지 못하고 있는 우리 현실에서 공익법인에의 재산 출연이 사회 환원이라는 본래적 의미보다 오히려 합법을 가장한 재산분산으로 이용되고 있기 때문에 비난받고 있는 것이다.

현재 국내 재벌 중 문화재단 등의 공익법인을 설립하지 않은 곳이 드문 실정이다. 이들 공익법인은 기업의 이윤을 사회에 환원한다는 측면에서 많은 기여를 해왔다. 대표적인 예로 삼성미술문화재단은 1970년대에 원가에도 못 미치는 싼 가격으로 삼성문화문고를 발간, 호평을 받았었다. 또 대우재단, 현대그룹의 아산사회복지사업재단, 럭키금성그룹의 연암문화재단 등 재벌 산하 문화재단들은 학술연구 지원, 의료복지사업, 사회복지단체 지원 등에 큰 몫을 하고 있다.

그럼에도 불구하고 공익법인은 재산을 변칙 상속하는 창구로 이용되거나, 지주회사로서 계열사를 영구 지배하는 수단으로 사용되고 있다는 비난이 끊이지 않고 있다. 삼성미술문화재단이 삼성그룹 계열사인 제일모직(7.38%), 삼성전관(5.3%), 삼성생명(5%), 제일제당(3.67%), 신세계백화점(2.54%)의 대주주이고 또한 아산사회복지사업재단이 현대건설 주식의 7.57%를 갖고 있어 정주영 명예회장에 이은 두 번째 대주주이면서 현대그룹의 주식운용 창구로 이용되고 있다는 사실이 비난의 초점이 되고 있다.

특히 많은 그룹의 공익법인 설립이 창업주와 2세 경영인의 세대교체기 또는 세대교체 준비기에 이루어졌다는 점도 공익법인 설립의 순수성을 의심받는 이유의 하나이다.

재계에서 삼성이 신고한 상속재산을 의외로 많은 액수라고 평가하는 것은 그 이전에 이루어진 다른 재벌 2세들의 상속재산과 비교하기 때문이다.

재벌 세습 못 막는 국세청의 세무행정

삼성그룹 이전에 가장 많은 상속세를 냈던 곳은 범양상선이었다. 1987년 고 박건석 회장이 유서 한 장만 남긴 채 돌연 투신자살함으로써 유가족들은 속수무책으로 국세청의 조사를 받을 수밖에 없었다. 더구나 당시 범양상선 자체에 대한 세무조사까지 병행돼 유가족들이 모르고 있던 재산까지 국세청에서 찾아내 유가족에게 1백1억 원의 상속세가 부과됐었다. 유가족들은 상속세에 대한 소송을 청구, 현재까지 법원에 계류 중이고 이 때문에 은행관리 중인 범양상선의 새 주인 찾기 작업이 차질을 빚고 있는 실정이다.

범양상선 다음으로 상속세를 많이 낸 재벌은 한국화약그룹. 1981년 창업주 고 김종회 회장이 갑작스럽게 작고함에 따라 김승연 회장을 비롯한 유가족들은 69억 원의 상속세를 내야만 했다. 이밖에 삼미그룹의 김현철 회장은 65억 원, 동아그룹의 최원석 회장은 56억 원, 한일합섬의 김중원 회장은 39억 원의 상속세를 내고 기업을 물려받았다. 이들 상속세 고액납세자들을 살펴보면 삼성그룹을 제외한 나머지 그룹은 모두 2세 경영인들이 젊었을 때, 미처 상속을 대비하지 못하고 있을 때 창업주가 타계했다는 공통점을 가지고 있다.

동양그룹의 경우 상속세 41억 원을 납부하기 이전에 이미 증여세 21억7천만 원을 내가며 상속에 대비하고 있었다. 현대그룹의 경우 정주영 명예회장은 1970년대에 42억5천2백만 원, 1980년대 들어와 54억7천1백만 원 등 97억2천3백만 원의 증여세를 내 어느 정도 사전상속을 해놓은 상태이다. 한진그룹의 조중훈 회장도 1980년대에만 1백24억8천만 원의 증여세를 납부했다(1984년과 1989년의 재무부 및 국세청 국회제출자료). 현대그룹이나 한진그룹도 삼성그룹과 같이 창업주가 작고했을 때 적절한 규모의 상속재산을 찾아내지 못해 쩔쩔매는 일이 생길지도 모를 지경이다.

최근 국세청은 '상속·증여세 과세강화지침'을 만들어 상속재산이 50억 원을 넘는 경우 5년간 특별 관리하는 등 변칙적인 부의 세습을 막겠다는 강력한 의지를 밝혔다. 국세청의 한 당국자는 재벌 창업주로부터 2세로 재산이 변칙적으로 넘어가는 것은 당시 행정체계의 미흡 등으로 방지하지 못했지만 이제 2세에서 3세로의 세습은 어려울 것이라는 장담까지 하고 있다. 그러나 국세청의 이 같은 호언장담을 그대로 받아들여 줄 사람은 그리 많지 않은 듯싶다.

현행 상속세법대로 세금을 제대로 내면 재벌 2세가 가업의 경영권까지 물려받는다는 일은 사실상 불가능하다. 그럼에도 재벌 2세, 나아가 3세까지 기업이 승계될 수 있다는 사실은 상속세법이 제대로 집행되지 못하고 있다는 반증이다. 그러나 금융실명제가 실시되지 않고 부동산 가격이 하루가 다르게 뛰어오르고 있는 현실에서 국세청이 제 아무리 강력한 세무행정을 펼쳐본들 눈 가리고 아웅하는 격에 불과할 것이다.

재벌 2세와 상속세 문제는 금융실명제의 실시, 올바른 부동산정책, 공익법인에 대한 엄정한 관리 및 상호출자의 강력한 규제 등을 통해 해결이 가능한 일인 것이다.

말 · 1991년 6월호

제3장
국제

한국군의 월남전참전, 그 역사적 진실

4백만의 베트남인이 죽거나 부상당한 잔혹했던 월남전. 당사자도 아닌 전쟁에 '우방'이라는 명목으로 한국군이 참전한 이 전쟁의 성격은 과연 무엇이었는가. 이견을 제기하기 어려운 상식이 된 '침략전쟁'에 개입한 한국군의 왜곡되지 않은 실상은 진정 무엇이었던가. 이제 우리는 강대국의 전쟁에 끌려가 죽어야 했던 젊은 영혼들의 명복을 빌며, 무고한 목숨이 희생된 베트남 민중들에게 마음속 깊이 사죄하는 일부터 역사에 기록해야 한다.

김민웅 · 재미언론인 · 목사 (현 경희대 미래문명원 교수)

유신·광주학살로 이어지는 월남전 참전의 성격

1964년 대통령선거전에 나선 존슨은 미 지상군의 월남전 개입에 대한 부정적인 여론을 의식 "미국의 젊은이들이 아시아의 젊은이들을 위해 싸울 수는 없으며 아시아의 전쟁은 아시아의 젊은이들이 담당해야 할 몫"이라고 거듭 강조했다. 그러나 그는 결국 지상군 투입결정과 함께 확전의 수렁에 빠지게 되며, 바로 이 과정에서 한국은 1965년에서 1973년까지 8년여에 이르는 기간 중 약 30만 명의 전투부대를 '사이공 정부의 요청'이라는 이름하에 월남 전선에 투여하게 된다.

전체 인구의 10%에 달하는 약 4백만 명의 베트남인들이 죽거나 부상당한 잔혹한 전쟁에 참전한 박정희 통치체제하의 한국은 참전기간 중 32억 달러에 이르는 군사원조를 받아 군부의 정치적 위치를 막강하게 굳힌다. 뿐만 아니라 이 시기의 전쟁특수 참여로 한국경제 내부에는 예속적 국가독점자본의 기반이 뚜렷하게 형성되며, 이 두 가지 군사·경제적 조건을 기본 축으로 하여 1972년 박정희는 영구집권을 위한 유신체제를 성립시킬 수 있었다.

그리고 이 유신체제가 각별히 육성한 정치군부의 주축이 다름 아닌 월남전 참전 주요지휘관 세대였으며 이들이 1980년 광주민중항쟁의 폭력적 진압과 직·간접으로 관련되어 있다는 점에서 우리는 한국군의 월남전 참전이 갖는 의미를 재조명해야 할 민족사적 요구에 직면하게 된다.

이러한 작업은 우선 참전을 둘러싼 역사적 사실과, 현장에서 파월 한국군이 어떠한 역할을 수행했는가를 규명할 것을 전제로 하고 있다. 그러나 이에 앞서 우리는 먼저 한국군을 이 전쟁에 끌어들인 미국의 월남전 개입 배경과 그 단계를 정리함으로써 무엇 때문에 한국군의 참전이 요구되었으며 '우방'이라는 명목으로 개입해 들어간 전쟁의 진정한 성격은 과연 무엇이었는가를 보다 명확히 밝혀낼 수 있을 것이다.

미국의 개입명분, '제네바협정 당사자 아니다'

2차 대전이 끝난 후 프랑스는 1947년 2월 베트남에 재진격,

하노이를 함락함으로써 호지명[호치민]의 항불민족전선과 7년간의 전쟁에 들어간다. 트루먼 정권의 막대한 지원에도 불구하고 프랑스는 1954년에 전쟁의 계속수행이 불가능함을 마침내 시인하고 '영예로운 퇴각'을 위해 제네바협정에 조인한다.

그러나 당시 미국의 아이젠하워 정권은 프랑스의 베트남 포기·방치가 아시아지역에서 세계자본주의권의 관할영역 축소로 연결될 것을 우려, 제네바협정의 조인을 저지하려 했다. 미국이 반대한 제네바협정은 다음의 두 가지 중요한 사항을 담고 있었다.

첫째, 17도선을 중심으로 하는 남북 분단선은 정치적·지역적 경계로 해석되어서는 아니되며 1956년으로 예정된 남북총선거를 통한 통일 때까지의 '잠정적'인 경계선일 뿐이라는 점. 둘째, 외국 군대의 투입이나 외국의 군사기지는 일체 허용되지 않으며 베트남의 어떤 영토도 군사목적으로 사용될 수 없다는 점이다.

남북총선거를 하게 될 경우 호지명 세력의 승리는 확실한 것이었고 외국 군대 불개입조항은 미국의 관여 여지를 사전봉쇄하는 것이라고 판단한 아이젠하워 정권은 제네바협정의 저지를 위해서 이제까지의 간접개입 방식에서 직접개입의 형태로 정책을 전환, 남부 베트남에 친미분단정권을 수립하는 정치공작에 총력을 기울이게 된다.

제네바협정 파기를 겨냥, 아이젠하워 정권은 미국이 제네바협정에 조인하지 않아 협정준수의 의무가 없으며, 바오 다이 정권(프랑스가 세운 친불정권) 역시 협정 당사자가 아니라는 이유를 들어 개입의 명분을 축적해 나갔다.

덜레스(John Foster Dulles) 국무장관은 이와 함께 개입에 대한 국제여론과 의회의 반발을 막기 위해 동남아시아 군사동맹체제를 결성하는 노력을 기울여 이를 통해 베트남문제에 개입해 들어가는 방식을 취하였다. 이러한 전략의 결과가 이후 지역동맹체제로 발전하는 마닐라협정과 SEATO(동남아시아 조약기구)결성으로 나타나게 된 것이다.

다시 말해, 미국은 호지명 세력의 오랜 항불투쟁의 성과물이라 할 제네바협정이 규정하고 예상하는 정치질서인 베트남의 자주적 민족정권의 평화적 수립 기반을 근본적으로 파괴하는 정책을 채택함으로써 향후 근 20년간 베트남 민중에게 말할 수 없는 재난을 안겨다주고 만 것이다.

정치공작 → 군사지원·북폭 → 베트남전쟁의 미국화

그리스·한국·이란·과테말라·필리핀 등지에서 이미 친미세력의 집권공작을 성사시킨 바 있는 미국은 베트남의 경우 상당한 자신감을 가질 수 있는 입장이 되어 있었다. 협정체결 후 북부베트남에 있던 친불 지주세력인 가톨릭세력이 대거 남하하여 친미정권 수립의 인적자원을 제공하고 있었으며, 이들과 함께 항불 베트남민족전선을 토벌하는 데 선봉에 선 바 있는 친불 군부·관료들이 포진하는 형국으로 친미정권의 토대가 정리되어가기 시작했다.

그러나 미국의 정치공작으로 수립된 고 딘 디엠 정권은 일체의 혁명 예방적 개혁의 거부와 극도의 탄압정책으로 말미암아 1960년 12월 광범위한 통일전선체인 민족해방전선(NLF) 결성을 촉진하는 결과를 가져오게 된다.

당시 베트남 주재 미 대사 롤링은 디엠이 개혁을 요구하는 미국의 정치적 조언에 점차적으로 저항을 보이고 있다고 보고했으며 그의 후임 헨리 케봇 룻지는 민중들의 전면적인 도전에 처한 디엠 정권에 대한 계속적인 지원은 반미운동을 격화시켜 미국의 정치적 기반을 심각하게 훼손하게 할 것이라는 결론을 워싱턴에 전한다. 결국 미국의 내밀한 지원을 받은 쿠데타로 실각한 디엠은 부하의 손에 저격당했으며 베트남 군부는 이후 매우 복잡한 권력투쟁의 미로에 빠져 들어갔다.

디엠 정권의 후속 체제로 세운 두옹 반 민 정권은 워싱턴의 기대와는 달리 하노이에 대한 미국의 폭격정책을 전폭지지하고 나서지 않았다. 게다가 미국의 간섭이 매판정권이라는 비난을 가중시키고 있는 현실 앞에서 민 정권은 미국의 군사·경제적 지원은 문제될 것이 없으나 정치적 개입의 폭은 줄여 나갈 것을 요구하기 시작했다.

한편 계속되는 전쟁상태로 베트남 내부에서는 반전기운이 높아갔으며 이를 불교도들이 주도해나가자 인구비례로는 절대소수인 가톨릭 집권세력이 압박감을 느끼는 가운데 불교도들과의 타협을 모색하는 움직임이 일어났다. 그 타협의 핵심은 '신속한 내전종식과 베트남의 중립화'였으며 민 정권은 불교도를 중심으로 한 세력과의 타협을 통해 정권을 유지하는 방책으로 은밀히 중립화의 가능성을 논의해 들어가고 있었다.

1963년 8월 프랑스의 드골 대통령은 외세의 간섭으로부터 자유로운 평화적인 베트남 통일을 도울 용의가 있다는 선언을 하였고, 캄보디아의 시아누크는 그해 9월과 11월 각기 캄보디아의 중립화와 인도차이나 3국인 라오스·베트남·캄보디아 전체의 중립국가연합을 제의했다.

이를 받아 NLF는 내전종식과 외국군 철수, 중립화 논의의 정치적 타결을 전격적으로 제기, 베트남 민중들의 기대를 집중시켰다. 이러한 상황에서 민 정권은 자연스럽게 중립화 문제를 정치적 현안으로 삼을 수밖에 없었고 미국은 정권교체의 필요성에 직면하게 되었던 것이다.

베트남의 '중립화'란 전쟁을 중지하고 미국의 정치군사적 개입을 전면 봉쇄하는 것을 의미하기 때문에 워싱턴은 매우 다급해졌다. 존슨 행정부의 국가안전보좌관 맥 조지 번디와 국방장관 맥나라마는 3~4개월 내에 사태를 수습하지 못하면 베트남은 중립화의 길로 들어서게 될 것이라고 존슨에게 보고, 국방성이 정권교체의 시나리오 작성에 들어가도록 한다.

이로 인해 베트남 주재 미군사령관 하킨스의 영향력 확대를 달갑지 않게 생각하던 민 정권은 1964년 1월의 쿠데타로 실각, 권력은 구엔 칸 소장의 손에 넘어간다. 칸 정권은 롯지 미 대사의 정치적 지도를 충실히 받아들였으며, 미국은 칸의 대중적 이미지가 취약함을 보강하기 위해 각종 여론조작을 조직화한다.

칸은 "미국이 하노이 정권에 핵무기를 쓰는 것에 아무런 이의가 없다"고까지 함으로써 철저한 친미노선을 추종하였다. 그러나 베트남 내부의 반전운동이 전면적인 호응을 얻어가고 우 탄트 유엔 총장이 베트남전쟁의 가속화를 막고 정치·외교협상을 통한 문제해결을 제안, 이를 드골·모스크바·북경·하노이·캄보디아·불교도·NLF가 지지하고 나서자 칸 정권은 흔들리기 시작했고 군 내부에 긴장이 발생하게 되었다.

이에 칸은 민 정권처럼 불교도의 세력기반을 이용하여 군 내부의 역학관계를 통제하는 전략을 쓰게 된다. 칸이 중립화안을 주도하는 이들 불교세력과 유착하면서 미국의 군사적 개입강화를 반대하고 나서자 워싱턴은 1965년 2월 또 한 차례의 쿠데타 원격조정을 통해 키·티우·타이 3두체제를 지원하여 베트남 정권의 지지하에 대량 북폭을 시도한다.

그러나 베트남 군부는 전쟁수행의 주요역할을 미국에 맡긴 채 내부 권력투쟁에 몰두, 전쟁수행의 효율성 증대를 기대했던 미국을 실망시킨다. 이 과정에서 마침내 존슨 행정부는 안정된 정치기반을 가진 베트남 정권을 통한 전쟁의 추진이 어렵다고 판단, 미 지상군 투입이라는 직접적인 전면개입을 결정함으로써 '베트남전쟁의 미국화'를 본격화하였다.

이상에서 볼 때 미국은 제네바 협정 파기와 함께 베트남문제에 직접 개입해 들어갔는데 이후 존슨 행정부의 지상군 투입결정에 이르기까지 △베트남 내부의 친미정권 강화 △친미정권을 전쟁의 직접 수행주체로 육성 △친미정권의 안정적 확보 실패로 직접적인 군사개입 결정이라는 단계적 변화를 보이고 있다. 앞의 두 단계에서는 비밀정치공작과 군사지원, 북폭의 방식이 중심이 되었으나 마지막 단계로 들어서는 전선의 전면으로 나서는 정책으로 전환한 것이다.

이 마지막 단계에서 존슨은 '동맹국 참전정책'을 표방, 한국을 비롯하여 필리핀·타이·오스트레일리아·뉴질랜드의 군사력을 함께 끌어들임으로써 지상군 파견에 대한 국제적 비난을 중화시키고, 의회 및 여론에 대해 국내정치적 정당성을 확보하며 군사적 부담을 더는 등의 전략을 추진해 나갔다.

1954년 이승만이 최초로 파병 제안

월남전의 한국군 파병문제는 이미 1954년 이승만 정권이 최초로 거론한다. 아이젠하워 정권은 호지명 항불민족전선과 교전하던 프랑스군을 지원하기 위해 장개석 군대를 파견할 것을 검토하나 이는 두 가지 이유로 논의단계에서 그치고 만다.

첫째, 장개석 군대를 참전시킬 경우 북경 정권이 월남전에 개입해 들어올 가능성이 높아질 뿐만 아니라 장개석 자신이 이를 노리고 북경을 자극, 미국과 중국의 충돌이 예견된다는 점. 둘째, 베트남인들의 민족주의적인 대중국 적대감으로 오히려 프랑스군을 고립시킬 우려가 있다는 점 등이 지적된 것이다.

이에 당시 합참의장이던 해군 제독 아더 레드포드는 이승만 정권하의 한국군 참전안을 제기한다. 이 문제는 2월의 185차 국가안보회의, 같은 해 3월 4일 187차 회의, 7월 22일의 207차 회의 등에서 집중 거론되는데 아이젠하워는 국방성과 국가안보회의 계획국에 보다 구체적인 문제 검토 및 보고를 명한다.

사실 이 한국군 파병안은 이승만 자신이 먼저 미국 측에 제안한 것으로 그는 휴전협정이 조인된 후 군사력에 여유가 생겼다고 판단, 파병의 대가로 당시 20개 사단을 35개 사단으로 증원하는 군사지원을 요구했다고 한다. 이승만의 제안을 검토한 국방성은 그의 요구가 과하다고 결론짓고 일단 보류 처분했는데, 제네바협정이 체결된 그해 6월 레드포드는 다시 이 문제를 재론하여 베트남과 라오스에 한국군 3개 사단을 파견할 것을 제안했다.

이러한 레드포드의 주장은 워싱턴의 주요정책 결정세력에게 긍정적인 반응을 얻어내 상당한 실천 가능성을 갖게 되었으나 프랑스 측이 이를 국가적 모욕으로 받아들이는 바람에 성사되지 못하고 만다.

북부베트남에 대한 대량폭격에도 불구하고 전세가 남부베트남 정권에 유리하게 바뀌어나가지 않자 존슨 행정부는 지상군 파견 쪽으로 기울어지게 되었다. 합참의장은 미 지상군 파견과 함께 한국군 1개 사단 파견을 제안했으며, 베트남의 미군 사령관 웨스트모어랜드 역시 그와 같은 제안을 적극 찬동하고 나섰다.

당시 주베트남 미 대사는 반게릴라 전략개념을 중심으로 한 케네디 행정부의 제3세계 군사정책인 '탄력성 있는 반응정책'을 제창했던 조지 테일러로서 그는 지상군 파견보다는 베트남 정부의 강화와 안정에 우선적인 관심을 두었다. 주한 미8군사령관도 역임한 바 있는 테일러와 함께 한국전에 참전했던 웨스트모어랜드는 지상군 파견에 주도적인 맥나라마의 편에 서서 존슨을 설득했다.

개입보다는 협상이라는 주장을 편 경제담당 국무차관 조지 볼을 제외한 국가안보회의 내의 분위기는 테일러를 고립시켰고, 국가안전보좌관 맥조지 번디·국무장관 러스크·국방장관 맥나라마·국방차관 존 맥노본·합참의장 얼 휠러 등 다수는 지상군 파견의 불가피성을 강조하고 나섰다.

이러한 분위기 아래 테일러가 빠진 1965년 4월 1일과 2일 양일간의 국가안보회의에서는 한국·오스트레일리아·뉴질랜드 등의 특정 국가 이름이 거명되면서 제3국의 전투부대 파견가능성이 '긴급처리 사항'으로 합의되었다. 같은 해 1월 경 이미 테일러는 일단 베트남 정부가 한국군 파병에 이의 없음을 확인한 바 있으나 4월에는 그것을 추진할 만한 상황이 아니라고 판단하고 있었기에 4월 15일 국무장관 러스크가 그에게 베트남 정부가 파병 요청하는 형식을 조속히 취하라는 전문을 보내자 이의를 제기한다.

테일러의 이의제기에 존슨은 4월 20일 호놀룰루에서 열리기로 되어 있는 국가안전회의 때까지 제3국 전투부대 파견문제 처리를 보류토록

했으며, 이 회의에서 존슨 행정부는 한국군 3개 사단 파견을 전원일치로 결정한다.

'브라운 각서'로 예속독점자본 축적토대 제공

비전투부대 파병은 이미 1965년 의료 및 기술공병대로 구성된 약 2천2백 명의 비둘기부대로부터 시작된다. 그러나 전투부대 파병 관련 협상은 1965년 5월 워싱턴에서의 박·존슨회담에서부터 준비논의에 들어가 6월의 비밀협상을 거쳐 7월에 합의를 보고, 첫 전투부대인 맹호사단 1만8천9백4명의 배치가 10월 말에 끝났다.

웨스트모어랜드는 1965년 5월에 벌써 9개 대대 규모의 차기년도 한국군 증원파병을 맥나라마에게 요청했고, 이에 1966년 1월 험프리 부통령이 증원설득 차 서울을 방문하지만 1개 사단 증원문제에 상호 조건의 차이로 합의를 보지 못한다. 박정희는 파병조건을 한국군 현대화 지원의 확대와 제9사단에 대한 대가를 요구, 같은 해 3월 주한 미 대사 브라운이 그 유명한 '브라운 각서'를 통해 이를 보증하고 9사단의 2만3천8백65명이 참전하게 된다.

이후 1967년에 해병대 2천9백63명을 파견, 합계 4만7천8백72명의 수를 유지하여 1973년 철수가 완료될 때까지 연인원 30만 명이 월남 파병군으로 복무하게 된다. 1968년도에도 증원 파병계획이 있었으나 1·21사태와 푸에블로호사건으로 한반도 군사긴장이 높아지면서 증원 파병계획은 철회되고 만다.

그렇다면 박정희는 도대체 파병의 대가로 무엇을 받아냈는가? 우선 앞에서도 지적했다시피 32억 달러에 달하는 군사원조를 받았으며 전쟁특수경기의 계약권을 상당부분 독점적으로 얻어냈다. 이는 브라운 각서를 토대로 이루어진 것인데 그 내용의 주요 골자는 다음과 같다.

1. 군사원조 : 한국군 현대화장비 지급, 베트남 파병 한국군 장비 및 소요경비 일체부담, 무기생산 증강을 위한 장비 및 시설 공급, 해외수당 지급 부담과 이밖에 부대 복지시설 지원 등.

2. 경제원조 : 파병과정 소요경비 일체 지급, 파병 소요품목 구입계약, 베트남 내 건설사업 참여기회 부여, 수출장려·기술원조 증가, 경제개발차관 대부 등.

이에 따라 베트남에 진출한 한국 민간인 취업자의 수는 한때 1만6천 명에 달해 전체 외국인 취업자 수 2만5천 명의 절반 이상을 차지했으며 이들의 연평균 수입은 당시 한국 연평균 국민소득 2백 달러의 42배가 되는 8천4백 달러나 되기도 했다.

또한 한국군 봉급체계에서도 예를 들어 1969년 7월 현재 일병 기본 월급이 1.6달러, 상병이 1.8달러에 불과했으나 1966년도 파월 해외수당이 일병은 1일 1.25달러, 상병은 1.35달러로, 한 달로 치면 근 30배 가까운 소득의 차이를 가져왔다. 그런데 일반 장병들의 봉급지급은 일부만 현지에서 지급하고 나머지는 국내송금이라는 이름하에 지급 기일을 늦춤으로써 막대한 이자부분을 정부가 갈취하는 것이 아니냐는 의혹을 사기도 했다.

장성급에 있어서는 봉급체계의 차이가 그리 나지 않았던 반면 승진의 기회와 덩어리가 큰 자금을 손대는 기회를 갖게 됨으로써 군내부의 부패를 가속화시키는 계기가 되었다고 한다. 특히 월남 현지에서 한국군 주요지휘관들이 미군 장비를 뒤로 빼돌리는 일이 횡행해, 웨스트모어랜드 사령관은 한국군 장성들을 '물자조달관(supply officer)'이라고 비난할 정도였다.

결국 박정희는 월남전 파병을 계기로 미국의 전쟁경제권 내에서 1970년 대 남한의 예속독점자본 축적의 중요한 토대를 제공받았으며 이를 물적 기반으로 군부를 확대 강화해 권력집중을 가능케 함으로써 분단 파쇼체제를 성립시켰던 것이다.

잔혹한 대량학살로 NLF도 한국군과 교전 꺼려

웨스트모어랜드는 한국전쟁 당시 피폐했던 한국군의 모습과 월남전 참전 한국군은 비교할 수 없는 차이를 가졌다면서 이들이 전쟁수행에 매우 뛰어난 능력을 지녔다고 찬사를 보냈다. 반면, 서울을 방문한 웨스트모어랜드에게 박정희는 "나의 군대가 당신의 지휘하에 있는 것을 자랑스럽게 생각한다"고 말했다.

그 웨스트모어랜드의 휘하에 들어간 한국군은 월남 현지에서 어떠한 임무를 어떠한 방법으로 수행했는가? 퀘이커 교도로서 베트남 현지에 찾아가 한국군의 작전현황에 대한 증언을 수집한 마이클 조운즈 부부의 기록 「우방이라고 불린 한국–베트남 현지보고(Allies Called Koreans-A Report from Vietnam)」는 한국군이 베트남 민중의 삶을 얼마나 잔혹하게 파괴했는가를 전해주고 있다.

내용이 워낙 끔찍해 이 글에서 자세히 밝히기에는 부담을 주는 이들의 기록 가운데 사례 증언 두 가지를 간략히 정리해보면 다음과 같다.

1. 1966년 11월 푸옥 빈 마을에 일단의 한국군이 들어섰다. 마을에 있는 사람이라고는 여자·노인 그리고 아이들뿐이었다. 이들이 마을에서 나서

기 전 기관총 소리가 하늘을 찢는 듯했고 그리고 나서 마을 한가운데에는 1백40구 가량의 시체가 즐비했다. 아이들의 입에는 케이크나 캔디가 물려 있었고 노인들의 입에는 담배가 물려 있었다. 아마도 안심시키면서 마을사람들을 모으려 한 방법이었던 것 같다.

2. 1966년 12월 새벽 4시 빈 키 지역의 룽 빈 마을에 들어선 한국군들은 여자·어린이·노인 30여 명을 집안에서 끌어낸 뒤 집을 불태워버렸다. 그리고는 이들을 언덕 위의 폭탄으로 구멍 난 곳까지 데려가 일렬로 세워놓고 기관총으로 전원 학살했다. 이들은 근방 마을에 들어가서도 같은 행위를 계속했다. 이렇게 해서 죽은 수가 빈 키 지역만 해도 천 명이 넘는다.

증언들에서 대체로 공통적인 것은 여자에 대한 강간살해, 무차별 기관총난사 대량학살, 죽은 아이들의 입에 물려 있는 케이크, 가옥 불태우기, 임산부 난자살해 등이다. 이와 같은 민간인 대량학살행위가 베트콩(베트남 공산주의자를 의미하는 비엣트 콩싼의 줄임말 : V.C)과의 교전 후 보복으로 이루어지는 경우도 있었으나 전혀 그와 같은 교전이 없는 상황에서도 일어났다는 것이 특징이라고 조운즈는 보고하고 있다.

한국군이 워낙 잔혹하게 민간인을 학살하고 그 보복의 정도가 심해 NLF도 한국군과의 교전은 가급적 피하려 할 정도였다고 한 증언자는 전하고 있다. 전선이 분명치 않은 월남 현지에서 NLF 게릴라의 근거지를 수색, 파괴한다는 작전상의 명분이 남녀노소를 가리지 않는 학살행위를 정당한 듯이 만들어주었으며 베트남 민중 가슴 깊이 한국군에 대한 증오를 심어놓은 것이다.

증언자들은 한국군들이 NLF 게릴라와 직접 교전하려 하기보다는 양민학살로 공포를 주어 자신들의 안전을 확보하려 했다고 주장하면서, 이들도 문제이나 이들을 불러들인 미국이 더욱 문제이며 한국군의 참전으로 악역은 이들이 맡아 나서는 바람에 미군들의 이미지가 상대적으로 개선되었다는 점을 들어 이것도 미국이 노린 바가 아니었겠는가라고 지적하고 있다.

웨스트모어랜드는 한국군을 '수색·소탕작전'에 주로 활용했다고 하는데 바로 이 수색·소탕작전의 과정에서 대량학살이 발생한 것이다. 게릴라 근거지의 씨를 말린다는 불사조작전 이후 그와 같은 양민학살은 베트남 전역에 걸쳐 더욱 강력히 진행되었다.

1966년 1월 현재 사이공 정부군의 통괄권 내에 들어와 있는 지역은 사이공·칸토·달라·반 메 투·다낭·캄란만 지역 등 극소수의 도시지역뿐이었다. 그 밖의 다른 지역은 NLF 게릴라 영향권 내에 있어서 이 지역에 속한 마을의 주민은 일단 군사작전상 V.C.로 분류되어 학살의 위험에 노출되고 마는 것이었다.

소위 이 '수색소탕'작전은 전세가 풀려나가지 않으면서 점차 초토화 작전으로 변화해나갔다. 일단 작전지역 대상으로 선택되면 즉각 그 지역에서 철수해야 하며 그렇지 않을 경우 NLF 협력자로 간주되어 죽게 된다. 초토화작전이란 일차적으로 융단폭격 등 공중폭격으로 작전지역을 공격하고 한국군 등 지상군이 현장에 투입되어 생존자를 즉결 처분한 후 불도저 등으로 마을 전체를 밀어버리는 것이다.

즉 NLF 게릴라의 유격근거지를 송두리째 해체시키는 것이며 미국과 베트남 정권의 영향권 내에 편입될 수 없다면 NLF의 영향권 창출기반 자체를 파괴해 버림으로써 NLF 세력을 위축시켜 나가겠다는 작전이었다.

바로 이 작전의 현장 최고 지휘자가 웨스트모어랜드였으며, 한국군은 그의 휘하에서 작전수행이라는 이름 아래 베트남 주민들의 가슴에 총을 겨누었으며 그들의 생활토대를 하루아침에 잔혹하게 무너뜨리고 말았던 것이다.

베트남 민중에게 마음속 깊이 사죄해야

평화적인 방법으로 자주적 통일체제를 세울 수 있는 베트남 민중들의 기회를 박탈한 미국의 개입은 마침내 침략전쟁으로 발전했고, 이 침략전쟁에 한국은 군사·경제적 대가를 전제로 끌려들어갔다. 베트남 전쟁이 침략전쟁이었다는 결론은 이제 이론을 제기하기 어려운 상식이 되었고, 전쟁 이후 지난 15년간 미국의 진보적 양심세력은 베트남전쟁 개입에 대한 역사적 반성을 치열하게 하면서 다시는 그와 같은 전쟁이 일어나지 않도록 미국 외교정책에 근본적인 문제를 제기하고 있다.

또한 이들은 베트남 민중들에게 가한 온갖 종류의 피해를 보상하기 위해 나름대로 노력하고 있다. 그런데 당사자도 아닌 전쟁에 개입해 들어간 우리는 오늘날까지 침략전쟁의 공범이었다는 역사적 사실을 인정하려 들지도 않고 있다.

도대체 월남전 파병의 역사와 진실에서 우리가 배워야 할 것은 무엇인가? 그것은 첫째, 자주적 정권을 갖지 못한 민족은 언제나 강대국의 군사전략 대상으로 전락, 희생의 제물이 된다는 것이다. 학살을 당한 베트남 민중도 그러하고, 인간성을 상실하는 상황에 몰아붙여져 양민을 학살한 한국군도 그러하고 그 땅에서 억울하게 죽어간 우리의 젊은 목숨

또한 그러하다.

둘째, 평화를 위한 협정의 명확한 체결이 얼마나 중요한가 하는 점이다. 제네바협정의 조인국이 아니라는 이유로 그것을 유린해간 미국. 우리의 휴전협정 당사자는 누구였던가? 왜 미국은 북한과 평화협정 맺기를 계속 회피하고 있는가?

셋째, 월남파병의 국제역학은 우리의 오늘을 여전히 지배하고 있다는 사실이다. 그 역학에서 해방되는 것은 바로 자주적 민족주권의 수립과 민주체제 건설에 직결되는 것이다. 우리는 민족주체성과 역사의 진실 공개에 월남전 당시에서 한 발자국도 앞으로 진전하고 있지 못하다. 이의 해결은 월남선 종식 후 이를 명분으로 이 땅에 세워진 군사질서가 아직 청산되고 있지 못함에서 확연히 드러난다.

혹자는 월남전 참전의 경제적 성과를 긍정적으로 평가하고자 한다. 그러나 그 성과가 우리의 젊은이들과 베트남 민중들의 무고한 목숨이 희생된 결과라면 우리는 어떻게 해야 하는가?

지금 우리가 먼저 할 수 있는 일이 있다. 그것은 강대국의 침략전쟁에 끌려가 죽어야 했던 우리의 젊은 영혼의 명복을 비는 것이다. 그리고 베트남 민중들에게 마음속 깊이 사죄하는 일이다. 여기에 우리는 '통석의 염 운운' 따위의 말은 결코 쓰지 말아야 할 것이다.

말 · 1990년 7월호

| 후기 |

이 글이 발표된 직후 베트남전 참전 퇴역군인 수백 명이 당시 서울 마포구에 있던 『말』지 사무실을 수일 동안 둘러싸고 위협을 가하다 난입하여 테러를

가하기도 했다. 자신들에 대한 모욕으로 받아들인 것이다. 그랬을 터다. 그러나 이 글의 핵심은 미국의 전쟁전략에 끌려들어간 우리 민족사의 고통과 희생을 돌아보고 그 과정에서 저질러진 월남양민들에 대한 학살에 사죄하는 자세를 갖자는 것이었다. 30년의 세월이 지났으나 이 문제는 여전히 미해결상태다. 우리는 일본의 역사적 죄과에 대해서는 준열하게 묻고 있지만, 월남전과 우리역사에 대한 성찰은 외면하고 있다. 월남전 반대운동이 치열했던 미국의 1970년대는 이 문제를 집중적으로 질문했던 시대다. 이 글은 그런 시대의 도전과 동일선상에 놓여 있다. 그래서 우리는 다시 스스로에게 물어야 한다. "역사의 진실을 마주할 용기가 있는가?" 여전히 유효한 물음이 아닐까. 이는 마땅히 양심의 문제다. (김민웅)

모스크바의 대혼란

오늘의 소련을 어떻게 바라보아야 할 것인가. 사회주의의 몰락인가, 아니면 변혁과정에서의 진통인가. 이에 본지는 페레스트로이카의 심장부 모스크바에 국제담당 기자를 특파하여 그 현장을 취재케 하였다.

오연호 · 본지 기자(현 오마이뉴스 대표)

"울지 말라"는 쉽지 않은 주문

아니다. 소련은 아니다.

① 이 글은 73년의 역사에 대한 15일간의 관찰이다.

② 광활한 소비에트 연방 중 모스크바에 국한된 것이다.

③ 본질보다 현상에 민감한 '기자'의 취재기다.

독자들은 이 세 가지를 염두에 두고 모스크바 현장기록을 읽는 것이 덜 충격적일 것이다.

1991년 5월 18일 세레메찌에보 공항에 도착한 기자는 모스크바 취재

3일 만에 더이상 취재할 것이 없다고 결론 내렸다.

소련의 한 지식인은 기자처럼 '경거망동하는' 구경꾼들에게 이렇게 주문한 적이 있다.

"울지도 말라, 웃지도 말라, 단지 이해하라."

기자는 독자들에게 똑같이, 그러나 조금 다르게 주문하고 싶다.

"울지도 말라, 웃지도 말라, 다만 바르게 이해하자."

소련에서 만난 가장 진지한 고뇌자는 한국 유학생들이었다. 그들은 말했다.

"혁명은 완성품에 대한 모방이 아니다. 혁명은 민주주의적 변혁과정, 그 자체의 연속이다."

모스크바는 상징물의 도시다. 지하철·도로·공원 등 곳곳에 레닌을 비롯한 혁명영웅들의 동상과 조형물들이 세워져 있다. 크레믈린 광장의 레닌 묘는 그러한 상징물 중에 가장 대표적인 것이다.

5월 20일 일요일 오전 11시. 레닌 묘를 참배했다. 레닌은 10여 평의 지하실에서 6명의 호위병에 둘러싸여 실물 그대로 고이 눈을 감고 있었다.

도대체 소련 사회주의는 어디로 가고 있는 것입니까?

기자는 『말』지 독자를 대신하여 그렇게 속삭였다.

그러나 레닌은 소련 사회주의의 오늘을 고민할 형편이 결코 되지 못했다. 고르바초프는 페레스트로이카가 '레닌으로의 복귀'라면서 스탈린주의를 집중 비판했지만 대중은 이미 스탈린을 넘어 레닌을 소련사회주의 파탄의 주범으로 낙인찍기까지 했다.

레닌박물관 관람객의 격감은 레닌의 인기가 얼마나 떨어졌는가를 말해 준다. 레닌박물관의 늙은 안내인은 "이것이 다 젊은 세대들의 교육을 잘못했기 때문"이라고 안타까워했다.

"보이면 사라" 유행어와 리즈스키 시장

모스크바는 대혼란의 도가니였다. 그것은 본질적으로 사상·철학의 혼란이었고 대안의 사회에 대한 혼란이었지만 현상적으로는 "일한 것만큼 벌지도 못하고 번 것만큼 쓰지도 못하는" 경제난으로 표출되었다.

모스크바 시내의 거의 모든 상점에는 물품을 구입하려는 시민들이 줄지어 서 있다. 소련 제일의 백화점인 굼도 예외가 아니다. 립스틱을 파는 곳에서는 남녀 50여 명이 서서 차례를 기다렸다. 물건을 막 타서 나오는 30대 남자에게 얼마나 시간이 걸렸냐고 물어보았더니 "여동생 주려고 샀는데 35분 정도 기다렸다"고 말했다.

솔이 엉성하게 달린, 손바닥만한 수동 청소기를 사는 데 한 시간이 걸렸다고 말하는 사람도 있었다. 굼백화점에는 거의 매일 10여 군데씩 긴 줄이 이어져 있었다.

백화점의 한 점원에게 왜 이 줄이 생겼느냐고 물었다.

"페레스트로이카 이전보다 물건들이 많이 없어졌다. 그전에는 곳곳마다 물건이 쌓여 있었는데 지금은 물품이 없어서 아예 문을 닫아버린 상점이 흔하다."

– 그것이 왜 페레스트로이카 때문인가?

"페레스트로이카 이후에 기업들이 돈 되는 물건만 약삭빠르게 생산하고 노동자들의 기강이 해이해져 일을 불성실하게 하기 때문이다."

이러한 줄은 백화점뿐만 아니라 거리거리에서 흔히 볼 수 있었다.

어떤 곳은 아직 상점문이 열리지 않았는데 50여 명이 웅성거리며 문을 열기를 기다리고 있었다. 담배·채소·술·아이스크림 등등 거의 모든 것을 사는데 줄을 섰다.

한 국영상점에 들어가 보았더니 우리나라의 슈퍼마켓 같은 곳이었다. 진열대에는 듬성듬성 물건이 꽂혀 있었고 일부는 빈 채였다. 이 상점의 지배인은 서른한 살 먹은 청년이었고 부지배인은 45세 정도의 아주머니였다.

- 상점에 제때에 물건이 공급되는가.

"안 들어온다. 쌀도 날마다 공급돼야 하는데 며칠째 안 나오고 있다. 언제 올지도 모른다."

- 왜 그런가.

"나도 잘 모르겠다. 3년 전에는 거의 모든 물품이 다 잘 공급됐는데 이상이 생기기 시작, 작년 가을부터 이렇게 나빠졌다."

페레스트로이카 이후에 새로 생겨난 시장에서도 부족함을 느끼기엔 마찬가지였다. 개인과 개인이 물건을 사고파는 리즈스키 개인시장. 폭 5m의 기다란 골목길을 꽉 메운 40~60대의 아줌마들은 네 줄로 서서 두 명씩 마주보고 자신들이 어렵게 구한 상품을 들고 있었다. 구매자들은 줄 사이를 지나면서 마음에 드는 상품들을 흥정했다. 이 노점시장의 상품 값은 국영상점보다 서너 배씩 비쌌다. 한 아줌마에게 국영상점에서 10루블 하는 보드카 값을 물었더니 30루블이라고 답했다. 왜 그렇게 비싸냐고 고개를 저었더니 "나는 이것을 사기 위해 한 시간을 기다렸다"고 답했다. 통역은 "할머니, 아줌마들이 일은 안 하고 보따리를 들고 다니면서 줄 서서 상점에서 물건을 사 여기 와서 올려 받는다"고 설명했다.

늘어선 줄로 대변되는 소련의 경제난은 어디에서 오는 것일까. 모스크 바에서 3년째 사업을 해온 한 한국인은 네 가지를 들었다.

① 생산라인의 혼란과 마비(페레스트로이카 이후 계획경제가 심리적으로, 부분적으로 폐기됐으나 시장경제는 아직 확립되지 않고 있다).

② 운송 분배시스템의 혼란과 마비(전직, 이직이 늘고 민족분규로 기존의 유통시스템이 혼란을 일으키고 있다).

③ 매점매석(항상 부족하니 필요 이상으로 산다. "보이면 사라"는 말이 유행이며 항상 주머니를 들고 다닌다).

④ 잉여가치의 생산 외적 유출의 만성화(보다 역사적인 원인인데, 잉여가치가 그 공장설비에 재투자되는 것이 아니라 군사비와 제3세계 원조비에 전이되었다. 설비의 정체는 생산의 정체를 가져왔다).

레닌 혁명사 과목이 없어진 모스크바 종합대학

페레스트로이카가 시작될 때 소련시민들 사이에서는 "페레스트로이카로 모든 것이 변해도 모스크바 지하철과 모스크바 종합대학만은 변하지 않을 것"이란 말이 유행했다. 지하철은 사회주의적 건설의 상징이었고 종합대학은 사회주의 사상의 보고이자 최후의 보루였기 때문이다.

그러나 1991년 6월 현재 지하철은 변하지 않았지만, 모스크바 종합대학은 변했다. 무엇보다도 러시아혁명사(레닌 혁명사)가 교과과정과 시험과목에서 공식적으로 제외되었다. 종합대학의 본관 건물 양켠에는 '일하면서 배우는' 젊은 남녀의 또렷하고 당찬, 힘이 넘치는 모습을 형상화한

동상이 세워져 있다. 그들의 눈동자엔 혁명의 열의가 담겨있었지만 캠퍼스 여기저기에 앉아 있는 대학생들의 눈 속에서 그것을 찾기란 쉽지 않았다. 캠퍼스의 벤치에 앉아있던 두 여대생 카추샤와 올리야(지리학과 4년, 21)는 흔쾌히 인터뷰에 응했다.

－총학생회 조직이 있는가.

"있긴 있는데 주목도 받지 못하고 학생들 참여도 저조하다. 주로 장학금 분배, 학생징계문제 등 학내문제에 국한하여 활동하는데 그것마저 소극적이다"

－정치적 시위는 하지 않나.

"천안문 광장에서의 중국학생 탄압 1주기 때 한 번 모스크바 대학생들이 모여 성토대회를 했으나 조직적이지도 않았다. 그 후 뜸하다."

－학생들이 원하지 않나, 학교당국이 허가하지 않나.

"우리가 암만 소리쳐 봐도 아무도 우리 이야기를 들어주지 않으리라는 생각이 꽉 차 있다. 서클도 없다. 대부분 정치에 관심이 없다."

－정말 러시아혁명사가 공식적으로 과목에서 빠졌나.

"그렇다. 그것이 쓸데없는 과목이라고 생각하는 학생들이 많기 때문이다. 지금 거의 모든 인민이 다 잘못되었다고 하는 역사를 우리가 무엇 때문에 배워야 하는가. 물론 역사시간 그 자체는 필요하다. 현재 역사시간에는 혁명사를 배우는 것이 아니라 소련의 현재에 대한 학생들의 입장을 상호 토론하는 것으로 대신하고 있다."

－한국에는 사회주의를 공공연히 지향하는 학생들이 있는데.

"진정한 사회주의를 지향하는 것은 좋은 일이다. 그러나 우리가 처한 이러한 사회주의로는 갈 필요가 없다. 소련은 참된 사회주의가 아니다."

— 노동자들은 '지식인·대학생·언론이 페레스트로이카 이후 말만 지껄이면서 책임 있는 대안을 제시하지 못한다'고 비판하던데.

"그렇기 때문에 나도 정치적 모임과 토론에 참여하기 싫어한다. 지식인들은 말만 많고 아무것도 하지 않는다."

— 많은 모스크바 어른들이 '오늘의 사상적 방황이 혁명교육의 부족에 있다. 혁명이 무엇을 가져다주었고 왜 필요했는가에 대해 철저히 교육하지 못했기 때문' 이라고 하는데 정말 혁명교육을 그동안 철저히 못 받아왔나.

"그렇지 않다. 고르비 이전에는 우리가 사회주의의 길로 나아가고 있다는 확신을 가지고 있었다. 페레스트로이카 시작부터 우리는 확신을 잃었다. 지도자들이, 어른들이 먼저 사회주의를 뒤죽박죽으로 만들었다. 사람들이 이제 점점 사상만 가지고는 살 수 없다며 자기 이익을 챙기고 있다."

— 한국의 한 지식인은 사회주의의 오늘을 보고 '인간은 선천적으로 이기적 동물임을 인정해야 한다'고 했는데.

"그 지식인의 말에 동의한다. 나라를 위해 인민을 위해 진심으로 무엇을 하고자 하는 사람이 적다. 이상적 사회주의가 현실적으로 성공하려면 도덕적 인간들만이 있어야 한다. 그렇기에 마르크스, 엥겔스, 레닌은 인간 본질의 일면만을 파악했을 수 있다."

인민의 모범이 되지 못한 공산당원

이번에는 캠퍼스가 아닌 술집에서 모스크바 종합대학에 다니는 한 남자대학생의 목소리를 들어봤다. 그 자리엔 같은 또래의 여자 공산당원과 한때 공산당원이 되기를 갈망했던 현직 여자 공무원(40대)도 동석했다. 2시간 동안 계속된 술집 토론의 핵심만을 소개한다.

공산당원 : "나는 아직도 공산당을 믿는다. 모든 사람이 행복하게, 평등하게 살 수 있도록 한 공산당의 목적을 실현하기 위해 나도 조그마한 못이 되고자 입당했다. 일부 옳지 못한 사람들이 공산당에 들어와 그 사상을 잘못 실천했다. 나는 아직도 정직한 공산당원들에 의해 이제 다시 공산당이 옳은 길로 가리라 믿는다."

공무원 : "입당할 때 서약서에 '모든 힘을 인민의 행복을 위해'라고 쓰는데 실제로는 자기욕심을 차리게 되니 점점 당원의 위신이 나빠졌지요. 집도 넓은 것에 월급도 많이 받아가면서 모범을 못 보이니, 지금은 공산당에 들어가고 싶은 사람이 별로 없어요. 오히려 많이들 나오지요. 당원이면 월급의 1~2%를 당비로 납부하거든요. 그것이 부담돼서 나오는 사람이 있을 지경이니 공산당 인기가 많이 떨어진 셈이죠. 그동안 나는 공산당원들이 불합리해 보이는 결정을 내릴 때도 '위에 있는 사람들이 똑똑하니까 그렇게 결정했겠지' 하고 이해해왔는데 지금은 그렇지 않아요."

대학생은 공산당원과 공무원의 시선을 아랑곳하지 않고 자본주의 찬송자가 되어 기자를 당황케 했다. 그는 레닌 혁명을 부정했다. 10월 혁명이 일어나지 않고 케렌스키(부르주아 민주주의)정부가 계속됐더라면 러시아에 민주주의가 꽃피워졌을 것이라고 강력히 주장했다. 그것이 누구를 위한 민주주의였겠느냐고 했더니 "자본가를 위한 민주주의였을 것"이라고 단정하고 "빈부격차가 있더라도 참으면서 나라 전체를 발전시켜야 한다"면서 발전과 풍요를 누리는 선진자본주의들도 초기엔 다 어려웠다고 했다.

– 그렇다면 사회주의는 70년밖에 안됐는데 왜 참으려 하지 않는가.

자본주의가 현재까지 발전되기 위해 3백 년이 걸렸는데, 70년은 결코 길다고 할 수 없지 않는가.

"사회주의 70년간 좋은 것은 하나도 없었다."

– 당신이 삭막한 자본주의사회에서 안 살아봐서 그렇다.

"아니다. 당신이 이 삭막한 사회주의사회에서 안 살아 봐서 그렇다."

– 어느 정도의 모스크바 대학생이 당신과 같이 생각하나.

"정확한 여론조사는 안 해봤지만 약 80%는 나와 같이 생각한다."

이렇듯 많은 대학생과 시민이 자본주의에 대한 환상을 가지고 있었다. "소련에는 새로운 빌딩이 없는데 한국에는 새로 지은 빌딩이 많다"는 지극히 단순하고 현상적인 분석으로 한국을 '경제적 대안'의 나라로 상정하는 말을 듣기란 어렵지 않다. 하기야 모스크바 공항대로에 설치된 10여 개의 큰 광고탑 중 7개가 삼성·대우 등 한국대기업의 것이었다. 모스크바 시내의 광고탑만으로 본다면 한국은 세계에서 제일 잘사는 나라였다.

자주성과 창조성을 죽여 온 명령식 교육

그렇다면 교수들은 소련의 교육현실을 어떻게 보고 있는가.

"균형감각을 가진 합리적인 젊은 교수"라고 소개받은 모스크바종합대학의 한 교수는 인터뷰를 시작하기 전 반드시 익명이어야 한다는 조건을 달았다.

그는 모스크바 교육이 위기를 맞게 된 한 원인이 역사적으로 정신노동의 천대에 있었다면서 1960년대까지만 해도 세계 3~4위하던 교육(과학)수준이 현재 42~43위로 떨어졌다고 개탄했다.

– 왜 그렇게 떨어졌습니까.

"첫째로, 군사비에 투자를 많이 하다 보니 교육비로 투자할 돈이 적어졌지요.

둘째로, 돈이 없다 보니 기계설비나 연구비에 투자를 못해 예전의 그 수준으로 지식을 공급하면서 많은 대학생을 졸업시켰지요. 즉 질을 높이는 것이 아니라 낮은 질의 많은 대학생을 양산한 것이지요.

셋째는, 교수들의 수준이 떨어졌습니다. 총장, 학장들이 옳은 말 하는 사람들은 잘라버리고 예스맨들만 곁에 두니까 교수들 수준이 떨어지고 덩달아 학생들 수준도 떨어졌지요. 능력이 뛰어난, 자기 주관이 있는 교수들은 외국이나 감옥으로 추방되었고 자연히 '후진' 교수들만 남았습니다. 그러니 사회풍토와 교육풍토가 모든 것을 스탈린식으로 명령만 따라하고 자기 개인의 생각을 감추면서 예, 예 하면서 굽실거리는 식으로 됐지요.

넷째, 소비에트 정치만 좋다고 하고 외국 것은 나쁘다고, 외국 것과 비교분석하려 하면 사회주의를 반대한다면서 억압하려드니, 세계의 발전된 정보에 눈이 어둡게 됐었지요. 그 악역을 각 학과마다 있었던 공산당위원회가 맡았는데 이들은 아직도 기득권을 지키려고 방을 비우려 하지 않지만 우리 과는 5월에 없어졌지요."

기자는 이 교수의 말을 들으면서 소련시민들의 가장 큰 문제점이 수동화된 인간, 즉 자주성과 창조성이 결여된 인간으로 굳어져왔다는 점이라는 한 한국유학생의 지적을 떠올렸다.

– 페레스트로이카로 교수들의 권위가 실추됐습니까.

"그렇습니다. 억압 속에서 옛날의 강의노트만 가지고 강의하는 교수들은 페레스트로이카 물결 속의 대학생들에게 아무것도 줄 수 없지요. 특히 인문사회과학에서 모든 기존 가치가 흔들리고 있고 새로운 사고와 사상이 유행하고 있지요. 그러니 혁명사를 가르치는 노교수의 강의시간에 대학생들은 그 교수를 불신하고 강의실에서 나가버린답니다."

"외국으로 나가는 게 꿈이다"

아르바뜨 거리는 서울 동숭동의 대학로를 연상시킨다. 화가들, 인형을 파는 사람들 등이 거리 양켠에 즐비하다.

여러 그림들 중에 시사만평이 눈에 들어왔다.

페로스트로이카와 공산당을 혹독하게 비판하는 만평들이었다. 작가는 대학교 1학년 정도의 나이였다.

— 공산당을 왜 그렇게 나쁘게 보나.

"나쁘다. 좋아할 이유가 하나도 없다. 이렇게 우리가 못사는 것이 공산당 때문이다. 내 친구들도 다 싫어한다. 공산당은 노동자의 친구가 아니라 원수다. 이렇게 노동자가 못살도록 지도했는데 믿지 않겠는가."

— 그렇다면 자본주의를 원하나.

"어떤 '주의'가 중요한 것은 아니다. 노동자를 잘살게 하는 것이 중요하다."

— 이렇게 그림이 비판적인데 경찰이 단속 안 하나.

"이 거리에 외국인이 많이 오고 외화벌이에 이익이 되어 경찰관들이 못 본 체한다."

25달러에 흥정해 한 점을 사려고 지갑을 꺼냈더니 그는 깜짝 놀라며 주위를 두리번거렸다. 그는 따라오라며 무작정 앞서 걸었다. 귓속말로 속삭였다.

"뒤에 경찰이 따라온다. 사복을 입고 사방에 경찰이 깔려 있다. 달러로 지불하는 것이 눈에 띄면 와서 잡아간다. 당신은 문제가 안 되지만 나는 경찰서로 끌려가서 몽둥이로 맞는다. 저 사람들이 경찰이다."

그가 가리키는 사람을 봤더니 정말 사복을 입고 날카로운 눈으로 사방을 감시하고 있었다.

"저쪽에 가면 우리 고모가 일하는 데가 있다. 달러는 고모한테 맡기고 다시 와서 그림을 가져가라."

우리는 약 10분간 걸어 고모에게 달러를 맡겼다.

"되게 복잡하고 불편하네" 농담으로 웃으며 불평했더니 그는 "당신은 웃지만 난 이게 밥벌이다"라고 되받았다.

– 꿈이 있는가.

"외국으로 나가는 게 꿈이다."

– 다른 나라도 다 살기 복잡하기는 마찬가지다.

"그래도 내가 그린 작품을 이렇게 숨어서 팔진 않을 것 아닌가."

구속화가 홍성담씨의 말을 해주려다 말았다. 약 1시간 만에야 그림을 손에 쥘 수 있었다.

"누가 물어보면 사지 않고 선물로 받았다고 해 달라. 경찰한테 찌르는 놈들이 있으니까."

– 당신은 경찰한테 상납 안 했나.

"했다. 인형 파는 사람들은 하루에 25루블씩 상납한다. 눈감아달라고.

화가들은 깡패들한테 자릿세를 물어야 한다."

경찰·시민·깡패가 어울린 부정부패는 모스크바의 아르바뜨 거리에 이미 뿌리를 내리고 있었다.

"저 노름꾼도 우리 사회주의의 아들"

아르바뜨 주변에서는 서너 군데에 청년들이 20여 명씩 둥그렇게 모여 눈동자를 굴리고 있었다. 가보니 한 사람이 바닥에 판을 깔고 종이컵 세 개를 엎어 잽싸게 손놀림을 하고 있었다. 알고 보니 어느 종이컵 안으로 공이 들어갔나를 알아맞히는 '노름'을 하고 있었다.

서울 남대문시장 주변에서, 평화시장에서 보았던 노름꾼의 잽싼 손놀림과 그의 속임수로 가득 찬 눈동자와 그를 둘러싼 바람잡이들의 '눈 대화'가 모스크바의 거리에 똑같이 존재한다는 사실에 경악했다.

"저 사람들도 우리 사회주의의 아들들이다. 대개 은퇴한 체육선수들이지만 일하기 싫어하는 노동자들이 직장을 그만두고 신종노름을 개발한다."

– 경찰이 저런 노름을 단속 안하나.

"경찰과 저 패거리들도 결탁하고 있다. 하루에 50루블씩 찔러주니까 단속 안 한다."

노름판 주변에서는 한 중년여인이 불쌍한 표정을 하고 뭐라고 쓰인 피켓을 목에 걸고 있었다. 통역이 말하되 "우리는 그루지야에서 도망 온 사람들입니다. 불쌍히 여겨 돈이나 물건을 주십시오" 즉 민족분규로 피난 온 사람들이었다. 슬픈 아르바뜨 장면들의 연속이었다.

시사만화가와 헤어지면서 "당신의 이름을 익명으로 해야겠지" 했더니 그는 "난 무서워 않는다"며 자기 이름을 댔다. 이 열아홉 청년은 안드레이로 기술대학을 중퇴했단다.

서비스 개념이 없는 사회주의 식당

아르바뜨 거리를 구경하다 지쳐 점심 먹을 곳을 찾았다. 호텔 다음으로 고급식당이라는 한 레스토랑으로 들어갔다.

한참 손님이 많을 때인데도 두 테이블만 손님이 차지하고 있고 텅텅 비었다. 통역은 1년 전만 해도 점심시간이면 이 식당이 꽉꽉 찼는데 음식 값이 세 배나 오르니까 손님이 없다고 설명했다(4월 1일자로 모든 물가 3백% 인상).

40대의 뚱뚱한 아줌마가 메뉴판을 들고 와 뭐라고 했다. 국을 끓일 것이 양배추뿐인데 그것이 작년에 절여놓은 것이라 좀 쉬었다면서 그래도 먹을 거냐고 묻는 것이었다. 팍팍한 빵만 먹을 수가 없어 그래도 먹겠다고 했다. 한편으로 그렇겠구나 싶었지만 불편한 것은 사실이었다.

그런데 쉰 국이나마 식탁에 나오는 데 1시간이 족히 걸렸다. 무엇을 하는지 요리실에서 일하는 아줌마들은 느릿느릿 왔다 갔다 하면서 왜 늦는 지 설명도 없었다. 도무지 서비스 개념이라고는 하나도 없는 것이었다. 이 식당만 그러나 싶었는데 그 이후 취재하면서 들른 식당들도 차이가 있지만 서비스 개념이 없었다. 기다리다 지친 기자를 보고 통역이 미안했던지.

"소련 속담에 한 명 일하고 열 사람은 옆에서 말장난하고 있다는 말이 있어요. 저기 보세요, 주머니에 손 넣고 왔다갔다만 하고. 만일 손님이 몇 명 이상 오면 월급을 더 준다고 한다면 저렇게 굼벵이 노릇 안 할 거예요. 이게 다 국영상점, 사회주의 상점의 부작용들이지요."

모스크비찌(모스크바 시민)들은 식사 중 웃지도 않고 서로 별로 말하지도 않았다.

"모스크비찌들도 전에는 매우 명랑하고 이러지 않았습니다. 페레스트로이카 이후 기가 팍 죽었지요. 그전에는 제일 좋은 사회에 사는 것으로 생각했는데 알고 보니 그게 아니거든요. 이 민족이 원래 유쾌하게 노는 민족이었는데 생활이 곤란해지니 기분도 안 나고 앞으로 어떻게 살까 걱정해 웃음도 잃고."

대중식당에서 나오는 음식은 모스크비찌의 양에 차지 않기에 더욱 모스크비찌들이 웃음을 잃었을지도 모른다. 멀건 국물에 계란이 두 개 둥둥 떠 있는 점심, 만두 같은 알맹이 10여 개가 전부인 점심을 먹는 모스크비찌들이 많았다. 한 식당에서 만난 청년은 "세 그릇은 먹어야 양이 차는데" 하면서 아쉬운 듯 일어서기도 했다.

모스크바 점령한 맥도날드 햄버거

줄은 많다. 그러나 가장 긴 줄은 맥도날드 햄버거 소련 지사 앞에 있다. 오전 10시에 문을 여는데 10여분 전부터 2백여 명이 개점을 기다릴 정도이니 말이다.

5월 28일 오후 1시 35분. 점심을 때울 겸 취재를 할 겸 꽁무니에 서서 기다리다가 뒤를 돌아보았더니 불과 30초 만에 기자 뒤에 벌써 50여 명이 늘어서 있었다.

민스크호텔 8층에 진을 친 맥도날드사의 간부들은 이러한 호황을 보면서 무엇을 생각할까.

10분 만에야 입장하여 둘러본 내부의 분위기와 풍경은 결코 모스크비찌들만을 탓할 것이 못 된다는 생각을 저절로 하게 한다. 서비스 개념이 전혀 없는 모스크바의 대중식당에서 불편을 느낀 모스크비찌들이 어찌 이 혁명적인 서비스와 분위기에 유혹받지 않을 수 있으랴.

우선 젊은 아가씨들이 있는 것부터가 다른 모스크바의 식당들과는 달랐다. 코페(대중식당)의 뚱뚱하고 느릿한 아줌마들만 보아온 모스크비찌들은 아가씨들이 빨간 유니폼을 입고 잽싸게 서비스하는 것을 보고 편리하게 생각하지 않을 수 없었다. 1백여 명이나 되는 이 러시아 종업원들은 아마도 기자의 눈에 띈 러시아인들 가운데 가장 바쁘게, 열심히 일하는 사람들이었다.

자본주의의 첨병을 위해 일하는 자들이 사회주의 국가에서 제일 바쁘게 움직인다는 이 눈물겨운 아이러니. 그들은 한시도 쉬지 않았다. 마치 찰리 채플린의 「모던 타임즈」를 보는 듯했다. 그들은 콜라 잔을 닦고 햄버거를 나르고 요금을 계산하는 일을 역할 분담하여 반복했다.

이 맥도날드 아가씨들은 합영회사에 다니는 특혜층이라고 스스로를 생각하고 있었으며 그들에게서 서비스 받는 모스크비찌들은 그저 그들이 신속하게 아메리카의 풍요를 전달해 주는데 흡족해하는 것 같았다.

모스크비찌들은 다른 소련 식당에서와는 달리 햄버거를 먹으면서 수다를 떨고 쾌활해 보였으며 다 먹은 후 흡족한 표정으로 '차림표'를 몇 번이나 훑어봤다.

이들에게 아무리 사회주의의 도덕성과 우월성을 강조한다 하더라도 20루블이 있는 한 내일 또 이 자본주의 앞에 줄을 설 것이다.

모스크바에는 60여 개의 외국은행들이 들어서 있다. "모두가 다 마치 독수리 떼처럼 사회주의의 썩은 고기 중에서 더 좋은 부분을 차지하려고 기회를 노리고 있다"고 모스크바의 한 경제인은 이런 현상을 꼬집었다.

"기관지들은 지금까지 거짓말만 해왔다"

모스크바에는 정치·시사종합 월간지가 없다. 문화월간지는 있다. 주간지는 20여 종 되는데 최대 부수지는 「아르그넨트 이박트」로 3천만 부를 발행한다. 이것은 한국의 「일요신문」 류의 것이다. 「노보예 브레미아」는 「이스베스 차」에서 50m 떨어진 곳에 있었다. 발행부수는 40만, 1943년에 창간된 이 신문은 '중도'를 표방한 정치주간지다. 김영삼-고르비 면담을 성사시킨 이그나첸코(고르비 대변인)는 입각 이전 이 신문의 사장이었다.

「노보예 브레미아」의 물레친 부주간은 40대로 매우 젊었다. 그는 "글라스노스찌가 시작된 이후 신문 부수가 많이 늘었지만 최근에는 대안은 없고 그 말이 그 말이기 때문에 어느 신문이나 판매부수가 부쩍 줄어들고 있다"고 했다.

– 정부의 지원을 안 받는다면 자금은 어떻게 대나.

"1부에 60코페이카인데 원가가 71코페이카다. 적자여서 광고를 내기 시작했다. 또 재정을 고려해 기사 내용에 약간씩 상업성을 가미했다."

– 프롤레타리아 당파성과 객관성 가운데 사회주의 언론은 무엇을 우선

시해야 하는가.

"(어이없는 질문이라는듯 웃으며) 이전에는 당 중앙에서 명령만 하면 그대로 했다. 그대로만 하지 않고 사실을 수정하고 왜곡해서 발표하기도 했다. 그러니까 지금까지 소련의 기관지들은 사실을 말하지 않고 거짓말만 해왔다."

– 모스크바의 모든 사람들이 소련의 현재와 미래에 대해 비관적이다. 소련의 희망은 도대체 어디에서 무엇으로부터 나올 수 있는가.

"제일 중요한 문제는 우리가 처한 이 궁지에서 빠져나갈 수 있는 출구를 아무도 알지 못하는 것이다."

그는 희망을 묻는 기자에게 가장 절망적인 답을 했다.

"정치지도자들이 '이것이 출구다'라고 말하지만 그 출구의 내용을 모르면서 말하고 있다. 소련은 궁지에 빠질 대로 빠졌다. 소련제국은 민족분규로 붕괴될 위기에 처해 있다. 경제는 파탄했다. 경제를 바로 세우자면 몇 십 년이 걸릴 것이다. 중요한 것은 사람들이 어떻게 새로 살아야 하는지를 모르고 있다는 사실이다. 모두들 두려워하고 있다.

사회주의 하에서는 인민의 생활이 아주 단순했고 명확했다. 그러나 시장경제가 혼합된 지금 경험 없는 인민은 어떻게 살아야 할지를 모른다. 소련이 처한 이 모든 난제를 해결하는 데는 1, 2년이 아닌 수십 년이 걸릴 것이다."

"스웨덴식 사민주의를 바란다"
– 옐친의 '시장경제'가 소련위기의 탈출구일 수 있는가.

"옐친에게는 러시아를 '시장경제로 이행시킬 대안'이 있다. 콜호즈, 소포즈의 땅을 경작자 개인에게 나눠주고, 주식회사·소기업·공공기업들을 사영화하자고 한다. 그러나 그런 대안을 반대하는 사람이 정부뿐만 아니라 일반인에게도 많다.

내가 생각하는 반대이유는 이렇다. 지금까지 슬슬 놀면서 시간만 때웠는데 땅주인이 되면 밤낮으로 일해야 하지 않겠는가. 또 공장사람들도 현재 국가에서 돈을 대주지 않으면 경영 못하는 적자공장을 개인이 차지해 운영한다고 당장 흑자로 돌아서는 것은 아니지 않는가. 누가 나서서 내가 운영하겠다고 하겠는가.

문제는 모스크바 사람들이 어떻게 하면 일을 더해 잘 살 것인가를 궁리하는 게 아니라 상점에 돌아다니면서 어디에서 먹을 것을 운 좋게 살 것인가를 찾아 헤매고 있다는 이 눈물겨운 현실이다."

– 옐친 노선으로 가면 자본주의 병폐가 되살아나지 않겠는가.

"어떤 사회시스템이 되던 앞으로 몇 십 년 안에 쉽게 좋은 결과를 가져오지 못할 것이다."

– 자본주의화 되어 실업, 빈부격차가 나타나도 좋단 말인가. 1917년 혁명은 그것을 없애자고 하지 않았나.

"어느 면에서 보던지 자본주의가 우리가 이때까지 살아 온 사회주의보다는 낫다. 물론 소련에 실업자가 생기고 빈부격차가 생길 것이다"

– 미국 등의 제국주의와 대항해야 하는 국제적 조건 때문에 독재가 불가피했다는 시각도 있는데.

"소련은 진정한 의미의 사회주의가 아니다. 인민에게 아무것도 유익한 것이 없는 게 사회주의인가. 나는 사회주의를 두 부류로 본다. 그 첫째는 소련이 도달한 길이다. 그곳엔 인민의 이익보다 국가의 이익을 위에 두었다. 다른 부류는 스웨덴식 사회주의다.

그곳엔 국민의 권리가 국가의 이익보다 위에 있다. 소련과 스웨덴은 비교가 안 된다. 거기선 사람들이 정상적으로 살지만 우린 비정상적으로 산다."

– 그럼 스웨덴의 사민주의를 '진정한 의미의 사회주의'라 할 수 있을까. 그래도 사회주의의 장점이 오늘의 소련을 지탱해온 것 아닌가. 무료교육, 무료의료 등……

"모르는 말이다. 무료의료는 사람들의 평균수명을 점점 낮아지게 하는 결과를 초래했고, 무료교육은 사람들의 지식수준을 낮아지게 했다. 또 정확하진 않지만 2천5백만 명이 감옥에 갇혔었다. 아버지가 감옥에 갇혀 죽는데 그의 아들이 무료교육을 받는다고 해서 무어 그리 좋은가."

– 얼마나 많은 지식인이 당신과 같이 생각하나.

"나라를 급속히 변혁시키자는 사람은 아직 적다. 모스크바와 레닌그라드의 상층부 지식인이 '진보적 생각'을 갖고 있다."

– 그렇다면 많은 사람들은?

"사회주의가 좋기 때문이 아니라 앞길을 모르기 때문에, 무엇을 믿어야, 어떻게 살아야 좋을지 모르기 때문에 조용히 있다. 소련사회 전체가 갈피를 못 잡고 있다."

타스통신 기자의 '제일 좋은 길'

이번엔 보수적일 수밖에 없을 것으로 생각되는 통신사를 찾아갔다. 타스통신 건물은 서울의 동아일보사 크기만 했다. TACC라는 간판이 크게 입구에 붙어 있고 그 위에 커다란 지구의가 놓여 있었다. 출입문에는 한 경찰관이 일일이 출입자를 체크했다. 타스 직원들도 신분증을 보이며 드나들었다. 전체직원은 3천여 명, 기자는 1천 명 정도란다.

직급이 부장인 한 기자는 나를 약 2백m 떨어진 기자클럽으로 데려갔다. 그곳에는 내외신기자들이 맥주나 커피를 마시고 있었다.

– 정부 관영통신사인데 기사작성이나 편집방향에서 정부의 지도나 지시를 받고 있나.

"우리는 관영통신사로서 소련헌법, 소련법률을 고려하고 소련정부 정책의 기본방향에 따라 기사를 쓴다. 이 기본 방향의 범위 안에서 여러 상황을 객관적으로 보도하려고 애쓴다."

그는 타스의 사장은 정부에서 임명되며 편집국장은 사장이 겸임한다고 했다. 그러나 '변화'는 많다고 했다.

"페레스트로이카 이전에는 정부지도자들을 비판할 여지가 전혀 없었다. 또 경제적 파탄에 대해 신문에 쓸 수 없었다. 그러나 지금은 전면적으로 쓸 수 있다. 그리고 전에는 개인소유 문제에 대해 선전할 수 없었으나 지금은 개인소유권을 주장하는 기사가 자유롭게 발표되고 있다."

– 많은 소련 사람들이 스탈린 집권 이후 '사회주의적 자유'마저 억압받아왔다고 말하고 있다. 또 그때부터 실상에 대해 캄캄했다고 말한다. 그토록 오랫동안 인민들에게 실상을 안 알려준 언론은 인민에게 '죄'를 지은 것 아닌가.

"물론 언론의 사명을 다하진 못했다. 그러나 제한적으로 실상을 알리기 위한 노력이 계속됐다. 그런 기사나 책들은 소련이 아닌 서구에서 발표됐다. 페레스트로이카 이전의 시대엔 기자뿐만 아니라 모든 '표현일꾼'들이 사명을 다하지 못했다. 인민들의 실상을 못 쓴 것은 기관에서 그 실상을 취재도 쓰지도 못하게 했기 때문이다."

－정부관영통신사인데 당파성과 객관성은 어떤 것이 우선시돼 왔나.

"원칙적으로는 당파성과 객관적 사실은 차이가 없다. 그러나 그간 우리의 언론현실은 '당 지도부의 당파성'을 위해 객관적 사실들이 희생당해 왔던 것이 사실이다. 이것은 큰 과오다."

－인터뷰를 해본 많은 사람들이 자본주의에 대해 환상을 갖고 있는데.

"그것은 물론 좋지 않은 상황이다. 그러나 우리는 우리가 걸어온 길뿐만 아니라 자본주의 나라가 걸어온 길도 분석하여 우리의 난관을 극복할 수 있는 제일 좋은 길을 찾을 것이다."

－제일 좋은 길 중의 하나가 자본주의일 수 있는가.

"아니다. 지금 세계에서 온전한 의미의 자본주의는 없다."

－미국은?

"미국도 국가 소유가 많다. 자본주의 대 사회주의라는 분석구도로는 지금의 세계상황을 설명할 수 없다."

－'소련 사회주의는 실패했다'고 단언해도 좋은가.

"사회주의를 실시하기 위한 구체적 방법이 실패했을 뿐이지, 자유·평등 사상을 중심으로 한 사회주의 사상은 영원하다. 사회주의 사상은 소비에트 성립보다 훨씬 전에 나타났다. 16세기 영국의 토머스 모어 등의 학자들도 사회주의를 부르짖었다. 이들은 사회주의를 실현하지 못했고 레닌이 '자기방법'으로 실현했다. 그러나 그 방법은 유감스럽게도 인민의 요구와 맞지 않았다."

"약이 부족하고 월급이 적다"

　　모스크바의 날씨는 무척이나 변덕스러웠다. 햇볕이 쨍쨍 내리쬐다가 갑작스레 비가 내렸고 20℃에서 10℃로 오르내리는 날이 많았다. 하루에 봄 여름 가을 겨울이 다 있었다. 덕분에 기자에겐 5월 22일부터 편도선 증세가 나타났다. 진료 겸 취재 겸 레치놀 보크쟐의 한 병원을 찾았다. 아파트의 한 동을 병원으로 개조한 것 같은 건물에 들어서니 10여 명의 환자가 앉아 기다리고 있었다. 진료중이라 여자 의사(50, 노비꼬바 예브나)와의 인터뷰는 잠시일 수밖에 없었다.

　－사회주의 의료제도가 자본주의에 비해 좋은 점은 무엇인가.

　"우선 진료비가 없다. 진료는 모든 시민에게 무료다. 아픈데도 돈이 없어서 진료를 못 받는 사람은 없다. 많이 아플 경우 집에 누워서 전화하면 내가 찾아가서 봐준다."

　소련에서는 의사가 진료 후 약 처방전을 써주면 그것을 가지고 압제까(약국)의 약사에게 보여 약을 탄다. 약값은 매우 싸다. 일주일치 편도선 약값이 2루블 30코페이카였다.

　"우리 소련에서는 2차 대전 참전 불구자, 그의 미망인은 진료와 약값이 완전무료다. 또 일하다가 불구가 되거나 일할 능력을 상실하면 약값의 50%만 내면 된다."

　－의사 한 명이 몇 명의 환자를 담당하나.

　"약 2천 명이다. 현재 나는 1천7백 명을 담당하고 있다."

　－소련 의료제도의 문제점은 무엇인가.

　"약이 부족하다. 그리고 의료종사자들의 월급이 너무 적다. 22년 동안 내과처방을 해온 내가 3백40루블을 받는다. 시민들의 평균 월급인 2백50

루블에 비해 적은 편은 아니지만 지난 4월에 물가가 세 곱이나 올랐으니 생활하기 어렵다"

– 약의 성분이 자본주의국가의 것들보다 떨어지지 않나.

"절대 아니다. 우리는 화학성분이 적고 생약성분이 많다."

5~15년을 기다리는 심각한 주택문제

모스크바의 주택은 모두 아파트다. 서울과 같은 달동네는 단 한 군데도 없다. 주로 1950~1960년대에 건설된 것들이어서 겉은 낡았지만 내부를 들여다보면 아직도 견고하다. 건설된 지 30, 40년 되는 아파트의 가스가 지역중앙공급식이고 엘리베이터가 설치돼 있고 그것들이 아직까지 별 고장 없이 작동되고 있다는 사실에서 이들의 초기사회주의의 견고함을 엿볼 수 있다. 20년만 지나도 헐고 새로 짓는 서울과는 대조적이었다.

반면 보수공사나 신축공사를 하는 아파트는 드물었다. 빌딩의 공사속도도 너무 느려 어떤 아파트는 공사가 6개월이나 중단된 곳도 있었다. 아파트와 도심의 허름한 빌딩들은 거대한 소련사회주의의 정체현상을 외형적으로 대변해 주었다.

그러나 모스크비찌들의 불만은 허름함이 아니다. 짧게는 5년 길게는 15년을 기다려도 입주할 아파트가 나지 않는다는데 소련 주택문제의 심각성이 있다. 1970년대 초까지만 해도 신혼부부가 자동적으로 정부로부터 아파트를 공급받는 게 어렵지 않았다. 그러나 그 후 사회가 정체되면서 주택건설도 어려워져 순서를 기다리는 신혼부부가 계속 적체되어왔다. 따라서 신혼부부는 평균 5년에서 10년까지 부모의 집에서 더부살이를 해야 했다. 평균 이혼율이 50%에 이르는 사정도 이러한 주택환경에서 고부갈등이 흔하다는 이유와 무관하지 않다고 모스크비찌들은 말했다.

아파트와 관련해서 모스크비찌들의 최근 고민은 끝없이 기다려야 한다는 것만이 아니다. 오히려 기다리는 것은 그들에게 체질적으로 길들여진 것이다. 심각한 고민은 이제 사회주의국가의 자랑인 '주택을 무료로 공급한다'는 정책이 폐기되고 아파트를 사고파는 자본주의적 주택정책이 실현되기 시작했다는 점이다. 그래서 집을 사기 위한 돈 마련 궁리를 하느라 자본주의사회 시민의 스트레스를 그대로 받고 있다. 협동조합(한국의 주택조합)을 만들어서 좀 더 빨리 집을 마련하려 하기도 한다. 한 아줌마는 "우리 아들은 1만7천 루블을 주고 세 칸짜리 아파트를 건설하는 조합에 가입했다"고 말했다.

버스 안의 사회주의 도덕성

모스크비찌들의 대중교통수단은 지하철과 세 종류의 버스다. 이들의 차비는 모두 15코페이카(1백 코페이카=1루블)다.

지하철은 8호선까지 있는데 모스크바 시내 어디든지 1시간 내에 갈 수 있도록 잘 만들어져 있다. 스탈린, 흐루시초프 시대에 건설된 이 지하철은 '사회주의 건설의 위대함'을 유감없이 보여주고 있다. 모든 것에 대해 불만인 모스크비찌들은 지하철에 대한 불평을 전혀 하지 않았다. 지하철의 풍경은 소련인민들의 소박함과 질서의식을 잘 보여준다.

① 8호선이나 되니 미어터지지 않았다. ② 서로 먼저 타려고 서둘지 않았다. ③ 자리가 나도 서로 앉으려 하지 않았다. ④ 남녀노소를 불문하고

책이나 「프라우다」 같은 신문들을 읽었다. ⑤ 다리를 꼬고 앉은 사람이 단 한 사람도 없었다. ⑥ 술에 취한 사람이 없었고 공기도 상쾌했다.

지하철의 에스컬레이터는 거의 모두 서울의 이대입구역의 것보다 길었다. 모스크바의 연인들이 이 긴 에스컬레이터에서(남자가 아래 계단에 서서) 진한 키스를 하는 것을 흔히 볼 수 있었다.

지하철을 포함해 대중교통수단들은 교통지옥인 서울과 비교해 확실히 천국이었다.

철저히 계획된 도로는 매우 넓었고 양 옆으로 숲이(가로수가 아닌) 잘 보존돼 있었다. 트롤레이(전선에 매달려 가는 버스), 트램바이(철로 위를 달리는 버스), 아부또부스(일반버스) 등이 시시각각으로 운행되었고 교통이 정체되는 일은 거의 없었다. 이들 버스는 그야말로 자율버스다. 티켓을 운전사가 검사하는 일은 없다. 승객 스스로 미리 사둔 티켓을 버스 곳곳에 설치된 펀치에 넣어 구멍을 뚫으면 그만이다. 적어도 기자가 보기엔 아무도 슬그머니 그냥 내리는 사람은 없었다.

도심에서는 간혹 거지들이 보였다. 거지들은 페레스트로이카 이후에 나타난 새로운 현상 중의 하나다. 거지들은 △불구자로 연금을 받는 것만으로는 생계유지가 안 되는 사람 △민족분규를 피해 피난 온 사람 △집시족 △노동하는 것보다 구걸하는 것이 낫다고 생각한 사람 등이었다.

주로 가난이 몰고 온 가정파탄으로 구걸을 하게 되는 한국의 거지들과는 다른 면이 있었다.

그러나 '사회주의 사회에는 거지가 없다'는 사회주의 종주국의 오랜 자랑은 지하도에서 몸을 굽실거리며 손을 벌려 구걸하는 거지의 표정만큼 이나 초라해져가고 있음이 분명했다. 그런데, 거지의 존재보다 더 심각한 것은 소련인이 작년 한 해 동안 무려 6만 명이나 자살했다는 한 통계다.

소련 사회주의의 두 얼굴

호텔 로비는 넓고 깨끗했다. 로비 곳곳에 놓인 푹신한 검은 소파에는 허벅지를 드러낸 채 다리를 꼬고 앉아 유혹하는 인터걸(국제창녀)들이 눈에 들어왔다. 그중 한 명은 이미 한 유럽남자의 팔짱을 끼고 자기의 손님이 돼줄 것을 강요하고 있었다.

하의라고는 스타킹뿐이어서 미끈한 다리를 드러내 보인 한 인터걸이 "바에 가서 함께 춤추지 않을래요?" 하고 제의했다. 나는 대답 대신 사회주의 창녀의 얼굴을 가까이에서 유심히 바라보았다.

『말』지에 쓴 「경찰과 포주」라는 기사를 취재하면서 청량리 588의 축축한 거리에서 숱하게 본 '썩어가는 얼굴'을 미모의 러시아 여자에게서도 볼 수 있다는 것은 충격이었다.

호텔 지하의 바는 약 30여 평으로 어두컴컴했고 10여 명의 남녀들이 어울려 춤을 추고 있었다. 입장료는 22.5달러. 티켓을 끊는 곳 주변에는 10여 명의 아가씨들이 한결같이 초미니스커트를 입고 손님을 기다리고 있었다. 기자가 지갑을 꺼내려고 하자 서너 명의 아가씨들이 한꺼번에 "나랑 함께 들어가 주세요"라고 매달렸다.

취재를 마치고 호텔 밖으로 나서자 호텔에 들어갈 수 없는 2급 창녀 서너 명이 어슬렁거리다가 따라붙었다. 호텔 주변의 지하철역 지하도에서도 2명의 여자가 "담배 한 대 주세요"라면서 접근해왔다.

'사회주의사회에는 창녀가 없다'는 명제가 소련사회에서 진실이었던 역사는 길다. 그러나 페레스트로이카의 열풍이 일면서 "외국인엔 수요가 있다" "이것도 일종의 달러벌이다"라는 생각과 함께 인터걸들이 생겨났고 사창구역을 설정해야 한다는 주장까지 신문에 등장했다. 인터걸이 어느 정도인지는 알려져 있지 않지만 수만 명의 창녀를 양산하고 있는 한국사회와 비교해볼 때 극소수라고 해야 할 것이다. 이들은 손님 1인당 1백50달러 정도를 받는다. 이 돈이면 4천5백 루블로 노동자의 1년 월급을 한순간에 벌어들인다. 그래서 이들의 옷매무새는 몹시 세련돼 있다. 소련사회의 특수층이 돼버린 이들을 보는 젊은 여자들의 생각은 물론 '죽일 년'이 대부분이다.

그러나 '인간의 몸을 상품화하는 자본주의 사회의 가장 큰 폐단'인 창녀사회에 대해 소련정부는 대책을 세우지 못하고 '묵인'하고 있다. 호텔 로비에 앉아 있는 인터걸에게 "오늘 돈 많이 벌었냐"면서 농담하고 지나가는 소련경찰과 '기둥서방'들의 모습은 '윤락행위방지법'을 마련해 놓고도 윤락행위를 방조·묵인·보호하는 '한국 588' 경찰들의 모습과 하등 다를 바가 없었다.

지하철을 타고 숙소로 가는데 코스모스호텔에서 나온 듯한 한 여자가 술에 취해 몸을 가누지 못하고 흐느적거렸다. 그를 코스모스 근처에서 지하철 안까지 데리고 온 사람은 35세 정도의 아줌마였다. 그는 안쓰러운 표정으로 동생뻘인 인사불성의 아가씨를 부축하고 집이 어디인가를 물었다. 정확하지 않은 발음을 토하자 이번엔 그 광경을 지켜보고 있던 40대 아저씨가 다가와서 아가씨의 팔을 잡고 일어섰다. 아줌마와 아가씨는 가는 방향이 달랐고 그것을 감지한 아저씨가 인계받아 아가씨를 집까지 바래다주려는 것이었다.

기자와 동행했던 한 안내인은 "저 모습이 오늘 소련 사회주의의 두 얼굴"이라고 했다. 즉 "몸을 파는 수준으로까지 도덕성이 허물어지는 소련의 한 얼굴"과 "몸 파는 여자를 집에까지 무사히 바래다주려는 소련인의 도덕성"이 혼재해 있는 것이 오늘의 소련 사회주의라고 풀이해 줬다.

교회의 설교 "유물론사상을 제거하시오"

5월 26일 일요일 오전 11시 모스크바 한인교회.

2백50여 명의 신도들이 모였다. 1시간 동안 계속된 예배의 핵심은 황상호 복사의 설교였다. 신도들은 절반 정도가 한인계 소련인이었고 절반은 순종 러시아인이었다. 이들 중에는 국민학교 1, 2학년인 어린아이들도 많았다. 18세 이하의 미성년자에게 특정 종교를 강요할 수 없다는 소련법은 구법이 된 지 오래였다.

설교의 내용은 죽은 레닌이 들으면 벌떡 일어날 만한 것이었다.

"…… 예수의 복음으로 소련을 정복하게 해주십시오. …… 인간의 불안과 조바심은 어디에서 옵니까. 그것은 인간이 하느님을 떠났기 때문에 생기는 것입니다. 73년간 하느님을 떠난 소련 국민의 마음에는 평화가 없습니다. 전지전능하신 하나님께 나를 맡깁시다. 마음속의 유물론사상, 무신론사상을 제거하십시오. 예수를 믿고, 그 분에게 여러분의 운명을 맡기십시오."

이러한 '반동적' 설교내용에 대해 이의를 제기하는 사회주의 종주국의 인민은 없었다. 모두들 두 손을 부여잡고 기도했다. 예배를 하러 온 「모스크바 콤소몰 신문」의 기자는 "기독교가 소련사회 내에 급속히 퍼지고 있다. 왜냐하면 공산주의에 대한 신뢰성이 급격히 실추되고 급변하는 사회에 불안감이 증폭하고 있기 때문"이라고 말했다. 그는 "페레스트로이카 전에도 2천만 명이 '지하교회'에서 개인적으로 러시아정교를 믿어왔다"면서 작년에 교회설립법이 통과돼 소련에 완전하게 종교의 자유가 도래했다고 설명했다.

러시아인들은 공산당에 내던 당비를 이제 교회의 헌금상자에 넣고 있었다. 어린이들은 헌금시간이 되자 부모들로부터 지폐를 얻으려고 이리저리 오갔다. 예배가 모두 끝난 후 담소시간이 왔다. 교회 측은 교회당 확장 기념으로 여자들에게는 한국 스타킹을, 다른 이들에게는 볼펜을 나눠주었고 환타 한 잔씩을 돌렸다. 볼펜을 서로 가지려고 몰려드는 소련 어린이들. 소련 어린이들은 소련의 지극히 단순하고 볼품없는 볼펜보다 훨씬 세련된 모나미 볼펜을 손에 쥐고, 달콤하고 톡 쏘는 환타를, 콜라를 마시면서 교회가 소련 국영상점보다 낫다는 생각을 할 수도 있을 것 같았다.

교회에 온 어른들은 70년간 공산주의에 세뇌당해 왔다고 억울해 하고 있었지만 이 어린이들은 일방적으로 종교의 세뇌에 노출당하고 있었다. 유물론과 무신론은, 역사적 위치에 대한 전후 설명 없이, 그들의 원수이자 사탄이 되어 있었다.

소포즈 반장이 준 빨간무

모스크바 근교의 소포즈(국영농장)에서 작업반장 샤샤(30)를 만난 것은 행운이었다. 그는 일과 후인데도 "모스크바에서 몰려온 알코올 중독자들이 무를 훔쳐가는 일이 종종 있기 때문에 지키고 있는 참"이었다면서 반겨 맞았다. 이 소포즈는 약 1백ha의 농지에서 3백50여 명의 농민이 일하고 있다 한다. 끝없이 펼쳐진 대지의 지평선에서는 물차가 밭에 물을 뿌리고 있었고 일감이 남은 10여 명의 농민이 빨간무를 수확하고 있었다.

– 어떻게 반장이 되었나.

"소포즈의 최고책임자인 위원장은 그간에는 국가에서 지명했다. 그러나 지금은 농민들의 총회에서 직접 선출된다. 반장은 농민 19명당 1명씩 위원장이 지명하여 선출된다."

인상이 서글서글한 샤샤는 지미랴제부라 농촌과학원(대학)을 졸업했단다.

– 자본주의적 개인농에 비해 소포즈의 장점은 무엇이라 생각하나.

"어느 나라, 어느 체제든지 일만 열심히 하면 잘 살 것 같다. 나는 자본주의나라에 가본 적이 없어서 우리 소포즈가 더 낫다고 자신 있게 말하지 못하겠다."

대학에서 사회주의 영농법의 우월성을 교육받았다는 그도 보지 않은 이상 확신을 못하겠다고 잘라 말했다. 소련인들이 그간의 현실과 동떨어졌던 교육·선전에 얼마나 피해의식을 가져왔는가를 보여주는 일면이다.

– 페레스트로이카 이후 개인농이 허락되고 있다는데 여기는 어떠한가.

"페레스트로이카 전에 이미 95%의 소포즈 농민이 텃밭으로 3백~6백㎡ 정도의 땅을 개인적으로 소유하고 있었다. 그것과는 다른 차원에서 진정한 사유화를 원하는 농민들이 페레스트로이카 이후에 생겨났는데 올해 사유화 희망자를 접수해보니 3백70명 중 17명이었다. 대부분의 농민들은 아직도 전체적으로 일을 더해 생산성을 높여 월급을 더 받기를 원한다."

이때 웃옷을 완전히 벗은 채 밭에서 트랙터를 몰고 있던 알렉세이(35)씨가 인터뷰에 합류했다.

─페레스트로이카가 당신에게 무엇을 가져다주었나.

"(웃으며) 페레스트로이카는 아직 여기까지 안 왔다."

밭을 가는 이 농민은 페레스트로이카가 언론·정치의 자유를 가져온 것을 전혀 평가하지 않았고 예나 지금이나 똑같은 월급을 강조했다. 농민들의 월급은 작업의 난이도(1~6등급), 작업시간에 따라 결정되는데 '모범농민' 이반씨의 경우 7백 루블의 월급을 받는다고 했다.

─모스크바 시내에는 생필품을 구하기 위한 줄이 자주 눈에 띄는데 여기 사정은.

"여기도 마찬가지로 '아무것도 없다.' 그러나 우리는 채소만큼은 우리 농장에서 수확한 것을 싸게 살 수 있기 때문에 더 낫다. 시장에서는 오이 4kg에 4~5루블인데 우리는 1루블에 가져다 먹는다. 점심식사는 공동식당에서 함께 먹는데 채소가 많기 때문에 시내의 점심보다 먹을 만하다."

거의 모두 인근 아파트(방 1~2칸)에서 사는 이 농민들은 아무도 '농가빚'을 지고 사는 사람이 없다고 한다. 모스크바강을 위하여 화학농약을 전혀 쓰지 않는다는 반장의 설명도 주의 깊게 들렸다. 적어도 농가 빚에 쪼들려, 농약에 중독돼, 농약을 마시고, 결혼 못한다고 자살한 농민은 없다고 한다.

샤샤씨는 "이곳은 모스크바 근교이기 때문에 아주 특별한 대우를 받고 있는 상급 농장"이라면서 빨간무를 선물로 주면서 "시골의 농장도 꼭 가보라"고 주문했다. 빨간무는 광활하지만 척박하기만 한 소련의 땅을 상징하고 있었다. 무 뿌리는 우리나라의 자두 모양을 꼭 닮았을 정도로 자그마했다. 그것은 빨간색이었는데 러시아정교 성당의 꼭대기 부분과 소비에트 깃발이 혼합된 것처럼 보였다. 기자는 취재 일정상 시골농장을 가지 못하고 대신 그날 저녁 소포즈 반장이 준 무로 깍두기를 담가먹었다. 조그마한 무를 썰면서 "이 척박한 땅에서 이상의 사회주의를 실현하려는 것이 얼마나 힘든 일일 것인가" 하고 러시아의 오늘을 지정학적으로 이해해보려 애썼다.

사영기업 사장, "게으른 노동자는 해고시키겠다"

칼라닌 펌프공장은 선박의 펌프시설을 생산해내는 기업(종업원 1천5백여 명)으로 모스크바 국영방송국에서 5백m 떨어진 곳에 한 지부를 두고 있었다. 사장실은 푹신푹신한 의자와 회의용 고급탁자가 놓인-자본주의 중소기업 사장실과 거의 같은-잘 차려진 곳이었다. 사장(칼리코브위 그도리, 37)은 플레하노프 인민경제대학을 졸업했고 부사장(이그리 도찌낀, 39)은 화학기계대학을 졸업한 인텔리였다.

- 국가로부터 어떤 절차를 밟아 사들였나.

"지금에야 비로소 러시아공화국에 임대법, 사영법이 나왔지만 우리가 살 때는(1월 1일) 그런 것이 아직 없었을 때였다. 우리는 실험모델 케이스로 사영화시켰는데 러시아·소련을 통해 두 번째로 사영화된 기업이다.

우리는 국가로부터 1천3백만 루블을 주고 샀는데 이것은 장비·설비·건물 값을 계산하지 않고 가동 중인 물품 값만 계산한 것이어서 국가에서 거저 받은 것이나 다름없다. 그 돈은 공장 노동자와 후원인들이 산 주식

값으로 댔다. 1주당 5백 루블인데 한 개인이 1만5천 루블 이상 갖지 못하게 했다. 현재 공장노동자의 80%가 주식을 가지고 있다."

- 사영화되기 전에 비해 가장 큰 변화는.

"노동자의 근로심리가 변했다. 자기가 기업의 주인이라는 생각을 갖고 일하게 됐다. 실제로 그 후 노동생산율이 8% 높아졌다. 지금도 물론 과도기여서 국가로부터의 주문생산이 전체생산량의 70%를 차지하지만 30%는 마음대로 팔고 수출한다. 근로자들은 많이 생산해서 월급 많이 받자는 생각을 하고 있다."

- 그래서 월급이 올랐나.

"아직 5개월밖에 안됐고 인플레가 심하니 실질임금이 어느 정도 올랐는지가 문제이겠으나 어쨌든 올해 25% 올랐다. 단순 사무원은 4백 루블, 기능노동자는 5백~6백 루블, 유능한 기술노동자는 1천~1천5백 루블을 받는다. 세 번째 부류가 전 사원의 25%를 차지한다."

- 사장 월급은?

"직원총회에서 결정되는데 현재 2천 루블을 받는다. 그러나 월간 목표계획을 실행하지 못하면 월급이 삭감된다. 5개월간 그런 불행한 일은 없었다. 사장은 월급만 받지만 근로자는 월급 이외에 특별한 과업을 수행하면 특별보너스를 받는다."

- 간부나 사장은 어떻게 탄생되고 구성되나.

"관리부의 구성과 선출방법, 임기는 직원총회에서 결정된다. 우리는 총회를 열어 관리부원을 10명으로 하고 직접선거로 선출할 것을 결정했다. 10명은 모두 대학을 나왔고 1명을 제외한 모두가 공산당원이다. 사장은 이 10명이 호선하며 임기는 5년이다."

인터뷰 도중 두세 차례 '경리'(우리식)로 보이는 여자가 결재서류를 들고 찾아왔다. 그러나 하이힐을 신은 19세 아가씨가 아니라 35세 정도 돼 보이는 아줌마였다. 그는 사장 앞에서 굽실거리지도 않았고 나갈 때도 나무문을 쾅 닫고 갔다.

- 노조위원장과 사장은 관계가 좋은가(노조위원장은 해외 출장 중이었다).

"분쟁이 없고 관계가 좋다. 그러나 앞으로는 갈등관계가 조성될 것이다. 경영자들은 일을 안 하고 게으름 피우는 사원이 있으면 해고할 생각이기 때문이다. 현재 소련 헌법에는 노조의 동의 없이 단 한 명의 일꾼도 해고하지 못하도록 돼 있다."

- 한국에서는 인사경영권 논란이 한창인데 노조의 인사경영권 참여는 이곳에서 어떻게 이뤄지나.

"노조위원장은 감사기관의 주요한 일원이다. 따라서 인사경영권에 직접 참여한다."

- 사회주의 기업에서 게으른 노동자가 대량생산되어 문제라는 지적이 많았는데.

"페레스트로이카 전에는 일을 잘하든 못하든 한번 직장에 들어오면 무기한으로 직장생활을 했다. 그러나 지금은 1년 계약으로 사원을 모집한다. 1년 후 '종합평가'에 따라 재채용을 결정한다."

- 그 평가는 누가, 어떤 기준으로 하나.

"근본기준은 맡겨진 과제를 얼마나 제 기한에 정확히 완수했는가이다. 일차적으로 자기 생산라인의 반장이 평가하게 될 것이다."

노동자, "더이상 역사를 건드리지 말라"

오후에는 공장노동자 4명과 약 2시간에 걸쳐 토론을 벌였다. 미하일 체르노브(47), 레오니드 레미아노브(40), 이완 제칼로브(50), 베르마민 안드레이(30) 등 4명은 그야말로 기탄없는 의견을 주고받으며 소련 사회주의의 현실을 진단했다.

1961년부터 이 공장에서 일 해온 체르노브씨는 "과거와 현재 사이에 무엇이 가장 큰 변화인가"라고 묻자 이렇게 말문을 열었다.

"페레스트로이카 이전에는 국가가 정해준 계획량을 달성하는 것이 주요 과업이었다. 그러나 지금 우리는 비로소 국가의 계획보다 인민들이 필요로 하는 물건을 생산해내야 한다고 생각하고 있다. 국가의 명령에 따라 우리가 생산해낸 것이 인민들에게 사용되지 못한다면 우리의 노동은 헛수고이지 않겠는가."

－페레스트로이카가 시행된 후 시행착오가 있었을 텐데.

"처음엔 노조에서 사장을 뽑는 것이 유행이었다. 그래서 1986년 이후 사장이 네 번이나 교체됐다. 지금은 사업을 바로 해낼 능력이 있는 전문경영인을 사장으로 둬야겠다는 생각을 하고 있다."

－그동안 노동자로서 '노동자의 나라'에 살고 있다는 자부심이 있었는가.

"그렇다. 그렇기에 이 공장에서 일해 왔다. 그렇지 않다면 지금이라도 당장 돈 많이 버는 곳으로 갈 것이다. 많은 문제점에도 불구하고 좋은 점들이 이제 막 나타나고 있다."

－오랜 경험을 가진 노동자로서 거리에서 빈둥빈둥 노는 젊은이들을 어떻게 생각하나.

"이 회사의 돈벌이도 꽤 괜찮은데 젊은이들이 거의 안 온다. 생산공장보다는 쉽게 돈 벌 궁리들을 하고 있다."

주름지고 골격 잡힌 중년 노동자는 슬픈 표정을 지었다.

– 어떻게 해야 이 젊은이들이 일을 하게 만들 수 있나.

"그것은 정부의 책임만이 아니다. 부모가 교육을 잘못시킨 이유도 있다. 요즘 부모들이 손쉽게 돈 벌라고 시키니까 그렇게 된다. 또 정부도 청소년 대책이 없다. 소련에서는 옛날부터 '좋은 것은 모두 어린이들에게' 라는 말이 있었다. 그러나 새 신발 하나 사주려고 해도 쉬운 일이 아니다. 학교 파한 후 놀 곳이 없다. 그러니 현관에 모여 장난질이나 하고 교양이 없어진다. 부모들은 다 일터에 나가니 살필 사람이 없다."

– 혁명을 이룩할 당시의 노동자들은 다 저세상으로 갔다. 현재의 노동자들은 혁명정신을, 그 선배노동자들의 정신을 얼마나 몸속에 계승하고 있는가.

"뭐라고 딱히 말하기 곤란하다. 꼭 혁명을 할 필요가 있었는가 하는 의견까지 나오고 있는 실정이니 말이다. 나는 개인적으로 혁명이 필요했다고 생각한다."

"역사는 역사대로 남겨둬야 한다. 새 지도자가 등장할 때마다 새 역사를 만들어낸 게 소련의 병폐다. 매번 역사가 바뀌니 우리 노동자들은 헷갈려 갈피를 못 잡고 있다. 과거 지도자를 비판하지 말고 현재의 지도자가 옳게 하면 될 것 아닌가. 대의원대회의 토론을 TV에서 보면 과거를 비판하는데 거의 모든 시간을 허비하고 현재에 대한 대책은 없다. 말로 과거를 성토하지 말고 당신이 새 과업을 실천하여 행동으로 증명하라. 우리는 이제 싫증난다. 역사를 더이상 건드리지 말라."

"우리를 닮지 말라, 당신들의 길을 찾아라"

- 레닌을 아직도 존경하는가.

"그렇다. 레닌은 보통 인물이 아니다. 그 많은 대중을 다 일으켜 세울 수 있는 능력이 있기에 존경하지 않을 수 없다. 레닌은 러시아인뿐 아니라 세계인의 존경을 받았다. 그는 인민의 이익을 위해 싸웠다. 현재의 정치가와 비교해보라. 고르비는 고르비대로, 옐친은 옐친대로 인민의 형편을 생각하기보다 권력을 잡기 위해 혈안이 돼 있지 않은가."

"스탈린 서거 시 내가 국민학교에 다녔는데 국민 모두가 애통해하던 기억이 아직 생생하다. 난 지금 10살, 20살이 아니다. 47살이다. 그러나 아직도 무엇이 옳고 그른 역사였는지 판별하지 못하는 것 자체가 애통하다. 너무나도 다른 역사적 평가들이 난무하고 있다."

- 소련 노동자들은 혁명을 이룩했고 '조국건설의 역군'으로 이름 불린 전통을 갖고 있다. 최근의 난국을 노동자정신으로 극복할 가능성이 있어 보이는가.

"우리는 우리 회사를 궁지에서 건져낼 자신이 있다고 확신한다. 그러나 나라 전체가 현재의 궁지에서 헤어날 수 있을 것이라고는 자신하지 못하겠다."

"나는 다른 생각이다. 우리 회사도 위기에서 빠져나오는 것이 쉽지 않을 것임을 솔직히 인정하고 싶다. 나라 전체가 위기에 처해 있는데 어떻게 우리만 궁지에서 빠져나갈 수 있을 것인가."

- 남한의 노동자들에게 해주고 싶은 말은?

"사회주의의 실현 의도는 여전히 좋다. 그러나 소련 사회주의는 실패였다. 우리를 닮지 말라. 당신 나라의 특수성에 맞춰 당신들의 길을 찾아라.

190

마르크스는 '만국의 노동자여 단결하라'는 말을 했다. 소련노동자는 실패를 보여줌으로써 한국노동자들에게 미리 도움을 준 것이다. 그런 의미에서 마르크스의 말은 예나 지금이나 진리다."

모스크바 공항을 떠나 서울을 향해 10시간 동안 비행하면서 내내 "그렇다면 우리의 길은 무엇인가"라는 질문이 떠나지 않았다.

말 · 1991년 7월호

미국의 제3세계 지배기구 NED의 정체

미국의 제3세계 통치술이 점점 더 노련해지고 있다. CIA의 비밀공작이 반미여론을 불러일으키자 전국민주재단(NED)이라는 민간기구를 만들어 제3세계의 친미세력을 배후조종하고 있다. 미국의 제3세계 지배기구 NED의 정체를 파헤친다.

서재정 · 재미언론인(현 일본 국제기독교대 정치 · 국제관계학과 교수)

'민주화 열풍' 뒤의 미국 그림자

1980년대 후반과 1990년대 초는 가히 민주화의 시대라고 할 만큼 전 세계적으로 민주적 개혁이 동시다발적으로 일어났다. 1986년 황색바람을 일으키며 마르코스의 독재를 무너뜨린 코라손 아키노의 필리핀 민주개혁을 선두로 하여, 곧 이어 한국에서도 전두환의 5공화국이 무너지고 '평화로운 정권이양'이 있었으며, 칠레에서도 장기독재를 자랑하던 피노체트가 신임투표에서 패배, 민주적인 개혁에 일부 양보를 할 수밖에 없었다.

민주화의 열풍은 여기서 그치지 않았다. 중남미의 자주노선을 주장하던 코스타리카의 아리아스 대통령이 1989년 선거에서 패배해 라파엘 칼데톤에게 정권을 '민주적'으로 이양했으며, 곧 이어 1990년 니카라과에서는 '민주적' 선거를 통해 산디니스타 혁명정권이 물러나고 친미적인 비올레타 차모로에게 정권을 넘겨주었다.

계속되는 승리로 기세를 올린 민주화의 열풍은 아시아와 아프리카, 중남미를 휩쓴 데 이어 동유럽에까지 번져갔다. 폴란드를 선두로 하여 체코슬로바키아 등지에서 '민주적' 선거를 통하여 기존 공산정권이 실권하고 기존 정권을 비판하는 세력, 또는 그들의 연합이 집권하는 현상이 유행처럼 1990년대 동유럽을 휩쓸고 있다. 심지어 소련의 러시아공화국에서조차 보리스 옐친이 '민주적' 선거에서 승리, 대통령에 당선됨으로써 소련 공산당을 당혹하게 만들었다.

전 세계를, 보다 구체적으로는 제3세계와 사회주의권을 강타하고 있는 이러한 민주화 열풍의 본질은 무엇인가? 아시아에서 남미, 동유럽까지 동시적으로 불고 있는 이 바람은 자생적인 것인가, 미국의 입김이 뒤에 있는 것인가? 이 바람이 휩쓸고 간 나라마다 그 뒤에 어두운 흔적을 남기고 있는 미국의 전국민주재단(National Endowment for Democracy). 해외의 '민주화'를 뒤에서 도와주기 위해 만들어졌다는 이 기구의 실체는 무엇인가?

최근 전 세계적으로 일어나고 있는 변화들은 언뜻 보아 무척이나 반가운 현상인 듯싶다. 한국을 비롯하여 필리핀, 칠레 등 오랜 군사독재의 전통을 가지고 있는 나라들에서 민주적 개혁들이 일어나고 있는 것이다. 또한 많은 나라들에서 다당제가 실시되고 선거를 통해 정권이 선출되어 이전의 권위주의적 정권들을 몰아내고 있다. 민주적 절차를 밟아 들어선 정권들은 이전의 독재적 요소들을 청산하기 위한 개혁조치도 또한 취하고 있는 듯이 보인다.

그러나 이러한 표면적인 변화들을 떠나 조금 더 주의 깊게 최근의 변화들을 살펴보면 몇 가지 공통되는 현상들이 발견된다. 이중 가장 두드러지는 점은 새로 들어서는 정권들이 하나같이 친미보수적이라는 사실이다. 즉 전통적으로 군부세력이 독재를 통하여 친미노선을 지켜오던 국가들(한국, 필리핀, 칠레 등)에서는 군부독재가 무너졌지만 그 대신 들어선 정권들은 모두 친미보수를 그 본질적 성격으로 하고 있다. 또 니카라과의 경우와 같이 산디니스타 혁명정권을 대신하여 들어선 차모로 정권, 코스타리카에서 중남미의 자주적 평화노선을 추구하던 아리아스 정권을 대신한 칼데론 정권도 하나같이 친미보수적이다. 뿐만 아니라 폴란드, 체코슬로바키아 등 동유럽에서 등장하고 있는 새 정권들, 또 소련 러시아공화국의 옐친 대통령에 이르기까지 거의 모두가 미국에 우호적인 입장이며 시장경제의 빠른 도입을 주장하고 있다.

전국민주재단(NED)의 배후조종

이러한 변화들의 또 다른 공통점은 다당제와 선거를 중심으로 하는 부르주아민주주의의 형식적인 모방이 민주개혁의 주요 내용이라는 사실이다. 특히 전통적으로 친미노선을 견지해왔던 나라들에서는 실질적인 민주적 개혁조치들이 거의 실시되지 않았다. 겉으로 보이는 부분적인 개량조치에도 불구하고 이들 국가에서 국민에 대한 억압은 이전과 거의 같은 수준으로 남아 있으며, 민주개혁의 주요 부분이어야 할 사회경제개혁은 거의 이뤄지지 않고 있는 것이다. 즉 표면상의 변화에도 불구하고 친미의 물적 기반은 변하지 않고 있다.

반면 자주적 정권 내지 사회주의 정권이 집권하고 있던 나라들에서는 지금까지 건축되어온 하부구조를 바꾸어 자본주의 체제를 받아들이려는 개혁이 집요하게 진행되고 있다. 이는 곧 미국을 정점으로 하는 세계자본주의에 이들이 편입될 가능성을 높이는 것이며, 또 다른 형태의 친미적 물적 기반을 형성하는 작업인 셈이다. 즉 두 번째의 공통점은 표면적인 다당제와 선거를 통한 민주화 속에서 친미적 하부구조가 온존 내지는 강화되고 있다는 점이다.

마지막으로 민주화 열풍은 민중적 요구에 기초한 자주적 진보세력의 상대적 위축을 공통적으로 가져오고 있다. 갑작스럽게 열려진 선거 공간과 표면적인 민주화 개량조치에 당혹한 진보진영은 공통적으로 이에 대한 정확한 대응에 실패한데다가, 개혁에 대한 민중의 열망이 엉뚱한 방향으로 유도됨에 따라 일시적이나마 역량이 약화됐던 것이다. 이는 상대적으로 친미 보수세력의 영향력이 강화되었다는 것을 의미한다.

전 세계적인 민주화 열풍의 이와 같은 공통점을 분석하다 보면 한 가지 궁금한 점이 생긴다. 이렇게 친미보수세력을 강화시켜주는 변화가 비슷한 모습으로 세계 도처에서 동시에 일어나는 것이 우연의 일치일까? 혹시 미국의 입김이 뒤에 있는 것은 아닐까?

이 질문의 답은 전국민주재단(NED)[근래는 민주주의진흥재단이라고 부름]의 활동에 대한 연구에서 자연스럽게 찾아진다. 민주화 열풍이 할퀴고 지나간 나라마다 이 재단의 손이 닿아 있을 뿐만 아니라, 새로 등장한 정권은 거의 모두가 선거 이전부터 혹은 선거에서 이 재단의 지원을 받은 사실이 확인되기 때문이다. 전국민주재단의 개입이 가장 두드러졌던 니카라과의 경우를 우선 살펴보자.

1990년 실시된 니카라과 대통령선거는 기존 산디니스타 정권에 불리한 상황 속에서 치러졌다. 니카라과는 혁명 이후 미국이 계속해서 경제봉쇄를 실시, 부패한 소모사 독재정권의 통치 속에서 피폐해진 경제를 재건하는데 어려움을 겪어야 했다. 더욱이 미국이 콘트라반군을 지원하여 내전을 격화시키는 바람에 반군과의 전쟁으로 국민경제는 더욱 어려워지고 국민들의 불만도 높았던 것이다. 이에 덧붙여 산디니스타 정권은 미국의 막대한 재정 지원을 받는 반대후보와 경쟁을 해야 했던 것이다.

원래 니카라과 의회는 정당이 다른 나라의 재정 지원을 받는 것을 금지하는 법을 입법했었다. 그러나 콘트라반군과의 내전을 종식시키는 대신 민간 반대후보에 대한 양보 조치를 취할 것을 요구하는 국제적 압력에 굴복, 니카라과 의회는 1989년 선거법을 개정하여 선거유세에서 외국의 재정 지원을 받는 것을 허용하기에 이르렀다.

이러한 니카라과 선거법의 개정은 미국의 대 니카라과 정책의 변화와 일치하는 것이었다. 즉 부시 행정부는 민주당과 공화당의 전적인 지지 속에 콘트라반군에 대한 지원을 삭감하는 대신 니카라과의 반대후보를 재정적으로 지원, 선거를 통해 산디니스타 정권을 몰아낸다는 정책을 1989년 3월 24일 채택했던 것이다. 이에 따라 야당연합인 전국야당연합(UWO)과 그 대통령후보 비올레타 차모로(현 대통령)에게 대규모의 재정을 지원해준 기구가 바로 전국민주재단(NED)이었던 것이다.

반정부연합체 건설에 막대한 자금 지원

　　사실 전국민주재단은 선거가 있기 훨씬 전인 1984년부터 니카라과에서 활동, 1989년까지 5백50만 달러에 달하는 거액을 공급하며 니카라과 야당들을 키우는 데 전력했다. 또 이외에 1백만 달러가량을 투입하여 산디니스타 정권을 비판하는 선전매체들을 중남미 도처에 만들어놓기도 했다. 물론 전국민주재단을 통하지 않고 CIA 등을 통해 흘러들어간 비밀자금도 많았다(전 CIA분석관 데이비드 맥마이플의 추산에 따르면 1984년부터 야당으로 흘러들어 간 지원금이 총 2천6백만 달러가량).

　　이러한 재정 지원의 상당부분을 받은 곳이 바로 마나구아에서 발행되는 신문 「라 프렌사」였다. 이 신문은 반대파의 대통령후보 차모로가 소유한 것으로 그는 이 신문을 통해 유력한 '반정부인사'로 국내외에서 인정받을 수 있었다.

　　1984년 이전부터 CIA의 지원을 받았던 이 신문은 1984년부터 1989년 사이에 전국민주재단으로부터 80만 달러의 지원을 받았으며 통일교 산하 단체인 '니카라과자유재단'으로부터도 지원받은 것으로 알려졌다.

　　1989년까지 재정 지원을 통해 다양한 야당세력을 키우고 유지하는 데 주력해온 전국민주재단은 선거가 임박해온 1988년부터 본격적인 선거준비에 착수했다. 즉 선거에서 산디니스타 정권을 패배시킬 만한 거대야당이 없다는 점을 감안하여 야당연합의 결성을 적극적으로 도모하기 시작한 것이다. 그리하여 지금까지 키워온 야당들을 설득하고 협박하는 한편 막대한 자금이 이에 투여됐다.

　　1988년부터 1990년 2월까지 전국민주재단은 니카라과의 선거에 총 1천2백50만 달러를 투여했는데 이 액수의 대부분이 전국야당연합 우노에 할당되었던 것이다.

미 의회는 1989년 10월 니카라과 선거에 9백만 달러를 지원하기로 결정하면서 이중 1백80만 달러를 우노에 지원하기로 못박는 등 전국민주재단의 활동을 승인, 지원했다. 또 9백만 달러 중 2백20만 달러는 독립적인 니카라과 민간단체들에게 공급되었으나 이들은 실질적으로 우노의 하위 또는 연대단체였기 때문에 결국 우노는 선거지원금의 상당한 부분을 차지하게 됐던 것이다.

사실 갈기갈기 찢겨 있던 야당들이 하나의 연합체인 우노를 결성하고 단일 대통령후보를 낼 수 있었던 것 자체가 이토록 막대한 자금을 공급한 전국민주재단이 없고서는 불가능한 일이었다. 전국민주재단은 막대한 자금줄을 무기로 휘두르며 우노의 결성과 대통령후보의 결정을 실질적으로 주도했다. 정견 차이와 심한 파벌 싸움으로 분열되어있던 야권은 막대한 자금을 바탕으로 한 전국민주재단의 압력에 굴복, 우노라는 연합을 결성했다. 뿐만 아니라 산디니스타에 반대하는 광범위한 통일전선의 모습을 우노가 갖도록 하기 위해 보수파의 반대에도 불구하고 2개의 공산당을 우노에 참석시키는 데도 미국의 입김이 결정적인 작용을 했던 것이다.

우노는 결성된 후에도 분열상을 극복하지 못하고 대통령후보를 결정하는데 난투극을 벌였다. 각 파벌의 이해 차이 때문에 며칠에 걸쳐 10차 투표까지 가고서도 단일후보를 결정하지 못했던 것이다. 결국 여기서도 미국대사관이 압력을 행사한 후에야 전국민주재단이 '키워온' 비올레타 차모로를 후보로 선정하는 합의가 이뤄질 수 있었다.

전국민주재단은 강력한 단일야당연합을 만들어 산디니스타 정권에 도전하도록 한 것에서 활동이 끝나지 않았다 이들은 니카라과여성운동,

선거 진흥훈련소, 청년훈련소 등 민간단체들을 지원하여 우노를 간접적으로 지원했던 것이다. 표면적으로 이 민간단체들은 선거를 홍보하고 투표방법을 교육하여 국민의 투표참여를 높인다는 것을 목적으로 내세웠으나 선거홍보지에 우노의 이름만을 크게 인쇄하여 배포하는 등 다양한 방법으로 야당연합을 지원했다.

　전국민주재단은 니카라과의 선거에서 니카라과 유권자 1명당 평균 10달러에 해당하는 금액을 뿌린 것으로 전 CIA분석관 데이비드 맥마시플씨는 추산했다. 1988년 인플레이션율이 3만5천%로 치솟고 실질임금은 1981년에 비해 90%가 떨어지는 등 최악의 경제 상태에 있던 니카라과는 미국의 이러한 대규모 물량공세에 굴복, 미국이 내세운 차모로를 결국 대통령으로 선출하기에 이르렀던 것이다.

CIA 비밀공작에서 공개적 민간기구운동으로

　　그러면 니카라과라는 한 나라의 대통령 선거 결과를 거의 만들어내다시피 한 전국민주재단은 과연 어떤 과정을 거쳐 설치되었으며 무슨 역할을 수행하는가?

　전국민주재단은 해외의 '민주주의'를 돕기 위해 보조금을 지원하는 민간단체로 1983년 공식적으로 설치되었다. 그러나 이에 대한 구상이 나온 것은 1970년대 말부터였다.

　해외에 친미세력의 망을 구축, 유지하려는 CIA의 비밀활동에 대해 미 의회의 간섭이 늘어나는 것에 대해 못마땅해 하던 미국 내 보수세력은 1970년대 말부터 새로운 활동창구를 모색하던 끝에 전국민주재단을 구상했던 것이다. 기본적인 구상은 민간단체를 구성하여 미 정부의 예산 일부를 해외 친미세력에게 공급해 이들을 육성한다는 것이었고, 이 구상은 레이건 정권의 전폭적인 지지 속에서 1983년 전국민주재단이라는 이름으로 결실을 보았다.

전국민주재단은 민간기구로 등록되어 있으나 해외에 공급하는 자금은 전적으로 미국 정부예산에서 나오도록 되어 있다. 또 최고 의사결정 기구인 이사회는 정계를 대표한 민주당과 공화당, 업계를 대표한 상공회의소, 노동계를 대표한 미국노동총연맹 산업별회의(AFL-CIO)의 인사들로 구성되어 있다. 민주당과 공화당의 대표들이 이사회에 같이 있는 관계로 전국민주재단의 활동을 두고 의회 안에서 민주당과 공화당이 싸우는 일도 없을 뿐 아니라 예산통과도 손쉽게 되어 있다.

또한 정부와 업계, 노동계가 다 이사회에 소속되어 있어 해외공작에 관한 한 불협화음 없이 총체적으로 달려들 수 있는 구조를 가지고 있는 것이 특징이다.

전국민주재단은 민간기구라는 겉모습에도 불구하고 미국 행정부의 외교정책을 수행하는 도구로 기능한다. 외교통로와 경제원조(또는 제재), 군사력, 선전 등 외교정책을 수행하는 전통적인 4개의 수단을 보충하는 것이 전국민주재단의 기능인 것이다. 즉 해외의 친미적인 조직과 집단에게 재정 지원을 하여 양육한다는 것이 그것이다.

전국민주재단은 해외의 정당이나 언론을 재정적으로 지원하고, 미국정부가 공식적으로 수행하기 곤란한 정책들을 집행하는 등 CIA가 이전에 수행하던 공작의 일부를 담당하고 있다. 단지 전국민주재단은 CIA와 달리 이러한 공작을 비밀리에 하는 것이 아니라 민간기구의 탈을 쓴 채 공개적으로 수행한다는 점이 다를 뿐이다.

전국민주재단의 구조와 임무를 결정하는 데 큰 기여를 한 국제전략연구소는 전국민주재단에 관한 글에서 "정치적인 보조금을 지급할 수 있는 미국의 능력은 미국의 안보이해를 지키는 데 필요하다"며 전국민주재단과 같은 기구는 미국정부의 예산을 국제적인 정치보조금으로 공급할 수 있어 "결국 미국의 이해를 보조하고 미국의 외교정책 집행력을 향상시킨다"고 언급하고 있다.

또 전국민주재단의 이사인 오린 해치 의원은 "내일 소련의 영향력이 증대되는 것을 방지하기 위해 오늘 민주적 가치를 장려하는 것이 미국의 국익에 기여한다"며 전국민주재단의 역할을 냉전적 사고의 틀에서 설명했다. 그는 또 군사력은 미국의 이익을 지키는 '방어적 수단'에 불과하다면서 "노조와 언론의 자유, 정당의 자유, 시장경제를 격려하는 것이 공격적인 수단이며, 미국이 적극적으로 이를 수행한다면 미국은 군사력을 사용할 필요가 없게 될지도 모른다"고 주장, 전국민주재단을 보는 입장을 뚜렷이 나타냈다.

결론적으로 전국민주재단은 친미 군사독재국가에서 반정부 민주세력을 지원한다 하더라도 장기적으로 미국의 이해와 일치하는 친미정권이 등장하도록 통제하는 역할을 맡고 있으며, 진보적 또는 사회주의적 정권이 등장하지 못하도록 봉쇄하는 역할을 맡고 있는 셈이다. 이러한 역할을 수동적으로 수세적인 입장에서 하는 것이 아니라 해치 의원의 말처럼 적극적·공격적으로 수행한다는 점에서 이 글의 머리에서 언급했던 '민주화 열풍'은 '미국의 민주화 공세'라고 부르는 것이 적절할 듯싶다.

한국노총, 한국 정당도 NED로부터 자금 받아

전국민주재단은 국제기업센터(CIPE), 자유노조연구소(FTUI), 민주당 국제문제연구소(NDIIA), 공화당 국제문제연구소(NRIIA) 등 산하 4개 단체를 통해 보조금을 해외에 지급하고 있는데 그 지급범위는 가히 국제적이다. 보조금의 41%가 지급된 중남미에서는 파나마에서 아르헨티나에 이르기까지 이 기구의 손이 닿지 않은 나라가 없을 정도이다. 또한 보조금의 18%가 지급된 아시아에서는 필리핀에 가장 많은 돈이 들어갔다.

남미와 북미를 총괄해 아메리카대륙의 정치문제를 연구하는 '반구문제의회'(Council on Hemispheric Affairs)와 '반구내 교육자료센터'(Inter-Hemispheric Education Resource Center)는 보고서에서 한국에서도 한국노총과 특정 정당이 전국민주재단의 보조금을 받았다고 지적하고 있다.

또한 폴란드에서는 연대자유노조(솔리다리티), 소련에서는 라트비아, 에스토니아 등의 분리독립파 단체들에 보조금이 지급되고 있으며, 아프리카에서도 차드와 자이레 등의 노조단체 등을 지원하고 있는 것으로 알려졌다. 전국민주재단은 1983년부터 지금까지 1억 달러 이상의 자금을 해외에 살포한 것으로 알려졌는데 이중 99%가 미국 정부예산에서 온 것이었다. 의회에서 직접 전국민주재단에 예산을 할당한 것이 아니라 미국공보처(USIA)에 할당한 예산의 일부가 재단으로 가게 되어 있으며, 폴란드나 니카라과 같은 나라들에 대해서는 지원 금액을 할당하여 전국민주재단이 이를 집행하는 형식으로 자금이 유통되었다.

전 세계를 '주무르는' 듯한 인상을 주는 전국민주재단에 대해 마지막으로 덧붙일 점은 전국민주재단은 '못하는 일이 없는' 공작기구가 아니라는 사실이다. 니카라과의 경우를 봐도 미국의 경제봉쇄와 콘트라반군 지원으로 국가경제를 곤경으로 몰아 민심을 정권으로부터 멀어지게 한 후 선거가 있기 불과 2개월 전에 인근 파나마를 무력으로 점령하는 무력시위를 통해 니카라과 국민에 대한 심리전을 최대한으로 펼친 연후에 최종승리를 담보하는 역할을 전국민주재단이 담당했을 뿐인 것이다. 즉 전국민주재단은 미국의 해외정책을 수행하는 여러 기구의 하나로서의 역할을 담당하고 있을 뿐이라는 말이다.

단 전국민주재단이 돋보이는 부분은 해당 국가의 사회경제적 상황과 국민의 심리상태를 분석하는 능력의 예리함과 이러한 분석에 기초한 해결책을 집행하는 방식의 세련됨이다. 니카라과의 선거에서도 선거 이전의 여론조사들이 대부분 산디니스타 정권의 우세를 나타냈음에도 불구하고 전국민주재단은 야당연합이 분열하지 않는 한 승리한다는 판단을 하고 있었고 이 판단은 선거 결과에서 옳았음이 입증된다.

또 전국민주재단은 미국의 이해를 관철시키는 정책을 집행할 때 과거와 같이 해당국가의 군사독재에 의존하지 않는다. 형식적인, 민주적 절차를 거쳐 민간정부를 출범시키되 민간정부의 친미성을 담보하는 방식을 취한 것이다. 민간정부의 매력을 높이기 위해 부분적인 개량조치 또는 새로운 정책(북방정책과 같은)이 취해지기도 하나, 친미와 시장경제(미국도 실시하기를 주저하는 개방적 시장경제)를 중심으로 하는 정권의 본질은 변하지 않는다. 이것은 과거에 비해 세련된 형식의 신식민지 통치술에 다름 아니며, 해치 의원이 '공세적'이라고 표현했던 이 방식의 위력은 도처에서 목격되는 바 그대로이다.

'민주화 공세'에 시달리고 있는 한국의 민민[민족민주운동]세력은 니카라과의 경우에서 배우는 바가 있을 것이다. 현 집권세력은 파벌싸움이 있더라도 선거에서 질 정도의 분열은 일으키지 않을 것이다. 아니 그런 정도의 분열은 허용되지 않을 것이다. 니카라과 선거에서 이기기 위해 상반되는 입장을 가진 정당까지 포함해 11개의 정당을 하나의 연합으로 묶어낸 미국의 솜씨는 결코 얕볼 수 있는 것이 아니다.

그러나 선거에서 승리할 수 있는 조건 모두를 미국이 만들어낼 수 있는 것은 아니다. 많은 경우에는 기존 상황을 최대한으로 이용하여 원하는 결과를 이끌어낼 뿐인 것이다. 우리는 끊임없이 대중조직을 강화시켜 저들이 이용할 수 있는 공간을 극소화시킴으로써 우리의 승리에 유리한 조건을 만들어나가야 할 것이다.

말·1991년 6월호

| 후기 |

NED는 CIA를 대신해 전 세계에 친미 민주주의 인사들을 지지하는 기관이다. 2002년부터 민주주의진흥재단(NED)은 티베트 망명인들을 위한 펀드를 책정했다. 2014년 홍콩에서 발생한 우산혁명에도 NED가 후원하는 것으로 알려졌다. 2018년 NED는 '2018 민주주의상' 수상자로 한국의 북한인권시민연합, 나우(NAUN), 전환기정의워킹그룹(TJWG), 국민통일방송(UMG) 등 4개 북한인권단체를 선정했다. (편집부)

쿠바사회주의는 살아남을 것인가

소련과 동유럽의 사회주의가 위기에 직면하고 있는 오늘날, 엄청난 국내외의 도전을 받고 있는 쿠바사회주의는 과연 살아남을 수 있을까. 급격한 경제퇴조와 미국의 카스트로정권 고사작전 속에서 쿠바는 지금 살아남기 위한 몸부림을 치고 있다.

권혁범 · 정치학박사 · 미 매사추세츠대 강사(현 대전대 정치언론홍보학과 교수)

쿠바 길어야 5~7년 안에 망한다?

뿔라야 히론에서 제국주의 용병들을 박살내는 것은 산업문제를 빨리 해결하는 것보다 수천 배 더 쉬운 일이다. 발전의 문제를 해결하는 것은 20번의 전쟁을 이기는 것보다 더 어려운 일이다.-피델 카스트로

1980년대 후반부터 본격화되기 시작한 사회주의의 위기는 동유럽을

휩쓸고 급기야는 1991년 8월의 소련쿠데타 실패로 정점에 도달했다. 사회주의 개혁바람에 대한 무성한 논쟁에도 불구하고 기존 사회주의 정권의 붕괴는 누구도 부인할 수 없는 사실이 되었다. 이런 와중에서 많은 사람의 관심은 자연히 북한과 쿠바에 쏠리게 되었다. 나름대로의 사회주의적 모델을 아직 발전시켜내지 못한 베트남, 일부 아프리카 국가와 자본주의 물결이 급속도로 잠식해 들어가고 있는 중국을 제외한다면 북한과 쿠바는 지구상에 유일하게 남아 있는 사회주의 국가이기 때문이다. 이런 점에서 쿠바사회주의는 관심의 초점이 되고 있다.

쿠바사회주의는 살아남을 것인가? 쿠바의 사회주의는 동구권의 사회주의와 다른가? 진보적인 학자나 운동가, 그리고 쿠바정부의 입장은 북한의 경우처럼 '쿠바는 다르다'는 말로 집약된다. 반대로 미국정부, 보수진영의 학자, 미국 마이애미에 기반을 두고 있는 쿠바망명자들의 입장은 '쿠바도 마찬가지다'라는 것이며 짧게는 1~3년, 길게는 5~7년 정도 안에 쿠바정권이 무너질 것으로 예측하고 있다.

다른지 같은지를 판단하기 위해서는 보다 정밀한 비교분석이 필요하겠지만 한 가지 확실한 것은 쿠바사회주의에 사상 최대의 위기가 닥치고 있다는 것이며 특히 경제문제는 이미 준전시적 상황으로 치닫고 있는 심각한 상황이라는 것이다. 동구사회주의에 대해서는 무척 비판적이면서도 쿠바에 대해서는 우호적인 입장을 유지해왔던 개혁사회주의자들이나 진보적 자유주의자들도 유고슬라비아, 루마니아, 알바니아, 니카라과 등의 자주적 사회주의 정권이 오히려 더 극적으로 붕괴하는 것을 본 후로는 쿠바의 앞날에 대해 예전처럼 장담하는 발언을 삼가하고 있다. 마이애미의 쿠바이민사회 상가에는 이미 '이번 크리스마스는 하바나에서'라는 현수막

이 걸리기 시작했고, 플로리다 주지사는 쿠바정권의 붕괴가 자신의 주에 미칠 영향에 대한 연구를 전문가에게 의뢰해놓고 있는 실정이다.

이러한 사태는 제2차 세계대전 이후의 첫 번째 반제민중혁명이었던 1959년 1월의 쿠바혁명이 수많은 제3세계 민중에게 불러일으켰던 감격과 흥분, 미래에 대한 낙관적 전망을 기억하는 사람들에게는 매우 충격적이다. 쿠바혁명은 제국주의와 파쇼의 폭압하에서 신음하고 있던 제3세계 민중들에게 섬광과 같은 희망을 던져주었고, 그것은 또한 1960년대의 아시아, 아프리카, 라틴아메리카 대륙을 휩쓸었던 민족해방투쟁의 신호탄이자 촉매제였다. 또한 스탈린식의 교조적이며 물신화되어버린 소련사회주의에 회의를 느끼던 진보적 운동가들은 검은 수염의 카스트로와 베레모의 체 게바라로 상징되는 기존 공산당 출신이 아닌 급진주의적 좌익 민족주의자에 의해 주도되기 시작한 '젊고 솔직한' 쿠바사회주의에서 새로운 희망을 찾았다.

미국의 30년에 걸친 철저한 봉쇄정책에도 불구하고 하바나는 라틴아메리카 문학, 문화예술의 메카가 되었으며, 수준 높은 사회복지 혜택, 세계적 수준으로 올라선 의료제도 및 기술, 비교적 민주적이고 개방적인 정치문화의 확립, 선진적인 여성해방정책의 채택 그리고 일관성 있는 국제주의적인 외교정책 등으로 인해 진보적 지식인들의 깊은 관심을 끄는 한편 라틴아메리카 변혁운동의 사상적 구심점이 되어왔다. 그리고 쿠바의 사회주의는 미국과의 정면 대결 속에서 소련에 경제적·군사적으로 의존하게 되었지만 기존 사회주의 진영과 밀접한 관계를 유지하면서도 동유럽과는 달리 대내정책결정, 경제·정치모델의 발전이라는 측면에서 자주성·독자성을 철저히 유지해왔다.

그렇다면 이런 자주적이며 창조적인 쿠바사회주의가 어떻게 위기에 직면하게 되었는가? 위기의 본질은 무엇인가?

쿠바의 위기는 '설탕' 때문?

좀 과장해서 얘기한다면 오늘날 쿠바의 위기는 '설탕' 때문이다. 혁명 전 쿠바는 사탕수수 플랜테이션에 과도하게 의존, 미국의 설탕시장 가격 조정에 나라 전체가 뒤흔들리는 전형적인 식민지 경제구조를 갖고 있었다. 혁명은 하루아침에 이러한 경제를 뒤엎어버리고 급속한 산업화와 대중 복지를 가져다줄 것으로 기대되었다. 카스트로 혁명정부는 농업의 다양화와 사탕수수밭 일부의 축소를 통해서 이러한 문제를 해결하려 했으나 이 정책은 사탕수수 생산량의 급속한 하강, 그로 인한 외환고의 부족, 대체농산물의 생산에 소요되는 높은 비용 등의 문제로 실패했다. 그 결과 혁명정부의 이상주의자들은 제국주의가 심어놓은 식민지 단작 경제의 망령이 혁명 후에도 살아 움직이는 현실을 받아들여 사탕수수의 생산량 최대 증가를 통한 이윤 축적 그리고 사탕수수산업 관련부문에의 재투자를 통한 점진적 산업화의 길로 나아가지 않을 수 없었다.

덧붙여 1960년부터 시작된 미국의 철저한 봉쇄정책으로 쿠바는 하루아침에 시장을 잃게 되었고 그 결과 대체시장으로 소련을 선택하지 않을 수 없었다. 소련과의 새로운 관계에 대한 보수세력의 험담처럼 이것을 제국주의와 식민지 간의 착취-피착취 관계로 보는 것은 피상적 관찰의 오류다. 오히려 소련은 '미 제국주의 목에 칼을 들이댄' 쿠바사회주의의 설탕을 국제시장가격 이상으로 구입해왔으며 원유를 저렴한 가격으로 공급하고 또한 쿠바가 그것을 정제해서 시장가격으로 제3국에 재수출하는 것을 허용해 왔다.

설탕수출은 전체 수출의 81~90%에 달하고 있으며 석유재수출은 1980년대에 쿠바 경화수입의 약 40%를 차지했다. 쿠바-소련 간의 무역총액은 1965년에는 쿠바 무역총액의 50%였으나 1990년에는 70%를 상회하게 되었다. 덧붙여 소련의 경제원조는 1년에 약 20~50억 달러에 상당했으며 군사원조 역시 1년에 약 6억 달러에 달했다.

그러나 이러한 소련의 '관대한' 원조는 쿠바 경제를 의존적으로 만들었고 특히 1972년에 지금은 없어진 사회주의국가 간의 경제협력기구 상호경제원조협의회(CMEA)에 가입해서 소위 '사회주의 국제분업체계'를 받아들이면서 이 문제는 더욱 심각해졌다. 북한이 CMEA에 끝까지 가입하기를 거부했던 것은 주목할 만한 사실이다. 이러한 분업 덕택에 쿠바는 설탕을 비롯한 전통적 상품의 수출과 기계류의 염가 수입을 통해서 대중의 의식주, 교육, 의료 등의 문제에 있어서 선진국 수준에 육박하는 발전을 이루었으나 기본적인 2차 산업의 성장은 오히려 뒷전으로 밀려나버렸다.

소련이라는 방파제 사라져

쿠바 경제에 중요한 역할을 담당해온 소련이 페레스트로이카를 추진하면서 양국무역과 원조문제에 변화를 요구하자 쿠바의 경제에 심각한 위기가 닥치기 시작했다. 1980년대 중반부터 시작된 이 위기는 설탕가격과 재수출 석유가격의 급강하, 달러화의 평가절하, 미국봉쇄정책의 강화, 보호주의의 강세 등과 맞물리면서 쿠바의 외환고와 수입·수출량을 급속히 떨어뜨리는 방향으로 진행되었다. 이 결과 외환고의 부족으로 쿠바는 기본산업 유지에 필요한 기계-자재 등을 수입할 수 없게 되었으며, 설사 가까스로 달러를 확보한 경우에도 종전의 중요 교역국이었던 동구 소련국가들이 협정을 일방적으로 파기하고, 팔기로 약속했던 상품을 일반 국제시장에 내놓는 바람에 국내경제 가동에 큰 차질을 빚게 되었다.

1991년 10월 10~14일에 열린 제4차 쿠바공산당대회에서 피델 카스트로는 아주 솔직하고 상세하게 현재의 위기상황을 설명했다. 우선 1990년에 소련이 쿠바에 수출하기로 한 상품의 약 4분의 3만을 보냈으며 원유공급은 1천3백만 톤에서 1천만 톤으로 삭감되었다. 1991년에 들어서 상습적인 협정의무 파기 및 불이행으로 사태는 더 심각해진 것으로 보인다. 비료·야채기름·버터·쌀·깡통쇠고기·농축우유·세척제·종이·비누에서 가축사료·밀가루 등이 약속된 양의 1~50% 밖에 도착하지 않았으며 여러 원자재와 각종 기계류의 공급 중단, 연기 등으로 니켈·열전기·기계·원유정제·핵에너지 산업 등과 84개 기간산업이 타격을 입었다. 설상가상으로 소련의 쿠데타 이후 시장자본주의의 볼모가 된 고르바초프 정권이 경제·군사원조를 대폭 삭감할 것으로 발표했기 때문에 앞으로 도대체 얼마만큼의 교역이 가능한지도 예측할 수 없다는 것이다. 확실한 것은 원유를 포함, 소련이 관대하게 처리하던 실질상의 원조와 공식적 원조는 계속 줄어들 것이며 양국 간의 무역량은 대폭 감소될 뿐만 아니라 그 성격에 있어서도 철저한 이윤관계에 의해서 지배될 것이다.

카스트로는 "소련은 지난 30년간 우리가 기대어온 든든한 방파제였지만 지금은 더이상 존재하지 않는다" "거기에서는 지금 아무도 사회주의에 대해서 이야기하지 않고 오로지 시장경제에 대해서만 관심을 보인다"고 말하며, 그렇기 때문에 소련과의 경제관계가 예전과 같이 유지되기를 기대하는 것은 불가능하다고 선언했다.

쿠바의 자립경제론은 비현실적 몽상

이러한 현실에 직면하여 쿠바정권은 기본적 물품만을 수입하고 부차적인 것은 최소한으로 줄이는 '제로'정책을 채택했으며 식량 및 필수품의 배급에 대해서도 긴축정책을 쓰기 시작했다. 1만ha의 사탕수수밭을 갈아엎어 야채 생산을 꾀하고 자원노동조를 조직하여 늪지를 농지로 전환하려는 정책을 시도하고 있지만 기본적인 식량·육류난을 하루아침에 해결할 수는 없을 것이다. 또한 카스트로 자신이 이번 당 대회 기조연설에서 인정했듯이 현재의 상황에서는 쿠바의 설탕을 다 팔아도 겨우 1천만 톤의 연료밖에 살 수 없는 형편이다.

더구나 악화일로에 있는 생필품과 식량류 배급의 감소는 카스트로정권의 대중성과 30년간 성취해온 높은 도덕성에도 불구하고 쿠바사회주의에 심각한 손상을 입힐 가능성을 갖고 있다. 이미 쿠바인들은 페레스트로이카로 인한 쿠바의 경제적 시련을 발음이 비슷한 'espera estroica(길고, 금욕적인 기다림-줄서기)'라는 말을 통해 냉소적으로 표현하고 있다. 30년간 사탕수수와 그것에 관련한 산업 그리고 소련의 관대한 원조에 의존해온 쿠바 경제는 세계사적인 변화 앞에서 그 취약성이 그대로 드러나고 있다.

그러나 이 시점에서 자립경제론이나 대체적 산업화를 이야기하는 것도 쿠바의 혁명 전 경제구조, 자원의 절대부족, 협소한 지리적 공간, 혁명 직후 쿠바 전문기술인력의 도피, 급격한 미국의 원천봉쇄 등을 고려할 때 비현실적인 몽상일 수밖에 없다.

관료주의 극복을 위한 노력

쿠바정권은 동구사회주의의 붕괴가 가시화되기 전에 이미 정치·경제 전반에 걸쳐 재검토를 시작한 바 있다. 이 얘기는 현재 위기의 원인이 단순히 외부적인 것만은 아니라는 사실을 암시한다. 소련식 사회주의 모순에 계속 도전해온 카스트로정권은 1980년대 중반의 경제적 사회주의, 민중의 뜻에 기반을 둔 사회주의를 공고히 하기 위해 1986년의 제3차 당대회를 기점으로 소위 '교정과정(Proceso de Rectificacion)' 운동을 벌여왔다. '교정'의 기본 목적은 당 및 사회 전반에 걸쳐 민주적 결정방식을 강화하여 대중의 참여의식을 고취시키고 그것을 통하여 의욕상실, 무능, 부패, 태만, 물질주의, 관료주의 및 교조주의를 극복하려는 데 있다.

북한과는 대조적으로 물질적 동기 부여와 도덕적 동기 부여 사이에서 지난 30년간을 갈팡질팡해온 쿠바사회주의의 생산의욕 상실 문제는 의외로 심각하며, 그것에 대해서는 쿠바 당국자들도 솔직하게 인정하고 있다. 정치국원이며 국방장관인 라울 카스트로는 많은 노동자들이 생산량 목표가 점차 높아지는 것을 막기 위해 고의적으로 작업속도를 늦추고 있다고 지적한 바 있다.

선진적 노동자들은 빈번하고 타성에 젖은 정치집회에 '불려 나가느라' 생산 업무에 지장을 받기도 했다. 또한 쿠바의 경제학자 카를로스 타블라다에 따르면 많은 사업장들이 생산량 기준치를 고의적으로 하향조정하여 초과달성을 이루어 보너스를 타려는 편법을 쓰고 있다고 한다. 게다가 관료주의의 병폐는 심각해서 한 연구보고서에 따르면, 배추 한 포기가 농부의 손에서 식탁에 이르기까지는 12단계의 관료적 단계를 거쳐야만 한다.

이런 문제를 해결하기 위해 1970년대와 1980년대에 쿠바정부는 물질적 동기부여를 강화하고 경제의 사적 부문의 확장을 시도하였으나 결국 수입격차의 지나친 확대현상, 공적부문 생산량 감퇴, 부패의 급격한 증가 등으로 실패한 적이 있다. 이러한 문제의 극적인 형태는 박노해의 시를 통해서 우리에게 잘 알려져 있는 1989년 6월의 아르만도 오초아 산체스 장군에 대한 특별재판과 그의 사형집행을 통해서 드러난 바 있다. 혁명영웅이었으며 카스트로와 함께 쿠바의 정글에서 생사고락을 같이했던 오초아를 비롯한 12명의 관리와 군인들이 마약중개업에 손을 대 개인적 이윤을 착복했다는 사실은 충격적이었다. 서방언론들의 의심 많은 추측과 미국정부의 터무니없는 정치선전에도 불구하고 쿠바인들은 그 재판의 결과에 만족하고, 그것이 점차 쿠바 관료사회에 만연해가는 부패 현상에 경종을 울려주기를 바라고 있다.

그러나 당, 정부, 군대의 요직에 앉아 있었던 이들이 수 년에 걸쳐 이러한 범죄를 저지를 수 있었던 것은 구조적인 문제의 반영이기도 하다. 하바나에 소재한 아메리카학 연구소 실장인 홀리오 카란자는 이 사건이 "대중적 견제장치의 부재로 인해 일어난 것이며 그렇기 때문에 효과적인 견제제도의 추진과 그것을 통한 민주적 참여의 발전이 요구된다"고 주장한다.

'교정과정'은 이런 문제에 대한 구조적 인식의 반영이다. 그동안 쿠바정권은 단위 사업장에서의 의견 수렴, 비밀경쟁선거의 확대, 당·정부의 무능·부패관료에 대한 과감한 경질, 그리고 무엇보다도 전국의회인 '인민 권력(Poder Popular)'의 권한강화를 통해서 이 문제를 해결하려 해왔다. 지난 10월 제4차 당 대회에서의 결정내용은 기본적으로 '교정과정'의 연장선상에 서 있다.

쿠바공산당은 이미 1년 전부터 당 대회 기본 토의문건을 공개하여 당세포부터 일반사업장에 이르기까지 각 단위에서 이 문제에 대한 철저한 자유토론을 적극적으로 권장한 바 있다. 도식적인 토론진행이 반복되자, 당 중앙에서 토론회의 일시적 중단을 결정하기도 했지만 이것은 쿠바공산 당이 인민과 평당원의 뜻을 민주적으로 수렴하려는 의지를 갖고 있음을 보여준 것이다.

미국의 카스트로정권 고사작전

당 외적인 문제에 있어서는 이례적으로 '인민권력'에 대한 별도의 결의를 통해서 그것의 권한을 대폭 강화하고 도시지역에 국한되어 있던 직접선거를 전 지역으로 확산할 것을 추천하고 당과 분리된 '인민권력'의 독자성을 적극 뒷받침하기로 결정했다.

이러한 일련의 결정들은 당의 구조적 변화를 통해서 당내의 잠재적 불만요소들을 제도적·공개적으로 수렴하여 당과 평당원들의 일체감을 높이고 당에 대한 대중의 자발적 지지와 신뢰를 증진시키는 한편 일반 대중의 정부 및 당에 대한 혁명적인 견제력을 점진적으로 확대해보려는 시도처럼 보인다.

그러나 내부모순의 해결과 참여민주주의적 정치문화의 확산만으로, 쿠바의 사회주의가 냉혹한 국제현실을 헤치고 발전해나갈 수 있을 것인지는 미지수다. 미국을 견제해주던 소련은 이미 쿠바에 남아 있는 소련 군사시설 및 군대를 철수하기로 결정한 바 있다. 미국을 코앞에 두고 있는, 우리나라보다도 적은 인구 천만여 명의 쿠바는 이제 극심한 경제문제에 덧붙여 그나마 부족한 자원을 자주국방에 돌려야 하는 심각한 사태를 맞고 있다. 미 정부는 1991년에 들어와서 북한과 쿠바의 숨통을 차근차근 조여들어가는 압박정책을 쓰고 있다. 미국의 부시는 카스트로가 국제 감시를 전제로 한 자유선거를 열고 정치범을 석방한다면 봉쇄를 해제할 것이라는 주장을 되풀이하고 있으며 유엔에 쿠바의 인권문제를 계속 상정해 압력을 가하는 '인권외교'정책을 시도하고 있다.

최근 미국 민주당 하원의원 로버트 토리셀리에 의해 준비되고 있는 법안은 쿠바의 자본주의화를 노골적으로 내세우며 다음과 같은 조항을 명시하고 있다. △미국 다국적기업의 제3국 지사의 쿠바와의 무역금지 △캐나다, 일본 등 쿠바와 거래하고 있는 국가들과의 협상을 통한 무역통제 △소련을 통한 간접적 압력 △쿠바설탕을 구입하는 국가에 대한 제재 △쿠바와 거래한 상선이 180일 이내에 미국에 들어올 경우에 재산 몰수 △니카라과 친미보수세력에 대한 지원으로 유명해진 'National Endowment for Democracy(NED)'를 통한 쿠바 내 반정부세력 지원 △카스트로정부 전복 후에 들어설 친미정권에 대한 지원.

미국정부가 니카라과에서의 경험을 살려 마이애미의 친미 쿠바집단에게도 바람을 불어넣으며 지원을 재개하고 있을 것은 당연하다. 실제로 친미 쿠바망명집단은 작년에 2백 개의 애드벌룬에 면도기, 커피, 카스트로

비방 만화 등을 실어 쿠바로 날려 보내기도 했으며, 벌써부터 미국의 유수 신문을 통하여 카스트로정권 이후에 어떤 세력이 정권을 잡아야 할 것인가를 두고 치열한 공방을 벌이고 있다.

미국이 경제봉쇄를 통해 쿠바에 끼친 손실은 1백50억 달러 정도로 추산된다. 그것도 모자라 미국정부는 일본에 압력을 넣어 쿠바설탕 수입을 줄이게 하고 스페인의 한 회사가 쿠바에 직접 투자하는 것을 방해하는 등 1백% 봉쇄를 향해 줄기차게 노력하고 있다(쿠바는 노리에가와의 우호적인 관계를 이용, 파나마에 유령회사를 만들어 서방의 물품을 1년에 몇 억 달러어치씩 수입하는 편법까지 동원하기도 했으나 이제는 그것도 불가능해졌다). 또한 미국은 작년에 쿠바에 남아 있는 관타나모 미군기지에서 2백 대의 전폭기·전투기를 동원한 예비 습격연습을 감행해 쿠바를 긴장상태에 몰아넣었다(어떻게 보면 이런 준전쟁적 상황에서 쿠바정치체제의 경직성을 비판하고 개혁의 필요성을 얘기하는 것은 사치스러운 일인지도 모르고 한편으로는 이만큼의 개방적 자세와 민주주의적 정치문화를 유지하고 있는 것은 거의 기적적인 일처럼 보인다).

문화적으로도 미국은 「라디오 마르티」 「TV 마르티」 등의 세련된 문화 프로그램을 통해 끊임없이 정치선전전을 벌이고 있다. 더구나 1백만에 달하는 미국의 쿠바이민사회가 불가피하게 갖는 쿠바와의 접촉은 쿠바 청년들의 사상적 의식을 흔들어놓을 가능성이 높다. 한 예로 카터행정부하에서 추진된 쿠바이민자들의 쿠바 방문은 무려 10만에 달했으며 그들이 1억 달러를 뿌리고 간 후 하바나에서는 청바지와 미제 티셔츠가 암시장에서 기승을 부리기 시작했다는 사실을 상기해야 할 필요가 있다.

고육지책의 관광사업으로 자본주의 향락문화 번식

　　단기적으로는 현실적인 대안이 없는 것처럼 보인다. 새로운 시장과 무역상대를 찾는 일도 미국 봉쇄정책에 가로막혀 있으며 설사 일본 같은 나라가 미국의 압력을 물리치고 급속도로 교역량을 증진시킨다 하더라도 그동안 사회주의권에 절대적으로 의존해온 쿠바의 기술·기계가 얼마나 빨리, 또 어떻게 결합될 수 있을 것인지가 큰 변수로 남는다(혁명 직후 쿠바는 미국의 전면적 무역단절로 인해 그때까지만 해도 미제 일색으로 뒤덮였던 공장 등을 유지하는 데 큰 어려움을 겪었다. 한 예로 조그만 볼트까지도 규격이 달라 헝가리에서 수입해온 것을 선반에 걸어 다시 깎는 소동도 있었다).

　　한 가지 해결 방식은 미국과의 외교협상을 통해 현재의 봉쇄상태를 이완시키는 것인데 관계개선이 절박하지 않은 미국으로서 쿠바가 소위 '자유선거'를 하지 않는 이상 쿠바의 요구를 받아들일 리 만무하며 그 이하의 조건으로 타협한다 해도 쿠바가 감수하게 될 '개방'은 미국과의 지리적 근접성, 쿠바망명 이민사회가 갖고 있는 반동적 힘, 현재의 경제위기 등과 합쳐져 걷잡을 수 없는 사회주의 문화 붕괴로 이어질 가능성이 높다. 이런 점에서 쿠바정부가 고육지책으로 추진하고 있는 관광사업은 올해 약 4억 달러의 외화를 거둬들일 것으로 예상되나 그것의 부작용은 이미 자본주의 향락문화의 번식이라는 형태로 나타나고 있는 실정이어서 득실을 단정하기 어렵다.

　　영화 「대부」 1편에서 보이던 마피아를 중심으로 한 도박장과 매춘업은 혁명 후 바로 사라졌으나, 최근 관광 사업의 개발과 함께 매춘부가 다시 생겨나 수천 명에 이르고 있는 것으로 추정되며 관리들의 부패 또한 지적되고 있다. 또한 암시장은 그것의 불법성에도 불구하고 엄연히 쿠바 경제의 현실적 일부로 자리잡은 형편이다.

이렇듯 쿠바사회주의는 단기적으로는 해결하기 힘든 딜레마에 빠져 있다. 현재는 다국적기업 유치, 관광사업 개발, 의료기술·약품·열대과일·조개 등의 비전통적 수출산업 개발을 추진하는 한편 기본산업의 육성, 식량중심 농업경제의 개발 등을 통해서 문제를 해결해 나가려고 노력하고 있다. 또한 다른 제3세계 국가, 특히 라틴아메리카와의 관계 개선을 통하여 봉쇄를 뚫어보려고 시도하고 있다. 지난 8월의 라틴아메리카의회연맹회의는 미국의 쿠바봉쇄 해제를 결의한 바 있으며 최근 10월 말 멕시코·베네수엘라·콜롬비아·쿠바 수뇌회담은 쿠바의 '라틴아메리카 가족'으로의 재통합에 합의하기도 했다. 그러나 이 회담에서 3개국의 대통령들은 쿠바 내에서의 개혁의 필요성에 대해서도 언급했다. 이러한 득실의 문제 때문에 쿠바가 어떤 결정을 내릴지는 미지수이다.

니카라과 선거가 보여준 다당제, 자유선거의 위험성

그러나 한 가지 확실한 것은 소련공산주의의 사멸과 미국봉쇄의 강화라는 상황하에서 쿠바 경제의 대폭적인 변화는 필연적인 것이라는 사실이다. 쿠바사회주의의 방향은 기본적인 의식주 문제를 해결하면서도 새로운 현실에 맞추어 점진적으로 경제구조의 변혁을 이루어나가는 것이다. 문제는 그동안 타 국가와의 교역으로 인해 불가피하게 받아들여야 할 타협의 결과로서 나타날 자본의 문화 침투, 반혁명적 정치선전으로 인한 대중들의 사상적 동요를 잘 조절, 흡수하여 혁명정권과 인민들의 분리를 사전에 막아내는 데 있다.

이런 상황하에서, 북한에서 "우리 모두 김 혁(혹은 차광수)이 되자"는 캠페인을 벌이는 것처럼, 1980년대 이후 쿠바에서, 볼리비아 정글에서 사라져간 '체 게바라' 배우기 운동이 적극적으로 벌어지고 있는 것은 사상무장의 강화와 물자부족을 견뎌내기 위한 도덕적 동기부여의 강화라는 측면에서 매우 중요한 변수로 보여진다. 그러나 "조국이냐, 죽음이냐(patria o muerte)"는 전통적인 구호만 갖고 대중들의 혁명적 희생과 인내를 요구하는 데 한계가 있는 것처럼, 체 게바라가 상징하는 혁명적 도덕성에 기초한 자기 동기 부여나 완전한 사적 이익의 희생에 기초한 인간형의 창조도 생산력과 사회복지의 발전에 의해 계속 뒷받침되지 않는다면 현실적 한계가 뚜렷하다.

쿠바 정권은 정치적인 측면에 있어서 혁명적인 변화를 추구하지는 않을 것이다. 피델 카스트로는 앞서 말한 4개국 수뇌회담에서 '일당독점체제의 완화'의 필요성에 대해 언급한 것으로 알려졌다. 그러나 필자의 개인적인 견해로는 다당제제나 '자유선거'의 허용은 쿠바사회주의에 대해 돌이킬 수 없는 치명적 손상을 입힐 것이라고 생각한다. 왜냐하면 작년의 니카라과 선거가 극명하게 보여준 것처럼 그것은 미국독점자본이 즉각 침투할 수 있는 합법적 공간을 제공하는 결과를 빚게 되고 미국은 엄청난 물량 공세와 이데올로기전, 군사적 압력을 총동원해 '선거'를 매수할 것임에 틀림없기 때문이다. 그러므로 카스트로의 입장에서는 정치적인 변화는 최소화시키며 대중의 정치참여와 혁명 내에서의 다원성 보장이라는 방향으로 개혁을 이끌고 갈 가능성이 높다.

존경받는 지도자 카스트로

분명히 쿠바의 사회주의는 쿠바 민중의 자발적인 지지와 신뢰를 받아 왔고, 또 그동안 1980년대에 드러난 여러 가지 문제들에 대해 솔직하게 대처하려는 개혁적 자세 때문에 동구 사회주의정권처럼 완전히 대중으로부터 고립되는 비극적 결말을 맞을 것처럼 보이지는 않는다. 더구나 쿠바의 사회주의는 처음부터 급진적인 민족주의적 성향을 갖고 민중의 아래로부터의 혁명에 의해 시작되었기 때문에 동구의 사회주의와는 판이하다. 소련과 비교해도 쿠바의 혁명은 30년을 갓 넘긴 '청년'이며 소련식 사회주의의 교조적이고 정체적인 모델에 끊임없이 도전해왔다는 사실에 주목해야 한다. 더구나 지도자 카스트로에 대한 쿠바인민들의 신뢰와 존경은 뿌리 깊으며(쿠바작가예술가연합의 회장인 아벨 프리토는 "피델은 수천 명의 사람들에게 앞으로 5년 동안 새 옷을 사서 입을 수 없을 거라고 얘기하고 박수를 받을 수 있는 세계 유일한 지도자"일 것이라고 얘기한 적이 있다), 다른 국가와는 달리 대안으로서의 반체제 세력이 거의 존재하지 않기 때문에 단순한 외부 압력만 가지고는 내부 붕괴를 유도해낼 수 없을 것이다. 그리고 혁명 직후에 경험했듯이 미국의 군사적·경제적 압박은 오히려 쿠바인민들의 반제 민족주의적 성향을 강화하여 그들이 시련을 뚫고 나가는 데 필요한 긴축·인내·희생 등을 감수하는 데 좋은 동기를 제공하고 정권과 인민 간의 일체감을 더 높이는 데 기여할 가능성도 있다.

쿠바사회주의의 위기는 심각하다. 그러나 만약 미국이 쿠바정권 전복을 위해 정면대결을 한다면 쿠바 민중은 쿠바사회주의와 그들의 지도자 피델 카스트로의 편에 설 것이 분명하다. 제국주의자들과 그들의 용병은 다음과 같은 19세기 말 쿠바 독립전쟁의 영웅인 안토니오 마세오 장군의 말을 귀담아 들을 필요가 있다.

"쿠바를 정복하려는 그 어느 누구도, 그가 즉각 전투에서 죽지 않는다 해도 얻을 것이라고는 피에 젖은 땅밖에 없을 것이다."

말 · 1991년 12월호

일본 극우파와 친한파의 실체

일본의 극우파와 친한파, 그리고 야쿠자의 검은 유착은 일본 신군국주의의 본색을 적나라하게 드러내준다. 관동군 시절부터 면면히 이어져온 한일 파이프라인을 통해 이들의 영향력은 한국정계의 핵심부에까지 미치고 있다.

이병선 · 문화일보 정치부 기자

우익 테러로 선명성 경쟁하는 일본 극우파

1992년 3월 20일 오후 6시경 일본 도치기 현 아시카가 시에서 가네마루 신 자민당 부총재가 한 청년으로부터 총격을 받는 사건이 발생했다.

가네마루 부총재는 이날 아시카가 시 보궐선거에 출마한 자민당 후보를 지원하기 위해 시민회관에서 열린 연설회에 참석 중이었다. 범인은 가네마루 부총재가 연설을 끝내고 좌석으로 돌아가는 순간 갑자기 앞으로 튀어나와 38구경 권총을 세 발 발포했다. 그러나 다행히 총알이 모두 빗나가

가네마루는 무사했다. 이 청년은 현장에서 즉시 체포됐다.

범인은 '우국성화회'라는 극우단체의 멤버로 밝혀졌다. 일본경찰은 이 청년이 가네마루의 친북한노선에 대한 반발 때문에 이번 사건을 저지른 것으로 보인다고 밝혔다.

가네마루는 지난 1990년 9월 평양을 방문, 북한의 김일성 주석과 회담하고 양국 간 국교정상화를 촉구하는 일본 자민당·사회당 및 북한 노동당 사이의 '3당 공동 선언'을 발표한 장본인이다. 그는 공동선언을 발표한 뒤 "김 주석이 모든 것을 이해해줘 울고 싶은 기분이다"라고 말하는 등 지나치게 저자세적인 태도를 보였다하여 구설수에 올랐다. 이 때문에 그는 우익단체들로부터 공격의 표적이 되었던 것으로 보인다.

그렇지만 그의 노선이 과연 우익단체로부터 테러를 당할 만큼 좌경화되어 있는지 의아스러움이 앞선다. 가네마루는 자민당 내 최대 파벌인 다케시다파의 회장을 맡고 있으면서 자민당을 실질적으로 이끌고 있다. 따라서 자민당의 노선이 우익인 것처럼 가네마루의 노선 자체도 철저한 우익이다. 그가 북한과의 수교문제에 적극적인 것은 사실이지만 그것은 어디까지나 우익블록이 공통되게 추구하고 있는 일본의 국가목표를 달성해나가는 데 있어서 방법론의 차이 정도에 불과한 것이다.

이것은 일본 우익단체의 활동방식을 이해하는 데 중요한 열쇠가 된다. 이들은 우파정치인을 테러의 대상으로 삼음으로써 자신들의 극우노선을 더욱 선명하게 드러내는 효과를 거둘 수 있다. 그리하여 국가의 진로를 보다 급진적인 우경화의 길로 밀고 가는 것이다. 이들은 우익의 본류와 구분되어 이른바 '행동우익'이라고 불린다.

일본 대도시의 도심에서는 이들 '행동우익'들이 검정 치장을 한 가두방송 차에서 내지르는 요란한 군가와 반공캠페인을 흔히 들을 수 있다. 경찰조사에 따르면 이들 '행동우익'은 일본 전역에서 9백80개 단체 12만 명에 달하고 있으며 그 규모는 매년 늘어나는 추세다. 가네마루를 저격한 범인이 속한 '우국성화회'도 그런 단체 가운데 하나다. 5년 전에 결성된 이 단체는 오히려 지금까지 이렇다 할 활동성과가 없어 비교적 덜 알려진 조직이었다.

실탄이 동봉된 협박장

일본 우익단체 가운데 가장 활발한 활동을 벌이고 있는 대표적인 단체로 '일본을 지키는 국민회의'가 있다. 이 조직은 지난 1981년 학계·재계·정계·종교계 인사 8백여 명이 모여 결성했다. 설립취지는 일본헌법, 교육, 방위 등 나라의 기본문제를 개혁하기 위한 범국민운동을 벌이자는 것이다. 특히 국가 간의 교전권을 인정하지 않고 전쟁포기와 전력 불보유를 규정한 현행 헌법 제9조를 개정, 군대의 보유와 해외파병을 실현하는 데 최대의 목표를 두고 있다.

일본의 한반도 및 대륙침략을 미화하여 말썽이 된 소위 1986년 '교과서 파동'의 원인이 된 일본의 역사교과서 『신편일본사』를 만든 것이 바로 이 '일본을 지키는 국민회의'였다. 이 교과서에 대한 주변국들의 항의에 대해 당시 현역 각료였던 후지오 문부상은 "불평하는 놈들은 세계사 가운데서 그런 일을 한 적이 없는가"라며 "세계역사는 침략사다. 원(元)나라 놈들이 일본을 침략했을 때 고려(高麗)도 함께 왔다"는 망언을 서슴지 않았다.

'일본을 지키는 국민의회'는 후지오의 망언에 대한 주변국들의 들끓는 여론에 정면으로 대항, 이 교과서를 전국 방방곡곡에 보급시키기 위한 운동을 펼침으로써 일본 극우파의 면모를 유감없이 발휘했다.

1990년 1월 모토지마 히로시 나가사키 시장 저격사건을 일으킨 '세이키주쿠(政氣塾)'는 우익단체 가운데서도 가장 극렬한 행동양태를 보이는 축에 속한다. 이 단체는 지난 1984년 8월 나가사키 현 오무라 시에서 한 판사를 권총으로 위협, 납치 감금하는 사건을 일으켰으며, 1985년 12월 후쿠오카 시 규슈 본사에 일본 교원노조를 비난하는 가두방송차를 몰고 들어가 14명이 폭력행위 등에 관한 현행범으로 체포되기도 했다.

모토지마 시장은 1988년 시의회에서의 발언을 통해 "천황에게 전쟁책임이 있다고 생각한다"라고 말하고 그 후 보충설명을 통해 "천황이 종전을 좀 더 빨리 결단했더라면 오키나와 전투에서의 옥쇄, 히로시마·나가사키의 원폭투하는 없었을 것이 분명하다. 나는 군대에서 교육대에 있었으며 폐하를 위해 죽으라고 가르쳐 왔다"라고 밝혔다.

이 발언이 보도되자 실탄이 동봉된 협박장을 비롯하여 전국에서 수천 통의 항의 편지가 날아들었으며 우익단체들의 항의 데모가 줄을 이었다. 마침내 1990년 1월 18일 '세이키주쿠' 회원인 다지리 가즈미가 시청 현관에 막 들어서려는 모토지마 시장을 향해 발사한 권총이 시장의 왼쪽 가슴에 적중했다.

그러나 모토지마 시장은 곧 병원에 옮겨져 응급치료를 받고 다행히 목숨을 건졌다. 그는 다음해 나가사키 시장 선거에서 자민당이 지원한 후보를 근소한 표 차로 누르고 재선됨으로써 정치적 승리를 거두었다.

'세이키주쿠'의 극렬성은 그해 6월 도쿄에서 일어난 공갈협박 사건에서 다시 한 번 여실히 드러났다. 이 단체에 소속된 2명의 우익분자는 전기설비 제조업체인 교세라사에 대해 만약 3년 된 카메라 2대를 새로운 모델로 교환해주지 않을 경우 이 회사 제품에 대한 불매운동을 벌이겠다고 협박하다가 회사의 신고로 경찰에 체포됐다. 이 사건은 일본의 극렬 우익단체가 아직도 자금동원 수단으로 '갈취'와 같은 수법을 사용하고 있음을 말해준다.

자민당에 침투한 극우파

놀라운 것은 많은 일본기업이 자사 제품에 대한 불매운동이 벌어지지 않도록 하기 위해서 우익단체들에게 자발적으로 막대한 액수의 정치헌금을 제공하고 있다는 사실이다. 1988년 6백55개의 우익단체는 일본 실정법에 따라 자신들이 받은 정치 헌금액이 약 66억 엔에 달한다고 내무성에 신고한 바 있다.

우익단체 가운데는 자신들의 정치적 목표를 실현하기 위해 정치에 직접 참여하고 있는 조직도 있다. 창가학회와 공명당의 관계처럼 독자적인 당을 만들어 영향력을 행사하는 경우도 있지만 대개는 자민당에 소속되어 활동하고 있다.

'세이조노 이에(生長의 家)'가 그런 성격이다. 이 단체는 일본 전통종교와 우익사상이 결합된 형태로 1930년에 교조 다니구치 마사하루가 일본의 신도 및 불교, 그리스도교의 교리를 혼합하여 새로운 교단을 창시함으로써 만들어졌다. 2차 대전 중에는 적극적으로 전쟁에 협력하고 군국주의와 천황숭배를 열렬히 옹호했다.

'세이조노 이에'는 패전 후 맥아더 사령부 치하에서 친미로 둔갑, 교묘히 살아남을 수 있었다. 이 단체의 회원은 현재 약 2백만 명. 이들은 1964년 교단 내에 '정치연맹'을 결성, 1965년 참의원 선거에서 '세이조노 이에'의 총무였던 다마키 가즈오를 국회에 진출시켰다. 현재 '정치연맹'의 회원 상당수가 일본국회와 지방의회 및 자치단체장 선거에서 당선되어 활동하고 있다. 이들은 이념적으로 전전의 국가주의 체제를 지향하고 이를 위해 천황을 국가원수로 옹립하는 개헌을 추진하며 재군비, 히노마루[일장기] 게양운동, 교원노조 반대 등의 행동목표를 제시하고 있다.

이렇게 일본의 집권당인 자민당 내에는 극우단체에서 침투한 많은 정치인이 활동하고 있다. 그중 상당수 '친한파'라고 불리는 사람들과 겹치기도 한다. 반드시 인물이 겹치지는 않는다고 하더라도 친한파와 극우파는 이념적으로 서로 뗄 수 없는 관계에 있다. '친일파'니 '친한파'니 하고 부를 때 순수한 의미의 양국 간 '친선'을 추구하는 사람들을 지칭하지는 않는다. 우리나라에서 친일파라는 의미가 부정적 이미지로 비춰지듯이 일본의 친한파도 마찬가지다. 이들은 구한말 '정한파'의 후예들로서 일본의 국운이 한반도를 거쳐 대륙까지 뻗어나가야 한다고 지금도 믿고 있는 국수주의자들이다.

극우파 대부 겸 친한파(정한파) 거두 고다마 요시오

일본에서 극우파와 친한파의 관계를 상징하고 있는 인물로 고다마 요시오라는 사람이 있다. 그는 전전과 전후를 거쳐 일본 우익의 대부로 통한다. 그는 1965년 한일국교정상화 교섭에도 막후에서 깊숙이 관여한 것으로 알려져 있다.

고다마가 이른바 '행동우익'의 길에 몸을 던진 것은 1929년, 그가 18세 때였다. 건국회라는 단체에 가입해 대장상 협박사건, 정·재계요인 암살사건 등에 연루돼 모두 세 차례에 걸쳐 약 6년간 옥살이를 했다. 그의 이러한 '투쟁 경력'은 20대 후반에 그를 벌써 우익국수주의 진영의 지도자 반열에 올려놓았다.

고다마는 어릴 적 서울에서 생활한 경험도 있다. 아홉 살 때 당시 용산역장이던 자형집에서 생활해가면서 2년쯤 지내고 그 후 일본으로 돌아갔다가 다시 서울로 와 선린상업학교를 다녔다. 그가 서울에서 생활한 기간은 모두 합쳐 6년쯤 된다.

고다마는 1941년 해군의 물자 조달창구인 '고다마 기관'을 창설, 군부의 지원을 받아 막대한 돈을 벌었다. 중국에 동, 기름 등의 물자를 조달해 모은 돈이 전쟁이 끝날 때는 수십조 원에 달했다. 그는 이 중 일부를 다이아몬드 등 귀금속으로 바꿔 일본으로 갖고 오는 데 성공했다.

고다마는 이 자금으로 요시다 정권에 대항했던 하토야마 진영을 지원, 정계의 뒷무대에서 활약하면서 급속히 실력자로 부상했다. 이 무렵 고다마와 가장 가까웠던 정치인은 오노 반보쿠 자민당 부총재와 고오노 이치로 간사장이었다. 두 사람은 모두 한일국교정상화 교섭의 전면에서 활약한 친한파의 거두다. 한일국교정상화는 바로 이들이 만들어낸 작품이었다. 오노와 고오노 같은 자민당 당료들은 전면에 나서서 고다마 요시오, 사사가와 요이치 같은 우익의 대부들이 막후에서 한일협상을 조정했다. 고다마는 한일친선에 기여한 공이 크다며 1972년 한국정부로부터 2등 수교훈장을 받았다.

관동군 출신들의 검은 인맥

친한파 인맥에서 또 하나 빼놓을 수 없는 인물이 세지마 류조다. 노태우 대통령의 일본 방문을 앞두고 있던 1990년 5월 한일 양국이 일왕의 사과 문구를 놓고 신경전을 벌이고 있을 때 세지마는 일본 측 밀사로 서울 땅을 밟았다.

세지마의 공식직함은 이토추 상사의 고문. 그는 한 번도 공식적으로 정치무대에 나선 적이 없는 일개 장사꾼에 불과하다. 이런 인물이 한일 간의 민감한 현안을 막후에서 조정하는 역할을 맡고 있다는 사실 자체가 비정상적인 한일관계를 상징하는 것이다.

1911년생인 세지마는 육군유년학교, 육군사관학교, 육군대학을 거친 전형적인 제국군인이다. 태평양전쟁 당시 만주 주둔 관동군 총사령부의 참모로서 전쟁수행에 중요한 일익을 담당했다.

일본의 패전으로 소련군 포로가 되어 11년간 시베리아에서 유형생활을 한 그는 귀국 후 이토추 상사에 입사, 명석한 두뇌와 군대시절의 인맥을 활용해 재벌기업 이토추의 제1인자가 됐다. 그가 한일관계의 막후에 등장하게 된 계기도 관동군 시절 쌓아놓은 한국인 후배들과의 인연 때문인 것으로 알려지고 있다.

박정희, 김종필 등 관동군 출신의 정치군인들이 5·16쿠데타로 한국에서 정권을 장악하자 그는 서울과 도쿄를 오가며 양국의 실력자들을 연결시켰다. 이로 인해 그는 한일국교정상화 교섭과정에서부터 한일관계의 주요한 고비마다 막후에서 해결사 노릇을 계속할 수 있었다.

관동군 출신들의 인간관계는 일반인들의 상상을 초월하는 정서로 맺어져 있다고 한다. 세지마류의 인간들이 한일관계에서 실력을 발휘할 수 있는 것도 바로 이러한 불행했던 역사에서 맺어진 검은 인맥 때문이다. 지금도 세지마 같은 관동군 대선배들이 서울에 와 술자리가 벌어지면 내로라하는 한국 정계의 실력자들이 그들을 '센바이(선배)'라고 부르며 깍듯이 대접하고 그들은 한국인 후배들을 박 군, 김 군으로 칭하며 어울린다. 주기가 오르면 이들은 구일본 군가를 함께 부르며 영광스러웠던 과거의 회상에 젖어든다.

극우파 친한파 야쿠자의 유착

한일국교정상화 교섭이 진행되던 1960년대 초반 일본에서는 안보파동의 여파로 좌익에 대한 위기감이 고조, 자민당과 우익은 물리력을 가진 조직폭력단과 자연스럽게 결탁하게 된다. 이런 분위기였기 때문에 야쿠자 두목들은 자민당 실력자들과 예사로 어울렸고, 우익과 야쿠자들의 입김이 자민당을 통해 한일국교정상화 교섭과정에 그대로 미쳤다. 이때 야쿠자와 우익, 그리고 자민당 3자를 막후에서 연결시킨 고리가 바로 고다마와 세지마 같은 '친한파'들이었다.

어느 나라나 마찬가지이지만 폭력조직은 정계에 직간접적인 영향을 미친다. 특히 보수우익정당이 40년 이상 일당지배체제를 유지해 오고 있는 일본에서는 이것이 더욱 심하다. 일본경찰의 추계에 따르면 일본 전역에서 3천여 개 단체에 8만7천여 명의 야쿠자들이 설치고 있다. 이는 인구 1만 명당 7명 정도의 비율이다.

일본 야쿠자 조직은 방대한 지하조직의 유지를 위해 철저한 계급사회의 형태를 띠고 있다. 일단 야쿠자 조직에 들어가면 '삼배'라는 독특한 의식을 치러야 한다. 신입단원이 두목과 부자관계를 맺는 이 의식은 소금과 생선 토막을 넣은 술을 두목과 신입단원이 나누어 마심으로써 일심동체가 되었음을 알리는 것이다.

술에 소금과 생선 토막을 넣는 것은 피의 맛을 내기 위한 것이라고 한다. 즉 피를 나누어 마신 관계를 의미하는 것이다. 이 의식이 치러지는 장소에는 일본신화에서 유래된 각종 신들의 이름을 써 붙이는 것이 관례다. 재단에는 무, 인삼, 물 등이 놓이는데 뿌리가 길고 강한 식품과 만물의 근원인 물을 나누어 먹음으로써 '길고 강한 인연'이 맺어졌음을 서로 잊지 말자는 것이다.

일본 야쿠자의 이러한 풍습은 우리나라 폭력배들에게 고스란히 전수되고 있다. 단순한 '전수'가 아니라 상호교류를 통해 유착의 길을 걷기도 한다. 일본 최대의 야쿠자 조직인 야마구치구미의 두목급에서 중간보스급까지에는 상당수 재일교포들이 자리를 잡고 있다. 이들은 한일 폭력배조직 사이를 자연스럽게 연결시켜 주는 역할을 하고 있다.

1990년 12월 야마구치구미 소속 야쿠자 10개파 72명이 망년회를 하기 위해 대거 부산에 몰려와 경찰을 긴장시킨 일이 있다. 경찰은 이들이 갖고 온 돈이 모두 1억 엔에 이르고 10개파가 한꺼번에 집결하는 일이 드물다는 점을 들어 이들의 입국목적이 한국 폭력조직에 대한 지원에 있을 것으로 추정했다. 이들은 사전에 정보를 입수한 우리나라 경찰의 엄중한 감시를 받으며 요정에서의 기생파티와 경주 등의 관광을 마치고 유유히 일본으로 돌아갔다.

일본 야쿠자 조직의 주된 자금원은 유흥업소 운영, 마약밀매, 도박, 부동산투기 등이다. 이들이 벌어들이는 돈은 일본의 경제력만큼이나 엄청나다. 한일 간 폭력조직의 유착은 이러한 이권이 직접적인 동기가 된다. 거대한 기업군을 거느린 일본 야쿠자 조직의 막대한 자금력은 국내 폭력조직들에는 흠모의 대상으로 그들의 기업경영술을 배우기 위해 종속관계까지 마다하지 않는다.

국내 폭력조직들은 어느 사이엔가 머리 모양, 옷차림은 물론 조직 내의 예절 등까지 야쿠자의 풍습을 모방하고 있다. 기업인으로 위장, 정치 사회적 기반을 넓히고 사시미 칼을 휘두르며 잔혹한 보복극을 벌이는 등의 행태가 모두 야쿠자에게서 배워온 것이다.

한일 폭력배 간의 유착은 단순히 범죄조직들끼리의 결탁이라는 차원을 넘어서 한일관계와 양국의 정치적 진로에 직접적인 영향을 미치고 있다는 데 문제의 심각성이 있다. 우리나라에서도 그동안 폭력조직과 정계의 유착사례가 심심찮게 드러난 바 있지만 이는 결국 우리나라의 정계에까지 일본 야쿠자의 영향력이 직간접적으로 미치고 있음을 말해주는 것이다.

일본 우익의 야망, 재군비와 해외파병

야쿠자, 극우단체 그리고 자민당으로 연결되는 일본의 우익진영이 추구하고 있는 국가목표와 세계질서에 따른 한일관계의 모습은 '정한론'의 재판이 될 것이 뻔하다. 그것은 전후 이들의 요란한 활동이 일본을 어느 방향으로 끌고 왔는지를 살펴보면 분명해진다.

실제로 이들의 정치적 목표였던 △천황제 부활 △재군비 △ 해외파병 등은 어느새 현실로 다가와 있다. 1980년대 초부터 추진해온 유엔평화유지 활동에의 참여를 통한 자위대의 해외파병은 이제 마지막 통과의례만을 남겨놓고 있다. 히로히토에 이어 일왕에 등극한 아키히토가 일본을 대표하여 과거의 식민지 지배국들을 순방하겠다는 계획도 거의 실현단계에 와 있다. 오히려 중국을 비롯한 아시아 각국이 서로 그를 먼저 모셔가기 위해 경쟁을 벌이고 있는 상황이다.

일본헌법 제9조는 "일본국민은 국제분쟁을 해결하는 수단으로서 전쟁과 무력에 의한 위협 또는 무력의 행사를 영구히 포기한다" "이러한 목적을 달성하기 위해 육·해·공군 기타의 전력을 보유하지 않는다. 국가의 교전권은 인정하지 않는다"라고 되어 있다. 이 조항 때문에 일본헌법은 평화헌법이라 불려왔다.

그러나 일본 지도층은 그동안 이 조항의 해석에 교묘한 수정을 가해 재군비를 정당화시켜왔다. 이른바 '해석개헌' 이다. 일본의 '해석개헌'은 대략 2단계를 거쳐 왔다. 1단계는 자위대라는 실질적인 군대의 보유를, 2단계는 이 군대의 해외파병을 합리화하는 단계였다.

헌법제정 당시 제9조에 대한 일본정부의 해석은 "자위권을 포함 일체의 군비를 포기한다"는 것이다. 이것이 1950년 경찰예비대를 창설할 때에는 "치안 유지를 목적으로 하기 때문에 군대가 아니다"로, 1952년 보안대 설치 때에는 "전력에 미치지 못하는 정도의 실력을 보유하는 것은 위헌이 아니다"로 수정됐다. 여기서 '전력' 이란 "근대적인 전쟁을 수행할 수 있을 정도의 장비편성을 구비하는 것"이라는 구차한 변명이 덧붙여졌다.

그리고 마침내 1954년 자위대가 발족하여 이것이 더이상 군대인 것을 감출 수 없게 되자 "침략을 방지하기 위해 필요한 최소한의 병력을 보유해도 이것은 당연한 자위권으로 결코 헌법에 위반되지 않는다"고 주장하기에 이르렀다.

자위대의 해외파병 문제에 대해서도 일본정부는 1980년 10월 국회질의에 대한 답변에서 "목적과 임무가 무력행사를 수반할 경우 유엔평화유지군의 참가는 헌법이 허용하지 않는다"는 견해를 밝힌 바 있다. 이것이 지금에 와서는 "자위대가 임무수행 상 무기를 휴대하고 유엔평화유지활동에 참여하는 것은 합헌"이라는 입장으로 바뀌었다. 이제 마지막 절차만을 남겨놓고 있는 유엔평화유지활동(PKO) 협력법안은 분쟁지역에 자위대를 파견할 수 있도록 했을 뿐만 아니라 이들에 필요한 만큼의 무장을 시키고 부득이한 경우에는 무기를 사용할 수 있도록 규정해놓고 있다.

이렇게 수많은 '해석개헌'을 거치는 동안 평화헌법은 실질적으로 무력화되어왔다. 여기까지 오는 데는 우익진영의 테러와 무력시위, 또 한편으로는 집요한 정치공작이 배후에서 작용했음을 어렵지 않게 짐작할 수 있다. 이들은 패전으로 인해 씌워진 '평화국가'라는 굴레를 야금야금 걷어내고 일본을 다시 군국주의의 길로 돌려놓았다.

이미 정치대국, 경제대국의 길에 들어선 일본의 우익진영은 메이지유신 직후의 '정한론'을 다시 되풀이할 것인가. 그것이 경제를 앞세운 변형된 형태라 하더라도 그런 우려는 점점 현실화되어가고 있는 것으로 보인다.

말 · 1992년 5월호

제4장

기획

사법부의 정치판사들

사법부의 민주화를 가로막고 있는 최대 걸림돌은 무엇이며 정치권력의 외풍과 판·검사의 밀월관계의 실상은 어떠한가. 그리고 사법부 내의 암세포인 '정치판사들', 그들은 누구인가.

이재화·본지 기자(현 법무법인 진성 대표변호사)

또다시 시작된 5공식 시국재판

1988년 6월 대법원의 전면개편을 통한 사법부의 독립을 요구한 소장판사들의 서명파동 이후 새롭게 구성된 이일규 대법원장 체제가 출범한 지 한 돌이 되던 1989년 7월, 각 일간지는 「이일규체제 1년」이라는 기획기사를 통해 일제히 "이일규 대법원장의 취임과 더불어 안정을 되찾았고 그간 일상화되다시피 했던 외풍도 사라지는 등 조용한 가운데 큰 변화를 가져왔다"고 극찬했다.

그 실례로 △여당후보가 당선됐던 동해시와 영등포을구의 국회의원선거에 대한 무효판결 △1971년 국가배상법의 위헌심판 이후 처음으로 사회보호법·국가보안법 등을 포함해 1백10건에 걸쳐 위헌 여부를 헌법재판소에 제청했다는 점 △구속영장기각률, 구속적부심에 의한 석방율·보석허가율이 3~5%씩 증가했다는 점 △법관인사를 개선하기 위한 노력의 일환으로 법원행정처에 별도의 전담기구를 설치했다는 점 등이 바로 그것을 입증해준다는 것이라고 했다. 이러한 사실은 그전 5공 시절에 비해 진일보한 것이라는 것은 재야법조계에서조차 인정하고 있다.

그러나 이 같은 외형적인 변화에도 불구하고 정치적으로 민감한 시국관련 형사사건에서는 달라진 것이 전혀 없다는 목소리가 높다.

1989년 4월 공안합동수사본부가 설치된 이후 구속기소된 문익환 목사 등 진보적인 민주인사들에 대한 보석 허가에는 인색한 채 검찰이 청구하는 시국관련 사건의 구속·압수수색 영장은 거의 100% 발부했다는 점만을 보아도 금방 확인되는 사실이다. 또한 법원은 최근의 시국관련 재판에서 '법정질서유지'라는 명분으로 법정경찰권을 남용, 방청객을 엄격히 제한했으며 사소한 소란에도 감치명령을 내리는 등 시종 권위주의적인 태도로 일관했다는 것도 5공과 다를 바가 없다.

재판진행 및 선고 양형 또한 마찬가지. 최근 문익환 목사, 임수경 양, 홍성담 화가 등의 재판에서 재판부는 한결같이 형식논리로 일관, 방북의 동기 및 의의 등에 관한 변호인 신문을 제한하는가 하면 박철언 장관 등 여권의 고위인사에 대한 증인 신청을 거부했고 또한 '시간이 없다'는 이유로 충분한 사실심리와 증거조사를 생략하는 등 공정한 재판진행을 하지 않은 채 수사기관의 공소장과 같은 판결로 중형을 선고했다.

반면 5공 비리 관련자들에 대한 재판은 국민들의 법 감정상 중벌로 다스려야 할 권력형 비리·부정임에도 불구하고 대부분 선고유예로 처리했다. 판결 이유도 "초범이고 깊이 뉘우치고 있다" "15년 동안 경찰에서 충실히 일했다"는 등 납득하기 힘든 것으로 말이다. 더구나 1988년 소장 판사들의 서명파동 이후 대쪽 같은 양심을 지녀 외풍을 잘 막아줄 인물로 평가되던 이일규 대법원장 체제 아래 이 같은 현상이 계속되고 있다는 점은 근본적인 변혁이 없는 한 사법부의 민주화란 기대할 수 없다는 것이 아닐까, 하는 의구심을 불러왔다.

판결문 작성도 눈치 봐야

그렇다면 도대체 그 무엇이 사법부의 민주화를 가로막고 있는 것일까?

1989년 7월 서울지방변호사회의 인권위원회가 회원변호사 257명을 대상으로 실시한 6공의 사법부독립과 민주화에 관한 설문조사 결과는 이를 잘 말해 주고 있다.

먼저 '6공하에서 시국사건을 대하는 법관의 자세나 태도가 과거와 달라졌다고 생각하는가?' 라는 설문에 대해 ㉠ 그렇다(19.8%) ㉡ 달라지려고 노력하는 것 같으나 결과는 마찬가지다(53.7%) ㉢ 과거와 전혀 달라진 것이 없다(19.8%) ㉣ 잘 모르겠다(4.7%), ㉤ 기타(1.9%)로 나타났다. 이중 ㉡ ㉢ 항목을 합한 73.5%가 달라진 것이 없다고 응답한 것이다.

두 번째, '시류에 영합하였던 법관이 현재의 사법부에 그대로 남아 있다고 생각하는가'에 대한 설문에 대해서는 ㉠ 그렇다(60.7%) ㉡ 현재는 없다(1.6%) ㉢ 없다고 생각하나 시국의 변화에 따라 생겨날 수 있다고 생각한다(27.6%) ② 잘 모르겠다(9.3%) ⑩ 기타((0.8%) 등으로 나타났다. 이는 과반수 이상이 현재 사법부 내 정치판사들이 존재한다고 응답했고 시국이 경색화 될 것을 예상한다면 거의 대다수 변호사가 이에 의견을 일치하고 있다는 것이다.

셋째, '사법부의 독립과 사법부민주화의 달성은 무엇이 관건이라고 생각하는가'에 대해서 ⊙ 권력으로부터 압력을 배제하기 위한 제도적 보장(7.8%) ⓒ 사법부의 독자적인 인사권, 예산편성권(19.1%) ⓒ 법관의 용기와 신념(71.6%) ② 기타(1.5%) 등으로 나타났다.

위의 설문조사에서 보이듯이 사법부 민주화의 최대 문제는 바로 법관의 용기와 신념이 없다는 것이다.

5공 시절 가두시위 대학생들에 대한 즉심에서 무죄 선고한 이유로 지방법원으로 좌천됐다가 얼마 전 서울의 어느 지원으로 발령받은 한 판사는 "사법부 내의 보수적 분위기가 판사 개개인을 주눅들게 한다"고 했다.

그래서 뭔가 소신껏 해보고자 하는 소장판사들도 이러한 분위기에 압도되고 만다. 심지어 사소한 판결문의 형식을 바꾸는 데도 대단한 용기가 필요하다는 것이 소장판사들의 솔직한 고백이다. 익히 알려진 바와 같이 대부분의 판결문은 검사의 공소장과 똑같다. 단독사건인 경우에는 아예 공소장의 오자까지도 그대로 베껴 쓰는 경우가 흔하다. 이는 재판과는 무관하게 타자수들이 판결문을 알아서 쳐놓는 것이 유신 이래 정착된 관례이기 때문에 누구 하나도 이를 시정해 볼 엄두를 내지 못하기 때문이다.

이 같은 무사안일한 분위기가 법원을 짓누르게 된 것은 내외적인 원인이 있다. 첫째, 그간 시국재판에 사법부 내외로부터 보이지 않는 외풍의 작용이 되풀이되면서 판사들은 타성에 젖어 소신 있는 판결에서 점점 멀어졌다는 것이다.

두 번째로 법관의 계급화를 들 수 있다. 법관의 등급은 지방법원 배석판사, 단독 판사, 고법 판사, 고법 배석판사, 지법 부장판사, 고법 부장판사, 대법관, 대법원장의 순으로 피라미드식으로 되어 있다. 박 정권하에서 중견법관을 회유하기 위한 방책으로 일반법관과 부장판사의 대우를 크게 달리한 뒤로 법관의 계급화는 형식적인 것으로부터 실질적인 것으로 변화되었다.

법관의 계급화는 다음과 같은 점에서 문제가 된다. 그것은 먼저 재판의 합의에 있어서의 형평에 영향을 미친다는 것이다. 과거에는 부장판사는 동료 중의 일인자에 불과했으나 지금은 배석판사와는 다른 상관이 되어버렸다. 따라서 형식적으로는 다같이 1/3의 합의권이 있지만 실제로는 부장판사의 입김에 따라 거의 좌지우지 된다는 것이다. 다음으로, 이것이 재판의 독립과 소신을 침해하고 있다는 점이다. 법관의 계급화는 판사들로 하여금 끊임없이 승진에 관심을 갖게 하여, 양심에 따른 재판을 할 경우 재임명 탈락, 좌천 등으로 그 결과가 가시화되고, 반대로 거기에 영합하면 순탄한 승진의 길을 밟게 된다.

이러한 현상은 정치권력의 이해와 더욱 맞물려 있는 형사법원의 경우는 훨씬 심하다. 더욱이 5공 들어와서 정치권력과의 유착이 심화하면서 법관들의 꿈이 '민사지법 부장판사'에서 '형사지법 부장판사'로 바뀌었다고 할 정도로 형사지법 부장판사는 승진이 보장되었다. 또한 1980년 이후 형사지법원장도 모두 대법관으로 승진했다는 점에서 그러한 사실을 뒷받침해준다.

특히 서울형사지법은 시국사건의 과반수 이상이 몰리는 곳이라 법관을 인선할 때 철저한 성분조사를 한다. 한때는 서울형사지법은 사법부의 '공안부'라는 자조적인 표현으로 불리기도 했다.

판사 20명은 잡아넣을 수 있다

사법부 민주화의 또 하나의 장애요인은 외부로부터 불어오는 외풍이다. 6공 들어 다소 이러한 외풍이 줄긴 하였으나 여전히 계속되고 있다. 정치권력으로부터의 이러한 외풍은 주로 검찰을 통하거나 아니면 법원장 또는 부장판사를 통해 간접적으로 들어온다.

우선 검찰을 통한 외풍에 대해서 살펴보자. 1989년 12월 21일 서울지검 동부지청은 동부지원에서 두 달 가까이 높은 영장기각률을 보이고 있는 가운데 무허가 전자오락실 종업원 5명에 대한 영장이 기각되자 영장을 신청한 한 검사는 영장을 담당했던 하광호 판사를 겨냥, 공개적인 장소에서 "미친개한테 물린 격"이라며 "우리가 마음만 먹으면 판사 20명쯤은 잡아넣을 수 있다" "판사 뺨을 때려주고 '잘났어 정말'이라고 해주고 싶다"는 등 원색적으로 비난했다. 특히 그날 무더기 영장기각이 되자 김기춘 총장이 역정을 낸 것으로 전해지면서 이영학 동부지청장은 이원배 지원장에게 전화를 걸어 "계속 망신을 당하고 있다"고 하소연했다고 한다. 이는 법원에 대한 검찰의 압력이 얼마나 거센지 짐작할 수 있게 해주는 대표적인 사건이다.

또한 지난 1월 20일에는 검사의 부탁을 받고 판사가 국가보안법 위반

피의자의 구속기소를 불법적으로 연장시켜준 사건이 발생했다. 서울지검 공안2부 이문호 검사가 작년 12월 29일 구속 송치된 안양지역 민주노동자 사건의 이숙희(25, 여)씨의 2차 구속기간 만료시점이 18일 밤 12시였는데, 이를 지키지 않고 다음날인 19일 오전에 18일 당직이었던 서울형사지법 임호영(32) 판사에게 전화를 걸어 양해를 구한 뒤 여직원을 시켜 법원 접수대장에 18일에 접수된 것처럼 기재한 것이다.

임호영 판사의 사법연수원 동기생인 한 판사는 이러한 것은 사실 비일비재한 관행에 불과해 그리 놀라운 사건이 아니라고 말했다. 그의 말에 따르면 이러한 사건은 검찰로부터 불어오는 사소한 압력에 불과하다는 것이다. 특정 판사가 무죄율이나 영장기각률이 높으면 담당검사는 법원장에게 "그 판사의 사무분담을 바꿔라 (예를 들면 형사에서 민사로). 만일 그렇게 하지 않으면 법원 판사 한 사람을 구속시키겠다"는 등의 협박을 하기도 한다는 것.

이러한 검찰의 압력에 법원은 순순히 따를 수밖에 없다. 검사들은 자신이 신청한 사건의 영장이 기각되거나 무죄선고가 되면 벌점이 올라가고, 그것은 곧 인사고과에 반영되기 때문에 사활을 건다. 특히 검사들은 영장기각이나 중요한 사건이나, 검사 인지사건일 경우는 더하다. 검사들은 이러한 것을 미연에 방지하기 위해 판사들에게 청탁을 한다. 판사들은 검사들이 만일을 대비해 판사들의 비리를 뒷조사해 두고 있기 때문에 검사들의 요구를 들어줄 수밖에 없다는 것이다.

따라서 검사들의 '잘 부탁한다'라는 전화 한 통도 판사들에게는 무언의 압력이 된다. 특히 판사들이 무죄선고를 할 때면 검사에게 미리 전화를 해 양해를 구해야 한다는 것이 관례화되어 있다. 그러면 검사는 더 조사할

시간을 달라고 하며 시간을 연장하면서 갖가지 압력수단을 동원한다.

정보기관과 부장판사들의 압력

다음으로 정보기관으로부터의 압력이다. 5공 시절 법원가에서 '관선 기자'라고 불리는 안기부·보안사 소속 기관원들이 법정뿐만 아니라 각급 법원장실과 법원 서기과를 드나들면서 각종 시국사건 재판에 관여했다는 것은 법원관계자들 사이에선 공공연한 비밀이다.

박 아무개 판사가 1985년 한 지방법원에서 판사 초년 시절에 겪었던 다음과 같은 이야기는 정보기관이 재판에 어떻게 관여하는가를 잘 드러내준다. 박 판사가 당직을 보던 어느 날 그 지역 경찰서 정보과장이 의례적으로 찾아왔다. 다름 아닌 당시 연행된 대학생들에 대한 영장발부를 특별히 부탁하기 위함이었다. 당시만 하더라도 그 지역 공안검사와 경찰정보과장이 찾아와서 사전 브리핑하는 것은 어느 법원에서나 관례화된 것이었으나 그는 외부의 간섭을 받는다는 것이 불쾌하여 그냥 내보냈다.

그러나 10분 후 법원장은 그를 불러 당직을 바꿔야겠다고 했다. 이유는 당직을 하는 사람은 6개월 이상의 경력을 가진 사람만 할 수 있다는 것이었다. 물론 당시 서울형사지법의 경우는 그랬다. 그러나 지방법원에서는 3개월 후면 가능했던 것이고 그 법원에서도 그때까지 그렇게 해왔던 것이다.

그런 일이 있은 지 얼마 후 그 판사는 가두시위 관련 대학생 11명에 대해 무죄를 선고했다. 그러자 그날 밤, 수위실에서 "안기부 직원이 전화번호를 가르쳐 달라고 한다"는 전화가 왔다. 그는 엉겁결에 가르쳐 주지 말라고 했다.

　다음날 출근하자 부장판사는 그에게 "안기부에서 전임지가 어디냐고 묻더라"고 말했다. 그가 나중에 안 사실이지만 안기부가 전임지를 물은 이유는 뒷조사를 하겠다는 것이었다. 그 얼마 후 박 판사는 어느 시골 지방법원으로 좌천되고 말았다.

　검사 및 정보기관의 외압의 통로는 법원 내부의 법원장 또는 부장판사 인데, 이러한 외압이 판결에 미치는 영향에 대해 서울형사지법의 한 관계자는 "법원장이나 지원장의 스타일에 따라 같은 사건일 경우에도 형량이 많이 달라진다"고 했다. 한 지방법원 판사의 말에 따르면 이를테면 즉심의 경우 재판 직전에 법원장이나 수석부장판사가 당직판사를 불러 "이 친구는 20일 이상 구속시켜야 한다"는 식으로 요청을 한다고 한다. 그러나 만약 선고 후 선고유예나 가벼운 형량이 나오면 법원장은 그 판사를 불러 "그렇게 가볍게 판정할 특별한 사정이 있었는가, 나도 상부에 설명을 해줄 수 있어야 하니까"라며 간접적인 압력을 넣는다는 것이다.

　특히 중요한 사건일 경우는 사건배당 판사 또는 영장발부 당직판사를 갈아치우는 경우도 종종 있다고 한다.

사법부의 정치판사들

　"정의로운 판사는 구색 맞추기용이고 시류에 영합하는 판사는 잘 팔린다"는 유행어가 5공 시절 경인지역 법관들에게 나돌았던 것처럼 소신 판결을 한 사람은 승진에서 제외되거나 좌천되는 반면, 시류에 영합하는 판사는 승진행 고속열차를 탄다는 것은 아직도 깨어지지 않는 불문율이다. 후자를 일러 흔히 '정치판사'라고 한다. 이러한 정치판사야말로 사법부 내부의 암적인 존재이다.

정치판사란 크게 두 가지로 나눠진다.

첫 번째로, 과거 청와대 비서실과 사회정화위원회 등에 파견돼 있으면서 권력층과 밀접한 관련을 맺은 인사들. 이들 중 일부는 행정부와 사법부 고위층을 밀착시켜주는 역할을 하면서 결국 사법행정 전반과 법관인사 등에까지 영향력을 행사하는 실력자로 통할 정도였다.

제5공화국 들어 청와대에 파견됐던 법관들로는 손진곤, 권오곤, 양창수, 황상현, 이호원 판사 등이 있으며 그 이전에도 이기창, 김영준 판사 등이 청와대비서실에 파견돼 법제연구관, 특별보좌역 등으로 활동했었다.

이중 손진곤 당시 서울고법 부장판사는 그 대표적인 인물. 그는 전기환 씨의 노량진 수산시장 강탈사건에 연루되어 여론의 지탄 속에 법복을 벗은 후 현재 변호사로 있다. 그는 서울고법 판사로 있던 1980년 대통령 민정비서관으로 파견된 후 그곳에서 서울지법 민사부장판사, 광주고법 부장판사로 승진한 뒤 바로 노른자위인 서울고법 부장판사 겸 서울형사지법 수석부장판사 자리를 차지했다.

정치판사의 또 하나의 유형은 법원행정처 기획조정 실장, 서울형사지법원장과 수석부장판사 등 요직을 맡은 판사들 중에서 권력과 밀착되었거나 소신대로 판결을 못하고 시류에 영합했던 인사들.

법조계에서는 5공화국의 대표적인 정치판사로 언급한 손진곤씨 외에도 유태홍씨를 꼽는다. 그는 5공화국의 주도세력들과 인연을 맺게 된 김재규 사건의 주심을 맡으면서 소수의견을 주장하는 판사들과 맞서며 이 사건의 확정판결을 마무리지은 '공로'를 인정받아 1981년 4월 대법원장에 취임하였다. 유 대법원장은 재임기간 중 전국법원장회의 훈시 등을 통해 무엇보다도 '투철한 국가관에 의한 판결'을 강조했다. 실제로 그의 재임기간 중에 법원장이 법관 개개인의 국가관을 '가' '나' '다'로 고과평정, 인사에 반영하는 제도를 만들려다 법관인사파동이 터져 그만둔 일도 있었다.

그는 시국사건에 무죄를 선고한 박시환, 서석구 등의 판사를 시골로 좌천인사조치 하였으며 이 같은 징계성 인사를 비판하는 글을 「법률신문」에 기고한 서태영 판사를 서울민사지법에 부임한 지 하루 만에 울산지원으로 좌천시키기도 했다.

유 전 대법원장은 이 같은 인사파동으로 임기 5개월을 남겨두고 재야법률단체인 대한변협으로부터 사퇴권고를 당했는가 하면, 헌정사상 처음으로 국회에서 탄핵소추안이 발의 된 '탄핵발의 제1호' 의 불명예를 당했다.

극우판사 3총사

이일규 대법원장 취임 후 공식적으로 청와대에 파견됐던 사람은 아직 없다. 그러나 5공 시절 청와대에 파견되었다가 현재 서울형사지법 부장판사로 재임 중인 사람이 있다. 그가 바로 임수경·문규현 방북사건과 홍성담씨 걸개그림사건의 재판을 맡은 황상현(46) 서울형사지법 부장판사. 그는 정상학 서울형사지법 부장판사, 안문태 서울고법 부장판사와 함께 '극우판사 3총사'라고 불리기도 한다. 한 변호사는 그를 두고 '관료적 냄새가 물씬 풍기며' 매사 사물을 바라보는 것이 기계적이라고 평했다.

그는 임수경씨의 재판과정에서 방청객을 극도로 제한했으며, 구호를 외친 학생들을 감치시켰을 뿐만 아니라 재판상황을 녹음한 뒤 변호인단에 넘겨주기로 공개적으로 약속해놓고 나중에 방침을 바꾸는 등 일관성 없는 재판을 진행해 방청객들을 분노하게 했다.

또한 그는 임수경 사건의 선고공판에서 임씨가 진술한 내용은 전혀 반영하지 않은 채 검사가 작성한 공소장 내용을 거의 그대로 판시했다.

다음으로 문익환 목사의 재판을 맡은 정상학(53) 현 서울고법 부장판사 겸 서울형사지법 수석부장판사. 그는 문 목사의 재판에서 시종 극우적인 시각의 예단을 갖고 공판을 진행하다 변호인단으로부터 6공 들어 처음으로 재판부 기피신청을 받았다. 그는 이 재판에서 변호인단의 신문권을 수차례 무시하였으며, '재판부가 판결문을 쓸 시간이 없다'는 등의 이유로 충분한 사실심리와 증거조사를 생략한 채 결심을 강행했다. 또한 변호인들이 사용하는 호칭까지 간섭, 목사님이 아니라 피고인이라 부르도록 강요하기도 했다.

그는 1989년 4월 25일 정치권력을 업고 29억여 원의 공금을 횡령하고 7억여 원의 세금을 포탈한 이창석(38, 전두환씨 처남) 피고인에게 "초범인데다 잘못을 뉘우치고 있고 포탈세금을 납부했다"는 이유로 집행유예라는 관대한 처분을 내려 빈축을 사기도 했다.

그는 또한 지난 1985년 12월 치안본부 대공수사단에서 '고문기술자' 이근안 등에게 전기고문을 당한 전 민청련 의장(현 전민련 정책실장) 김근태(43)씨가 낸 재정신청을 맡고도 심리를 하지 않아 끝내 김근태씨의 부인 인재근씨로부터 직무유기 혐의로 고발당하기도 했던 인물이다.

마지막 한 사람은 서민들에 대한 '천성적인 적대감'을 갖고 있다는 평이 나 있는 안문태(49) 서울고법 부장판사. 그는 험상궂은 인상처럼

시국사건뿐만 아니라 일반 형사사건에서도 악명이 높아 그들로부터 이른
바 '짝두'라는 별명으로 불리기도 하는 인물이다.

이처럼 그가 일반 형사사범에 대해서도 미움을 사고 있는 것은 항소심
에서 형을 깎아주는 경우는 거의 없고 때때로 형을 올려 선고하기 때문이
다.

그는 현재 연로한데다 고혈압성 심장질환을 앓고 있는 문 목사의
보석신청에 대해 서울대병원의 "정신적 충격을 받을 경우 위험하다"는
종합소견서가 첨부되었음에도 불구하고 이를 수락하지 않고 있다.

그는 1985년 10월 이른바 '깃발사건' 재판을 맡은 바 있는데 당시 판결문
이 검사 공소장의 오자까지도 베껴 쓴 것으로 알려져 당시 구속 중이던
시국사건 관련자들의 웃음거리가 되기도 했다.

'스스로 권력과 한 줄'이라 생각

위 세 사람 외에도 서경원씨 사건을 맡은 홍석재(48) 서울형사지
법 부장판사, 현재 춘천지법 부장판사로 있는 박만호(54) 부장판사, 이영희
교수 사건을 맡은 이태운(42) 서울고법 판사, 부천서 성고문사건의 피해자
권인숙 양의 재판을 맡았던 윤규한(50) 남부지원 부장판사 등이 대표적인
정치판사로 꼽히고 있다.

이들 정치판사들의 일반적인 성향에 대해 한 중견변호사는 "그들은
'스스로 권력과 한 줄'이라고 인식, 시국사건에 대해 체제수호 차원에서
다뤄야겠다고 생각하는 것 같다"고 말했다. 따라서 이들이 시국사건 관련
재판에 임하는 태도는 다른 판사들과는 달리 아주 당당하다.

이들이 이러한 의식을 갖게 된 것에 대해 '민주화를 위한 변호사모임'의 조준희 변호사는 다음과 같이 그 원인을 분석한다.

첫째, 판사라는 직위는 상당한 기득권을 가진 집단이고 또한 이들이 접하고 있는 세계 또한 그렇기 때문에 소외계층의 현실이나 주장에 대해 둔감할 수밖에 없다는 점. 둘째, 6·29선언 이후 외형상 다소 권위주의적 요소가 약해짐에 따라 노동운동과 통일운동 등 사회구조적인 갈등에 대해서 본능적인 방어의식을 갖고 있다는 점. 셋째, 정치권력이 보혁구도로 몰아감에 따라 이에 편승, 편견적인 시각을 갖게 되었다는 점 등이 그 원인이라는 것이다.

사법부의 민주화를 위해서는 우선 극우적인 정치판사들이 사라져야 하고 이를 위해서는 판사들이 용기와 양심을 갖고 결단을 내려야 할 것이라는 것이 일반 국민들의 생각이기도 하다.

말 · 1990년 3월호

| 후기 |

29년 전 20대 후반 기자 시절에 쓴 글이다. 1990년 3월에는 내가 아직 사법시험을 준비하기 전이다. 29년 전의 풋내기가 작성한 1990년의 사법부와 29년 후 변호사 21년째인 현재의 내가 법률전문가의 시선으로 오늘의 사법부를 비교해 보았다. 큰 틀에서 대한민국의 사법부는 아무 것도 변한 것이 없다. 그 동안 민주화 정부가 세 차례나 들어섰다. 사법부를 개혁하지 못했다. 정보기관의 판사에 대한 압력행사만 사라졌을 뿐, 판사의 서열화, 판사의 보수화, 법원행정처 출신 '성골판사'들을 통한 판결의 정치화 현상은 그대로다. 문재인 정부가 임명한 김명수 대법원장을 통한 사법개혁은 촛불국민의 기대와는 달리 흐지부지 되어가고 있다. 사법부 내부에서의 개혁은 불가능하다. 촛불혁명의 명령인 사법개혁을 완성하기 위해서는 입법을 통한 제도적 개혁이 이루어져야 한다. 이를 달성하기 위해서는 내년 총선에서 민주세력이 국회권력을 쟁취해야 한다. (이재화)

김현희와 KAL 폭파사건의 미스테리

1백15명의 무고한 인명을 살상한 마유미는 분명 천인공노할 만행을 저지른 살인마다. 그러나 정부의 특사조치로 자유의 몸이 된 김현희는 안기부의 촉탁직원으로 활동할 것으로 알려졌다. 미모의 여성 테러리스트이기 때문에, 아니면 1987년 대통령선거 시 노태우 후보 당선의 1등 공신이었기 때문일까. KAL 폭파사건의 의혹을 파헤친다.

최진섭·본지 기자(현 출판인)

안기부 촉탁직원 마유미

"하얀 리트머스 시험지 위로 빠알간 청춘 하나가 스며든다."

이는 KAL기 공중폭파사건을 다룬 영화 「마유미」의 선전문구이다. 북한의 여성테러리스트 김현희를 지칭하는 빨간 청춘. 그는 현재 열렬한 반공투사로 변모, 안기부의 촉탁직원으로 활동하는 것으로 알려져 있다.

신상옥씨가 감독한 영화 「마유미」는 방화사상 최고수준인 13억 원의 제작비를 투입했으며, 소련·일본 등 17개국에서 현지촬영하고 세계 각국으로 수출될 대형작품이다. 이 영화는 시작과 동시에 "아무런 허구도 삽입되어 있지 않습니다"라는 자막을 내보내는데, 여기서 김현희는 북한 김정일의 지령을 받아 KAL기를 폭파하는 꼭두각시 공작원으로 그려진다.

한편 KAL 858기 폭파범으로 사형선고를 받은 김현희는 지난 정부의 특별사면 조치로 자유의 몸이 되었다. 그의 사면은 사건발생 직후부터 '국익 차원'에서 이미 짜여진 각본이기도 했다.

한편 김씨는 1990년 5월 16일 여의도 침례교회(담임목사 한기만)에 참석해 신앙 간증을 하기도 했다. 철저한 김일성주의자였던 그는 3년 만에 손색없는 기독교인으로 변모해 있었다.

"하나님의 역사는 저를 한국으로 보내는 데 있었습니다. 피해당사국인 한국에 보내져서 북한의 만행을 낱낱이 밝혀 다시는 이 땅에 이런 참담한 비극이 일어나지 않도록 하는 것이 하나님의 뜻이었습니다."

북한의 사주를 받아 KAL기를 폭파한 김현희. 이는 전 세계가 공인한 확고부동한 정설인가. 이 사실에 대해 정작 피해당사자인 유가족들이 반발하고 있다.

'빨간 여자' 마유미가 국가안보의 공훈자로 칙사 대접을 받는 동안 유가족들은 엑스트라는커녕 천시 받는 관객도 못됐다고 울분을 토로한다.

"이번 일을 겪으며 이 나라가 진정 국민의 나라인지 의심스러웠고, 국적을 버리고 이민이라도 가고 싶은 충동을 느꼈어요."

KAL 유가족협의회 김순례(50) 부회장의 말이다. 이들은 왜 김현희보다 정부를 더 증오하게 되었는가. 유족들은 김현희의 재판과정에서 철저히 배척되었다. 특별사면을 묵인하는 도장을 찍으라는 압력을 받기도 했다.

이들은 KAL기 사건에 대한 많은 의혹을 떨치지 못하고 있다.

기체는? 블랙박스는? 아부다비에서 마유미와 함께 내린 11명의 신원은? ……. KAL기 공중폭파의 유력한 증거는 마유미란 여성의 자백밖에 없다. 마유미가 폭파했다면 왜 얽히고설킨 수십 개의 의문부호가 풀리지 않는 것일까.

풀리지 않는 의혹의 하나는 11월 29일이라는 사건발생 일자에서부터 출발한다.

대통령선거 직전의 KAL기 폭파

KAL기가 실종된 1987년 11월 29일, 이날 여의도에선 공교롭게도 13대 대통령선거의 한판 승부를 앞두고 김대중 후보의 선거유세가 한창이었다. 김현희의 재판·사면이 정치색이 짙듯이 KAL기 실종사건은 정치성 회오리바람에 휘말리면서 발생한 것이다.

외국의 주요언론도 한국의 대통령선거에 미칠 KAL기 파장에 주목했다. 「워싱턴 포스트」는 "노 후보는 KAL기 사건이 북한의 위협이 상존하고 있음을 보여주는 증거이며, 이러한 위협을 인식하지 못하고 있는 야당후보를 국민들이 선택할 경우 발생할 위험성을 강조했다"고 보도했다. 또한 일본의 대부분의 언론들도 KAL사건이 국가안보를 제일로 여기는 보수중도에 속하는 상당수의 부동표들에 결정적인 영향을 미칠 것이라고 지적했다.

사건의 전모가 드러나기도 전인 12월 2일 청와대 임시국무회의를 주재하는 자리에서 전두환 전 대통령은 "배후에 북한공산집단 등의 손길이 미치고 있다"는 추측발언을 했다. 그리고 이날 민정당은 "이번 사건은 대통령선거 자체를 교란시키려는 북괴의 악의가 숨어 있는 것"이라 비난하고 "이와 관련 정치성 폭력은 누구를 이롭게 하는 결과를 가져올지 자성해볼 때"라는 성명을 발표했다.

서울의 유세장에 튀긴 KAL기의 '파편'은 분명 여당진영에게는 회심의 미소를 띠게 한 길조였다. 그러나 일단 정치적 색안경을 벗어놓고서 마유미의 행적을 추적해보자.

승객 95명과 승무원 20명 등 1백15명을 태우고 이라크의 바그다드 공항을 출발, 서울로 향하던 대한항공 858편 보잉 707기는 버마 영해인 벵골만 상공에서 11월 29일 하오 2시 마지막 교신을 끝으로 실종되었다. 사고기의 탑승객들은 대부분이 중동 건설현장에서 귀국하던 노동자들이었다. 실종된 KAL858기는 1971년 미 보잉사로부터 도입한 것으로, 사고 두 달 전인 1987년 9월에도 동체착륙을 한 낡은 비행기였다.

안기부의 수사발표에 의하면 KAL기 폭파범 마유미와 신이치(김승일)는 이라크 바그다드 공항에서 콤포지션 C_4폭약 3백50g을 장약한 시한폭탄 라디오와 액체폭약 7백cc를 술병에 담아 비행기에 탑승, 기내에 장치하고 아부다비 공항에 내렸다.

그런데 여기서부터 상상도 못할 우연들이 잇달아 발생한다. 아랍게릴라들의 주 활동 무대이고 이란-이라크 전시하에 있던 바그다드의 검열은 세계에서 가장 엄밀하다는 평이 나 있었다. 그런데 김현희는 바그다드 공항에서 폭파용 배터리를 압수당했을 때 김승일이 "여기서만 특별히 개인사품을 검열하고 단속하냐"며 강력히 항의하여 반환받았다고 진술했다. 이는 허무맹랑한 첩보영화에서는 가능할지도 모른다. 그러나 현실은 영화보다 냉정한 법인데, 재수가 억세게 좋았던 것일까.

그리고 세계의 모든 항공사의 승무원들은 승객이 두고 내린 짐을 방치하지 않는 게 철칙이라고 한다. 그렇다면 마유미와 신이치는 어떻게 폭발물을 기내에 장치할 수 있었던 것인가는 의문이 아닐 수 없다.

또한 마유미와 함께 아부다비에서 내린 11명의 국적과 이름, 직업은 아직까지 공개되지 않고 있다. 일부 외국 언론은 이들이 한국의 관리들이라는 보도를 해 주목을 끌기도 했다.

기체수색보다 마유미 소환에 주력

KAL기 실종 이후 한국정부는 기체수색보다 마유미 소환에 몰두한 감이 있다. 대형항공기 실종사건임에도 불구하고 사건발생 10일 만인 12월 9일 정부조사단은 자체 수색을 멈추고 철수했다.

소련 무르만스크에 KAL기가 불시착했을 때나 소련기에 피격 당했을 때 미국은 사고 지점을 인공위성으로 정확히 포착하고 있었다. 1987년 KAL기 실종사고 발생 직후 미국의 릴리 대사는 최광수 외무장관을 예방하고 "미 정부는 KAL기의 잔해 발견을 위해 인공위성 등 미국이 보유한 모든 정보시설을 동원해 지원하겠다"고 밝히기도 했다.

그러나 기체는 물론 사고원인을 규명할 블랙박스도 끝까지 찾아내지 못했다. 대한항공의 조중훈 회장은 "항공기 사고 사상 이번처럼 미스터리에 빠진 적은 없다"고 실토했다. 블랙박스는 바닷물 속에서도 30일간 2마일 거리에서 잡을 수 있는 음파를 발사한다.

한편 KAL기 동체를 찾아내는 데는 무능력했던 한국정부가 테러 용의자만은 손쉽게 추적했다. 그들이 사용한 여권이 인쇄상태가 조잡해 쉽게 위조된 것으로 밝혀졌기 때문이라 한다. 마유미의 여권에는 남성 전용의 부호가 새겨져 있어 일본의 여권체계에 어두운 인물이 위조했을 것으로 추정됐다. 인쇄공장까지 갖춘 북한 전문 공작자들의 솜씨치곤 여권 변조기술이 의외로 허술했다.

마유미와 신이치는 아랍에미리트의 아부다비에서 내려 바레인으로 도주, 사흘 동안 머물다 바레인 공항에서 탈출 직전에 검거됐다. 바레인은 친서방노선을 걷고 있으며, 남한과의 단독 수교국가이다. 신이치와 마유미는 검거 직후 청산가리가 든 담배 필터를 깨물며 음독을 시도, 신이치는 사망하고 마유미는 미수에 그치고 말았다.

그런데 마유미의 음독 기도 후 곧바로 응급치료를 한 바레인 살 마니야 병원의 야코시아 박사는 "음독환자에게 나타나는 맥박·호흡·동공의 변화가 전혀 없었다. 그리고 음독했을 때 일어나기 마련인 거품현상이 전혀 나타나지 않았으며, 독극물도 검출되지 않았다"고 발표했다. 이에 대해 김현희는 '하나님의 역사'라고 간증한다.

"독약 앰플을 깨물었는데 어찌된 일인지 사흘 만에 바레인 병원에서 되살아났습니다. 결국 하나님께서 바레인 여경을 통해 저를 죽지 못하게 한 것입니다."

음독에 대한 의혹으로 마유미가 신이치에게 청산가리 담배를 권해 독살시켰다는 추측이 일기도 했다.

8일 만에 변절한 특수공작원

마유미가 김포공항에 도착한 날은 대통령선거 바로 전날인 12월

15일이다. 12월 16일자 일간지들은 대통령선거를 알리는 1면 머리기사 밑에 마유미 사진을 깔았다. 선거운동이 막바지에 달했던 12월 14일에는 서울 동대문운동장에서 10만여 명이 모여 KAL기 규탄대회를 가졌다.

안기부의 수사 발표에 따르면 마유미는 서울로 신병이 인도된 후 사흘 동안 음독후유증(?)으로 건강이 악화되어 취식과 진술을 일체 거부했다. 중국어와 일본어만을 쓰며 외국인 행세를 하던 그가 동요를 일으킨 것은 서울 도착 8일 만인 12월 23일이다. 이날 마유미는 갑자기 옆에 있던 여수사관의 가슴을 밀어제치며 "언니 미안해"라고 한국말을 처음 사용하며 울먹였다. "이제야 속이 후련하다"고 심정을 피력한 그는 이때부터 범행 전모를 순순히 자백했다고 한다.

당시 안기부 수사관들의 인도적인 대우와 회유책, TV 등을 통해본 대한민국의 발전상 등을 보고는 북한의 테러도구로 이용되었음을 자각하고 쉽게 전향했다고 한다. 김현희를 취조한 한 수사관은 "보통 간첩은 신문을 시작한 지 사흘이면 술술 붑니다. 김현희가 8일 만에 자백한 것은 오래 걸린 겁니다. 여자니까 어머니, 아버지 생각에 연연해하다가 ……"라고 한 월간지와의 인터뷰에서 밝혔다.

김일성대학을 다니고 1980년 3월 북한 노동당 조사부 소속 공작원으로 밀봉교육을 받기 시작, 8년간 특수교육을 받은 공작원이 단 8일 만에 변절을 한 것이다. 30년 넘게 감옥에 있는 비전향장기수들은 서울의 빌딩 구경을 못해서 전향서를 쓰지 않는 것일까.

1988년 서울올림픽 참가신청 마감을 하루 앞둔 1988년 1월 15일, 김현희는 기자회견을 갖고 KAL기 폭파사건의 내막을 공개했다. 감옥 문턱 한 번 밟아보지도 않고, 불구속 기소된 마유미. 수갑이나 포승줄은커녕 죄수복도 입지 않은 채 비행기 테러범이 기자회견을 한 것이다.

백여 명의 양민을 폭사시킨 테러리스트로서 김현희는 무척이나 담담한 표정이었다. 특히 목소리는 감정의 기복이 엿보이지 않았다.

일본 음향연구소의 스즈키 미츠이 소장은 "마유미의 기자회견은 TV 아나운서가 뉴스를 보도하거나 소학생이 책을 낭독하는 것 같다"며 "이같이 주파수가 안정되어 있는 것은 각본에 따라 이야기하고 있기 때문이라 생각한다"고 지적했다. 스즈키씨는 1983년의 KAL 격추사건과 아키노 암살사건의 성문 검정을 한 세계적 권위자이다.

인간의 감정은 반드시 목소리의 주파수로 반영된다고 한다. 그런데 세계의 이목이 집중된 기자회견을 하는 마유미의 주파수는 처음부터 끝까지 2백 헤르츠 부근에서 머무는 비정상적인 반응을 보였다. 특히 기자회견의 클라이맥스인 "나는 죄를 지어 백 번 죽어 마땅하지만 …… 가족들에게 조금이나마 속죄 ……" 라고 흐느끼면서 손수건으로 입을 가리는 부분은 과학의 객관성이 적용되지 않았다. 스즈키씨는 "이 부분에서도 마유미의 목소리는 210~220헤르츠(여자 평균 250~300헤르츠) 밖에 안 됩니다. 울고 있을 때는 보통 배 가까이 되는데 ……"라며 의문을 제시한다. 1983년 KAL기 격추 사건 때는 조종사의 소리가 평소 125헤르츠인 데 반해 추락하는 순간엔 250헤르츠로 급상승했다고 한다.

또한 이날 안기부가 김현희의 북한공작원설을 입증하기 위해 제시한 자필맹세문과 자술서에는 북한의 표기법과 일치하지 않는 부분이 무려 1백여 군데에 달한다. 맹세문의 경우 「중앙일보」 1988년 1월 15일자에는 3대혁명규율로 기재돼 있던 것이 1월 16일자 「조선일보」 등에는 북한식표기인 '규률'로 황급히 바뀌어 배포된 것이 게재되었다. 일본 신문들은

"이북에서는 적후는 적구라고, 〈두개조선〉은 반드시 《두개조선》으로 198
0년대의 속도는 1980년대 속도로 표기한다"고 지적했다. 마유미가 남한식
문장훈련을 받았기 때문인가. 그런데 '습니다' 만은 꼭 이북식으로 표기하
고 있다(남한에서는 1988년까지는 '읍니다' 였음).

　그밖에 자술서에서 남한식으로 표기된 단어를 북한식과 비교해보면,
주 모스크바 소련대사관(소련 주재 대사관). 힐터부분(려과부분), 쇼핑(물
건사기), 조선항공기(조선민항), 녀안내원(녀성 접대원) 등과 같다.

임무 중 사진을 찍고 필름을 소지한 공작원

　　　　　　이밖에도 KAL기 공중폭파사건의 진상발표 중 쉽게 납득할 수
없는 점들이 곳곳에서 발견되고 있다.

　길이 41m의 보잉 707기는 긴급 사고발생 버튼을 누를 사이도 없이
공중 분해되었다. 안기부가 마유미가 사용한 것과 같은 양의 C$_4$로 폭파
시험한 결과 1cm의 철판에 직경 30cm 정도의 구멍이 생겼다. 또 CIA가
사건 직후 보잉 747여객기를 대상으로 폭파 시험한 결과 기체가 두 쪽이
났다고 한다.

　그런데 일본의 군사전문가 오가와 가주히사씨의 견해에 따르면 마유미
가 장치한 폭발물로는 "좌석 위의 듀랄루민 판에 직경 1~2m의 구멍이
뚫릴 정도"라고 한다. 그는 이 같은 기체손상에도 1만m 이상의 고도를
비행하는 여객기가 기압에 의해 공중분해 됐을지도 모르지만 적어도
5분 이상의 여유는 있었을 것이라고 지적한다. 오가와씨에 의하면 긴급발
신의 여유도 없이 공중 폭파되려면 최소한 "1주일분의 옷가지가 들은

가방 3개 분량의 폭약이 있어야 한다"고 말하고 "폭탄은 조종실 근처에 장치되어 있다고 보아야 할 것"이라 주장했다.

한편 음독 사망한 신이치가 소지한 필름에서 비엔나 시내나 베오그라드 공원에서 관광하며 여유 있게 찍은 사진이 현상되었다. 머리카락 하나 남기지 말아야 할 특수공작원이 사진촬영을 할 만큼 보안의식이 허술했던 것이다. 이에 대해 김현희는 "부녀관광객으로 위장하기 위해서였다"고 해명했다.

그리고 수상쩍은 항공기사고에 KAL기가 연루되어왔다는 과거의 전력도 의혹을 부채질하는 요인이다.

지난 1978년 4월 KAL 보잉707기는 항로를 이탈, 소련의 무르만스크에 비상착륙했다. 그리고 1983년 소련기에 격추당한 KAL 보잉747기도 항로를 이탈하여 소련영공을 침범했었다. KAL기가 항로를 벗어난 것에 대해 세계 항공계는 물론 대한항공 측에서도 '있을 수 없는 미스터리'로 보고 있다. 특히 707기는 항법사의 실수였다 치더라도 보잉747의 경우 운항기재가 완전자동화 돼 있어 계기고장이나 승무원의 단순한 실수만으로는 항로를 이탈할 수 없다고 한다. 항로를 이탈할 가능성은 단 두 가지이다. 이중삼중의 방어 장치를 포함한 모든 자동계기가 동시에 고장났거나, 기장이 자동식 계기를 일시에 중지시키고 수동식으로 운항했을 때이다.

KAL 747기 피격사건의 경우 미국이 블랙박스의 발신음을 포착했지만 수심이 깊어 회수에 실패한 것으로 알려져 있어, 사고 원인은 미궁에 빠져 있는 상태이다.

미국의 NBC는 1988년 11월 미 전역에 방영한 다큐멘터리 드라마 「저격」을 통해 KAL 747기 참사는 "소련의 방위태세를 시험하려는 미국의 고의적인 발상에서 생겼다"고 증언하고 있다. 「저격」에서 KAL기의 조종사는 CIA요원으로 추정되고 있다.

그리고 지난 1986년 아시안게임을 1주일 앞두고 김포공항에서는 폭발물사건이 발생했었다. 그런데 이때도 정부는 북한의 테러로 단정 짓고 반북 캠페인을 벌였을 뿐, 범인은커녕 아무런 단서도 제시하지 못했었다.

마유미의 귀가 증거물

북한이 악랄한 테러집단 '북괴'라기보다 약 1백여 나라와 수교하고 있는 '조선민주주의인민공화국'이라는 점을 떠올리는 사람들은 사건의 동기에 강한 의구심을 품기도 한다.

설령 마유미가 체포되지 않고 완전범죄로 KAL기를 공중 폭파시켰다 해도, 북한이 얻을 것은 무엇이었나. 김현희는 "88서울올림픽 참가신청을 방해하기 위해 대한항공 여객기를 폭파하라는 지령을 받았다"고 자백했다. 그러나 결과는 북한이 자기무덤을 파헤친 꼴이 되었다.

그리고 일반 국민들 중엔 사회주의 국가인 북한이 노동자들이 탑승한 비행기를 폭파시킨 점에 의아해했다. 이 점에 대해 김현희는 "북한은 실제로는 노동자 천국이 아니라 노동자가 가장 천시 받는 곳"이라고 강변했다.

풀리지 않는 의혹에도 불구하고 KAL기 폭파가 북한의 공작에 의한 소행이라는 결정적인 증거는 김현희의 자백이다. 남한이나 기타 지역에서 김현희의 신원을 확인해줄 가족이나 친지가 단 한 명도 나서지 않았기 때문에도 더욱 그렇다.

수사당국은 김현희가 북한의 공작원임을 입증하기 위해 1988년 1월 15일 기자회견에서 김현희의 어릴적 사진을 공개한다. 김현희는 "귀를 자세히 보세요"라며 흐릿한 사진 속의 소녀가 자신임을 친절하게 확인해 주었다.

사진은 김현희가 평양의 중신중학교에 다닐 때인 1972년 11월 2일 남북조절위원회 제2차 공동위원회에 참가한 남측대표단 장기영(사망) 부위원장에게 꽃다발을 주는 장면이라고 한다.

그런데 북한은 몇 가지 이유를 들어 사진 속의 인물은 김현희가 아니라고 반박하였다. 먼저 사진 속의 꽃다발 증정 소녀는 긴팔차림이지만 11월에 입지 않는 여름옷을 착용하고 있다는 점이다(남한의 경우도 10월이면 동복을 입었다). 그리고 이 사진들은 평양이 아닌 1972년 8월 29일 1차 회의 때 판문각에서 꽃다발을 증정하는 사진이라는 것이다. 그리고 남한 측이 김현희라고 주장하는 인물은 현재 북한에 살고 있다며 이들의 증언을 해외언론에 공개했다. 또 한 가지 김현희 사진 속의 인물과 귀가 닮았다는 점에 대해서도 극구 부인하고 있다. 사람의 신체 중 가장 변하지 않는 것이 귀인데 김현희의 세모난 그리고 꽃다발 증정 소녀의 둥그런 귓불은 생김새가 현저하게 다르다며 자작 모략극을 중지하라고 반박하였다.

그밖에도 김현희 얼굴을 둘러싼 풍설은 많다. 마유미가 검거된 직후 국내외 언론들이 그가 성형수술 한듯하다는 보도를 남긴 것도 그 중 하나이다. 일본미용외과학회 회장인 주니 병원의 사와부미 원장은 "얼굴 전체를 볼 때 옆으로 보다는 아래위로 넓으며 눈이 너무 크다"고 지적하고 "눈 성형수술을 받았을 가능성이 극히 높다"는 진단을 했다.

마유미의 출신지와 함께 그의 일본인화 교육담당책이라는 은혜라는 일본 여성의 행방도 풀리지 않는 수수께끼와 같이 묘연하다. 김현희는 1981년 4월부터 1983년 3월까지 평양 동북리 초대소에서 납치된 일인 여성에게 일본인화 교육을 받았다고 자백했다. 이는 일본 내에 반북여론을 조성하는 데 일조했다.

은혜(북한에서 붙인 이름)라는 여성은 도쿄 출신의 이혼녀로 해변 산책 중 납북되어 왔다고 한다. 일본경찰은 김현희의 진술에 따라 전국적인 신원확인 작업을 펼쳤다. 그러나 3백50건의 제보는 확인 결과 은혜가 아니었다. 일본경찰은 끝내 김현희의 교육담당책을 그림자도 찾지 못하고 수사본부를 해체했다. 은혜라는 일본여성은 과연 실존인물인가. 북한에는 귀화한 재일동포가(일본인 포함) 10만 명 이상 있는데 무엇 때문에 사상이 불철저한 일본여성을 납치했을까.

서울표준어 쓰는 수다스런 평양여자 김현희

고개를 숙인 채 눈을 지그시 내리감고 곧잘 손수건으로 입을 가리며 흐느끼는 김현희. 한국과 일본의 언론들은 그의 화려한 배우 같은 외모에 초점을 맞춰 천인공노할 '살인마'를 '매혹적인 테러리스트'로 분장시켰다. 일본 등에서 수백 통의 구애편지가 왔다며 동정론을 유포했다. 그는 수줍음 잘 타는 다소곳한 평양여자로 윤색되고 있다. 최근에는 예수를 구주로 영접하여 면죄부를 받은 기독교인으로 선보였다.

그런데 1989년 방북했던 임수경씨는 안기부 지하밀실에서 만난 김현희의 인상을 달리 전하고 있다. 임수경씨는 사형선고를 언도받은 마유미가 안기부 밀실까지 찾아와 "차를 끓여 줄 테니 놀러오라"는 말까지 유유히 내뱉어 몹시 혼란스러웠다고 한다. 그리고 김현희는 수다스럽다고 느껴질 정도로 말을 많이 하고 활달한 성격이었다고 한다. 임씨는 줄곧 얘기를 듣다가 "서울에서 2년 넘게 살아서인지 서울 말씨를 배운 것 같다"고 하자 김현희는 그 후부터 어색할 정도로 평양사투리를 섞어 썼다고 한다. 그런데 이미 2년 전인 1988년 1월 16일, 일부언론은 "어제 TV에 등장한 김현희는 시종 똑똑한 서울표준어를 구사하였다"라고 보도하였다. 1988년 2월 마유미를 취조한 일본수사관들도 "첫 기자회견 때와는 달리 크게 웃기도 하고 농담을 하는 등 시종 밝은 표정이었다"고 전했다. 그렇다면 TV에서 간혹 볼 수 있는 김현희의 다소곳한 자태는 연출된 모습인가.

"바다에 빠졌다면 기체와 유해가 어디 있나"

한편 김현희가 노태우 정부의 '1등 공신'으로 대우받는 동안에도 KAL기 유가족들은 진상에 대한 재수사를 끈질기게 요구하고 있다.

"지난 3월 올림픽마크가 선명한 KAL기 동체 잔해를 미얀마 안다만 해역에서 인양해 왔을 때 아사히TV 기자가 비디오필름을 보여주며 하는 말이 발견된 잔해가 폭파된 비행기가 아니다. 기체는 너무 매끈하고 색체가 변색되지 않았다고 해요. 그리고 현지 사람들은 비행기가 바다속에 빠지지 않고 육지에 있다고 주장했는데 유품들은 가뭄에 콩 나듯 바다에서 나옵니다."

1987년 당시 사고기에 탑승했다 사망한 DC10기 기장 박명규씨의 부인 차옥정(54)씨의 말이다. 차옥정씨는 육류든 어류든 단 한 점의 고기는 물론 고기 국물도 입에 대지 못한다. 대한항공 측에 "바다에 빠졌다면 기체와 유해가 어디 있냐"고 따졌을 때 "기체는 해류에 휩쓸렸고 유해는 식인상어가 다 먹었다"는 답변을 들은 뒤부터라 한다.

KAL 폭파사건에 대한 수십 가지의 근거 있는 의문점에 대해 당시 국내언론은 묵묵부답이었다. 오히려 수사당국의 언론조작에 놀아난 감이 짙다. 일례로 처음에는 수사당국이 흘린 정보를 쫓아 "마유미의 몸에 칼자국이 있다" "종아리의 근육이 단단하고 이상적으로 발달되어 있다"는 등의 북한공작원설을 뒷받침하는 보도를 했는데, 안기부의 공식 수사발표는 이를 부인했다.

정부와 언론이 진상규명에 소극적이었던 KAL 858기 공중폭파사건. 언제쯤, 누구의 손에 의혹이 말끔히 씻어질 수 있을까. 정부는 김현희를 '분단의 꽃'으로 치장해 선전도구로 이용하는 데만 매달리지 말고, 유족들의 한을 풀고 남북한 간에 깊게 패인 불신의 골을 메우기 위해서라도 기체 재수색과 진상 재규명 작업에 착수해야 할 것이다.

한 언론인은 "장세동 안기부장의 '내가 입을 열면 여럿 다친다'는 말은 KAL기 사건을 두고 한 말일 것"이라는 견해를 표명하기도 했다. 과연 KAL기 사건은 누군가가 입만 벙긋하면 진상이 뒤바뀔 수도 있는 것일까.

말 · 1990년 8월호

| 후기 |

KAL 858기 실종자 가족들과 진상규명 대책본부 회원들은 지금도 김현희가 진범이 아니라고 확신한다. 이들은 2018년 6월 27일 서울 서대문구 전두환 전 대통령 자택 앞에 모여 기자회견을 열고 "김현희는 역사의 산증인이 아니라

(전두환) 군사정부의 정권 연장을 위해 이용됐던 도구이자 권력의 주구에 지나지
않았다"라고 주장했다.

이날 진상규명 대책본부 총괄팀장을 맡고 있는 신성국 신부는 "거짓은 영원히
덮을 수 없고 진실은 반드시 드러난다"라고 목소리를 높였다.

이 자리에 참석한 KAL 858기 박명규 기장(실종)의 부인 차옥정씨는 올해 나이가
80이 넘었다. 진실이 언젠가는 드러나겠지만 유족들이 살아생전에 진실이 밝혀져
야 할 것이다. (최진섭)

한국판 드레퓌스 사건, 유서공방의 진실

'노태우정권 퇴진'과 '민자당 해체'를 주장하며 1991년 5월 8일 분신자살한 청년활동가 김기설씨의 유서대필 여부를 둘러싼 검찰과 전민련의 공방전이 '국가권력 대 민족민주운동진영의 전면전'으로 치닫고 있다. 이른바 한국판 드레퓌스 사건으로 불리는 유서대필 공방의 진실은 무엇인가.

천호영·본지 기자(현 커뮤니케이션북스 디지털사업부장)

재판 전부터 '유죄'였던 드레퓌스

1894년 12월 프랑스 세르슈 미디 감옥. 참모본부의 한 포병대위에 대한 군사재판이 비공개로 열렸다. 피고의 이름은 알프레드 드레퓌스. 군사기밀을 적국 독일에게 판 혐의였다. 드레퓌스는 "나는 결백하다"고 외쳤다. 이에 대해 참모본부는 익명의 발신인이 파리 주재 독일대사관의 무관에게 보낸 한 통의 편지를 증거로 제출했다. 감정인은 '편지의 필적이 드레퓌스의 필적과 다르다'고 밝혔다. 당황한 재판부는 곧 다른 감정인을 불렀고, 두 필적이 같다는 그의 감정 보고만이 증거로 채택됐다. 결국 재판관 전원 일치로 종신금고형 판결이 내려졌고, 드레퓌스는 남아메리카의 프랑스령 기아나 앞바다에 있는 '악마의 섬'에 유배됐다.

사실 재판은 요식 절차에 불과했다. 드레퓌스는 재판이 열리기 전부터 이미 '유죄'였다. 그는 유태인이었다. 그리고 당시는 반유태주의의 물결이 프랑스를 휩쓸고 있을 때였다. 여론 재판을 통해 드레퓌스를 범법자로 낙인찍었던 반유태주의 신문들은 '국가의 안위'를 들먹이며 '반역자의 처단'을 선동하기까지 했다.

그로부터 90여 년이 지난 오늘 이 땅에서 비슷한 상황이 재연되고 있다. 전민련 사회부장 김기설씨의 분신자살과 관련한 '유서대필 사건'이 바로 그것이다.

"자필이냐 대필이냐."

전민련 대 검찰의 공방전은 이제 '돌아올 수 없는 강'을 건너 민족민주운동진영 대 국가권력의 전면전으로 치닫고 있다. 어느 한 쪽도 물러설 수 없는 싸움이다. 자필로 밝혀질 경우 공안 통치를 주도해온 검찰의 권위에 치명적인 상처를 입음으로써 6공 정권의 뿌리가 흔들릴 수밖에 없고, 대필로 드러날 경우 전민련 등 재야는 인륜을 무시한 반도덕적 집단이라는 헤어나기 힘든 오욕을 뒤집어쓸 수밖에 없기 때문이다.

드레퓌스는 프랑스 양심 세력들의 '진실을 위한 투쟁'의 결과, 12년 만에 다시 열린 재판에서 무죄 판결을 받았다. 결국 진실은 승리했다. 그럼 이른바 한국판 드레퓌스 사건으로 불리는 유서대필 공방의 진실은 무엇일까. '사실'과 '상식'의 힘을 빌려 몇몇 의문점들을 풀어감으로써 실체적 진실에 접근해보자.

검찰 분신 배후 수사의 배후

우선 '상식'에서 출발할 때 가장 먼저 떠오르는 의문은 고인이 된 김기설씨가 자신의 유서를 어떤 이유에서 남에게 대필케 했을까라는 점이다. 검찰은 이와 관련된 물적 증거는 물론 그럴듯한 정황조차 추리해내지 못하고 있다. 전민련은 또 "설령 검찰의 주장대로 분신을 공모했다고 하더라도 수사를 한두 번 받은 사람들도 아닌데 누가 그같이 서툰 짓을 하겠는가"라면서 오히려 검찰이 유서 대필을 주장하는 '배후'를 의심하고 있다.

검찰은 5월 8일 김씨의 분신 직후 현장 조사를 통한 사실 증거 확보에 앞서 언론에 '분신 배후조종'이라는 '예단'을 앞질러 발표했다. 그리고 검찰은 이어 △분신 직전 건물 옥상에 다른 사람이 함께 있는 것을 본 목격자가 나타났고 △현장에서 인화 물질이 발견되지 않았으며 △옥상 출입구가 자물쇠로 잠겨 있어 혼자 열기 어렵다고 밝혀 '분신 배후 조종설'을 뒷받침했다. 그러나 그 같은 검찰의 수사 발표는 하루도 채 안 돼 모두 사실과 거리가 먼 것으로 드러났다.

물론 안기부·검찰 등 수사기관이 분신사건과 관련, '배후 조종설'을 퍼뜨린 것은 이번이 처음은 아니었다. 안기부는 1990년 9월 "운동권 대학생이 노동 현장에 침투, 분신자살 등 극한 투쟁을 꾀한다"는 '시나리오'의 만화책을 대량 제작, 각급 행정 기관 민원실 등에 배포해 말썽을 빚기도 했다. 그러나 특히 이번 검찰의 배후 수사는 이미 발표 하루 전날 청와대 고위 당정회의에서 그 방침이 마련됐던 것으로 알려졌다. 이번 배후수사는 검찰의 수사권 차원을 넘어 정부의 통치권 차원에서 이뤄진 것이다.

이와 관련 재야 쪽은 검찰의 수사가 지난 7일 한진중공업 노조위원장 박창수씨의 주검 탈취에 이어 시작된 것이란 점에 비추어, 강경대씨 죽음 이후의 정치적 위기를 무마, 희석하려는 공안정권의 정략적 계산에서 비롯된 것으로 보고 있다.

특히 김씨의 분신 직후 검찰이 발 빠른 행보를 취한 점에 대해 전민련의 한 관계자는 "분신 전날 밤 김씨의 분신 기도 소식을 전해 들은 대책회의 전민련 관계자들이 이를 막기 위해 백방으로 뛰어다니던 때 이 모든 상황을 전화 도청을 통해 감지한 공안 당국이 처음부터 조작을 위한 치밀한 계획을 세웠을 것"이라고 말했다.

전민련 관계자의 주장이 사실이라면 검찰이 짠 '조작극의 시나리오'는 다소 엉성한 것이었다. 그러나 김씨 분신 사건과 관련, '운동권'이 배후 조종하는 '자살특공대'의 실재를 '증명'하기 위한 검찰의 노력은 계속됐다. 이 같은 상황에서 검찰이 김씨 집에서 입수한 필적과 유서 필적이 달라 보인다는 사실은 검찰에게 "드디어 대어를 잡았다"는 짜릿함을 안겨주었을 것으로 짐작된다.

검찰은 국립과학수사연구소에 의뢰한 세 차례의 감정 결과를 토대로 전민련 총무부장 강기훈씨를 김씨의 유서대필자로 지목했다. 검찰 발표는 김씨의 유서필적이 △김씨 가족이 제출한 조카·생일기념 책자와 주민등록증 분실신고서의 김씨 필적과 다른 반면 △1985년 민정당연수원 점거농성 사건 당시 강씨가 경찰에서 쓴 자술서 필적과 같기 때문에 "강씨가 유서를 대필했음에 틀림없다"는 것이었다.

국립과학수사연구소의 '객관성'과 필적 감정의 '정확성'

먼저 유서 필적(흘림체)과 책자·주민등록증분실신고서의 필적(정자체)이 다르다는 검찰 발표에 대해 전민련 쪽은 관련 자료의 제시를 통해 김씨의 필체가 "흘림체와 정자체 두 가지"라고 밝히고 검찰이 정자체만을 필적 감정의 대상으로 삼고 있는 이유를 따졌다. 김씨의 필체가 두 가지라는 사실은 김씨 가족도 확인했다. 또 중앙인 영필적감정원의 감정인 이인환씨는 "흘림체와 정자체의 비교만으로는 필적의 같고 다름을 판단하기 어렵기 때문에 흘림체의 필적 감정을 위해선 또 다른 흘림체 글씨와 비교해야만 한다"고 말했다.

이와 관련, "유사점과 차이점이 공존하고 정서, 속필 또는 필기구에 따른 변화를 알 수 없어 이동(異同) 여부를 논단할 수 없다"는 국립과학수사연구소의 1차 감정 결과에 대해 검찰이 "사실상 필적이 다르다는 판정"이라고 자의적인 '유권해석'을 내린 점도 눈길을 끄는 대목이다.

전민련은 또 강씨의 필적과 관련, 5월 16일 강씨의 집을 압수 수색하면서 심지어 강씨가 동생에게 쓴 낙서 쪽지까지 다 가져간 검찰이 1985년의 자술서와 "한글이 거의 없고 영어와 화학기호·공식 등으로 씌어진" 화학 노트만을 감정 대상으로 삼은 데 대해서도 의문을 제기했다. 나아가 전민련은 강씨가 마산교도소에 수감됐을 때 당시 여동생에게 보낸 편지를 공개하고, "이 편지에는 교도관의 검열필 도장과 우체국 소인이 찍혀있는 만큼 강씨의 필적에 틀림없다"면서 "이 역시 감정 대상이 돼야 한다"고 주장했다

게다가 전민련은 국립과학수사연구소의 객관성도 의심하고 있다. 국립과학수사연구소는 내무부 장관 소속 기관인 만큼 외부의 입김으로부터 자유스러울 수 없다는 것이다. 이 같은 주장은 1987년 고 박종철씨 고문치사 사건 때 이를

은폐하기 위해 강민창 당시 치안본부장이 국립과학수사연구소 부검의 황적준 박사에게 회유와 압력을 가해 부검감정서를 두 차례나 고쳐 쓰게 한 '과거'에 의해 뒷받침되고 있다. 당시 연구소장이었던 윤중진씨는 지금도 소장직을 맡고 있다.

필적 감정 자체의 정확성도 검토되어야 할 부분이다. 필적 감정은 작업 자체가 '사람의 눈'에 의해 이뤄질 뿐 아니라 '확률'에 의존하기 때문에 백% 신뢰할 수는 없다. 실제 이번 필적 감정을 담당한 김형영 문서분석실장도 1980년 2월 '허위 감정' 혐의로 구속되어 곤욕을 치른 적도 있을 만큼 감정의 정확성 여부는 논란의 여지를 많이 안고 있다. 이와 관련 김 실장 자신조차 전화 통화에서 "필적 감정의 오차율을 확인할 수 없어 정확도를 모르겠다"고 밝혔다.

홍성은씨는 지금 어느 곳에?

검찰은 김씨의 새로운 필적들이 속속 나오고 필적감정 자체에 대한 의문이 제기되자 김기설씨의 여자친구 홍성은씨의 진술 내용을 5월 22일 공개했다. 홍씨의 진술이라고, 검찰이 밝힌 바에 따르면 △김씨 분신 뒤 10일, 12일 두 차례에 걸쳐 강기훈씨 등 4명이 모여 대책회의를 가졌고 △이 자리에서 강씨가 홍씨 수첩에 '김기설' 이름과 전민련 전화번호를 써 넣어 사실을 은폐하려 했다는 것이다. 이에 대해 강기훈씨는 "두 번의 모임은 어디까지나 홍씨를 위로하는 자리였으며 홍씨 수첩에 전화반호를 써 넣은 적은 없다"고 밝혔다.

또 홍씨 진술의 법적 효력과 관련, 이석태 변호사는 "불법으로 96시간을 반감금한 상태에서 얻은 진술의 신빙성 여부도 문제이려니와 이는 수사 단계의 진술에 불과하기 때문에 강씨 쪽의 동의가 없는 한 법정에서는 증거 능력이 없다"고 말했다. 이에 따라 자신의 논거로 홍씨의 진술을 강력히 내세우던 검찰도 24일에는 "가장 유력한 증거는 자술서의 필적이며 홍씨의 진술은 단순한 보강 증거로 그다지 큰 의미가 없다"고 한 발 후퇴했다. 검찰의 표현을 빌자면 현재 홍씨는 "부모의 보호 아래 전화 한 통화면 연락되는 곳"에 있는 것으로 알려져 있다.

홍씨의 진술 역시 '큰 힘'이 못되자 검찰은 김씨의 분신 이전 행적으로 수사의 발길을 돌렸다. 검찰은 특히 김씨가 7일 오후 2시께부터 저녁 7시까지, 그리고 8일 오전 5시부터 분신하기 직전까지 어디서 누구를 만나 무엇을 했는지에 대해 가장 많은 관심을 기울였다.

한편 검찰이 김씨에게 유서를 건네준 것으로 지목하고 있는 강기훈씨는 7일 오후엔 전민련 사무실에 계속 있었으며, 8일 새벽엔 집에서 잠을 잔 것으로 밝혀졌다.

이와 관련 김씨가 지도하던 방송통신대학 '소리새벽' 회원으로, 김씨로부터 분신 기도 사실을 처음 들은 이지혜씨의 얘기는 주목할 만하다. 이씨에 따르면 김기설씨가 "6일 오후 마포 가든호텔 부근의 한 카페에서 '유서에 어떤 내용을 썼으면 좋겠느냐'며 대학노트에 뭔가를 적기에, 달라고 하니까 '이제 됐다'며 찢어버렸다"고 한다. 단약 그렇다면 김씨가 구체적으로 유서의 내용을 생각한 건 6일 오후부터이며 이후 강씨를 만났을 수 없으므로 강씨의 '알리바이'를 뒤엎을 수 없는 한 검찰의 주장은 설득력을 얻기 어렵다.

"강기훈이 홍길동이란 말인가"

검찰은 김씨의 행적 수사도 난관에 부딪치자 25일 전민련이 제출한 김씨의 수첩은 조작된 것이라고 발표했다. 국립과학수사연구소의 감정 결과 수첩에서 찢어진 전화번호 기입 부분 3장과 남은 부분의 "절치선이 일치하지 않는다"는 판정이 나왔다는 것이다.

검찰은 이런 불일치는 "강씨가 자신의 수첩 가운데 전화번호를 적은 부분만 찢어내고 김씨의 수첩을 보고 그대로 옮겨 적은 뒤 이를 끼워 넣어 검찰에 제출했기 때문인 것으로 추정된다"고 말했다.

이에 대해 전민련은 "수첩 앞부분에 적혀 있는 스케줄 가운데는 숨진 김씨 밖에 쓸 수 없는 내용이 다수 있어 수첩은 김씨의 것이 분명하다"고 주장했다. 또한 전민련의 한 관계자는 전민련에서 제출하는 모든 자료를 검찰이 조작된 것이라고 주장하는 것과 관련, "그럼 강기훈이 무슨 신출귀몰하는 홍길동이라도 된다는 말이냐"면서 검찰의 주장대로라면 "강씨의 공범 숫자가 중대병력급에 이를 것"이

라고 반박했다. 이에 대해 검찰은 "운동권에선 가명을 너무 많이 써 김씨의 필적이라고 믿기 어렵고 극단적인 예로 강씨가 '김기설'이라는 이름으로 행세했을 수도 있지 않느냐"는 궁색한 답변만을 내놓고 있을 뿐이다.

어쩌면 이 같은 검찰의 '사고구조'를 이해하는 데 드레퓌스 사건 당시 검사의 예가 도움을 줄 지도 모른다.

검사는 드레퓌스의 필적과 '명세서'의 필적에 차이가 있는 건 '매우 조심스러운' 드레퓌스가 다른 필적을 가장했기 때문이라는 논리를 내세웠다. 또 드레퓌스의 짐을 뒤지고 그의 전력을 샅샅이 조사했음에도 역시 별다른 증거가 나오지 않은 건 그가 범죄를 은폐하는 데 천재적인 조심성을 발휘했기 때문이라는 것이다. 심지어 검사는 드레퓌스가 지루한 심문과정에서도 단 한 번도 실수를 하지 않았다는 사실이 바로

그가 영리할 뿐 아니라 초범죄자적 정신구조를 가지고 있다는 증거라고 주장했다.(『드레퓌스와 지식인』에서)

'여론재판'과 언론의 돌팔매질

검찰의 수사 태도뿐만 아니라 언론의 보도 태도도 적지 않은 문제점을 안고 있다. 검찰의 '근거 없는 주장'에도 대부분의 신문들은 문제제기 없이 '받아쓰기'에 충실했다. 더구나 일부 신문들의 경우엔 이를 뛰어 넘어 과잉 보도까지 서슴지 않았다. 검찰의 발표는 연일 사회면 머리기사를 차지한 반면 전민련 쪽 주장은 2~3단 정도로 처리됐다.

이와 관련 명동성당에서 만난 한 기자는 "유서 대필 여부를 놓고 검찰 쪽 출입 기자와 설전을 벌였다"면서 "검찰 출입기자의 연조가 더 높아 검찰의 주장이 신문에 더 크게 반영될 수밖에 없다"고 말했다.

또한 신문들은 형사 범죄사건 보도의 측면에서 유죄 판결 전 무죄 추정의 원칙도 지키지 않은 채 '여론재판'을 유도했다. 언론을 통해 '범죄자'로 몰린 강씨의 어머니 권태평씨는 「한겨레신문」에 기고한 글에서 기자들에게 이렇게 호소했다.

"재판을 받고 형이 확정될 때까지는 죄인으로 단정할 수 없다는데 당신들은 매일 당신들의 조그만 무기로 한 사람을 흉악한 죄인으로 만들고 있습니다. 개구리에게 돌을 던지는 아이들은 재미로 그런 짓을 하겠지만 당하는 개구리는 생명에 위협을 느낀다는 것을 기억해 주십시오."

'죄인 아닌 죄인'으로 명동성당에서 '반유배' 생활을 하고 있는 강기훈씨는 비교적 담담한 표정으로 자신의 최근 심정을 밝혔다.

"진실은 반드시 승리한다는 믿

음을 요즘처럼 뼈저리게 느낀 적은 없습니다. 그러나 그 믿음이 저와 저의 가족, 그리고 제 주위 분들이 받는 현실의 고통을 덜어주진 못한다는 사실에 잠이 오지 않습니다."

독실한 기독교 신자인 강씨의 어머니는 자주 전화를 걸던 교우들이 연락을 끊은 데 상심해, 요즈음은 교회에도 안 나간다고 한다.

또 국민학교 평교사로만 40여 년을 재직, 정년퇴직을 1년 앞둔 그의 아버지는 학교로 자주 걸려오는 검찰의 전화에 지병이 더욱 악화됐다. ○○여대 법학과에 재학 중인 그의 여동생도 검찰 수사에 충격을 받아 "법관이 돼선 뭐하냐 나도 운동을 하겠다"며 한동안 학교에 나가지 않았다. 또 강씨의 친구 중 벌써 10여 명이 검찰로부터 소환 조사를 받거나 출두 요청을 받고 있는 것으로 알려져 있다.

그러나 강씨는 이 사건으로 고통받는 피해자가 단지 자신과 친지들만은 아닐 것으로 생각하고 있다.

양심과 비양심, 진실과 거짓의 대결

"나치 체제 아래서 히틀러를 광신적으로 지지하던 사람도 결국 파시즘의 피해자였습니다. 그런 점에서 '유서대필'이라는 검찰의 거짓 주장을 그대로 믿고 있는 사람들도 어찌 보면 피해자인 셈이지요."

전민련 인권위원장 서준식씨도 "이 사건은 평소 정권이 국민에게 심어놓은 '운동권은 뭔가 음모적'이라는 편견을 최대한 활용한 '한국판 드레퓌스 사건'"이라면서 "이를 검찰과 전민련의 대립으로 보는 시각은 잘못된 것이며 명백히 양심과 비양심, 진실과 거짓의 대결로 봐야 할 것"이라고 강조했다.

12년을 '암흑' 속에 살았던 드레퓌스의 희생 위에서 프랑스가 되찾은 것이 있다면 그건 바로 프랑스의 '양심'이었다. 그럼 우리가 '유서   과연 무엇일까.

대필 사건'을 통해 되찾게 될 것은

말 · 1991년 7월호

| 후기 |

기사가 나가고 얼마 뒤 강기훈씨는 검찰에 자진 출두해 자살 방조 및 국가보안법 위반으로 징역 3년에 자격정지 1년을 선고받고 1994년 8월 만기 출소했다. 재심을 거쳐 자살 방조 혐의에 대해 대법원에서 무죄가 확정된 것은 그로부터 20여 년이 지난 2015년 5월이었다. 그 사이 당시 법무부장관이던 김기춘씨는 승승장구, 박근혜 정부에서 대통령비서실장까지 지냈고, 강신욱 강력부장, 곽상도(현 자유한국당 의원) 등 당시 검사들도 비슷한 출셋길을 달렸다. 반면 강씨의 부모는 병으로 세상을 뜨고, 강씨 자신도 암을 얻었다. 진실은 과연 승리한 것일까. 진실은 뒤로 미룰 수 없다. (천호영)

미군정의 언론대학살

'한야(寒夜)에도 윤전기는 돈다'

1947년 말부터 1948년 초에 이르러 남한의 언론계 판도는 미군정으로서도 이제 확실히 '안심'할 수 있는 모습으로 가시화되어 나타났다. 초기에 세력이 미약했던「동아일보」「조선일보」「한성일보」「대동신문」등 몇몇 친군정 보수지들은 이 무렵부터 미군정 당국의 진보언론 대학살에 힘입어 주도력을 갖기 시작했다. 이들에 이어 친미·보수의 논조를 '약속'하고 새로 창간 된「경향신문」「서울신문」등이 속속 여기에 가세했다.

정희상·본지 기자 (현 시사인 기자)

묻혀진 언론사 최대 비극

1988년 말 국회 문공위 언론청문회에서는 1980년도 독재 권력이 자행한 언론통폐합-기자해직의 실상들이 상당 부분 밝혀졌다. '언론대학살'로까지 불리는 전두환 정권의 언론탄압 전모는 군사정권의 부도덕한 정체를 여과 없이 드러내준 폭거였다. 드러난 언론 탄압은 국민에게 민주 사회에 대한 열망을 더욱 고조시켰다.

광복 이후 정치권력에 의한 언론탄압 사례는 숱하게 많았다. 그 중에서도 1980년 언론 통폐합의 경우 과거 어떤 언론통제 정책과도 비할 수 없는 큰 규모였다는 점에서, 많은 사람들은 이를 언론사상 최대의 언론탄압 사건으로까지 인식하며 다시는 그런 비극이 있어서는 안 된다는 것을 재삼 다짐하고 있는 것이 사실이다.

그러나 우리나라 언론계 전반이 정치권력에 의해 대량 학살당한 예는 1980년 언론 통폐합조치가 처음이 아니었다. 그 시초는 미군정이 남한을 통치하던 해방공간에서 나타났다. 역사교과서에도 단 한 줄 나오지 않은 이 시기의 언론대학살 내막은 철저히 베일에 가려졌다. 하지만 무려 40여 개의 신문이 폐간·정간처분 당했다. 또 '반군정적'이라는 죄목으로 기자들이 대량 구속됐다. 미군정 3년간의 언론탄압은 그야말로 우리의 언론사상 명실공히 최초·최대 규모의 언론대학살이었다.

해방된 민족에게 미군정이 취했던 극단적 언론 통제정책의 목적은 무엇이었을까? 그리고 당시의 언론 학살이 이후 한국 언론계에 어떤 영향을 미쳤을까? 이런 궁금증을 안고 자료를 찾아보았으나 당시 언론탄압 실상이 객관적이고 체계적으로 정리된 내용은 아직 없었다. 미군정이 펴낸 자료에는 당시 '언론학살'의 부분적인 흔적들만 나와 있을 뿐이었다. 기자는 그 탄압실상을 확인하기 위해 미군정 관련 자료들을 토대로 당시 폐간당한 신문에서 일했던 생존 언론인들을 수소문해 직접 만나보았다.

해방 직후의 언론계 판도

8·15 해방으로 36년에 걸친 일제강점기의 암흑이 걷히자 자주독

립 국가 건설을 둘러싼 민중의 염원은 삼천리 방방곡곡 요원의 들불처럼 번졌다. 갑자기 찾아온 해방이라 아직 자신들의 목소리를 제대로 전달하고 대변할 이렇다 할 언론매체를 갖지 못했던 민중들은 해방과 함께 우선 일제의 패망 소식을 알리고 민주정부 구성을 주장하는 포스터· 대자보 등을 통해 부족하나마 자신들의 목소리를 냈다.

곧이어 서울에서 일제총독부 기관지 「매일신보」가 자치위원회에 접수되고, 「조선인민보」 「자유신문」 「해방일보」 「중앙신문」 「현대일보」 「민중일보」 등이 속속 창간되기 시작했다. 이 같은 현상은 지방에서도 마찬가지였다. 해방 후 최초(8·15)로 창간된 신문이 대전에서 발행된 「중선일보」였다. 이후 하루가 멀다 하고 「건국시보」(전주), 「동방신보」(강릉), 「호남신문」(광주), 「민주중보」(부산), 「남선신문」(군산), 「제주신보」(제주), 「경기매일」(인천) 등이 쏟아져 나왔다.

1945년 9월 초순 군산에서 「남선신문」을 발행했던 김판술(1989년 당시 81세, 평민당 상임고문)씨는 해방 후 신문발행 경위와 기자들이 가졌던 포부를 이렇게 회고했다.

"해방이 되자 식민지 치하의 서러운 경험을 딛고 자주독립 국가를 건설하자는 국민의 결의가 대단했지. 그 길에는 무엇보다도 대중의 높은 의식수준이 필요하다고 보아 대중교육사업으로 몇몇 뜻있는 지역 독립운동 유지들이 모여 신문을 만들기로 한 거야. 일제 때 M·L당사건으로 옥고를 치르고 나온 제헌의원 이항발씨와 교육보험 사장을 지낸 최봉렬씨 등이 나에게 신문을 만들자고 제의해와 의기투합해 일제 적산이던 보판인쇄소를 인수해서 발행하기 시작한 것이 「남선신문」이었어. 처음에는 「신광일보」라는 제호로 내다 3개월 뒤 「남선신문」으로 바꿨는데 독자들에게 무척 인기가 높았지."

「남선신문」이 창간된 날짜는 미군이 남한에 진주하던 1945년 9월 8일이었다.

한편 미군 진주 후 군정청 출입 기자였던 이기형(당시 「중외신보」 기자)씨는 해방공간의 언론계 상황을 다음과 같이 술회했다.

"1945년 9월 미군이 입성하기 전까지는 진보적 민족 세력이 언론계를 주도하고 있었다고 봐야지. 이미 해방 선부터 건국준비위원회가 전국적으로 지지를 받으며 뿌리내린 상태였고 8·15 이후부터는 전국 각지에서 자치위원회가 귀속 재산이 된 일제 때의 신문사들을 접수해 국가 건설 사업을 서둘렀어. 새로 생겨나는 신문도 많았고. 그런데 미군이 입성하면서부터 그런 민족의 자생적 노력이 차차 부서진 거야. 조선인의 자치적 움직임은 일절 허용하지 않겠다는 게 미군 당국의 방침이었으니까."

미군정 최초의 표적 「매일신보」

그러면 당시 남한에 진주한 미군은 한국 언론에 대해 어떤 시각과 정책구상을 갖고 있었던 것일까? 점령군으로 남한에 진주한 지 이틀 만인 9월 11일 하지 중장은 국내 신문기자단과 회견하는 자리에서 앞으로 펼칠 언론부문의 정책에 관해 다음과 같이 천명했다.

미군이 한국에 들어온 이후의 언론자유라는 것은 문자 그대로의 자유를 의미한다. 미군은 언론에 관해서는 절대 간섭하지 않는다. 우리는 검열조차 하지 않는다. 일본제국주의 아래서 얼마나 한국의 언론계가 상처를 받았는지

나는 잘 알고 있다.(중략)

　그러나 마치 해방된 민족의 당면한 요구를 헤아리고 있는 듯한 하지 중장의 언론정책 제일성은 불과 한 달 만에 이율배반의 모습을 드러냈다. 1945년 10월 10일 군정장관 아놀드가 한국인 기자들을 불러 다음과 같은 보도명령을 내려 당초의 약속을 무색케 한 것이다.

　　본인이 금일 여러분에게 시달하는 것은 모든 신문에 1면 톱기사로 다뤄야 한다. 이것은 명령과 같은 효력을 가지는 요청이다. …… 언론의 자유와 출판의 자유가 한국인에게 주어지면 어리석고 경박한 많은 발언이 미숙한 편집자가 편집하는 신문 지상에 실리게 될 것으로 예상된다. …… 남한에는 오직 하나의 정부밖에 존재하지 않는다. 그것은 맥아더 원수의 포고, 하지 중장의 일반명령, 군정부의 민정명령에 근거하여 창설된 정부이다.(중략) (「People's World」, San Francisco, 1946년 1월 5일)

　이어서 바로 다음날인 10월 11일, 미 군정청은 그들이 처음에 약속한 언론자유 보장을 전격적으로 뒤집고, 전격적으로 언론 탄압을 개시했다. 「매일신문」을 정간 처분한 것이다. 정간의 이유는 앞서 소개한 아놀드 장관의 보도명령이 '너무도 일방적으로 냉소적이고 용어가 우리 민족과 이 땅의 신문의 도덕을 벗어나 멸시와 욕설로 나열되었다'고 반박하는 요지의 홍종인(1946년 「조선일보」 편집국장 역임)씨 논문을 「매일신문」에서 게재한 일이 반군정적이라는 것이었다. 이 사건은 해방 후 민주건국을 지향하고 가장 자유로워야 할 언론계가 미군정당국으로부터 처음

받는 탄압이자, 이후 3년간의 미군정기에 자행될 언론학살의 서막이었다.

압수·정간조치와 회유책

미군정기에 폐간된 신문사에서 근무했던 기자들을 찾아내기는 그리 쉽지가 않았다. 대부분 타계했으며, 지방지 같은 경우 더러 만날 수 있더라도 고령이라서 "극심한 탄압을 받아 폐간됐다"는 말만 남기고 희미한 기억을 더듬느라 안타까운 표정을 지을 뿐이었다.

기억이 뚜렷한 사람들을 찾아 수소문한 끝에 당시 광주의 「전남신보」(후에 「호남신문」으로 제호 변경) 사회부 기자로 근무했던 위민환(68)씨를 만났다.

"걸핏하면 압수에 정간이었제. 미군정 경찰들을 피해 도망도 많이 댕겼구만. 그놈들(미군정)도 그때 말로만 민주주의를 내세웠제. 여그 와서 한 짓을 보면 못돼 묵은 놈들이었어."

위씨는 해방 후 당시 한민당 광주지역 기관지로 나온 「동광신문」에 잠시 몸담았다가 '여기서 일하다간 나라 꼴이 말이 안 되겠다' 싶어 바로 「호남신문」으로 자리를 옮겼다. 「호남신문」은 일제 때 이 지역에서 발간했던 「전남민보」를 해방 직후 지역자치위원회에서 접수해 발행했다. 그 뒤 미군정이 이를 빼앗아 노산 이은상씨에게 발행 허가를 내주는 등 우여곡절을 겪기도 했다.

위씨는 이 무렵 자신이 쓴 기사와 관련해 미군정 당국으로부터 두 번의 큰 '홍역'을 치렀다고 회고했다.

"1946년 가을 나주의 어느 동네 골목에서 한 농부가 나락 먹는 새를 쫓다가 미군한테 총 맞아 죽은 사건이 있었제. 소식을 듣고 광주에 있는 「동광신문」 「조선중보」 「호남신문」 등 3사가 합동 취재반을 만들어 현장에 갔어. 미군이 동네 어귀에 딱 버티고 서서는 '정당방위였으니 들어갈 필요 없다'고 그래. 확인해보겠다고 우기며 뚫고 들어가 죽은 농부의 몸을 살펴보니 이놈들(미군) 말이 쌩판 거짓이여. 정당방위라면 몸 앞쪽에 총알 흔적이 있어야 헌디 등에 맞았더라고. 바로 올라와 관찰한 사실대로 기사를 써서 넘겼지. 아 글씨, 도 군정당국에서 신문사로 우르르 몰려와 신문을 배포하면 사건 현장에 간 3사 취재기자 전부 무기징역에 살리겠다는 것이여. 그런 다음 신문을 다 압수해갔제."

이때부터 그는 전남 군정당국으로부터 좌익혐의를 받고 매일 감시당했다. 미군정의 잘못을 비판하는 기사가 자주 나가자 군정당국은 「호남신문」을 아예 좌익지로 몰았다.

"또 한 번은 호남선 열차 안에서 미군이 한국 부녀자를 강간한 일이 있었어. 이때도 내가 취재 가서 보도를 했는디, 군정당국에서는 허위보도를 했다고 나를 맨날 잡으러 댕긴 것이여. 열흘 동안 집에도, 신문사에도 얼씬을 못하고 도망 댕기다 신문을 전부 압수당한 대가로 대충 무마가 됐제."

그는 이때 자신뿐만 아니라 동료 기자들도 기사와 관련 구속·구금당한 일이 부지기수였다고 말한다. 심지어 출근하는 기자들을 매일 트럭에 실어 경찰국 뒷마당으로 끌고 가서 미군들이 상의의 옷깃까지 뒤졌다. 무작정 붙들어두고 있다가 "신문 만들어야 하니 풀어 달라"고 요구해야 돌려보내곤 하던 것이 당시의 일상적인 풍경이었다는 것이다. 심지어 미군정 시기에는 극우세력의 대변지로 통하던 한민당 기관지 「동광일보」

까지 기사가 반군정적이라는 이유로 정간된 일도 있었다(1947년 8월 18일).

발행인이 증언하는 「남선신문」의 최후

미군정의 언론에 대한 '야만적' 탄압은 전국적인 현상이었고 그 원칙도 모호한 것이었다. 해방 후 군산에서 「남선신문」을 발행했던 앞서의 김판술씨는 미군정의 탄압으로 신문사를 빼앗기다시피 했던 당시의 상황을 다음과 같이 들려준다.

"미군정은 「남선신문」이 자기네들의 정책을 앞장서서 홍보해주지 않는다는 이유만으로 좌익지라고 몰아붙일 궁리를 했지. 군산은 일제 때 이래로 항만·부두·공장 노동자가 많아 신문에서도 노동문제를 비중 있게 실었어. 그것을 사사건건 꼬투리 잡는 거야. 자꾸 압수·정간을 시키고도 뻔뻔스럽게 군정에 협조해달라고 부탁을 했던 자들이지. 그러다 안 될 성 싶으니까 경영에 목을 죄더군. 계속되는 압수·정간으로 경영난이 심했는데 그 와중에도 젊은 기자들이 염려 말라며 취재하는 틈틈이 광고를 조금씩 따내서 지면에 실어가며 버텨나갔던 거야."

그러던 중 1946년 9월 7일 미군정은 「남선신문」에 무기정간 처분을 내렸다. 김씨는 이때 상황을 다음과 같이 말한다.

"하루는 군정에서 경찰이 찾아와 이북 방송에서 남한지역 실정을 소개하는데 「남선신문」에 의하면 ……'이라는 내용이 나왔다더군. 그러니 가만히 있을 수 없다고 하며 나를 끌고 가 유치장에 가뒀어. CIA에서 나와 나를 조사를 한 끝에 공산주의 혐의가 없다고 판정되는지 풀어주더군."

김판술씨는 자신이 먼저 연행된 뒤라 신문사가 군정 경찰에 습격 받던 현장의 참상은 보지 못했다고 한다. 역사 자료에는 당시 「남선신문」의 폐간상황이 이렇게 쓰여 있다.

> 9월 7일 오전 11시경 돌연 무장 미군과 경관 10여 명은 군산에서 발행하는 「남선신문」을 포위하고 사내를 수사하고 간부 이하 종업원 전부를 경찰서로 압송하여 서의 뒷 광장에서 훈시가 있은 다음 미군 공안장교 니스코다 대위는 그 즉석에서 도 군정관 명령이라 하여 동 신문의 무기정간을 명령하였다. 전 사옥은 일체의 출입을 엄금하고 경찰이 경비하고 있다.(「연표 한국현대사」, 한울림, P 378)

그 뒤 「남선신문」의 판권을 인수한 사람은 박수암씨였다. 박수암씨의 현재 거주지를 물었더니 김판술씨는 "신문의 판권을 인수해 계속 내다가 6·25 전쟁이 터지자 제주도로 피난 가서 거기서 군대에 잡혀 고문 끝에 일가족이 몰살당했다는 소문을 들었다"라는 말로 「남선신문」의 비극적 최후를 대신했다.

'한야(寒夜)에도 윤전기는 돈다'

기자는 폐간된 주요 중앙지에 근무했던 언론인들을 찾아 증언을 듣고자했지만 안타깝게도 국내에 생존해 있는 사람은 거의 없다는 결론에 도달했다. 모두가 한국전쟁 전후에 학살되거나 전쟁 기간에 살길을 찾아 더러는 북으로 혹은 해외로 떠날 수밖에 없었던 것이 그들의 운명이었기 때문이다. 당시 「중외신보」기자로 군정청을 출입했던 앞서의 이기형씨를 다시 찾았다.

"미군정은 시간이 지날수록 군정에 비판적인 신문들의 목을 죄어 나갔어. 46년 이후에는 군정의 특정 정책이 한국 실정에 안 맞는다는 기사만 실어도 탄압의 대상이 됐지. 그러니 갈수록 친군정계 언론만 힘이 커갔고, 군정을 비판하는 언론은 찌그러드는 판국이었어."

그는 당시 「중외신보」 기자이면서 「조선인민보」를 애독했다고 한다. 그래서 중앙에서는 유력 일간지이던 「조선인민보」가 탄압 받던 과정을 배달되는 신문을 보고서도 알아차릴 수 있었다는 것이다.

"1946년 겨울 어느 날 아침이었어. 그 전날 밤에 기사에 불만을 품은 극우 테러단체에게 신문사 인쇄시설을 피습했는데 그렇게 나온 신문이 배달됐지. 1면 톱으로 '한야(寒夜)에도 윤전기는 돈다'는 제목이 붙은 기사가 실렸는데, 전날 밤 피습당해 흩어진 활자를 전 사원이 달라붙어 밤새 주워 모아 윤전기를 돌렸던 거야. 그 뒤 폐간되었지만 나는 지금도 이 제목을 하나의 시(詩)요, 불의에 맞서는 언론계의 상징으로 받아들이고 있어."

그의 기억으로는 1946년 들어 「조선인민보」의 편집국은 이동식 떴다방이었다고 한다. 극우테러단체와 미군정당국의 압수, 피습을 피해 이곳저곳 전전하며 신문을 제작해야 했기 때문이다.

군정·한민당 지지 신문만 남아

한편 앞서의 지방언론들이 '반군정적'이라는 이유로 폐간·정간

될 무렵을 전후해 서울에서는 보다 철저한 방법으로 유력 중앙지들이 탄압에 스러져갔다. 물론 이런 탄압은 격동의 소용돌이에 휩쓸려 들어가던 해방공간의 정치·사회 정세와도 깊게 관련돼 있었다. 하지만 엄밀한 의미에서 보면 미군정은 한반도의 장래를 그들이 의도하는 대로 몰고 가기 위해 '걸림돌'이 되는 언론계에 계획적으로 손을 댈 필요성이 절실했다고 보아야 할 것이다. 언론탄압 전야의 정세가 그것을 입증한다.

1946년 들어 유례없는 흉작으로 국민 대다수가 식량난에 허덕이고 있었고, 정치적으로는 5월 7일 제1차 미·소 공위가 결렬되면서 남한만의 보수반공정권을 수립하기 위한 미군정의 의도가 노골화되던 시기였다. 그것은 한민당계와 이승만에 대한 편애로 급경사 되는 군정의 대한(韓)정책으로 나타났다. 따라서 미군정으로서는 이 계획을 방해받지 않고 실현해 나가기 위해 친군정·한민당계 이외의 단체나 언론에 대해서는 무자비한 탄압을 가했다. 비판적 언론계에 대응하는 군정당국의 태도에서 이 원칙은 어김없이 관철된다.

군정은 1946년 5월 말 등록제를 허가제로 고친 신문·잡지 등의 정기간행물에 대한 군정법령 제88호를 공포했다. 이 법령은 "어떤 기사도 복사해서 제출할 것, 소유자·편집자의 명단을 제출할 것" 등을 의무화했다. 이를 위반하는 경우는 엄벌에 처한다고 규정했다.

이로써 남한에는 군정의 품 안에 든 언론만이 살아남을 자격을 보장받았다. 민족의 장래와 양심에 따라 자유로운 의견 표현을 갖는 언론이 있다면 그것은 이제 법령 88호에 의해 폐간될 날만 기다려야 했다. 실제로 1946년 한 해 동안 남한의 주력 신문들은 미군정의 극우 보수적 탄압 앞에 불가항력 상태에 처한 채 하나, 둘 역사의 뒤안으로 사라져갔다.

5월 11일 「인천신문」 사원 및 「서울신문」 지방특파원 40여 명이 반군정적이라는 이유로 검거돼 군정재판에 회부됐다. 5월 18일 밤에는 「해방일보」가 폐간 당했다. 이어서 9월 6일을 기해 서울의 주요 일간지 「조선인민보」 「현대일보」 「중앙신문」 등이 전격 폐간 당했다. 파업 군중에게 미군이 발포한 사건을 보도했다는 이유였다. 특히 이들 3개 신문사의 폐간은 미군 헌병대와 CIC가 직접 주도했다. 편집국장과 기자들은 체포된 뒤 '주한미군의 안전을 위태롭게 한 죄'로 군정재판에 회부됐다. 폐간 당시 이들 3개 신문사의 총 발행부수는 10만 부에 이르렀다.

한편 그해 10월에 들어서 대구 10월 봉기 보도 문제와 관련, 영남 일원의 신문사들이 대거 사라져갔다. 대구의 「영남일보」 「대구시보」, 부산의 「민주중보」가 폐간 당했다.

그런 와중에서도 하지는 이율배반적인 자신의 언론 학살 조치에 추호의 당혹감도 느끼지 않은 채 거짓말을 일삼았다. 1946년 10월 13일 군정당국은 '하지중장, 한국인에게 출판의 자유라는 의미를 명백히 밝히다'라는 제하의 다음과 같은 메시지를 발표했다.

일부 납득하기 어려운 사람들의 주장에도 불구하고 주한미사령부는 한국의 모든 신문을 검열하고 있지 않다. 신문검열제를 확립할 의도도 없다. 한국의 신문에 대해 원조와 지도를 주려고 하는 당국의 노력은 꾸준히 있어왔으며 앞으로도 행해질 것이다. 미국인이 한국인의 신문 사설을 두려워할 이유는 없다.(중략) (『The Untold Story Of Korean Crime』, 데이비드 콩드)

신문사를 경영난에 빠뜨려 고사시키기도

미군정의 언론탄압은 단지 직접 폐간·정간에만 국한된 것이 아니었다. 공공연히 선언한 언론통제 이외에도 아주 교묘한 다른 통제수단을 강구했으니, 그것은 경제적 압박을 가하는 것이었다. 여기에는 주로 신문용 인쇄용지 배급제도와, 압수 등을 통해 신문사를 경영난에 빠뜨려 고사시키는 방법이 동원됐다.

직접 폐간당하지 않은 이 시기의 많은 신문들이 명멸해나간 과정에는 그런 뒤안의 통제조치가 크게 작용했다. 「중외신보」 「동광신문」을 비롯해 나중에 강제 폐간된 대부분의 신문들도 전 단계로 이런 절차를 거쳤다.

한편 이 같은 가혹한 언론 탄압에 맞선 해당 신문사 일선기자들의 노력은 치열했다. 앞서의 「남선신문」의 예에서처럼 기자들이 취재 시 틈틈이 광고를 따와서 발간을 유지한 경우도 있었고, 신문사로부터 아예 급료를 받지 않은 채 지사 정신으로 언론의 사명에 헌신하는 경우도 많았다.

앞서의 위민환(「호남신문」)씨는 군정의 탄압으로 경영사정이 한창 어렵던 시절을 이렇게 회고한다.

"그때 돈으로 월급은 60원(圓)이었제. 허지만 까딱하면 신문을 뺏기던 시절이니 제대로 월급이 나온감? 신문사에서 밥 한 그릇 국 한 그릇 나와서 그것으로 배를 채우며 언론의 사명에 살았제. 할 말 다하는 씨언한 신문이라고 독자들이 매일 기다리는 게 보람이었응께. 그놈들(미군정)이 기자들의 지사적 자질을 키워준 꼴이여."

그러나 이러한 노력도 미군정의 계획된 '언론학살 시나리오'를 끝내 뚫지는 못했다. 시간이 흐를수록 언론이 양심과 민족의 요구에 따를

'자유'가 자리잡을 곳이 없어졌기 때문이다.

뿌리내린 친미·보수언론 풍토

　　1947년 말에 이르러 세 차례에 걸친 미·소공위가 아무런 성과도 거두지 못한 채 와해되자, 미국은 한반도 문제를 자신의 주도권 아래 있는 유엔으로 가져감으로써 남한만의 단독정권 수립을 기정사실화 해갔다. 이것은 애초 그들이 남한에 진주할 때 가졌던 '목표'를 3년간의 군정기간에 별 착오 없이 성공시킨 것이었다고도 볼 수 있다. 미군정의 언론 대학살이 그러한 목표에 접근하기 위한 정지작업이었음을 짐작하는 것도 그리 어렵지 않다.

　　1947년 말부터 1948년 초에 이르러 남한의 언론계 판도는 미군정으로서도 이제 확실히 '안심'할 수 있는 모습으로 가시화되어 나타났다. 초기에 세력이 미약했던 「동아일보」 「조선일보」 「한성일보」 「대동신문」 등 몇몇 친군정 보수지들은 이 무렵부터 미군정 당국의 진보언론 대학살에 힘입어 주도력을 갖기 시작했다. 이들에 이어 친미·보수의 논조를 '약속'하고 새로 창간 된 「경향신문」 「서울신문」 등이 속속 여기에 가세했다.

　　1948년 초 미군정은 이제 몇 안 남은 군정 비판적 신문과 언론인들을 한층 가혹하게 탄압하며 정리해갔다. 4월 28일에 그때까지 남아있던 비판언론 「독립신보」의 주필 고경흠씨, 편집국장 배은수씨 및 「조선중앙일보」의 간부진, 「신민일보」의 간부 등 6명을 구속했다. 이어 5월 26일에는 서울의 「우리신문」 「신민일보」를 폐간시키고 6월 1일자로 전주의 「전라민보」를 없앴다.

이로써 3년간에 걸친 미군정의 '언론대학살' 작업은 그 대단원의 막을 내리게 된다. 아울러 이때 뿌리내린 친미 보수일변도의 언론계 판도는 그해 8월 15일 수립된 이승만 정부에게 더없는 미군정의 '선물'이 되어 넘겨졌다.

복권돼야 할 미군정기 폐간지들

숱한 신문들이 미군정의 탄압으로 스러져간 지 40여 년이 지난 오늘, 기자는 당시 나온 신문들의 형체나마 확인할 셈으로 국립중앙도서관과 국회도서관으로 발길을 돌렸다. 국내외의 수집 가능한 자료들을 모아놓은 곳으로 이들 도서관만한 장소는 또 없을 것이기 때문이다.

도서관 신문보관실을 훑어보니 벌써 1백년이 지난 근대 신문의 효시 「한성순보」부터 올해에 이르기까지의 모든 국내신문들이 잘 보존된 채 빼곡히 들어차 있다. 그러나 불과 40년 전 미군정 시기에 폐간된 대부분의 신문은 단 한 부도 발견할 수 없었다.

드물기는 하지만 민간인들도 개인적으로 더러 소장하고 있다는 당시의 신문이 이들 유수의 도서관에 없다는 것은 쉽게 납득이 가지 않았다. 국회도서관과 국립도서관 사서담당자들에게 문의하니 "그때 폐간된 신문들은 역대 정부에서 비치를 엄격히 제한했다"라는 답이 돌아왔다. 특수자료실에까지 확인했지만 역시 소장돼 있지 않았다.

결국 미군정에게 '학살' 당한 대부분의 신문들은 오늘까지도 최소한의 '명예'랄 수 있는 사료적 가치마저 거부되고 있는 셈이다. 북한에서 발행하는 「노동신문」도 열람을 개방한다는 게 얼마 전 발표된 정부의 방침이었다. 그러나 외세에 의해 비극으로 얼룩진 우리의 언론사를 객관적으로 바로 세우려는 작업은 여전히 '건전한' 노력으로 받아들여지지 않는 풍토이다. 미군정 시기에 탄압받아 폐간된 모든 신문들은 지체 없이 복권돼야 한다. 그래야만 '단절'과 '편협'으로 점철된 해방 이후의 우리 언론사가 원상회복될 수 있다.

나아가 그것은 단절된 우리의 현대사를 다시 복원시키기 위한 작업의 밑바탕을 이루는 것이기도 하다.

말 · 1989년 5월호

| 후기 |

미군정이 민주주의의 요체가 되는 자유로운 공론의 장을 질식시키면서 한국사회의 비극은 잉태되었다고 해도 과언이 아니다. 미군정에게 '학살' 당한 대부분의 신문들은 오늘까지도 최소한의 '명예'랄 수 있는 사료적 가치마저 거부되고 있다. 30년 전 썼던 이 글을 다시 읽으며 단절된 한국 언론사를 복원시키기 위한 노력을 또 하나의 숙제로 추가해보련다. (정희상)

제5장

민중

옥포만의 대우조선 노동자들 이인휘
제임스 리·이근안의 청부노조탄압 추적 손중양
학생운동 야사–1987년 6월의 함성 신준영

옥포만의 대우조선 노동자들

어지럽다 쓰린 뱃속 지상 100m / 밧줄 하나에 건 목숨들 / 해가 바뀌고 동짓달
이 오기 전까지 / 족히 50명은 넘게 이곳에서 죽었다지만 / 아무도 정확한 숫자
는 모른다 / 아무도 모를 우리 목숨들이 또 걸렸다.
-백무산 시 「지옥선 7」 중에서

이인휘·소설가

거제도에 불어온 바람

오랜 세월 동안 버려져왔던 땅 거제도! 조선시대 이전에는 유배
지로, 6·25 때는 전쟁 포로수용소로 수난을 받아왔던 땅, 1980년 이전만
해도 바다를 뒤로하고 농업을 주업으로 살아왔던 땅, 그 황폐했던 땅에
조선소 바람이 불기 시작했다.

옥포만에 거대한 기계들이 들어와 땅을 파헤치기 시작했고, 크레인
소리와 망치 소리가 끊이질 않았다. 경상도, 전라도 할 것 없이 외지에서

사람들이 몰려들었다.

산속 마을에 도로가 뚫리고, 낡은 어선들이 물결에 흔들리던 포구엔 도시처럼 요란한 술집이 들어찼다. 바다처럼 투명하며 파도처럼 거칠지만 투박했던 섬사람들의 마음과 생활은 돈에 찌든 도시 사람처럼 얄팍해져갔다. 막걸리 한 잔에 흥을 돋우며 구성지게 남도 민요를 흥얼거리던 사람들이 이제는 곳곳에 들어선 나이트클럽, 색시집에서 맥주를 마시며 흥청거려야 직성이 풀린다. 마을 곳곳이 돈을 유혹하는 장소로 변했고, 이제 이곳 거제도 사람들에게도 돈이 아니면 아무런 삶도 있을 수 없다는 생각을 불어넣었다.

우리나라의 모든 기업이 그렇지만 조선업은 유달리 노동집약적인 산업이다. 조선업이야말로 양질의 저렴한 노동력을 요구하고 있는 것이다. 아들과 아버지가 조선소 건립을 위해 노동력을 팔고, 아들들은 이제 조선소의 노동자가 된다. 기업은 노동자들의 노동력을 통해 최대의 이윤을 확보하기 위해 혈안이 되고, 노동자들은 최대의 생산성을 달성해야 하는 산업 일꾼의 기계로 변한다. 노동자들은 자신들이 일한 만큼의 대가를 받지 못함으로써 바로 자신들이 벌어 놓은 돈까지 잃어버리는 것이다. 유형지의 땅 거제도가 서서히 자본의 발아래서 헐떡거리며 노동력을 빼앗기는 노동자의 땅으로 변하기 시작한 것이다.

옥포와 느태를 가로질러 만든 방파제에 파도가 하얗게 부서지고 있다. 갈매기가 장승포로부터 끼룩끼룩 울며 느태 방파제로 날아온다. 방파제에 가로막혀 파도가 밀려들 수 없는 포구에는 삼면을 푸른 산으로 둘러싸고 신기루처럼 대우조선이 펼쳐져 있다.

거대한 골리앗이 샛노란 빛깔을 띤 채 우주선 발사대 같이 우뚝 서

있고 곳곳에 지프 크레인이 얽혀 있다. 광활한 도크 위에 떠 있는 바지선에
선 노동자들이 푸른 용접 불꽃과 함께 개미떼처럼 달라붙어 작업하고
있다. 대형 크레인은 집채보다 더 큰 블록들을 공중으로 들어올리고,
작은 블록들을 이동하는 대형 타이탄의 시동 소리는 요란하다. 멀리서
바라보면 모든 것이 정지한 것처럼 보이고 시내를 왔다 갔다 하는 버스와
봉고, 자동차만이 달리고 있는 듯하다. 1백10만 평이나 되는 조선소는
그야말로 하나의 커다란 조선 왕국이었다.

1백10만 평의 작업장

　　　　조선업은 크게 조선 본부(배를 만드는 곳)와 특수사업부(현재
잠수함을 만들 계획을 갖고 있다), 그리고 해양 플랜트 부서로 구성되어
있다. 그 가운데 수십 개의 부서가 나누어져 있지만 가장 일반적인 작업이
용접이다. 더욱이 15년 내지 20년을 바다에 떠다녀도 이상이 없어야
하기 때문에 정밀하고도 정확한 고난도의 기술을 요구하고 있다. 그래서
쇳소리가 요란한 작업장을 밖에서 보면 노란 선팅복(우주복 같은 형태로
작업 시 몸을 보호하는 작업복)을 입은 작업자들의 손에서 뿜어 나오는
푸른 용접 불꽃밖에 보이지 않는다.

　조선소의 노동자들은 한여름의 뙤약볕 아래에서, 겨울이면 모진 바닷바
람을 맞으며 1년 내내 용접봉과 살을 맞대고 산다. 그래서 그들의 몸에는
사시사철 용접 냄새가 난다. 철판과 철판을 붙여 배의 골격을 만들고,
그 골격과 골격을 연결하여 배를 만들어낸다. 몇십 미터의 난간에 매달리
거나 캄캄한 배의 내부로 기어들어가서 벌어진 틈만 있으면 땜질을 한다.

때로는 떨어져 죽고 때로는 질식해서 죽으며, 때로는 가스탱크가 폭발해서 죽는다. 노동자들의 땀과 피와 죽음으로 거대한 배가 만들어지는 것이다. 노동자들은 그런 배를 바라보고 지옥선이라고 부른다.

어지럽다 쓰린 뱃속 지상 100m

밧줄 하나에 건 목숨들

해가 바뀌고 동짓달이 오기 전까지

족히 50명은 넘게 이곳에서 죽었다지만

아무도 정확한 숫자는 모른다

아무도 모를 우리 목숨들이 또 걸렸다.

조선소 노동자들의 삶을 비정하게 그려놓은 백무산 시 「지옥선 7」의 한 구절이다.

빼앗기는 땅에서 얼마나 많은 노동자들이 '산업역군'이라는 구호 아래 인간기계로 버려지고 폐품 처리되는가를 단적으로 보여주는 끔찍한 표현이다. 결코 이 시가 과대 표현이 아니라는 것은 많은 조선소 노동자들을 만나보면서 깨달을 수 있었다.

"1989년 한 해만 하더라도 7백60건의 안전사고가 터졌지라예. 조심하지 않으면 언제 난간에서 떨어져 죽을지도 모르고, 산소 탱크가 터져 산산조각이 될지 모르는기라예. 죽으면 지만 손해 아잉교."

대우조선의 한 노동자가 일상생활 속에서 흔히 일어나는 일이라는 식으로 중얼거리며 힘없이 웃는다.

조선소 영내에 들어서면 거대한 골리앗이 가장 먼저 눈에 띈다. 현대

노동자들이 결사 항전을 외치며 점거했던 골리앗보다도 더 큰 골리앗이다. 9백 톤의 물건을 끌어올릴 수 있으며 넓이 1백16미터, 높이 1백14미터로 아폴로 우주선 발사대를 들여와 설치한, 세계에서 두 개밖에 없는 초대형 골리앗이다. 눈이 부시다. 아니 장엄하다. 그 장엄한 골리앗이 바다를 향한 수문처럼 도크 위에 우뚝 서 있다.

도크란 일단 배의 형태를 완전하게 조립할 수 있도록 만든 거대한 지하 수로이다. 바다와 접해 있는 곳에 대형 수문을 만들어놓았다가 배가 완성되면 수문을 연다. 물이 물밀듯이 들어오면 배가 자연스럽게 뜬다. 만들어진 배가 바다로 나아갈 수 있도록 만든 수로가 바로 도크이다. 배의 크기가 있는 만큼 도크의 크기는 동대문 운동장의 7배나 된다. 그런 도크가 두 개나 있다. 그러니 대우조선이 얼마나 크겠는가? 평수로 1백10만에서 1백20만 평이나 된다고 추정하고 있다. 곳곳에 거대한 작업장들이 공정순서에 맞추어 세워져 있고 철판과 소·대형 블록(철판과 철판을 연결하여 배의 일부분을 조립해놓은 것. 크기에 따라 대형·소형 블록이라 불린다)이 어지럽게 널려 있다. 노동자들은 용접봉 불꽃을 튀기며 곳곳에 까맣게 붙어 있었다.

"펄펄 달은 블록 속에 들어가 작업 한 번 해보라예. 으짤 수 없이 해야 하지만서도 사람이 할 짓이 아니라예. 앞은 잘 보이지 않지 삐죽삐죽 솟아 나온 철판에 찍히몬 신경질이 나고예, 질식사하는 경우도 있고 산소 탱크라도 짊어지고 들어갔다가 에어 호스인 줄 알고 담배라도 폈다 하면 아예 가루가 되는 거라예."

그는 이어 눈부신 햇빛에 실눈을 뜨며 배의 선미를 가리키고 있었다.

"저기 저 그물, 저게 보호망이라예."

배의 측면을 작업하기 위한 그물이 난간을 따라 쳐져 있었다.

"떨어지면 즉사라예. 몇 년 동안 억수로 많은 사람이 떨어져 박살났지예. 난간에 매달려 작업하다 보면 중심이 안 잡혀 그물 밖으로 튕겨나가기 십상이라예. 그라고 저 구멍 보이능교?"

배의 측면 중간쯤에 커다란 구멍이 나 있었다.

"저리로 사람이 들어가 내부 작업을 하능기라예. 반대편에도 뚫렸는데, 예전엔 없었지예. 이번에 싸워서 따낸 것 아닝교. 예전엔 배의 갑판을 통해 안으로 들어가 작업했는데, 생각해 보이소. 작업등 하나 갖고 배 속으로 들어가는데, 사방은 꽁꽁 닫혔지 덥기는 말할 수 없이 덥지. 환풍기라고 있지만 고장이 잘 나고, 저 넓은 공간을 당해낼 수 있겠능교? 가뜩이나 쇳가루를 마시고 사는데 기관지나 내장이 못 당해내지예. 배의 옆에 구멍을 뚫고 작업하자니까 뭐라 카는 줄 아능교? 그 구멍을 땜질하려면 시간이 걸리고 배의 모양이 안 좋아진다카드만요. 작업자 생각은 털끝만큼도 안 하는 자식들 아닝교"

지옥선

열악한 작업 환경이야 어느 공장이고 마찬가지지만 막상 자본규모가 거대한 대기업에 와서 보니 너무한다 싶었다. 상대방은 작업에 쫓기듯 돌아서서 용접봉을 철판에 칙칙 긁어댄다. 멀리서 페인트 냄새가 짙게 풍겨온다. 나는 페인트 도장을 하는 곳으로 발걸음을 옮겼다. 컴프레서 압력으로 페인트를 내뿜어 도장을 입히는 작업자의 온몸은 페인트 가루에 덮여 있다. 페인트 가루는 허공으로 날아올라 조선소 전체에 퍼진다.

"여기가 가장 힘든 작업장 중에 한 곳이라예. 저 옆을 보이소, 저 곳은 샌딩 작업장이지예. 밖에다 오래도록 블록을 내비두면 녹이 스는데 그 녹을 제거하는 곳이라예."

샌딩? 1987년 대우조선의 파업투쟁 때 사용하려 했던 무서운 무기(?)가 떠올랐다. 나는 도장공의 곁을 떠나 샌딩을 치는 곳으로 다가갔다.

"모래알같이 조그만 베어링이라고 생각하면 됩니다. 1987년 때 전경들에게 다가오지 말라고 했더니, 안 믿더라고요. 시범을 한번 보여줬죠. 웬만한 깡통들이 뻥 뻥 뚫려나가니까 그때서야 다가오지 않더라고요."

도장공은 1987년도의 기억을 떠올리며 통쾌하게 웃었다. 나는 샌딩을 유심히 바라보았다. 마치 대형 분무기 같은 모양을 하고 있었다. 빛처럼 날카롭게 날아와 몸속에 푹푹 박히는 베어링의 모습을 떠올리자 끔찍한 기분이 들었다.

"저걸로 냅다 쌔려가지고 블록의 녹을 제거하면 페인트공들이 멋지게 칠을 하게 되죠. 난간 칠하는 것도 위험하고 페인트와 같이 사니까 호흡기 장애가 무척 심하죠. 하기야 어느 곳 하나 위험하지 않겠어요. 사람들도 쇳덩이가 되어가는 거죠."

바람이 불면 조선소는 온통 쇳가루로 휘날린다. 거대한 쇳덩어리와 철판, 페인트 가루와 쇳가루, 파란 용접 불꽃. 이미 그 안에 모든 위험은 도사리고 있다.

"자부심이라꼬예? 우린 그런 것 없어예. 먹고살기 위해 일할 뿐인기라예."

대우조선이 처음 가동하기 시작한 1981년부터 일해 왔다는 어느 노동자의 말이다. 왜 그럴까? 조그만 마찌꼬배[작은 공장]에서 일하는 기술자들도 자신의 기술에 대한 자부심이 대단하다. 여러 가지 이유가 있겠지만 분명 조선소 노동자들은 앞에서 말한 것과 마찬가지로 고통스러운 작업조건을 원망하고 있다. 더욱이 임금마저도 대우의 다른 계열사와 너무도 차이가 난다. 1988년 초임 현황을 보면 일반적인 대우 계열사 임금수준인 33만8천5백 원(5급 남자사원 기준)보다 낮은 27만3천5백 원으로 무려 5만1천 원의 격차를 보인다. 일은 더욱 힘들고 고통스러운데 임금은 더 박하다. 언제 어느 곳에서 죽음이 다가올지 모르는 광산의 막장생활과도 비슷하다. 대우조선소의 노동자들과 그들의 노동, 그 노동의 대가를 지불하는 회사라는 삼각함수를 바라보면서 그들이 정말 지옥선을 만들고 있다는 느낌에 휩싸여야만 했다.

"거제도를 떠나고 싶다"

지친 밤이 가고 또다시 아침이 왔다. 동 서 남 북, 조선소의 모든 문이 열린다. 수많은 통근 버스들이 남문으로 밀려든다. 남문은 4개의 문 중에 가장 많은 노동자들이 출입하는 문이다. 차량들의 클랙슨 소리와 노동자들이 뒤얽혀 있다. 거제에 거주하는 남자 중 일할 수 있는 남자들은 다 모인듯하다. 출근시간대의 광경은 한마디로 요약해서 광활한 바다에 출렁이는 파도와 같이 거대한 조선소에 물결치는 푸른 작업복의 행렬이라고 할 수 있다. 남문 앞에는 담배와 껌·휴지·신문 등을 늘어놓은 좌판과 토스트와 햄버거를 늘어놓은 좌판, 심지어는 국밥과 라면을 파는 임시 장터가 열린다. 급하게 나오느라고 밥을 먹지 못했거나, 담배와 신문을 챙기지 못한 사람들을 위한 임시 좌판대이다. 유독 사람들이 많이 몰려 있는 곳은 국밥을 파는 곳이다. 나무판자 하나로 세워 놓은 좌판과 긴 나무 의자에 사람들이 빽빽하다. 시간이 없는지 어떤 노동자들은 선 채로 급하게 국밥을 훌훌 넘긴다. 그리고 나서 담배를 산 뒤 한 모금 연기를 빨아 삼키며 현장으로 발을 옮긴다.

조선소 노동자들은 대부분 거제 농민의 자식들이거나 타 지방에서 목돈을 한 번 쥐고 떠나겠다고 온 노동자들이다. 하지만 광산과 마찬가지로 그들 중 제대로 목돈을 쥐고 떠나는 사람은 없다. 고립된 섬 속에 포로수용소처럼 갇혀 있는 그들은 조선소가 몰고 온 향락산업에 빠져들거나 지친 몸을 추스리기에 바쁘다. 잔업 두 시간, 네 시간, 때론 철야작업까지 하지만 그들은 쇳가루를 씻어내야 한다고 돼지고기에 술을 마신다.

거제도에서 큰 병원은 대우병원 하나뿐이다. 그나마 사람들은 의료진을 신뢰하지 못해 육지로 나간다(지역의료보험의 3분의 1이 타 지역으로 유출된다). 극장은 두 군데뿐이고 공원시설이라곤 옥포로 넘어오는 고갯마루에 설치된 조각품과 약간의 녹지 조성이 고작이다. 그 조각품은 대우에서 이름 있는 조각가들을 초빙해 만든 것이지만 대우조선 노동자들은 그냥 쇳덩어리일뿐이라고 말한다. 일상생활이라곤 일하고 자고 먹고, 또 일하는 것이라고 한다. 젊은 여자들도 조선소 노동자들을 우습게 안다. 그래서 결혼하기도 어렵다. 한 곳에 모여 사니 계급적 차이도 대단하다. 관리직 사람들이 사는 아파트, 일반 노동자들이 사는 아파트가 구분되어 있다. 부인네들도 끼리끼리 논다.

그래서 노동자들은 더욱더 떠나고 싶다. 혹시라도 다른 지역, 다른 조건의 직업으로 전출해준다는 말이 있으면 미친 듯이 달려든다. 떠나게 해달라고 말하고 심난한 표정을 짓는다. 나이든 사람들도 마찬가지다. 일자리만 보장된다면 부패하고 있는 거제도를 떠나고 싶다. 바다도 싫고, 지긋지긋한 일도 싫다. 그러나 아이들이 있다. 보장되지 않는 직업을 보고 떠날 수가 없다. 그래서 떠나는 것이 두렵다. 하지만 그들의 마음속에는 언제나 지옥선에서 탈출하고 싶다는 욕망이 꿈틀거리고 있다.

'상고문'으로 시작된 민주노조운동

조선업은 기본적으로 인력관리 사업이다. 우리나라의 기업들이 대부분 정부와 자본의 힘을 배경으로 값싼 노동력을 빼앗아왔다는 것은 일반상식이다. 조선소도 마찬가지다. 그들은 거대한 조선소 안에 갇혀 말 한마디 제대로 하지 못하고 핍박받아왔다. 산재를 당해도 쫓겨날까봐, 모욕적인 말을 들어도 생존 때문에, 부당한 부서 이동을 당해도 해고될까봐, 모든 노동자들이 그렇듯 입 한번 제대로 뻥긋하지 못했다. 그러나 그러한 군대식 인력관리는 오래가지 못했다. 노동자들은 조금씩 자신들의 처지와 권리를 찾기 시작했고 스스로 보이지 않는 싸움을 준비하기 시작한 것이다.

대우조선은 1981년 10월 조선소가 완공되면서 가동되기 시작했다. 그러나 만 3년이 지나 1984년 9월 노동자들은 성당을 중심으로 자신들의 권리를 찾기 위한 몸부림을 치기 시작했다. 그러나 철저한 인력관리만이 최대의 이윤을 보장한다는 사실을 잘 알고 있는 대우는 노동자들보다 더욱 치밀했다. 성당 주변이 감시당하고, 핵심인물들이 다른 지역으로 전출 당했다. 노동자들은 처음엔 위축됐지만 차츰 노조를 만들어 항상적인 자신의 권리를 찾아야 한다고 깨닫기 시작했다. 1986년 6월 노동자들은 또다시 조심스럽게 모여 학습을 하고 노조를 함께 만들 수 있는 사람들을 규합하기 시작했다. 마침내 1987년 1월 22일, 임금문제와 산재문제, 퇴직금 문제 등 노동자들이 찾아야 할 권리를 주장한 '상고문'이란 유인물이 조선소 곳곳에 뿌려지기 시작했다. 회사는 곧바로 반격을 가해왔다. 사람들을 찾아내어 부서이동을 시키고 납치, 폭력, 도청을 서슴지 않았다. 드디어 자본의 힘은 공권력의 힘과 맞잡고 20여 명을 전국으로 전출시키고, 15명을 해고시켰으며 2명을 구속하였다. 이로써 사건은 매듭지어지고 표면적으로 회사가 승리한 것처럼 보였다. 그러나 노동자들은, 싸움은 이제부터 시작이라고 생각하고 있었다. 다음은 당시에 구속됐던 최원석씨의 법정 최후진술이다.

"우리는 단지 힘없는 우리 동료들을 사랑했고, 우리들의 생존권을 찾기 위해 노력했을 뿐이다. 우리의 행동은 노동자들을 인간 해방의 길로 인도하는 행위였으며, 참으로 사람 사는 세상을 이루는 길이라고 생각했다."

생존권을 찾고 노동자들이 인간답게 살 수 있는 길. 마침내 그 길을 가기 위한 싸움이 6월 항쟁과 노동자대투쟁의 서막과 더불어 대우 조선소에서도 일어난 것이다.

불꽃, 이석규 열사

감청색 작업복 상의의 가슴팍이 불에 그을어 있었다. 고통스럽게 가슴을 움켜잡고 최루탄가스 지대를 벗어나려고 비틀거리며 몇 걸음 걸었다. 한쪽 다리가 꺾이고 두 손으로 가슴을 움켜잡으며 고개를 들었다. 이지러진 얼굴로 하늘을 쳐다보다 바닥에 나뒹굴었다. 귀와 눈언저리에 핏자국이 선연했다. 울며불며 동료들이 그를 끌고 병원으로 달려갔다. 그러나 이미 그는 숨져 있었다.(이석규 열사 평전)

1987년 8월 8일부터 시작된 14일간의 투생 속에서 이석규라는 스물두 살의 꽃다운 젊음이 직격 최루탄을 가슴에 맞고 운명했다. 빈농의 자식이라 배우지 못하고, 돈이 원수라 돈을 벌겠다던 그는 목숨을 빼앗겼다. 더이상 참을 수 없어 "노조를 결성하자!"라는 함성과 함께 활화산처럼 타올랐던 대우조선소 노동자들. 뜨겁게 작열하는 태양 아래서 그들은 느태의 방파제를 허물어뜨리고, 골리앗을 쓰러뜨리며 그 위에 노동조합을 건설하였다. 수많은 사람이 다치고, 한 젊은 생명을 빼앗겨가며 쟁취한 노동조합이었다. 그 후 대우조선 노동자들은 노조를 지켜내며 참다운 민주노조를 건설하기 위해 온갖 시련과 고통을 견디며 안팎으로 투쟁해왔다. 더욱이 해고자들과 민주노조를 갈망하는 사람들, 대우병원, 대우기공, 삼성조선, 운수 노동자들은 1987년 12월 민주노조협의회를 구성해서 지역 차원의 연대를 모색, 1988년 메이데이 행사도 함께 치러냈다. 하지만 그만큼 탄압은 심해지고, 탄압의 양태도 달라져 노동자들을 분열시키고, 테러, 납치, 폭행을 서슴지 않았다. 민노협은 이후 탄압으로 인해 소강상태에 빠져들면서 대우조선의 해고자들은 풍물 서클 '멍석'과 연합해 노조민주화추진위원회(1989. 2)를 결성, 양동생 집행부 불신임투쟁을 벌이게 된다.

1987년 이석규의 죽음과 더불어 결성된 양동생 집행부에 대해 여러 가지 이야기가 나돌고 있지만 '상고문' 사건으로 구속되었던 최원석씨는 이렇게 말하고 있다.

"불신임 투표를 4월에 했는데 60.5%가 나왔어요. 몇 표 차로 불신임 정족수인 3분의 2에 미달했지만 양동생 집행부로선 충격이 컸던 거죠. 그래서 1989년 메이데이 행사를 노조 차원에서 함으로써 불신임을 만회해보려고 했죠. 헌데 가족까지 합해 3백여 명 정도만 온 거예요. 메이데이가 순조롭게 됐다면 그 분위기로 임투까지 밀고 가려고 했는데 잘 안 된거죠. 조합원들이 더이상 믿을 수 없다는 거죠. 결국 불안했던 그는 임투준비도 제대로 못하고……."

1987년 이후 민주노조를 갈망하는 사람들이 늘어나고, 노동자도 인간이라는 자각이 성숙되어가고 있는 상황에서 노동자들은 더이상 어용이나 굴욕적인 타협을 용납하지 않았다. 1989년 5·29 임투를 목전에 두고 두 명의 노동자가 스스로의 목숨을 던지며 조선 노동자의 한을 지옥선에 뿌렸던 것이다. "더이상 회사의 분열공작에 속지 말고 단결하라! 진정한 민주노조를 만들어야 한다! 노동자를 더이상 우습게 보지 마라."

분노는 해일이 되어

엄청난 경종이었다. 이후 1989년 11월 양동생씨는 일신상의 문제로 사퇴하고 12월 선거를 통해 민주노조 쪽의 최태환씨가 당선된다. 드디어 민주노조 쪽의 사람이 노조를 장악하게 되었지만 그 뒤에는 두 명의 거룩한 노동자의 죽음과 조선소 노동자들의 피눈물이 있었다. 그럼에도 불구하고 최태환 집행부는 모든 노동자들의 신임을 사기에 역부족이었다. 사무직 노동자들이 새로운 조합원으로 가입하지만 노조집행부가 1990년 임투 시 올바로 대응하지 못하면서 조기 총선을 하게 된다. 회사는 조기 총선을 맞이하여 온갖 악선전과 심지어는 '대우조선 민주화추진위원회'라는 극우세력을 조직, 유인물을 배포하며 민주노조 쪽이 당선되는 것을 적극적으로 막았다. 그러나 민주노조 쪽에서 내세운 백순환이 위원장으로 당선되고(8월), 그의 신임은 9월 대의원 선거에서 확인되었다.

이제 대우조선에 명실상부한 집행부가 구성되고 있으며 노동자들도 민주노조를 더욱 더 열망하고 있다고 최원석씨는 말하고 있다. 하지만 대우조선의 투쟁 과정에서도 보았듯이 새 집행부가 올바른 노조, 노동자를 위한 노조로서 제대로 일을 해내지 못한다면 노동자의 또 다른 심판을 맞게 될 것이다. 그 역시 노심초사하고 있는 것이 역력했다.

"소위원회 제도도 노조에서 신경을 써서 조직정리를 해야겠고, 할 일이 참 많습니다. 철저한 준비와 헌신적인 노력, 그런 것을 통해서 조합원들이 주체적으로 참여할 수 있도록 해야겠죠. 정말 할 일이 많아요……."

수많은 얘기와 사연들을 뒤로 하고 노동자들과 헤어져 조선소의 남문을 나서던 필자는 다시 한 번 뒤를 돌아보았다. 처음 이곳에 발을 들여놓을 때와 마찬가지로 뜨거운 뙤약볕 아래 대형 골리앗과 지프 크레인이 우뚝 서 있고 수십만 톤급의 배에는 수많은 노동자들이 달라붙어 용접불꽃을 터뜨리고 있다.

오늘의 대우조선이 있기까지 무수히 죽어간 노동자들과 오늘도 죽음과 싸우며 일하는 노동자들은 그 언제야 자신들이 만든 배를 지옥선이라 부르지 않게 될까. 그 해답은 내 죽음을 헛되이 하지 말라며 죽어간 동지들의 한을 풀어헤치며 희망찬 미래를 스스로 찾고자 일어섰을 때 가능할 것이다. 그때 가서야 비로소 지옥선도 더이상 울분의 대상이 아닌 자랑스러운 노동의 산물로서 그들 가슴에 자리잡아 나갈 것이다.

말 · 1990년 11월호

| 후기 |

삼십 년 전에 쓴 노동현장 글을 읽어도 지금 현실과 크게 다르지 않다. 노동조합을 바라보는 자본가들과 정치권력의 눈이 별로 달라지지 않았고, 노동자들의 분열을 획책하는 방법도 그렇다. 오히려 정규직, 비정규직, 계약직 등 합법적으로 노동자를 갈라놓고 노동의 결과물을 수탈해가고 있다. 자본주의라는 체제 변화가 없으면 노동자들의 삶은 끊임없이 고단한 삶으로 이어질 것이다. 노동자, 민중이 사람답게 살 수 있는 길 참으로 멀다. (이인휘)

제임스 리·이근안의 청부노조탄압 추적

1989년 1월 8일 새벽에 울산에서 있었던 현대노동자에 대한 테러사건의 전모
가 점차 드러나면서 지난 1987년 7~8월 노동자대투쟁 이후 민주노조운동을
와해시키려는 세력이 은밀히 활약하고 있음이 드러났다. 현대노동자 테러의
현장지휘자 이윤섭. 그의 행적을 추적하면서 그동안 민주노조운동 와해 세력의
일각을 파헤쳐 본다.

손중양·본지 기자 (현 (사)허임기념사업회 대표이사)

제임스 리, 미국에서의 행적은?

"노조공작원 이윤섭에게 불리한 일이 벌어져서는 안 된다."

"엄청난 일이 벌어질지 모르니 국가를 위해 끝까지 비밀을 고수하고
이윤섭과 통화한 사실도 보안하라."

1989년 1월 8일 새벽 1시 30분경, 울산경찰서 상북지서장 김상구(50)
경사가 번호판을 가리고 운행하던 차량 3대를 검문하고 울산경찰서로
보고하자, 경찰서 당일 상황실장이던 정보과장 김용갑(55) 경정은 이윤섭

(39, 일명 제임스 리)과 통화를 한 후 지서장에게 위와 같은 지시를 했다. 이렇게 하여 이윤섭을 비롯한 테러범들이 타고 있던 이 차량 3대는 검문을 통과하고 잠시 후 이들 테러범은 이윤섭의 지휘하에 20여 명의 현대그룹 노동자들에게 테러를 가했다.

이렇게 경찰들이 엄호한 이윤섭은 과연 누구인가?

현대노동자테러사건 직후 1월 11일 한인노동연합(위원장 육재규)에서는 "반민주 노동폭력을 규탄한다"는 성명을 발표하고 이윤섭의 미국에서의 행적을 폭로했다.

이윤섭이 미국에 있을 때 몸담았다가 탈퇴했다고 주장하는 한인노동연합은 지난 1979년 재미한인노동연맹(1986년에 한인노동연합으로 개칭, 이하 '한노련')으로 발족, 로스앤젤레스 등 한인 거주 지역을 중심으로 소수민족 이민노동자, 특히 한국인 이민노동자들의 권익을 되찾고 사용자들의 불법부당 노동행위에 맞서 싸워온 것으로 알려져 있다.

이 한노련의 성명서는 "이윤섭이 지난날 '한노련'의 전신인 '재미한인노동연맹'에서 활동했다는 보도와 함께 지금의 '한노련'이 마치 이윤섭과 같은 반민주·반노동자 의식을 지닌 활동가들로 구성된 단체라는 오명을 뒤집어쓸 우려가 있다"면서 이윤섭과 '한노련'의 관계를 밝히고 있다.

이에 따르면 이윤섭은 1986년 2월부터 1986년 11월까지 약 9개월 동안 '자원봉사자'로서 한노련에서 일하다 1987년 귀국한 사람으로서, 영어독해나 쓰기도 제대로 못하는 상태에서 미국노동법을 비롯한 기본 실무상식에 대해 한노련에서 교육시킨 바 있다고 한다. 그리고 이윤섭이 캘리포니아대학(로스앤젤레스 소재) 부설 노동산업연구소에서 1년 6개월간 교육과정을 이수했다는 주장은 그가 영어 쓰기나 독해능력이 거의 없어 청강능력이 없으므로 전혀 사실무근이라고 밝힌다.

더군다나 이윤섭은 1986년 '투엘브싸인'이라는 회사에 대한 불법 해고 노동자 구제신청소송 투쟁과정에서 한노련의 승인 없이 독단적으로 소송 취하 서류에 서명해 해고노동자의 권익을 손상시키고, 회사와 결탁·매수되어 한노련에 대해 소송종결을 강요·협박했는가 하면, 한노련에 금품까지 요구했다는 것이다.

뿐만 아니라 한노련에서 축출된 이후 한노련에 대항하기 위해 한미공익협회를 조직하여 공개적으로 한노련 파괴공작을 펼치고 드디어는 한노련 조직원 가운데 공산주의자, 용공분자가 있다고 비난하는가 하면 반한단체라는 비방도 서슴지 않았다고 한다.

그리고 이 성명서는 이윤섭에 대해서 1986년 당시 '자원봉사자'로서 한노련에 근무할 때 일정한 거주지나 직업이 없고 부도수표 남발로 인한 은행신용 상태가 매우 불량하여 당시 한노련 위원장(조원제)이 빚보증까지 서 준 일이 있을 정도로 경제상태가 불안했던 점을 볼 때 자신의 생활안정과 외부세력의 사주에 의해 한노련 파괴공작을 한 것으로 추측된다'고 마무리짓고 있다.

이 한노련의 성명서는 그동안 이윤섭이 '미국에서 노동운동을 했다'며 선전한 것의 실상을 밝혀주고 있다.

■ 재입국의 이유는?

이윤섭은 서울 신문로2가 1-197에서 1951년에 태어나 1960년 말 인천의 동산고를 졸업한 후 상점 종업원과 화공약품 도매업을 거쳐

1978년 도미, 미국에서 재미동포 김덕희(36)씨와 결혼, 1남 1녀가 있다고 알려져 있다. 그리고 그는 미국으로 간 후 시카고 전자기기회사에서 2년간 조립공으로 일하다가 1980년 미군하사관으로 입대, 4년 복무기간 중 2년간을 주한미군으로 근무한 뒤 로스앤젤레스로 이주했다고 한다.

이곳에서 재미동포의 소개로 1986년 2월 재미한인노동연맹(현 한노련)에 자원봉사자로 1986년 11월까지 머물렀다. 여기에서 그는 '한노련의 노동운동을 방해·파괴하고, 기업가와 결탁하여 투쟁 중인 노동자들을 궁지에 몰아넣고 자신이 추대하는 사람이 한노련 위원장에 당선되지 않은 데 불만을 품어 한노련 파괴를 일삼은 점 등에 대한 책임을 지고 결국 조직원 자격을 박탈당하였다. 그리고는 한미공익협회를 조직하여 한노련에 대항하여 오다가 1987년 봄 한국에 입국, 활동무대를 옮겼던 것이다.

그의 한국에서의 활동도 '투쟁 중인 노동자들을 궁지에 몰아넣은' 미국에서의 활동의 연장선상에서 이루어진 것으로 보인다. 특히 그는 1987년 7~8월 노동자대투쟁 이후 한국노동자들의 민주노조 활동에 대한 파괴공작에 정치권력 및 재벌 측과 결탁, 중요한 영향을 미친 것으로 대부분 판단하고 있다.

현대노동자 피습사건의 현장지휘자가 이윤섭이라는 것이 밝혀지면서 본격적으로 드러나기 시작한 이윤섭의 한국에서의 행적을 정리해 보면, 그 활동범위와 영향력이 엄청남을 알 수 있다.

1987년 봄 한국에 들어온 이윤섭은 서울 성동구 군자동에 한국노사문제연구소라는 사무실을 개설, 활동을 시작했다. 1987년 여름에는 7~8월 노동자대투쟁 당시 전국경제인연합회 주최로 열린 '노사관계세미나'에서 이씨는 노사문제를 주제로 강연하면서 기업 측의 구미에 맞는 내용으로 기업관계자들을 현혹했던 것으로 알려지고 있다.

특히 이씨는 기업체를 돌며 미국의 노동조합 활동 및 조직을 이야기하면서 '무노동 무임금(No Work, No pay) 논리' 등을 주장했다. 1988년 6월경부터 정부당국과 경제계에서 말이 나와 노동계의 엄청난 반발을 샀음에도 불구하고 현재까지도 정부와 사용자들이 집요하게 관철하려는 이 '파업 중의 임금은 지급 않는다'는 지침도 이윤섭의 강연과 무관하지 않은 것으로 보인다.

수원 삼성에서의 노조파괴 활동

수원지역 노동계에서는 이윤섭에 대해 '노조파괴 전문가'로 알려져 있다. 1987년 7~8월 노동자대투쟁 이후 그해 10월 수원의 삼성전자 단지에 나타나 삼성전관·삼성전자·삼성전기·삼성코닝 등의 기업에 노조 결성 움직임이 일어나자 삼성그룹의 간부 및 관리직 사원으로부터 '고문'으로 불리며 노동자들을 납치, 협박해 노조결성을 저지하는 데 앞장서 왔다.

당시 수원의 삼성전관에서 노조를 결성하려다 이윤섭의 방해로 실패한 후 부서이동을 당한 박채연(36)씨는 이렇게 이야기 한다.

"노사협의회의 한계성을 인식하고 노조를 결성하기 위해 '삼성전관 민주노조추진위원회'를 동료들과 함께 결성해 노조결성 준비를 해왔습니다. 회사 측이 약 1달가량 감시와 미행을 계속하더니 10월 말경 갑자기 자칭 한미섬유노조 총무라는 이윤섭이 나타났습니다. 면담을 하자고 해서 회사 사무실로 가니까 이윤섭이 인사과 대리 박형도와 함께 있었습니다. 이윤섭은 나에게 삼성전관 민주노조추진위원회에 대해 털어놓으라고 강요했습니다. 이를 거부하니까 이윤섭은 '이 개새끼가 정신을 못 차렸구나. 박종철이 같이 아무도 없는 곳에서 죽어볼래' 하면서 커피잔을 던지고 갖은 욕설을 퍼부었습니다. 강압에 못 이겨 반성문을 쓰니까 이윤섭이는 '노조를 완전히 포기하라'고 명령조로 이야기했습니다."

이윤섭은 1987년 10월 말부터 11월 중순까지 삼성전관에 상주하면서 낮에는 전 사원을 대상으로 "삼성그룹의 노사협의회라는 제도는 가장 이상적인 제도이고, 노동조합을 결성하려는 사람은 궁극적인 목적이 일 안 하고 노조사무실에서 놀고먹으려고 하기 때문에 노동귀족이 되기 위해서다. 노동운동하는 사람은 빨갱이"라는 등의 교육을 하며 노동조합 자체를 부정·비방했다.

그리고 밤에는 회사 직원과 함께 노조결성을 준비하는 노동자 6명을 만나 폭행·협박을 일삼아 왔다는 것이 노동자들의 이야기다. 더구나 그는 노조결성을 준비하는 노동자들이 사용하던 방조차도 비디오로 촬영, 이 회사 노동자들을 모아놓고 "불순분자들 움직임의 증거"라며 악의에 찬 강연을 했다고 한다.

그리고 그는 이 회사의 중간관리자들을 상대로도 강의를 했는데, 용인 삼성종합연수원에서 한 강의에서는 다른 여자 강사까지 초빙해 노사문제 교육을 했던 것으로 알려져 있다. 특히 그는 회사의 조장·반장급 노동자들을 상대로 "좌경용공분자 구별 방법"이라는 팸플릿을 배포해 주고 "남에게 친절한 사람" "묵묵히 말이 없는 사람" 등을 조심하라는 식의 비인간적인 방법까지 동원했다고 노동자들은 말한다.

또 한 사람 이근안 경감

삼성전관 노동자들은 이윤섭과 함께 또 한 사람의 '악명 높은' 인사를 떠올린다. 최근 고문기술자로 알려진 후 행방을 감췄다는 경기도경찰국 공안분실장 이근안 경감이다. 이윤섭이가 삼성전관에서 교육하는 과정에서 노동자들의 야유가 심해지자 1988년부터는 이근안 경감이 교육을 했다고 노동자들은 전하고 있다. 최근 입수한 회사 쪽의 한 보고서에 따르면 1988년 4월 20일부터 5월 12일 사이의 6일간, 하루 2시간씩 삼성전관 '간부사원을 제외한 전 사원 2천46명'을 상대로 교육을 한 것으로 되어 있다.

'노사관리의 일환으로 실시한 좌경 및 공산주의비판 정신교육 결과를 다음과 같이 보고합니다'로 시작되는 이 보고서는 그 교육의 목적을 '최근 민주화 분위기에 편승한 일부 불순세력의 기업 내 침투사례에 따라 종업원에게 좌경 및 공산주의 비판에 대한 의지를 갖게 하고 외부 불순세력의 실상을 정확히 인식시키는 것'으로 설정하고 있다. 즉 이 내용은 경찰의 반공교육을 노사관리에 이용하고 있음을 입증하고 있다.

그리고 이 회사 측 보고서에는 이근안 경감에게 시간당 15만 원, 총 1백80만 원을 지급한 것으로 되어 있다.

이근안의 '위장취업의 실체 및 대책'이라는 이 강의를 들었던 노동자들의 이야기에 따르면 그는 노동운동하는 사람은 모두가 빨간물이 들은 사람이고 노동상담소 같은 데도 불순단체라고 몰아붙였다고 한다. 뿐만 아니라 이근안 자신의 간첩 잡은 이야기를 비롯하여 위장취업자를 잡은 이야기 등을 해가며 노동자들을 교육시켰다고 한다.

삼성전관에서 노조결성을 추진하다가 회사 측의 강압으로 쫓겨난 박종

준씨는 '이 땅의 민족자주화와 민주화를 위해 투쟁하던 그 많은 사람을 잡아다가 상상을 초월한 고문과 인간 이하의 짓거리를 한 놈을 삼성그룹 측에서 데려다가 우리 노동자들에게 교육을 시킨 것'에 대해 분노를 터뜨리며 이근안을 반드시 찾아내 엄벌해야 한다고 강조한다.

특히 수원지역의 삼성그룹계열사 노동자들은 이윤섭과 이근안은 상당히 긴밀한 관계가 있는 것으로 추측하고 있고 '반드시 밝혀져야 할 것'이라고 강조한다.

능력 인정받은 노조파괴 공작원

한편 이윤섭은 가는 곳마다 투쟁하는 노동자들을 궁지에 몰아넣었다. 1988년 2월 20일경 경기도 용인군 한일전장공업(주)에서 그는 노조 설립을 추진하는 노동자들에게 자신은 대공과 형사로 이 회사 고문이라고 하며 노조를 설립할 경우 좌경 용공으로 몰아 모두 구속하겠다고 협박, 노조설립 포기를 종용했다고 당시 해고당한 이장호(26)씨는 밝히고 있다.

한일전장에서 노조설립을 와해시킨 후 이윤섭은 1988년 3월 8일부터 3월 15일까지 1주일간 이 회사 임원 및 간부와 노동자들을 상대로 강의를 했다. 이해찬 의원이 지난해 노동부에 요청해 받은 자료에 따르면 이윤섭은 삼성전관(주) 노사지도고문으로 되어 있고, 한일전장공업(주)에서 임원 및 간부 상대로 4시간, 노동자들을 상대로 4시간을 강의한 것으로 되어 있다. 그리고 이근안과 마찬가지로 한일전장공업(주) 회사 측에서는 이윤섭에게 시간당 15만 원, 총 1백20만 원을 지급한 것으로 되어 있다.

이 자료에 나타난 임원 및 간부용 강의 내용은 '문제 사원 식별 방법(의

식화의 단계별 파악)' '분규 주요 사원의 형태' '재야단체 및 운동권의 실상과 노사분규와의 관계' '노동조합의 실상과 허상' '노사협의회 활동화 방안' '중간관리층의 역할' 등의 항목이 들어있음을 볼 때 이윤섭의 강의가 무엇을 의도하고 있는지는 짐작이 된다. 특히 '근로자용 강의내용은 별도' 로 달리하고 있는 것도 이윤섭의 행태를 나타내는 것이다.

그 외에도 이윤섭은 1988년 4월 선경그룹 계열의 선경마그네틱(주)에 나타나 회사 쪽이 주관한 전 직원 모임에서 '노조는 빨갱이들이나 하는 것'이라며 노조해체를 강요하는 요지의 강연을 공공연히 한 것으로 알려지고 있다.

1988년 6월 성남의 항진산업(대표 강영호) 노사협상 과정에서도 이윤섭은 고문자격으로 회사 쪽 협상대표를 맡은 사실이 밝혀졌다. 최근 이 회사 노조는 지난해 6월 1주일간의 노사협상과정에서 이윤섭이 폭언을 일삼으며 "말 안 들으면 잘 아는 경찰관을 통해 좌경분자로 잡아넣겠다"는 등의 위협까지 했다고 하면서 회사 쪽에 이윤섭을 등장시킨 경위를 추궁했다.

이렇게 이윤섭이 노조와해에 능수능란한 노조파괴 전문가로 알려지자 사용자들뿐만 아니라 정부당국에서도 그의 능력을 인정(?)했던 것으로 보인다. 그에 대한 이러한 정부당국과 사용자 측의 노조파괴 능력 인정(?) 이 그를 더욱 노조파괴 공작에 기승을 부리게 했다고 노조 관계자들은 말하고 있다.

민주세력과 노동자 분열 획책도

이윤섭의 활동영역은 경기도 지역뿐 아니라 마산·창원·포항·울산 등 노동운동이 활성화되어가는 전 지역으로 뻗쳐 있었다. 또 현대·삼성을 비롯해 통일(주)·포항제철·풍산금속 등 대규모 업체 노동자들의 단결 움직임이 있는 곳에는 어디나 나타나서 노조를 파괴하고 노동자들을 분열시키려고 했다.

1988년 9월경 그는 풍산금속 안강공장에 나타났다. 여기서 그는 1차로 회사관리자를 상대로 강연을 했다. 이들 관리자들은 다시 부서별로 노동자들을 모아놓고 이윤섭의 강연 내용을 되풀이했다. 그런 뒤 다시 그해 9월 말경에 이윤섭은 풍산금속 안강공장 전 노동자 4천5백여 명을 모아놓고 강연을 했다.

이들이 한 강연내용의 골자는 "영남지역에는 U벨트형의 연대조직으로 노동조합공동투쟁위라는 불순지하조직이 있다"는 것이다. 그리고 그 "지하조직의 총책임자는 포항노동문제 상담소의 김상섭(40)씨이며 그 행동대의 대장이 작년 8월 풍산금속에서 해고됐던 권영국(27)씨라는 것이다. 또 민주노조는 '공산노조' 또는 '폭력노조'이며 침투의 1차적 목표로서 풍산금속이 포함되어 있다고 주장했다. 특히 이윤섭은 '불순지하조직'의 목표는 1차 기존노조를 모두 어용으로 간주, 민주노조로 대체하여 위원장을 획득하고, 2차 목표는 노총을 타도하고, 3차로 정권타도, 4차 목표는 체제전복, 자주통일이다"라고 역설했다.

이윤섭과 풍산금속 관리자들의 위와 같은 강의에 대해 포항노동문제상담소 소장 김상섭씨는 "노동자의 권익을 위해 활동하는 포항노동문제상담소를 불순세력 또는 범죄단체로 연상하도록 유도하는 석은 명예훼손"이라며 경주경찰서에 고발했다. 이 고발에 대해 경주경찰서는 1988년 12월 12일 이윤섭과 풍산금속 안강공장 관리자 이대희·김강하·윤원창 등을 불구속기소했다고 김상섭씨에게 알려 왔다.

또 이윤섭의 강연에서 '지하불순단체'의 행동대원이라고 했던 권영국씨도 9월 22일 성명을 발표, 참된 노조를 이루고자 했던 일들을 체제전복으로까지 비화시키는 조작행위에 대해 규탄했다. 그리고 그는 "분단된 조국 현실의 아픔을 악용하여 허위사실을 날조, 빨갱이로 몰아세우고 노동형제들의 심리적 불안을 초래케 하여 모두가 그토록 열망하던 민주노조의 정착을 방해하려 하고 있다"며 '노동형제들의 의식 수준을 얕본 행위'에 대해 경고했다.

이윤섭이 9월 말 풍산금속 안강공장에서 노동자들을 모아놓고 강연을 하자 노동자들은 신랄한 질문공세를 했다. 결국 그는 노동자들의 질문에 제대로 답변을 못하고 강연을 끝내버렸다고 풍산금속 노동자들은 말한다.

조합 간부 포섭공작도

울산 현대그룹에서 했던 이윤섭의 활동은 충분히 알려져 있지는 않다. 다만 현대노동자피습사건 이후 그가 경찰·안기부 등 공권력과 현대그룹, 그리고 현재 불신 받고 있는 서태수 현대중공업위원장 쪽 노조집행부와 다 같이 긴밀하게 연결되어 활동해 왔다는 것은 분명해지고 있다. 특히 지난 1월 4일 울산시 우정동 노동회관에서 노동부 울산지방 사무소장 등도 참석한 가운데, 현대중공업의 일부 노조대의원 60여 명을 모아놓고 울산경찰서 대공과장이 이윤섭을 소개, 강의를 하게 했다. 여기에서도 풍산금속 안강공장에서와 같이 이윤섭도 재야노동단체들이 민주노조건설→기업·지역간 연대→노총타도→정권 타도→체제전복→자주

통일을 주장하면서도 일이 일단 이루어지면 노동자들을 외면할 것이라고 하면서, 재야노동단체와 노동자들을 분열시키려 했다. 특히 노동자들은 이때 이윤섭이 "구사대를 조직하라"고 하는 등 노동자들로 하여금 서로 싸우도록 선동했다고 한다.

또 집단폭행 8시간 전인 1월 7일 오후 6시께에도 현대그룹 노동자 1백50여 명을 모아놓고 "파업주동자들은 극소수다. 이들을 깨야 한다"며 은연중에 폭력을 선동했던 것으로 알려져 있다.

물론 이윤섭이 이때 울산에 처음 나타난 것은 아니다. 이미 1987년 9월경부터 울산 일대에서 '노조 실상과 올바른 노조 조직 및 운영'이라는 제목을 달고 회사 간부와 일부 노동자들을 상대로 강의를 하며 나타났다. 그가 노조간부들을 상대로 강의할 때는 '그럴듯하게' 이야기하면서 노조 간부들에게 접근, 결국 '회사 쪽과 결탁한' 노조를 만들려고 했던 것으로 알려진다. 특히 노조위원장 등 포섭이 가능할 것 같은 핵심적 노조간부에 대해서는 집중적으로 접근, '마치 정보기관에서 하는 것 같은' 교육을 한 것으로 알려지고 있다.

현대엔진 노조위원장 이재현(31)씨는 자신도 "이윤섭의 포섭대상이었던 것 같다"면서 이윤섭으로부터 받은 자료를 공개했다.

이들 자료 중에는 '학원가 좌경세력의 실체' '좌경세력과 그 주장의 위험성'이라는 제목의 인쇄물을 비롯하여, '좌경화 운동전개의 실태' '각 혁명노선의 비교' '북괴의 대남혁명노선과의 비교' 등과 같은 정보기관에서 만든 것으로 보이는 자료도 있다.

더군다나 1986년경 운동권 일각에서 돌던 팸플릿 '지금시기 우리들의 전술적 임무에 대하여'라든가 '1986년도 상반기 공투위 평가보고서'도 이윤섭의 노조간부 포섭작전에 사용됐다.

'YH 여공 신민당사 불법점거농성사건' '전국민주학생연맹사건' '삼민투 서울미문화원 농성사건' '반제동맹사건' 'CA그룹사건(제헌의회 소집)' '민족민주교육쟁취 투쟁위원회사건' '전국대학생대표자협의회' 등 각종 시국사건을 '정보기관의 입장'에서 정리한 자료도 이윤섭은 '노조간부 포섭공작'에 이용했다.

이윤섭은 현대엔진 노조위원장 이재현씨를 포섭하는 데는 실패했지만 위와 같은 자료들로 노조간부들을 자신의 하수인으로 이론적인 무장을 하게 하려했던 것은 확실해 보인다.

울산지역 현대그룹계열사 노동조합에 이윤섭이 미친 영향은 상당히 큰 것으로 판단된다. 일부 노조간부들은 이미 그 추종자가 되어 버렸다는 이야기도 있다.

이윤섭의 영향력 아래서 나온 것으로 보이는 유인물들을 보면 노동조합 간부 명의로 나온 것이든, 회사 쪽 간부들 명의로 나온 것이든 '체제전복을 꾀하는 외부세력의 조종을 받는 야심적 선동세력을 척결해야 한다'는 식의 내용으로 일관해 있다.

노동운동관계자들은 이윤섭의 '노조간부 포섭 공작'이 현 정부당국의 '체제수호' '체제 파괴세력 척결' 등과 같은 발언과도 관계가 있는 것으로 보고 있다. 즉 해방 직후 대한노총이 반공을 내세우며 미군정의 비호하에 전평[조선노동조합전국평의회]을 폭력으로 파괴해 왔던 것처럼, 민주노 조운동을 '체제파괴운동'이라고 매도하여 파괴시키려는 의도가 보인다는 것이다.

현대그룹뿐만 아니라 풍산금속, 대우정밀 등 최근 곳곳에서 진행되는 노조탄압에는 바로 '민주노조 운동세력' 자체를 노동현장에서 몰아내면서 '민주노조운동 파괴세력'을 조직적으로 형성시켜 나가려는 재벌과 정치권력의 의도가 깔려 있다는 것이 전문가들의 지적이다. 바로 이 '민주노조운동 파괴'의 행동책 중의 한 사람이 이윤섭이었다.

울산 현대그룹의 한 노동자는 "노동현장에 들어와 노동자들을 분열·기만하여 민주노조운동을 폭력으로 파괴시키려는 이윤섭과 같은 자들의 활동을 봉쇄하기 위해서는 전국의 노동자들이 깨어 있어야 하고, 민주노조들이 보다 확고한 연대구심을 형성하여 전 노동자들을 결집시켜야 한다"고 강조했다.

말 · 1989년 2월호

| 후기 |

이윤섭은 1989년 1월 8일 현대노동자 피습사건으로 구속되었지만 곧 풀려나 주 무대를 인천 등지로 옮겨 노조와해 활동을 계속했다고 전해진다. 이근안은 김근태 고문 혐의로 기소되어 11년간 도피 생활을 하다 1999년 자수해 7년 복역 후 출소했다. 이윤섭은 70세에 이르고, 이근안은 80대가 됐다. 30년의 세월은 그들의 육신을 노인으로 만들었다. 하지만 인간의 이기심을 부추기며 분열을 조장하고, 올바른 사회적 각성을 가로막아온 그들의 그릇된 논리는 지금도 곳곳에서 꿈틀대고 있다. (손중양)

학생운동 야사-1987년 6월의 함성

6회에 걸쳐 연재했던 학생운동야사가 이번 호로 막을 내린다. 1988~1989년
의 기록을 뒤로 미루는 것은 이 시기에 대한 정사의 서술이 먼저 이루어지기를
기대하는 마음에서이다. 아울러 아직도 옥중에 있는 임수경 양의 조속한 석방을
기원한다.

신준영·본지 기자(현 남북역사학자교류협회 사무국장)

박종철 죽음으로 시작된 1987년

6월 항쟁의 해라 할 1987년. 그러나 학생운동에 있어 1987년의
시작은 결코 희망차지 않았다. 건대사태 이후 계속되는 검거선풍으로
1980년 이후 최대의 조직적 타격을 입은데다가 정부의 지속적인 선전으로
인해 여론으로부터도 외면당하고 있었다.

1986년 겨울 이후 학생들이 가두시위에 나서면 시민들이 발을 걸어
넘어뜨리는가 하면 심지어 시민들에게 잡혀 경찰에 넘겨진 학생조차

있을 정도였다. 이런 상황에 부딪힌 저학년 학생들은 선배들을 붙잡고 "우리는 대체 누구를 위해 싸워야 합니까?"하고 울부짖기도 했다.

이 무렵인 1월 14일 서울대 언어학과 84학번 박종철 군의 고문치사사건이 일어났다.

박종철 열사를 죽음으로까지 몰아넣으며 경찰이 찾아내려 했던 장본인인 박종운씨는 그의 죽음이 단순히 '독재정권에 의한 희생'만이 아님을 분명하게 증언한 바 있다. 박 열사가 비록 박종운씨의 거처는 알지 못했다 할지라도 박종운씨와 다른 선배들의 연락책임을 맡고 있음으로 해서 알게 된 정보들은 그들의 검거에 유력한 단서가 될 수 있었다. 그러나 박 열사는 끝내 이 부분에 대해서는 입을 열지 않았다.

뜨거운 동지애와 불굴의 의지라는 면모는 1984년 이후 박 열사의 학생운동 과정에서도 거듭 확인되는 성품이다. 자신도 넉넉하지 못한 처지에서도 '운동권의 자선사업가'라 불릴 정도로 그는 때로는 한 장 남은 만 원권 지폐를, 혹은 한 달 치 지하철 승차권을, 심지어 누나가 짜준 목도리를 어려운 동료들에게 나누어 주었다.

그가 1986년 4월 왕십리 노학연대투쟁으로 구속돼 있을 때 전해들은 김세진 열사의 분신소식은 그에게 커다란 영향을 미쳤던 것 같다. 그는 1985년 시위에서 연행돼 관악경찰서에서 구류를 살 때 김세진 열사와 함께 지냈던 일이 있었다. 이후 두 사람은 1986년 초 신림동 사거리에서 우연히 만나 굳은 악수를 나눈다. 1986년 7월 집행유예로 출소한 박 열사는 한 동료에게 눈물을 글썽이며 다음과 같이 말했다고 한다.

"세진 형의 죽음에 접하게 된 무렵 나는 가족들에 대한 생각 때문에 마음이 약해져 있었다. 그 후 면회 온 부모님께 어쩌면 공격적이라 할 정도로 내 주장을 편 것은 세진 형과의 약속 때문이었던 것 같다. 이런저런 생각에 넋을 잃고 앉았다가도 세진 형 생각이 나면 힘을 내곤 했었지."

이후 전개된 2·7, 3·3 고문추방 민주화 국민평화대행진에서 보여준 시민들의 분노는 6월 항쟁을 예고하는 것이었다.

4·13 호헌선언과 개소리

이 겨울 동안 1987년의 학생운동에 대한 준비가 곳곳에서 이루어지고 있었다. 이 과정은 1986년의 투쟁에 대한 심각한 반성 속에서 진행된다. 건대사태로 1천2백90명의 학우들이 구속되었는데도 왜 다른 학우들은 이에 분노하지 않는가? 이는 그동안의 학생운동이 학우들로부터 신뢰와 애정을 얻지 못했다는 단적인 증거가 아닌가? 1986년 내내 입으로 대중노선을 외치면서 실제 운동은 여전히 소수의 지도부가 대중을 동원하려는 식으로 진행된 것은 아닌가?

연세대 학생운동 지도부의 경우 위와 같은 문제에 답을 얻기 위해 1주일 이상의 기간 동안 밤을 새워 토론했다. 마침내 자신들이 잘못된 대중운동을 해왔다는 사실을 깨닫게 된 그들은 무릎을 꿇고 '자신이 그동안 대중을 어떻게 만나왔던가'를 동지들 앞에 고백하는 순서를 갖기에 이른다. 이 자리에 있었던 우상호씨(1987년 연세대 총학생회장)는 이때의 분위기가 "올바른 대중노선을 획득하지 못하면 우린 모두 죽는다고 할 정도로 절박했었다"고 밝혔다.

이 같은 반성의 결과는 3월 중에 진행된 각 학교의 학생회 선거에서 집중적으로 나타난다. 학생회가 명실상부한 학생대중조직이 되기 위해서는 첫 출발점인 선거부터가 광범한 학생들의 참여 속에 이루어져야 했던 것이다.

재미있고 유쾌한 선거로 유명했던 것은 연·고대의 선거였다. 연세대 선거에 기호 2번의 문화 유세패로 일했던 안치환씨는 이때 운동권의 대중가수로 데뷔하게 된다. 그가 통기타를 들고 나와 「솔아 솔아 푸르른 솔아」라는 듣도 보도 못한 감동적인 노래를 부르자 정신없이 듣고 있던 기호 1번 우상호씨는 '표 날아간다'고 발을 동동 굴렀다고 한다.

또한 뒤에 고려대 총학생회장에 당선된 이인영씨는 고려대의 분교인 서창캠퍼스에서의 유세를 잊을 수가 없다고 했다. 잘 준비된 공약문을 들고 연설을 시작하려던 그는 서창캠퍼스 학우들로부터 집중적인 공격을 받는다. "학생회장들이 선거 때나 표 받으러 내려오지 그 후 뭘 했느냐. 당신이 분교의 고통을 아느냐. 이게 국회의원 선거와 뭐가 다르냐"는 것이었다.

한동안 할 말을 잃었던 이인영씨는 준비해간 공약문을 찢어버리고 손가락을 깨물어 '서창의 고통과 함께 하겠다'는 혈서를 썼다. 보통 혈서를 쓸 때 면도날로 손가락을 베는 데 반해 살점이 떨어져 나가게 손가락을 물어뜯었던 그는 "당선되려고 별짓 다한다는 소리도 들었지만 선거 과정 중 가장 괴로웠던 이때 대중과 함께 하겠다는 각오를 밝히고 나니 속이 후련했다"고 그때의 심경을 밝혔다. 서울대·서강대·한양대 등의 경우는 NL[민족해방]노선과 CA[제헌의회 그룹]노선을 가진 후보들이 경선을 벌여 학생활동가 서로에게 많은 상처들 주었다. 이 세 학교에서 모두 대중노선을 표방한 NL노선의 후보가 당선되었다.

한편 CA의 아성이라 불리던 성균관대에서는 의외로 CA 측 후보가 곤경에 몰리다가 근소한 차로 당선되었다. 얼마 전까지 학생운동을 하다가 그만둔 후 총학생회장에 출마한 상대방 후보가 '만사 제쳐 두고 오로지 제헌의회 소집에만 관심이 있는 학생회'에 맹공을 퍼부었던 것이다. 이봉원(1987년 성균관대 총학생회장)씨는 유세 내내 오로지 정치선동만을 계속했던 자신이 당선될 수 있었던 것은 성균관대의 특수한 정서에 힘입은 것이라 풀이한다. 즉 그간의 전통으로 인해 성균관대생들은 후보가 정치문제가 아닌 식당문제 같은 것을 들고 나오면 "쟤는 가짜다"라고 생각하는 경향이 있는데다가 그즈음 다른 학교에서 거의 민민투 측 후보가 떨어지고 있었으므로 "우리 학교만은 민민투가 돼야 한다"는 의식도 작용했다는 것이다.

선거 후 출범식을 가진 각 학교 총학생회가 4·19주간을 선포하고 행사를 진행하려던 첫날인 1987년 4월 13일 소위 '호헌선언'이 발표된다.

연세대 총학생회는 이 내용을 널리 알린다며 그날 오후 집회에서 4·13선언을 녹음한 테이프를 틀었다. 단호한 전두환 전 대통령의 음성이 흘러나왔다. "…… 개헌을 하려 했으나 일부 야당의 비협조로 질서 확립에 어려움이 커 …… 본인은 아무런 사심이 없습니다. 멍멍멍" 난데없는 개소리가 흘러나오자 집회에 모인 학생들은 요절복통을 했다. 총학생회 측이 개 짖는 소리를 녹음해 4·13 호헌선언의 말미에 붙였던 것이다.

이 무렵 고려대 홍보관 앞에 설치된 '자유발언대'는 학생대중의 자발성을 높이는 데 크게 기여했다. 매일 오후 2시, 고대생들은 자유롭게 올라가 자기주장을 폈는데 특히 주목할 만한 일은 이 자리에서 토론이 돼 행동에 나선 학생들에 의해 통일교 박보희씨의 고려대 강연이 저지된 일이다. 4월 15일 고대 내 통일교 서클인 원리연구회의 초청으로 고대에 온 박보희씨는 2천여 명의 학생들이 몰려들어 "민족 고대에서 나가달라"고 요구하는 바람에 강연도 못하고 내쫓기는 수모(?)를 겪었다.

서대협의 출범

이 무렵 서강대에서는 총학생회장이 학생총회를 스스로 유회시키는 일이 일어났다. 즉 학생회칙에 학생총회의 정족수가 전체학생의 10분의 1 이상으로 규정되어 있으므로 거기에 못 미치는 인원으로는 학생총회를 열 수가 없다는 이유에서였다. 이것은 그간의 학생운동이 1~2백 명만 모여도 학생총회라 이름 붙이고 거기에서 결의된 대로 투쟁에 나섰던 것과는 현저하게 다른 모습이었다. 결국 이렇게 유회된 학생총회는 며칠 후 8백여 명의 학생들이 참여한 가운데 다시 치러지게 된다. 이 숫자는 당시의 집회규모로 보나 전교생의 수가 6천 명에 불과한 서강대의 규모로 보나 상당한 대중적 지지를 의미한다고 할 수 있다.

이처럼 "철저하게 대중과 함께 싸운다"는 총학생회의 노선이 모든 학생활동가들에게 흔쾌히 받아들여진 것은 아니었다. 총학생회가 4·13 이후에도 폭력시위를 조직하지 않자 연세대의 경우 "이불 속에서 자주·민주·통일을 외치는 총학생회는 각성하라"는 대자보가 나붙기도 했고 서강대·한양대 등지에서는 조직적인 반발이 전개됐다.

즉 CA노선에 서 있는 학생활동가들은 NL진영의 논리들은 기회주의적인 것으로 규정하고 '대중들이 모인 데서 그런 발언이 유포되는 것을 좌시할 수 없기 때문에' 대중 집회에서 마이크 장악 투쟁에 나섰던 것이다. CA조직은 이 투쟁을 위해 말하는 연습을 많이 한 연설가 집단을 양성했고 이들이 집회에서 마이크를 한번 잡았다하면 보통 집회시간이 6~7시간으로 늘어지게 마련이었다. 자연히 이들의 얼굴을 알고 있는 집회 사회자는 이 연설가들에게 마이크를 주지 않으려 했고 이 과정에서 '선전선동의 자유가 있으므로 단상점거도 불사하는' CA 연설가들과 총학생회 사이에 싸움이 일어나는 등 집회는 난장판이 돼버렸다. 이것은 일반 학생들에게 운동권의 헤게모니 싸움으로 비쳐 빈축을 사기도 했는데 이 문제는 1988년에야 해결 전망을 찾은 학생운동의 주요한 과제였다고 할 것이다.

수유리묘지에서 열린 4·19 집회에 시내 각 대학 학생회를 중심으로 4천여 명의 학생들이 모여들어 학생연대조직을 만들 기반이 형성했음을 보여주었다. 서울의 동·서·남·북 각 지구에서 뽑아 올린 김병식(한양대 총학생회장)·우상호·이남주(서울대 총학생회장)·이인영씨 등 네 사람의 지구대표들은 서대협(서울지역총학생회대표자협의회) 건설을 위한 준비를 시작했다.

마침내 1987년 5월 8일 연세대에서 서대협 발족식을 갖게 된다. 축제기간인 탓도 있었지만 발족식에 1천5백여 명의 학생들이 모여든 것은 발족식 자체가 부드럽고 진지하게 진행됐던 까닭일 것이다. 식순에 따라 각 대학교 총학생회장들이 자신을 소개하기 시작하자 모여든 학생들은 "이대 학생회장 예쁘다" "××대 학생회장 배 나왔네" 하며 웃어대기도 했다.

5월 18일 천주교 정의구현사제단에 의해 박종철 열사 고문치사 사건의 진상이 은폐·조작되었다는 사실이 폭로되면서 학생운동은 결사항전의 자세를 가다듬기 시작한다. 5월 23일 종로3가에서 벌어진 연좌시위에서는 폭우가 쏟아지는 속에서도 2천여 명의 학생들이 제자리에 앉아 "박종철

살려내라, 호헌철폐"를 외쳤고 경찰이 달려들자 모두 제자리에 누워 항거했다. 결국 이들의 사지를 번쩍 들어 연행한 경찰은 수가 너무 많아서였던지 그날 밤 이들을 모두 훈방한다.

이 시위가 학생대중들에게 미친 영향은 엄청나게 크다. 최루탄을 난사하며 달려드는 경찰폭력에 대한 두려움은 결의에 찬 자세라면 극복할 수 있다는 경험을 얻게 된 것이다. 고대에서는 다음날의 보고대회에서 훌륭하게 싸운 학생에게 꽃다발을 선사하는 순서를 갖기도 했다.

"두환아! 종쳤데이"

박종철 열사 고문치사 사건 조작에 대한 분노는 건대사태의 후유증으로 침체했던 서울대 학생운동의 분위기를 반전시켰다. 5월 25일 이남주 총학생회장이 단식을 시작하면서 동맹휴업을 호소했고, 5월 27일에는 학생들이 과·단대별로 맹휴를 결의하고 삼삼오오 아크로폴리스로 모여들기 시작했다. 이날 모인 4~5천 명의 학생들은 교문 1백 미터 앞에서부터 두 줄로 늘어서서 신림동 사거리까지의 시위에 들어갔다. 학교 근처에 있는 관악경찰서 분실 앞과 녹두 골목 사이에서 경찰폭력에 의해 대오가 흩어진 뒤에도 학생들은 삼삼오오 짝을 지어 신림사거리까지 가서 차도로 뛰어나가 연행되는 순간까지 구호를 외쳤다.

이날 발족한 국민운동본부가 6·10국민대회를 선포하면서 각 대학은 총궐기 준비에 들어간다. 이에 따라 각 학교에 구성된 '특별위원회'를 묶은 연대투쟁조직인 서학협(호헌철폐와 민주개헌쟁취를 위한 서울지역 학생협의회)이 5월 27일 발족된다. 이들은 6월 항쟁 동안 전술을 짜고 현장지도를 맡아 거리에서 목이 터져라 선동하는 등 헌신적인 모습을 보여주었다.

1987년 5월 28일 고려대에서는 '대자보 백일장'이 열렸다. 학생대중에게 대자보를 써보는 경험을 주기 위해 마련된 이 자리에서는 특히 1학년 학생들이 기지를 발휘해 상을 휩쓸어갔다. 상 받은 작품들을 잠깐씩 보자.

"두환아! 종쳤데이, 아무 소리 말고 미련 없이 잘 가거래이"

"民衆子曰, 軍獨而 打到之면 不赤悅乎아, 祖國而 統一之면 不赤萬歲乎 아."

1987년 6월 1일부터 6월 9일까지 서대협 산하 총학생회장들은 6·10총궐 기를 호소하며 단식에 들어간다. 그런데 6월 5일 이인영 고려대 총학생회 장이 경찰에 연행, 구속되면서 고려대는 결사적인 '지도자 구출투쟁'으로 돌입한다. 이 투쟁은 연일 4~5천 명이 모여 고려대 일대에서 경찰과 투석전을 벌여 경찰이 달아나는 데까지 이르게 된다. 결국 이인영씨를 풀어주지 않고서는 사태를 가라앉힐 길이 없다고 판단한 검찰은 6월 17일 구속취소 조치로 그를 석방한다.

이씨는 3월의 선거유세 과정에서 "당신의 소원이 무엇입니까?"라는 질문에 "저는 어차피 잡혀갈 것인데 학우들이 호송차를 가로막고 저를 구출하려는 총학생회장이 되었으면 좋겠습니다"라고 답변한 일이 있는데 이것이 실현된 셈이다. 게다가 고려대생들은 그의 구출투쟁 기간 동안 빰빰빰 하며 입으로 부는 빵빵빵레곡을 개발해 석방된 후 집회에 이씨가 나타날 때면 연주(?)를 하곤 해 "그럴 것까지 있느냐"는 논란을 불러일으키 기도 했다.

1학기 내내 돈이 없어 곤궁했던 서울대 총학생회는 6·10을 준비하면서
도 가장 경제적인 방법을 궁리해야 했다. 이때 이들을 구원해준 것이
미술대 학생들이었다. 그들은 처음에는 구호를 새긴 도장을 파서 도화지에
찍다가 노하우가 축적되면서 실크 스크린이라는 새로운 기법을 동원해
성조기·민정당기 등을 제작했다. 총학생회장 이남주씨는 "그간 예술대학
학생들에 대한 편견도 상당히 있었는데 이때 이들이 엄청나게 헌신적임을
깨달았다"고 했다.

한양대에서는 단식 중이던 김병식 총학생회장이 과로로 쓰러져 병원에
실려가는 일이 벌어졌다. 영양제를 맞던 그는 예정된 집회시간이 다가오자
주사바늘을 뽑고 집회에 나가 학생들과의 약속을 지키기도 했다. 이
무렵 서학협 소속 한양대 투쟁위원장인 김정수(영문과 84학번)씨가 집회
에서 학우들로부터 싸움대장으로서의 신뢰를 모으는 게 미흡하자 김병식
씨는 6월 8일 밤 "이번 궐기에서의 승리를 네가 책임져야 한다"고 으름장
(?)을 놓았다. 6월 9일 오전 총궐기 전날의 집회가 열리고 순서에 따라
김정수씨가 연단으로 나왔다. 그는 "성명서를 읽겠습니다" 하더니 성명서
를 등 뒤로 돌리고 그대로 죽 성명을 발표하는 것이었다. 6·10에 임하는
자신과 학우들의 의지를 다지기 위해 그는 밤새도록 성명서를 외워서
집회에 나왔던 것이다.

이한열, 6월 하늘의 함성

1987년 6월 9일 오후 5시경 결의대회를 마치고 연세대 교문
앞에서 시위를 벌이던 이한열 군이 최루탄 직격탄을 맞고 쓰러진다.

이때부터 연세대의 6월 항쟁의 전형이 생겨난다. 즉 낮이면 투쟁하고 밤이면 이한열의 병상을 지키는 것이다. 밤에 귀가한 학생들은 부모님과 함께 김밥을 싸서 다음날 아침 병상을 지키는 친구들을 먹였다.

6월 10일 아침 9일간의 단식으로 초췌한 모습의 서강대 총학생회장 이현종씨는 도서관·강의실 등을 돌며 6·10에의 참여를 호소한 후 자못 불안한 마음으로 총학생회실에 앉아 있었다. 이 때 나영환이라는 이름의 낯선 복학생 한 명이 그를 찾아왔다. "후배들이 마구 끌려가고 있는데 선배들이 취직 준비한다고 도서관에서 공부만 하고 있자니 참으로 부끄럽다. 우리가 뭐 할일이 없겠는가"라는 것이 그의 말이었다.

이현종씨는 "복학생 형님들 모아서 이야기라도 합시다"하고 제의했는데 얼마 후 7~8백 명의 복학생들이 총학생회실 앞에 모이는 놀라운 일이 벌어졌다. 감격한 이씨는 이들 앞에 나가 울먹이며 "선배들을 믿고 있었지만 오늘 이렇게 나서주실 줄은 몰랐습니다. 어제 시위로 많은 사람들이 연행돼 지금 일할 사람이 없으니 저를 좀 도와주십시오"라고 호소했다.

서로 간에 응집력이 강한 복학생들은 자체 조직을 만들어 대단히 치밀하게 움직이기 시작했다. 이들의 선도에 의해 과마다 수업거부를 결의했고 이날 오후 1시 본관 앞에 2천여 명이 모여 전 대학 차원의 수업거부가 결의된다.

복학생들은 6월 항쟁 기간 내내 철저한 투쟁의 자세를 보여주었다. 매일 아침 7시까지 예비군복을 입고 나와 교문 앞에서 연좌농성을 하고 등교하는 후배들에게 유인물을 나눠주었다. 수업 거부에 이탈자가 있어서는 안 된다며 강의실의 책상을 다 꺼내서 복도에 쌓고는 강의실문을 지키기도 했고 시위 도중 최루탄을 뒤집어써 온몸에 수포가 생겨도 계속 집회에 나와 싸웠다.

전국에서 총 24만여 명이 참가한 6·10총궐기 이후 5박6일간 계속된 명동성당 농성과 사경을 헤매는 이한열 군의 소식은 국민들을 다시 거리로 나오게 했다.

6월 15일 연세대에서는 이종창 군(피를 흘리며 쓰러지는 이한열 군을 뒤에서 붙들어 일으킨 학생)이 교내시위 중 전경이 던진 돌에 맞아 뇌수술을 받고 이한열 군과 나란히 신경외과 중환자실에 입원하는 사태가 일어났다. 다행히도 이 군은 건강을 되찾아 해마다 열리는 이한열 열사 추모식에서 3년째 이 열사의 약력을 보고하는 역할을 맡고 있다.

'최루탄 추방대회'가 있었던 6월 18일 이화여대 운동장에는 8천여 명의 이화여대생들이 모여들었다. 집회를 마친 학생들은 총학생회장 임미애씨를 선두로 교문 앞으로 진출, 연좌했다. 학생들은 경찰이 쏘아대는 최루탄에도 불구하고 그 자리에 엎드려 저항했는데 나중에 살인적인 지랄탄으로 대오가 흩어지고 나서 그 자리를 청소한 총학생회 간부들은 깜짝 놀랐다고 한다. 학생들이 떨어뜨리고 간 시계·반지·귀걸이·목걸이·하이힐 등 귀금속과 값비싼 물건들이 박스로 하나 가득 수거됐던 것이다. 임미애씨는 그 물건들을 보고 "그동안 학생운동하는 사람들이 경원시했던 친구들이 그 자리에 그토록 많이 참석했었구나 하는 사실을 새삼 깨달았다"고 했다.

이날은 서울대의 경우에도 가장 많은 학생들이 가두로 나간 날이었다. 학생식당은 파리를 날리고 평소 학생들로 북적대던 학생회관 라운지에서는 네 명의 학생이 배드민턴을 치고 있을 정도였다. 또한 한양대에서는 출정식에서 음대학생들이 관현악단을 동원해 운동가요를 연주하는 바람에 임종석 군(1989년 전대협 의장) 등 한양대 노래서클 '소리개벽' 소속 학생들이 기가 죽기도 했다. '계엄령이 내릴 것'이라는 소문 속에서도 3만5천여 명의 학생들은 자정 무렵까지 가두시위를 계속했다. 이들이 최루탄 연기 속에 을지로3가에서 연좌집회를 하고 있을 때 근처 빌딩에서 던져주는 화장지로 하늘이 온통 하얗게 덮이기도 했다.

전대협의 발족

6월 항쟁의 과정에서 '호헌철폐 독재타도'를 외치는 서대협과는 달리 줄곧 "제헌의회 소집"만을 외쳤던 성균관대의 사정은 어떠했을까?

이 무렵 성균관대는 서대협의 비폭력투쟁 노선에 반대해 화염병을 들고 거리로 나가는 특이한 학교였다. 이들은 '호헌철폐 독재타도'를 외치는 수만 명의 군중에 둘러싸여 '파쇼하의 개헌반대, 혁명으로 제헌의회'라는 자신들의 구호를 행여 뒤질세라 목청을 높여 외치곤 했다.

이들은 청계천 삼일빌딩 근처에서 주로 시위를 했는데 하루는 이들 시위대의 꼬리에 '호헌철폐 독재타도'를 외치는 몇 명의 학생들이 끼어들었다. 그러자 대열을 지도하던 성균관대 총학생회 사회부장이 쫓아가 "여보쇼, 당신들은 상황인식을 제대로 하고 있는 거요, 없는 거요" 하고 호통을 쳐 이들을 격퇴(?)하기도 했다.

그런데 화염병 시위에 익숙지 않은 성균관대의 일반학생들은 학교 단위로 가두에 나왔다가도 대오가 흩어지면 명동·을지로 등지로 가 서대협 소속 대학 시위대에 합류하게 된다. 거기에서 많은 학생들이 자신과 다른 구호를 외치고 있는 것을 보게 된 성대 학생들은 뭔지 잘 모르겠는 '제헌의회'보다 '독재타도'를 외치게 되고 이 결과 성대 학생운동지도부는 6월 항쟁 기간 동안 오히려 대중의 신망을 잃어가는 결과가 빚어졌던 것이다.

6·23, 6·26에도 전국적으로 1백만 명 이상이 시위에 나서는 가운데 마침내 6·29선언이 발표되고 서대협은 이를 '민중의 승리'라 규정한다. 며칠 후인 7월 5일 이한열 군이 사망한다. 7월 9일 거행된 장례식은 6·29의 여파 때문인지 승리의 분위기에 가득찬 '기쁜 장례식'이었다. 영구 대열이 광주로 떠난 뒤에도 시청 앞에 운집한 1백만 대중은 흩어질 줄을 몰랐다. 수만 명의 시민들이 '조기게양'을 외치자 프라자호텔 측은 자진해서 조기를 게양했으나 시청 측은 완강했다.

흥분한 일부 시민들이 시청 기물을 파손할 기미를 보이자 김병식 한양대 총학생회장 등 50여 명의 학생들이 시청 안으로 들어갔다. 시장실을 찾던 김병식씨가 시장을 찾지는 못하고 상당히 고위직인 듯한 관리에게 "조기게양을 하지 않으면 흥분한 사람들을 진정시킬 방법이 없다"며 조기게양을 요구하자 그는 불안한 기색을 감추지 못하면서도 "조기게양은 국무회의를 거쳐야 한다"며 완강히 거부했다. 이에 김병식씨 등 20여 명의 학생들은 옥상 문을 따고, 말리는 시청 직원들과 몸싸움을 하면서 조기를 게양한다.

이날 1백만 명 이상의 대중이 운집했는데도 정치집회가 이루어지지 못한 것은 앰프 시설의 미비 때문이었다. 이렇게까지 많은 사람들이 모여들 것을 예상 못한 서대협 측은 당일 지나가는 지프차를 끌고 와서 간이마이크를 배터리에 연결해 이인영·이남주씨가 집회를 이끌려고 했으나 1백만 명에는 절대적인 용량부족이었다. 시간이 지날수록 사람들은 우왕좌왕하고 부분적으로 자리를 뜨는 사람도 생겨 결국 서대협 의장 이인영씨는 "청와대로 갑시다"를 외치게 된다. 이씨는 그 순간 1980년 서울역 회군이 남긴 실패의 역사만이 절박하게 떠오르더라고 했다. 광화문까지 행진한 대열은 네거리에서 전경들과 다탄투 최루탄에 의해 해산된다. 싸움의 준비가 없었던 탓에 1백만 명이 오합지졸이 돼버린 것이다. 지프차 위에 서서 선두에서 나가던 이인영씨는 최루탄에 맞아 거꾸로 바닥에 처박힌 것을 학생들이 들쳐 메고 도망쳤다. 이인영씨는 "이때 비장한 각오로 연좌해서 버텼다면 정국의 운명이 달라졌을 것"이라며 업혀 달아나면서 "한열이에게 죄스럽다는 생각밖에 없었다"고 했다.

이한열 열사의 장례식에 참석하기 위해 전국에서 올라온 총학생회장들은 장례 준비기간 동안 몇 차례 회의를 열어 전국적인 학생조직을 만드는 데 일차적인 합의를 하게 된다. 하반기에는 대통령선거투쟁과 후보단일화투쟁이 중요한데 이 투쟁에서 학생들이 통일적인 행동을 기할 수 있도록 전국조직이 방학 중에 건설돼야 한다고 판단했던 것이다.

8월 16일 '백만학도 통일대장정'을 시작한 전국의 3천여 학생들은 8월 18일 저녁 충남대로 집결한다. 이 자리에서 전대협(전국 대학생대표자협의회) 발족식 전야제가 거행되는데 여기에는 하루 전날인 8월 17일 전대협 가입이 허가된 성균관대 총학생회장 이봉원씨와 성균관대를 비롯한 CA그룹의 학생들도 참석했다. CA그룹은 6월 항쟁에서 세 불리를 실감하고 "기회주의와 싸울 바에는 들어가서 싸우자"는 내심으로 전대협 가입을 결정했던 것이다. 이 덕분에 전대협 회의장 내에서 그리고 각 학교 학생들이 묵고 있는 숙소에서도 집요하게 '정치토론'을 요구하는

CA 입장의 학생들로 인해 일대 소란이 일어났다. 일부 언론은 이를 두고 "전대협이 분열되었다"고 보도하기도 했다.

돼지고기와 소고기, 김영삼과 김대중

1987년 9월 들어 전국적으로 선거분위기가 조성되고 있을 때 학생운동 내에는 '대동단결 7호'라는 유인물이 나돈다. 속칭 '돼지고기 사건'이라 불리는 이 글은 후보단일화 문제가 중요함을 역설하면서 다음과 같이 쓰고 있다. "고기를 못 먹고 지내던 민중이 생활처지가 개선되면 고기를 먹으려 한다. 그런데 돼지고기와 쇠고기 중에서 더 맛있는 것을 먹으려 하는 것은 당연한 일이므로 우리는 민중에게 쇠고기가 돌아갈 수 있도록 전술을 짜야 한다" 이 문건은 양김씨 중 상대적으로 진보적인 김대중씨를 지지해 후보단일화를 이루어야 한다는 주장을 담은 것이었다.

전대협은 9월 27일 고려대에서 양김씨를 초청해 공청회를 열 계획이었는데 이 문건을 사전에 입수한 김영삼씨 측에서 불쾌한 나머지 공청회 참석을 거부하게 된다. 아울러 9월 26일 심야에 열린 전대협 전체회의에서 주로 서울대 측이 "현단계 선거투쟁의 초점은 전 정권 퇴진 요구에 집중돼야 하며 양김씨 중 한 사람만 참석하는 집회는 그의 선거선전장이 될 우려가 있다"고 반대의견을 펴 9월 27일 공청회는 무산된다. 그러나 이 사건은 단일한 대오로 6월 항쟁을 이끌어온 서대협 내에 분열이 생기고 있음을 암시하는 사태였다고 할 수 있다.

학생운동은 10월 들어 후보문제에 대한 통일적 방침을 세우는 데 어려움을 겪으면서 '거국중립내각쟁취 천만인 서명운동'을 국본에 제의하고 이것을 추진한다. 그러나 이 운동은 심하게 말해 "양김씨 중 한 명이 총 맞아 죽더라도 후보는 단일화 돼야한다"고 할 정도로 강하게 후보단일화 문제에 집중돼있던 국민의 관심사를 비껴나간 탓으로 별 영향력을 얻지 못한다.

오히려 거국중립내각 쟁취투쟁의 일환으로 민주쟁취 청년학생공동위원회가 양김씨를 초청해 개최한 10월 25일 고려대 집회가 대중장악력에서 우위를 보인 김대중씨의 선거운동장 비슷하게 돼버린 사태가 발생했다. 여기에 자신감을 얻은 김대중씨가 바로 다음날 평화민주당을 창당하게 됨으로써 양김씨의 분열은 기정사실이 되고 만다.

이런 와중에서도 대학가에서는 '노태우 후보 위신 깎기' 전술이 진행되고 있었다. 고려대에서는 노 후보가 어린 소녀를 안고 있는 포스터에 대화란을 만들어 학생들에게 빈칸 채우기를 공모했는데 그중 한 편을 보면 다음과 같다. "아저씨, 6·29선언이 무엇이야?" "응, 그건 한국에서의 '만우절'을 뜻하는 말이야."

또한 연세대 국악연구회는 노 후보가 『세계』라는 잡지의 기사에서 선친이 물려주었다는 퉁소를 심각한 표정으로 옆으로 잡고 불고 있는 장면에 대해 "노씨가 들고 있는 악기는 퉁소가 아닌 소금(小芩)이며 소금은 그런 식으로 손을 짚어서는 아예 소리가 나지 않는다"는 대자보를 써 붙이기도 했다.

11월 15일 대구 두륜산공원에서 열린 '영호남 지역감정해소협의회'에서 전대협 의장 이인영씨는 봉변을 당한다. 연단에 올라가 "광주학살의 원흉 전두환-노태우는 대통령이 돼서는 안 된다"라고 말하는 순간 웬 청중 하나가 벌떡 일어나 "너는 광주의 종이다"고 소리쳤던 것이다. '분해서'

말도 제대로 못하고 내려왔다는 이인영씨는 이 집회 후 연행된다. 선거를 앞두고 정부는 이미 구속돼 있던 우상호·이남주씨 외에 이인영·김병식씨 등 전대협의 중요한 위치에 있는 학생회장들을 잡아들임으로써 선거투쟁을 혼란시키려 했다.

실제로 고려대를 중심으로 제기된 비판적 지지론은 후보가 분열된다는 전제 속에서 나온 것은 아니었다. 민주세력이 당선 가능한 독자후보를 낼 수 없는 상황에서는 보다 자주·민주·통일의 대의에 가까이 있는 후보를 지지함으로써 후보가 단일화되게 해야 한다는 입장이었고 막판까지 후보가 단일화되지 않을 경우 운동권의 지지를 받은 후보가 사퇴를 해야 한다는 것이 전제돼 있었던 것이다. 실제로 김대중씨 선거운동의 실무자 중 일부는 학생들의 이러한 입장에 동조하기도 했다고 한다. 그러나 선거운동이 막바지로 접어들고 양김씨가 직접 대중을 움직이기 시작하자 학생운동은 힘의 한계를 느끼게 된다. 김대중씨의 보라매공원 집회를 보고 선거운동원화 되지 않은 비판적 지지론자들은 "사퇴시켜야 할 때다"라고 판단했으나 이미 사퇴시킬 힘이 없는 상황이 되어버린 것이다.

"분열은 죽음이고 단결은 생명이다"

11월 말로 접어들면서 서대협은 비판적 지지론과 후보단일화론으로 명백하게 분열되면서 한쪽에서는 황색 깃발을, 다른 한쪽에서는 단일화 촉구 농성·단식·삭발 투쟁을 전개하게 된다. 제헌의회 소집에서 국민투표 거부투쟁, 그리고 독자후보추대운동에 이르기까지 한순간도 일치해본 적이 없는 CA노선과는 분열이 기정사실이었다 해도 서대협 내부에서의 분열은 서로에게 대단히 많은 상처를 남기기도 했다. 게다가 뒤늦게 단일화시킬 방도도 없이 시작된 후보단일화운동은 좌절되는 것이 당연했고, 그 좌절은 국민들에게 오히려 양김씨에 대한 염증을 더해주는 결과를 빚기도 했다.

12월 8일 발족된 공정 선거감시단 소속 학생들은 전국의 외진 시골까지 찾아나서는 헌신성을 보였으나 공권력 앞에서는 역부족이었다고 할 수 있다. 밤중에 논둑길을 걸어가던 공정선거감시단원이 습격을 받아 논바닥에 나뒹구는 일도 비일비재했다.

밖에서는 대통령 선거 결과에 대해 절망하는 분위기가 이미 만연하고 있었는데 격리돼 있는 구속학생들은 이에 대해 여전히 기대를 가지고 있었던 모양이다. 12월 18일 아침 6시 과천의 서울구치소 학생수 사동에서는 아침 조례가 열리고 있었다. 사회자가 "대선 결과에 대한 정보수집에 만전을 기합시다"하고 말하자 멀리서 누군가가 "노태우 1등, 김영삼 2등, 김대중 3등"이라고 소리쳤다. 그러자 사회자는 "오늘은 모두 신경이 날카로운 날이니까 될 수 있으면 농담을 삼가합시다" 하고 말했다고 한다.

대선 후인 12월 25일 연행된 이현종 서강대 총학생회장은 담당인 이사철 검사로부터 갖은 악담을 들어야 했다. "봐라, 너희들이 해봐야 무슨 소용이 있냐"는 소리에서부터 "노태우가 졌으면 나는 사표를 내려 했다"는 소리까지.

대통령 선거가 남긴 교훈은 한마디로 "분열은 죽음이고 단결은 생명이다"라는 것이리라. 분열로 인해 커다란 패배를 경험한 학생운동은 그러나 그 극복에 있어 어느 다른 운동보다도 슬기로웠다고 할 수 있다. 비판적 지지론자들은 선거 후 바로 자신들의 편향을 인정했고, 1988년 5월이 되면서 CA노선까지도 통일단결의 대오에 동참하게 되었다.

1987년 6월에 대중으로부터 배우고 1987년 12월 패배로부터 배운 학생 운동은 이후 철저한 자기혁신의 길을 가고 있다. 이들이 1990년대에 보여줄 새로운 모습을 기대해본다.

말 · 1990년 8월호

| 후기 |

학생운동야사에 등장했던 인물 중 여러 명이 현재 우리 사회 지도층을 이루고 있다. 그런데 최근 이들을 포함해 386세대 전체가 현실의 청년 세대로부터 '진보기득권'으로 지목되는 아이러니한 사태가 발생했다.

우리 자식 세대에게는 이런 세상을 물려주지 말자는 목표하에 치열하게 투쟁했던 세대가 다시 구체제의 일원이 되어버린 것인지? 우리가 자식 세대에게 물려주려는 것은 과연 어떤 세상인지, 다시 한 번 진지한 성찰이 필요할 때다. (신준영)

제6장

언론

자유언론을 누가 막는가

"이제 언론은 권력이 아닌 자본과 싸워야 한다"며 동아일보를 떠난 '기자' 김중배. 그가 오늘 다시 쓰는 여덟 편의 기사는 우리에게 무엇을 일깨워주고 있는가.

김중배·전 동아일보 편집국장

지나간 언론사의 생채기

나는 기자이다. 따라서 기자의 문법으로 말하고자 한다. 돌이켜보면 '史'[사]란 애당초 역사를 뜻하기 이전에 기사자(記事者)를 가리키는 문자였다지 않은가. 법관이 판결로써만 말하듯이, 기자는 기사로써만 말해야 한다는 게 나의 믿음이다. 그러나 이제 나에겐 기사로써만 말할 종이가 없다. 때문에 이 열기의 광장을 종이 삼아 빈약한 나의 기사를 적어나가고자 한다.

우선 그중의 기사 하나. 1960대의 일이다. 쿠데타의 무리가 민정이양을 내걸고 총선을 치르게 된다. 급조된 외생정당인 공화당의 유세에 청중이 모여들 턱이 없다. 그들은 트럭으로 청중을 실어 나르다가 교통사고를 빚고 만다. 20여 명의 사상자를 냈던 것이다. 당연히 사회면 머리에 올랐던 그 기사는 다음 판부터 종적도 없이 사라져버린다. 비분강개한 기자들의 항의에도 막무가내였던 것이다. "우리는 모두 언론을 무섭게만 알았다. 그러나 막상 밀어붙였더니 호박에 침주기였다"는 정치군인들의 술회는 한참 세월이 지난 뒤의 후일담이었을 뿐이다. 나는 그 사건을 이 땅의 언론이, 한없이 권력에 밀리게 된 단초로 기억한다. 원통한 기사이다.

기사 둘. 1970년대의 일이다. 박정희 정권의 비상사태 선포는 학생들의 시위를 불러일으키게 된다. 아무리 기사를 넘겨도 실려지지 않는다. 동료들과의 공모로 가까스로 조판에 끼워 넣는 데까지는 성공했으나, 받아든 신문엔 하얀 생채기가 우리의 눈을 시리게 했을 뿐이다. 마땅히 살아야 할 기사를 누가 죽였는가.

기사 셋. 1980년대의 일이다. 권인숙씨에 대한 성고문사건을 이 땅의 언론들은 한결같이 '부천경찰서사건'으로 호도하던 무렵이다. 도대체 '부천경찰서사건'이란 무엇인가. 이제는 기자로서의 붓을 꺾어야 하는가. 어쩔 수 없이 나는 「성고문의 고발장」이라는 제하의 칼럼을 넘기게 된다. "안 된다" "왜 안 되는가"의 승강이 끝에 어쩔 수 없이 '성고문의 고발장'은 연화(軟化)의 과정을 거쳐 햇빛을 보게 된다. 권력으로부터의 욕설이야 어차피 숙명이다. 그러나 권력은 욕설 이상의 어떤 공격도 가해오지는 않았다.

기사 넷, 역시 1980년대의 일이다. 우리의 박종철씨가 고문치사의 제물이 되고 만다. 칼럼을 넘기기 전날 밤부터 전화가 잇닿는다. "그걸 쓸

거냐"고 묻는다. "그렇다"고 대답한다. "다시 생각해보라"고 한다. 마침내
는 "심호흡을 하고 다시 한 번 더 생각해보라"고도 한다. 사뭇 위협의
서릿발이 풍겨온다. "인쇄여부의 결정권은 그대들에게 있지 않은가" 나는
어쩔 수 없이 '하늘이여 땅이여 사람들이여'의 통곡을 넘긴다. 그 또한
어쩔 수 없이 연화(軟化)에 연화를 거친 끝에 인쇄되었다. 권력은 역시
욕설만 날릴 뿐 6월 항쟁의 물결에 묻혀 어떤 손놀림도 건네 오지는
않았다.

언론자본의 구조적 병리

기사 다섯. 1990년대가 된다. 수서사건을 맨 처음 보도한 「세계일
보」의 편집국장은 어떻게 되었는가. 나 자신의 이력은 아직 더 묻어두고자
한다. 다른 글에서도 적었지만, 남의 나라 얘기의 재록을 허락해주기
바란다. 1975년 영국의 '왕실신문회'는 신문의 소유와 편집에 관한 소견을
이렇게 밝힌다.

> 소유주의 큰 손이 편집자들로부터 전반적으로 제거돼 오긴 했지만 ……
> 편집자들의 자유재량은 그들 소속 신문의 전통적인 정책들에 의해 제약받고
> 있고, 언제나 제약받아 왔음이 틀림없다. …… 예컨대 「더 타임스」(The Times)
> 의 편집인이 자기 마음대로 이 신문을 좌경 타블로이드판 신문으로 바꿀
> 수는 없다.

그리고 영국의 시사주간지 「나우」(Now)의 소유주였던 제임스 골드스

미드가 "편집인이 당신과 의견을 달리하면 어떻게 하겠느냐"는 물음에 스스럼없이 답변했던 기록이 떠오른다.

다른 사업체에서와 마찬가지다. 소유주와 편집인이 의견을 달리하면 주고받는 것이 된다. 경우에 따라서는 업주가 양보하고, 경우에 따라서는 편집인이 양보한다. 그러나 두 사람이 함께 나갈 수 없을 만큼 의견차이가 악화되면, 회사의 전무이사가 그만 두는 것과 같이 편집인이 그만 둘 수밖에 없다.

남의 나라 얘기로만 들릴 수 없는, 솔직하고도 적나라한 자본주의 고백이 아니던가.

기사는 나아간다. '맛'는 양지 쪽이건, 응달 쪽이건 내친걸음을 멈추지 않는다.

기사 여섯. '자본으로부터의 독립투쟁'을 내걸었던 「영남일보」의 기자들에게 그 발행인은 이렇게 내뱉는다.

"적자만 면한다면 3류 신문이 되어도 좋다."

이 땅의 신문처럼 양과 질의 두 마리 토끼를 함께 쫓고자 하는 양수겸장의 유례도 드물다. 말하자면 권위지와 대중지의 두 과녁을 화살 하나로 맞히고자 한다. 그러나 이젠 황색신문이 되더라도 경영만 살아난다면 더 바랄 나위 없다는 한 마리 토끼 쪽으로 선회하는 모습이 선연하다. 그 선회가 어디 「영남일보」에만 한정된다고 단언할 수 있는가.

그 물음에 안성맞춤의 답변이 일곱 번째 기사로 등장한다. 어느 신문사건 한결같이 독자여론조사를 연례행사로 삼는다. 일종의 '시장조사'인 셈이다. 물론 연례행사의 '시장조사' 그 자체가 기사거리일 수는 없다.

기사가 되는 건 그 한결같은 조사결과의 분석이며 평가이다.

분석과 평가의 주 관심은 언제나 독자의 계층에 쏠린다. 판매부수, 바꾸어 말해서 독자의 양은 이른바 대신문일수록 두 번째, 세 번째 관심으로 떨어진다. 상업광고주들이 노리는 '구매력을 지닌 계층'의 독자확보가 초미의 관심사인 것이다. 저학력·저소득·청소년·고령층의 독자는 일단 구매력이 없는 계층으로 치부된다. 고학력·고소득·장년층의 독자라야만 상업광고의 노림수에 응답하는 구매력을 지닌다고 평가한다.

그 평가야말로 언론경영의 지침이 된다. 흔히 오늘의 신문경영은 70% 또는 80%를 광고료에 의존한다고 추정된다. 그러나 나의 심증은 오히려 1백%를 넘어서는 게 아니냐는 쪽에 쏠린다. 거의 판매 수익을 기대할 수 없는 것이 오늘의 신문경영이라고 보는 탓이다. 방송의 경우야 더 말할 나위도 없다.

거기서 자본주의 언론의 병리는 싹터 오른다. 이미 언론자본의 횡포만을 질타할 때는 아니다. 언론자본은 자본 일반, '가진 자'의 첨병에 불과하다. 이른바 기득권의 논리에서 해방될 수 없는 구조적 병리에 빠져있는 것이다.

왜 오늘에도 '언론자유'를 외치는가

물론 나에게 주어진 제목은 '언론자유의 개념과 한계'-언론기업의 사익추구와 공익성-임을 안다. 그러나 왜 오늘, 새삼스러우리만큼 언론자유가 거론되는가. 그것은 애당초 언론자유가 권력의 통제에 대한 반사로 절규하였듯이, 오늘날 또다시 절규하여야 할 만한 반사의 이유가 있기 때문이다.

언론자유를 절규케 하는 오늘의 동기는 결코 권력에만 국한되는 건 아니다. 권력과 함께 떠오른 자본, 아니 권력마저 감싸 안은 채 우리 앞에 마주선 자본의 위협이야말로 오늘의 동기이다. 이른바 '매스미디어 (Mass media)의 자유'가 노래되어 온 지 오래다. 그러나 이제 '미디어의 '자유'만 활개 칠 뿐 '매스의 자유'는 실종되려 한다.

언론자유는 결코 '미디어만의 자유'일 수 없다. 그 단적인 확증이 '알 권리'의 역사이다. '알 권리'는 법률가나 정치인의 발명어가 아니다. 분명한 개념으로 '알 권리'를 맨 처음 제창했던 건 AP 통신사 상무였던 켄트 쿠퍼, 그 사람이다. 그는 이렇게 말한다.

'알 권리'라는 말은 진정 인민의 권리를 의미하는 것이며, 출판의 자유라는 말처럼 단순히 인쇄자만의 이기적인 권리를 가리키는 것은 아니다. 이 말은 공공의 복지나 계발에 불가결한 모든 정보의 전달을 정부가 방해하는 것을 일체 인정하지 않는 것이다. 당연히 신문과 방송이라고 할지라도 그 예외일 수는 없다. 만에 하나라도 그들이 그 같은 방해를 자행한다면, 그것은 위법행 위로 처벌되어야 한다. 만일 미국헌법의 수정 제1조가 지금 새로 쓰여진다고 한다면, 다음과 같이 표현되어 마땅할 것이다. '의회는 사상이나 지식을 구두로, 또는 인쇄된 언어로, 그 밖의 모든 전달수단에 의해서 알 권리를 제한하는 …… 일체의 법률을 제정해서는 안 된다'고.

켄트 쿠퍼의 제창에 「뉴욕타임즈」는 당장 사설로 응답했다. 그것도 제2차 세계대전이 한창이던 1945년 1월 23일자에. 사설의 허두(虛頭)는 이렇게 열린다.

AP통신의 상무 켄트 쿠퍼는 일요일 아침의 강연에서 이왕의 자유라는 말 대신 적절하고도 새로운 표현을 썼다. 그는 '알 권리'에 대해서 언급했던 것이다. 시민은 충분하고도 정확한 뉴스를 전달받을 권리가 있다. 한 나라에 있어서나 온 세계에 있어서나 '알 권리'의 존중 없이는 정치적 자유란 존립할 수 없다.

이미 자연권적 언론자유의 논의는 진부하다. 현실적으로 민주정치란 '알 권리'의 전제 없이는 펼쳐질 수 없다. 나는 그 필연적 동반의 비유를 고대 그리스의 '키잡이'론에서 확인한다. 그리스말의 'Kybernan'은 항해하는 배의 키잡이를 가리킨다. 그러나 'Kybernan'은 나아가 '국가선(國家船)'의 키잡이라는 뜻으로 진화한다. 거기서 통치자를 의미하는 라틴말의 'gubemare'나 프랑스말의 'gouvener' 그리고 영어의 'govener'라는 말이 파생되었던 것이다.

민주정치의 통치자는 인민이다. 그들이야말로 나라의 키잡이가 된다. 훌륭한 키잡이는 키가 어디에 있으며, 어떻게 조종해야 하는지를 알아야 한다. 또 배는 어떤 배이며, 지금 떠 있는 자리와 어떻게 움직이고 있는지도 알아야만 한다. 조류와 바다의 환경, 그리고 어디로 저어가야 할 것인지도 알아야 함은 물론이다. 그 모두를 알지 못한다면 민주정치의 주인은 제구실을 다할 수 없다.

'알 권리'의 침해는 우민정책

그러나 '알 권리'는 정치적 의미에서만 존중되어야 할 가치는 아니다. 참정권적 성격에서만이 아니라, '알 권리'는 개인권적 성격에서도 존중되어야 한다. 개인의 계발은 인간의 근원적 욕구이다. 그 욕구의 충족은 필연적으로 '알 권리'를 요구한다. '알 권리'의 제약이 정치적 부자유를 넘어 우민(愚民)정책 또는 우민화정책으로 지탄되는 것도 그 때문이다. 다시 '알 권리'는 경제권적 성격도 아울러 갖는다. 이른바 정보화시대의 정보란 단순한 정보만으로 머무르지 않는다. 정보는 자원이다. 또다시 '알 권리'는 정보원(情報源)에 대한 정보의 공개와 제공을 요구하는 적극적인 사회권으로서의 성격을 갖는다는 사실에도 유념하지 않으면 안 된다.

한마디로 '알 권리'란 언론매체에나 권력에나 또는, 자본에나 맡겨둘 수 없는 우리 모두의 절박한 요구인 것이다. 결단코 남의 일이 아닌, 우리 모두의 삶을 위한 우리 모두의 일이다.

이미 언론자유의 개념과 한계를 두루 섭렵할 만한 겨를은 없다. 언론자유의 근간인 '알 권리' 하나만으로도 이 땅의 언론환경이 얼마나 위기에 처해 있는가는 쉽사리 진단된다. '알 권리'는 진실을 알 권리이다. 허위를 알 권리는 아니다. 허위는 진실과 대조적으로 알아야 할 뿐이다. '알 권리'는 왜곡된 정보를 알 권리는 아니다. 은폐·조작·축소를 눈감아주는 게 '알 권리'일 수도 없다.

그러나 오늘, 이 땅의 언론은 자본의 논리로만 얼룩져간다. 이미 지적한 그대로 그들은 울타리를 벗어나지 못한다. 기득권의 구매력에만 매달리는 경영이 이어지는 한, 저학력·저소득·청소년·고령층의 '알 권리'를 충족할 수는 없다. 대변을 바라기란 더욱 요원하다.

물론 그들의 정보왜곡은 어제 오늘에 비롯되었던 건 아니다. 권력의 통제가 전횡하던 시대에도 그들의 편승이 없었다는 보장은 전혀 없다. 언론인 대량해직 당시 권력의 지침 이외에 이른바 '끼워 넣기'가 있었다는 사실은 그 엄연한 반증이다. 그 '끼워 넣기'가 정보통제의 분야에도 섞여들었으리라는 심증은 넉넉하다.

그 마당에 언론자유의 한계를 거론하는 건 거의 부질없어 보인다. 사상의 자유시장론이나 명백하고도 현존하는 위험의 논리나 또는 명확성의 이론 따위를 들먹이는 것조차가 겸연쩍기만 하다. 굳이 거론한다면 오히려 언론자본의 오만과 방종을 경고하는 한계의 논의가 더욱 유익할지도 모른다. 어차피 자본주의 언론이 상업성을 배제할 수 없는 것이라면 일련의 학자들이 주장하는 '공익적 상업주의'에의 개안이나마라도 권고할 만하다. 곁들여 언론자유의 한계 이전에 정보를 재단하는 이른바 '자기검열'에서의 탈피가 보다 우선적인 과제이다.

그러나 새로운 매체들의 탄생에도 불구하고 이 시대의 언론은 여전히 다양성을 획득하지 못한다. 동류의 다량화, 그 다량성만을 더해갈 뿐이다. 자본만이 새로운 매체를 여는 시설기준을 갖출 수 있기 때문이다. 거기서 민주주의가 요구하는 언론의 다양화에 역행하는, 언론수단의 소유와 사용의 한정화 현상이 빚어지게 된다. 필요의 확대와 수단의 한정화 현상이야말로 이 시대의 언론이 극복해야 할 최대의 모순이다.

편집권이 바로 서는 언론의 지평을

그러면 어떻게 할 것인가. 그 대안의 하나가 '대항언론'의 양성이다. 일간으로는 「한겨레신문」, 주간으로는 「언론노보」나 「기자협회보」, 월간으로는 『말』지나 『사회평론』 등이 그 대상으로 꼽혀질 만하다. 그들만이 아니라 더 많은 대항언론이 이 땅 위에 솟아나야 한다. 그러나 '대항언론'의 양성은 대중의 각성 위에서만 가능하다. 그 때문에도 바른 언론의 길을 여는 대중의 인식이 깨어나야만 한다.

그 도저한 인식의 바탕 위에서, 언론의 수용자들은 소극적인 언론상품의 소비자를 넘어, 적극적인 감시자가 되어야 한다. 양성과 견제의 선택에 결연하지 않으면 안 된다. 나아가 민주언론의 특성인 접근의 권리를 끊임없이 활용해야 한다. 두드려야만 문은 열린다. 열리지 않으면 열릴 때까지 두드려야 한다.

스스로 주어지고, 스스로 열리는 자유란 없다. 거대 언론매체들은 그 수용자들을 광고의 자본주에게 팔고 있다고까지 지적된다. 수용자의 구매로 얻는 효과를 거대 언론매체들은 광고료라는 이름으로 거두어들이고 있다는 논리다. 그 '팔림'에 가볍게 대응할 수는 없다.

그러나 대중의 각성과 감시도 모래알이어서는 안 된다. 물론 접착되는 이어짐을 이루어야 한다. 때문에 나는 최근의 언론에 대한 대중의 대응이 자생적으로 일어나는 현실에 고무되면서, 감히 그 네트워크의 형성을 제안하고자 한다. 서로 다른 모임의 개성을 존중하면서, 서로 이어지는 공통의 분모를 찾는 네트워킹이야말로 민주언론운동의 새로운 모델이 될 만하다.

이제 마무리의 계제다. 나는 짐짓 가장 먼저 외치고 싶은 말을 맨 나중으로 미루어 왔음을 고백한다. 이미 앞머리의 '기사'들에서 보았던 것처럼 언론조직 안의 '내응세력' 없이는 어떤 통제도 불가능하다. 그

'내응세력'을 잠들게 하는 힘의 원천은 어쩔 수 없이 언론노동자에게 돌아갈 수밖에 없다. 더욱 치열하게 말한다면 오늘의 언론노동자 그대들 자신이 그 내응세력화 또는 내응세력 동조화에 길들여져 버린 것은 아닌가.

비록 사족으로 떨어질지 모르나, '기사'를 하나만 더 적어두자. 저 1980년대, 김영삼씨가 단식에 들어갔을 때, 그대들은 기사를 보내지 않았다. "불러봤자 인쇄되지 않을 게 뻔하다"는 변명을 깔고서 말이다. 그게 바로 알아서 기는 자기검열의 표본이다.

편집권의 독립도 그대들이 열어가야 할 역사이다. 명백한 편집권 침해마저 방관하는 언론노동자 집단은 결코 편집권이 바로 서는 바른 언론의 지평을 열 수가 없다.

말 · 1991년 12월호

한국의 대중매체와 문화제국주의

미국은 대중매체를 통해 제3세계에 '사람의 마음 위에 건설되는 제국'을 건설했다. 한국 역시 의식이 제국주의화 된 내국인들에 의해 미국 문화가 양산되는 단계까지 왔다. 한국사회를 침략하는 문화제국주의, 그 현실을 진단한다.

강준만 · 전북대 신문방송학과 교수

미 우익도 즐겨 쓰는 '제국주의'를 좌경용어로 매도

아프리카 중서부에 있는 나라인 가나에서는 여성들 사이에 피부 표백이 큰 인기를 끌고 있다. 비교적 흰 살결을 좋아하는 가나 남성들에게 아름답게 보이기 위한 이유 때문이라고 한다. 의사들은 피부표백이 신체에 몹시 해롭다고 경고하고 있지만 가나 여성들의 피부표백은 여전히 계속되고 있다.

이 비극은 문화제국주의의 가공할 위력을 입증하는 대표적 사례로 보아 무방하다. 흑인 민족주의 지도자들은 기회 있을 때마다 "검은 것이 아름답다"고 외쳐대지만 많은 흑인은 하얀 것을 선호하고 동경한다. 무엇이 그들을 그렇게 만들었을까?

이 질문이 바로 실감나지 않는다면 우리나라의 이야기를 해보자. 1990년 6월 한국에서는 60kg의 체중을 갖고 있는 어느 여대생이 살을 빼려고 6개월간 하루에 한 끼만 먹다가 영양부족으로 숨진 사건이 일어났다. 왜 그 여대생은 60kg의 체중이 그렇게 결사적인 절식을 요구할 만큼 수치스러운 것이라는 생각을 하게 되었을까?

지금 우리 사회에 널리 퍼져있는 건강과 미모의 기준은 이미 우리의 것이 아니다. 옛 어른들이 보면 병에 걸린 사람으로 보기에 딱 알맞을 깡마른 체형을 가진 여성이 미인이랍시고 활개치고 있다. 우리 한국인의 전형적인 얼굴과는 전혀 동떨어진 얼굴 특징인 크고 동그란 쌍꺼풀 눈과 오똑선 코를 가진 사람들이 미인이요 미남이랍시고 으스대고 있다.

아니 거의 모든 사람이 다 그렇게 인정해주고 있다. 그런 체형과 얼굴이 의학기술의 발달에 힘입어 인위적으로 대량생산되고 있는 지경에 이르렀다. 그런 일을 해주고 돈벌이하는 사업은 성장산업으로 부상한 지 오래다. 하다못해 미용수술 붐이 어느덧 유치원생들에게까지 번져 유명 성형외과들은 이미 2~3개월 전에 예약이 끝난 상태라고 한다.

피부 또한 우리 고유의 피부색이 있겠건만 모두 하얗게 되고 싶어 안달이다. 외제화장품은 지방질 섭취가 많은 서구인 위주로 제조한 것이라 우리 한국인의 피부엔 맞지 않는다는 기본적인 상식도 내팽개친 채 행여 하얗게 되는 데 도움이 될까 싶어 외제화장품이라면 사족을 못 쓴다. 그래서 필수 외제화장품의 시장규모만도 연간 2천억 원대에 이르고 있다는 소식이다.

문화제국주의의 놀라운 힘은 바로 여기에 있다. 20세기 후반의 새로운 제국주의자들은 군사력이 아닌 문화를 앞세워 경제침략을 하는 것이 시대적 상황에도 들어맞고 비용도 훨씬 싸게 먹힌다는 사실을 발견하게 된 것이다. 문화침략은 경제침략보다 훨씬 더 명분도 있고 수월하며 일단 정복된 문화는 제국주의의 얼굴을 인자하게 만들어주고 제국주의를 저절로 굴러가게 만드는 강력한 흡인력을 발휘한다.

문화제국주의의 위력은 문화적으로 종속된 국가의 사람들이 '제국주의'라는 용어에 거부감을 느끼는 데서도 잘 입증되고 있다. 오늘날 제국주의의 본산이라 할 미국의 우익들도 즐겨 쓰는 '제국주의'라는 용어가 그 제국주의의 피해를 보는 나라에서 좌경용어로 매도된다는 것은 기막힌 역설이 아닐 수 없다. 미국의 극우 세력조차 제국주의의 기원에 대해서는 엉뚱한 주장을 늘어놓아도 제국주의 그 자체를 부인하지는 않건만.

문화제국주의의 전위부대, 대중매체

제국주의의 기원에 관한 한 그 어떠한 이론이라도 좋다. 19세기 '식민제국주의'에서 '투자제국주의'로 돌아선 이른바 '신제국주의'의 이론적 태두라 할 홉슨은 제국주의의 근원을 경제적 세력과 정치적 세력의 결합관계와 특정 계급의 이기적 이해관계에서 찾고자 한 반면, 레닌은 제국주의를 '자본주의의 최고 단계'로 이해하였다. 또 슘페터는 제국주의를 자본주의와 무관하게 '무제한의 강제적 팽창을 지향하는 국가의 무목적적 성향'으로 보았으며, 이러한 성향은 "전사(戰士)계급적 사회구조에서 유래하는 격세유전적인 것"이라고 주장했다. 그런가 하면 제국주의를 민족주의적 현상 또는 정치적 현상으로 보거나 정치가의 기질에 의해 형성된 것으로 보고자 하는 이론가들도 있었다. 신제국주의의 근원을 어떻게 이해하든 문화제국주의에 관한 한 그것이 엄연히 존재하는 제국주의의 필요조건이었다는 데에는 이론의 여지가 있을 수 없다.

문화제국주의의 가장 강력한 전위부대는 두말할 나위 없이 대중매체이다. 서구열강이 제3세계에 선교사와 평화봉사단을 파견하고 교육·스포츠·관광 등 각종 문화 '교류'를 하면서 뿌리를 내린 문화제국주의의 측면도 무시할 수 없지만, 이 또한 궁극적으로 대중매체를 중심으로 한 문화제국주의에 통합되었다.

특히 제2차 세계대전 이후 유일무이한 강대국으로 부상한 미국이 대중매체를 통해 미국문화를 전 세계에 퍼뜨리기 위해 기울인 노력은 세인의 상상을 초월할 만큼 지대한 것이었다. 1945년 미국의 주도하에 유엔과 유네스코가 창설되었을 때 미국이 이 국제기구들로부터 가장 크게 기대한 것 중의 하나가 바로 국가 간 '정보의 자유유통'이었다. 물론 여기서 '정보'는 뉴스뿐만 아니라 영화와 같은 오락물도 포함하는 개념이었다. 특히 유네스코는 오로지 그 목적만을 위해 생겨났다고 해도 과언이 아니다. 미국은 처음부터 유네스코를 탈퇴하겠다는 위협을 가하면서 유네스코가 대중매체의 세계적 보급을 주요사업으로 삼게끔 했다.

실제로 오늘날 미국의 대중문화가 전 세계를 석권하게 된 데에는 유네스코가 제3세계에 대중매체를 열심히 보급한 공로가 절대적인 역할을 했다. 1970년대 중반부터 제3세계의 입김이 세진 유네스코가 미 문화제국주의의 앞잡이 노릇을 그만두고 오히려 미국에 반기를 들면서 새로운 국제정보질서를 만들어 내겠다고 하자 미국이 1984년 유네스코를 탈퇴해버린 것도 그런 맥락에서 이해될 수 있다.

　1940년대 후반에 미국이 벌인 문화제국주의 공세는 같은 서방국가들로부터도 반발을 받을 만큼 집요한 것이었다. 1946년 유네스코 파리총회에 즈음하여 영국의 한 시사평론지는 미국에 대한 불만을 다음과 같이 토로하였다.

　　파리총회에 모인 대표들은 숭고한 이상과 박애적 목표에 가득 찬 사람들로 구성되어 있다. 이 세상의 어떠한 사람들도 이들보다 그 동기에 있어서 더 진지하거나 성실할 수는 없을 것이다. 그런데 왜 작은 나라들과 소위 저개발 국가들은 미국 국민이 향유하고 있는 문명의 혜택인 매스미디어를 전 세계에 확산시키겠다는 데 대해 불편을 느끼고 있는 것일까? 그건 바로 '사람의 마음 위에 건설되는 제국'을 두려워해서이다. 물론 미국의 대표단은 제국건설자들은 아니다. 그러나 그들의 뒤에는 수백만 피트에 이르는 깡통문화를 배급하는 할리우드의 영화사들과 '미국의 소리'라고 하는 독특한 음색으로 이야기하는 라디오와 '미국식 생활방식'에 관해 무진장 찍어내는 신문들이 버티고 있지 아니한가. 다른 작은 나라들은 미국의 그러한 문화공세에 그들 자신의 문화가 짓눌려 압사당하는 것을 목격해 왔다.

한국의 문화제국주의 성장사

　　전 세계로 퍼져나간 미국의 대중문화는 미국의 생활방식을 자연스레 전 세계에 퍼뜨리게 되었다. 할리우드 스타들의 권위와 매력으로 치장된 미국의 생활방식은 제3세계 국민의 흠모와 동경의 대상이 되었다.

제3세계 국민은 자신들의 훌륭한 전통음식을 내팽개치고 미국의 조악한 인스턴트식품과 코카콜라를 선망하게 되었으며 미국식 인생관과 세계관을 수용하게 되었다.

이렇듯 제3세계에서는 대중매체의 성장이 문화제국주의의 성장사와 궤를 같이하는데 우리나라 역시 예외는 아니었다. 우리나라에 매우 원시적인 상태나마 영화라고 하는 것이 들어온 건 1904년으로, 러일전쟁에서 일본 해군이 승리하는 내용을 담은 다큐멘터리 영화가 최초였다. 조선에 위협을 가하기 위한 일제의 간악한 계산이 숨어 있었음은 물론이다. 그 이후 들어온 건 짤막한 미국 광고영화로 미국 담배회사의 광고가 선을 보였다. 영화는 제국주의적 홍보매체로 우리나라 땅을 밟았던 것이다.

1927년에 생겨난 라디오방송도 그러했으며 해방 이후의 신문들도 인쇄시설을 원조자금으로 배당받았다. 1956년에 생겨난 텔레비전방송도 미국의 다국적기업 RCA의 친절한 원조로 생겨난 것이다. RCA는 텔레비전 수상기를 대여해줄 만큼 관대했다. 또 1957년에 생겨난 AFKN TV가 한국문화의 미국화에 기여한 '공로' 또한 적지 않다.

1960년대부터 군부독재정권은 종속발전을 추구하는 과정에서 문화를 철저히 정치와 경제에 예속시킴으로써 문화제국주의의 대리세력으로 기능하게 되었다. 제국주의의 개발독재이론을 맹종한 군사정권은 서구가치의 확산이 경제발전의 원동력이라는 문화 전파론자의 가르침에 따라 대중매체의 하드웨어 보급에만 진력하였다. 특히 방송매체의 하드웨어는 수출 주력산업인 전자산업의 내수기반 확보라는 경제적 고려에 힘입어 세계에서 가장 빠른 보급률을 자랑하게 되었다.

문화적 원칙은커녕 이렇다 할 국내 문화상품도 개발하지 못한 채 무작정 팽창된 대중매체는 자연스럽게 문화제국주의의 전송로로 전락하고 말았다. 신문의 국제뉴스는 늘 서방 통신사나 신문들의 뉴스를 그대로 베껴 싣는 것에 불과했다. 한동안 라디오는 외국 팝송만을 온종일 내보내다시피 했다. 텔레비전 프로그램 가운데 가장 인기 있는 것들은 외국 프로그램이기 일쑤였다. 관객동원에 있어서 외국영화는 늘 국산영화를 압도해 왔다.

대중매체가 발달할수록 문화종속 현상은 심화하고 있다. 연간 2천억 원 규모에 이르는 비디오테이프의 90%는 외제 테이프이다. 외화가 국산영화를 압도하는 비율은 4 대 1을 넘어 이제 곧 국산영화를 완전히 고사시키려 하고 있다. 재벌들에게 텔레비전과 유선텔레비전의 프로그램 제작을 맡기겠다고 했더니 재벌들은 벌써부터 앞 다투어 외국 프로그램 제작사의 국내독점공급권을 따내느라 혈안이 되어 있다. 광고와 출판 분야엔 외국자본이 물밀듯 침투하기 시작했고 이젠 외국만화까지 무섭게 밀려들어오고 있다.

'개방유토피아'의 이데올로기

더욱 무서운 건 내재화된 문화제국주의이다. 과거 문화제국주의를 연구하던 사람들은 한 나라의 대중매체를 외국자본이 얼마나 소유하고 있고 내용물의 어느 정도가 외국상품인가 하는 걸 따졌지만 이런 접근방법은 이제 더이상 큰 의미를 갖지 못한다. 제국주의 문화는 이미 의식이 제국주의화 된 내국인들에 의해 양산되는 체제에 접어들었기 때문이다.

문화제국주의는 늘 '교류'니 '국제화'니 '개방'이니 하는 그럴듯한 언어로 위장되고 미화된다. 제국주의자들은 자본주의라는 용어마저도 소비사회·대중사회·후기산업사회·정보사회·지식사회·포스트모던사회 등등의 새로운 용어로 대체시키는 데에 익숙하지 않던가.

언어조작의 힘은 크다. 어느 신문사설은 '개방시대의 문화예술'이 "정부의 재정 지원과 법적 보호막 속에 안주하려는 자세를 버리지 않는다면 이는 시대의 진운(進運)을 외면하는 것"이라고 호통을 치고 있다. 마치 문화제국주의 시대에 동참하라는 제국주의자의 목소리를 듣는 것 같지만 이 소리는 현재 우리 사회에 팽배해 있는 지배적 견해를 대변하고 있다고 해도 과언이 아니다.

누가 이 시대를 '개방시대'라고 했나? 사실 한국 언론이 내재화시킨 문화제국주의의 가장 심각한 이데올로기는 '개방유토피아'이다. 이 유토피아의 이론가들인 다니엘 벨이나 앨빈 토플러는 이제 신물이 날 만큼 국내 언론에서 우상 대접을 받고 있다. 그들만으로도 모자란지 존 네스비드나 프랜시스 후쿠야마라는 사람들에게까지 한 지면을 몽땅 내주는 신문들도 있어 보기에 역겨울 정도이다.

이들 미래학자가 내세우는 '정보사회'는 문화제국주의를 부정하고 있지만 정보사회는 문화와 경제를 하나로 통합시키는 새로운 제국주의를 낳게 될 뿐이다. 정보사회에서 인간의 자유는 정보, 그것도 '쓰레기정보'의 자유로운 사용을 통해서 구현될 뿐이다. 마치 소비사회에서 인간의 자유는 가전제품의 자유로운 사용을 통해서만 이루어질 수 있듯이.

최근에는 포스트모더니즘까지 가세하여 문화제국주의의 실체를 더욱 흐리게 만들고 있다. 공상과학물의 양산을 통해 국가 간 경계를 무의미하게 만든다거나 모더니즘의 종언을 서둘러 선언함으로써 문화제국주의를 한낱 웃음거리로 만들려는 시도가 다국적기업들에 의해 공격적으로 이루어지고 있다.

　전반적으로 한국 언론의 문화종속 욕구는 믿기지 않을 만큼 게걸스럽다. 제국주의의 당위성을 신봉하는 헨리 키신저 같은 외국 인물들의 칼럼을 싣는 걸 영광으로 알고 뻐기는가 하면, 외국 언론의 권위에 대해서는 무릎을 꿇고 섬길 정도로 고분고분하다. 현실인식에 충실해야 할 언론으로서 그만큼 대외종속이 심한 한국의 실상을 그대로 반영하지 않을 수 없는 고충을 이해 못하는 바는 아니지만 국내보도에 있어서조차 그런 자세로 일관한다는 것은 어찌 설명해야 할 것인가.

언론의 미국·상류계급 지향 성향

　문화제국주의는 제3세계국가에서 대중매체 종사자들을 포함한 중상류계급에 의해 먼저 수용되기 마련이다. 이는 그런 나라의 고급문화는 곧 외국문화이며 전통문화는 민중문화의 영역에서만 보존되고 있다는 사실을 보아도 분명해진다. 또 언어를 보아도 그렇다. 한국을 포함한 많은 제3세계국가에서 영어는 신분상승의 도구이며 더 나아가 문화제국주의를 유인하고 강화하는 역할을 하고 있는데, 못 배우고 가난한 사람들이 영어제국주의의 포로가 되는 법은 없다.

　많이 배운 한국의 대중매체 종사자들은 영어를 비롯한 외국어를 사랑한다. 신문에는 전혀 불필요한 외국어가 남발되고 있고 텔레비전 프로그램 제목이나 잡지 이름 가운데서는 순수한 우리말을 찾기가 더 힘들 지경이다. 주 시청 시간대의 텔레비전 프로그램이 한 시간 내내 미국 팝송만을 내보내는가 하면 국내 가요에까지 영어가 삽입되는 일이 벌어지는 게 우리의 현실이다.

사실 텔레비전 토론이나 좌담회 프로그램을 시청하노라면 문화제국주의는 일부 '교육제국주의' 에서 비롯된다는 것을 곧 알게 된다. 텔레비전에 출연한 대학교수들 대부분이 영어단어를 남발하고 있기 때문이다. 그런 현실을 문제 삼으면 '국제화시대'에 그렇게 편협하고 옹졸해서야 쓰겠느냐는 점잖은 꾸지람을 듣기 십상이니 참으로 기가 막힐 노릇이다. 정작 필요한 경우에 외국말을 좀 쓰는 건 권장되어야 마땅하다. 그러나 문제는 오히려 뜻이 더 잘 통할 멀쩡한 한국말을 놔두고도 외국말을 쓰는 이유가 도대체 무엇이냐 이 말이다.

사대주의적 지식인들은 대중매체 종사자들을 교육하고 또 대중매체의 접근권이 용이하다고 하는 점에서 문화제국주의의 빠뜨릴 수 없는 핵심세력이다. 그들이 추종하는 미국 사회과학의 지배적 경향은 인간의 행동을 기술하는 데 있어 오도된 경험주의에 기초, 비판적이고 개념적인 사고들을 억압한다는 데에 그 특징이 있다. 그들에 의해 주도되는 대중매체의 여론조사는 여론을 왜곡하고 각종 사회갈등의 근원을 호도하는 심각한 문제점을 낳고 있다. 과거 남미에 진출한 미국의 여론조사기관들이 미국 CIA와 손잡고 사회변혁을 저지하는 내용을 퍼뜨렸던 점에 비추어본다면 현재의 여론조사야말로 사회과학의 권위로 무장한 문화제국주의의 피뢰침이라 아니할 수 없다.

맹목적인 사대주의 성향에서 올바른 언론보도가 나올 리 만무하다. 그래서 한국 언론은 미국 지향적인 것처럼 상류계급 지향적이다. 한국기자상을 받은 어느 양심적인 기자가 "최근 서민들과 관련된 기사들이 신문

지상에서 사라져가고 있는 사실이 부끄럽습니다"라고 고백했듯이 서민은 한국 언론의 안중에는 존재하지 않는다.

자동차를 예로 들어보자. 어느 신문 사설이 "마이카시대에서 자동차의 증가는 거역할 수 없는 추세이다"라고 주장했듯이, 한국 언론은 마이카시대'를 자연의 법칙처럼 신봉하고 있다. 언론인 다수가 이미 '마이카'를 갖고 있기 때문일까? 얼마 전 자동차세 인상 소식이 전해지자 거의 모든 언론이 벌떼처럼 들고일어났다. 자가용 승용차가 일반 국민의 '필수품'임을 선언하고 정부의 '조세만능주의'를 규탄한 것이다. 전국 평균 7가구당 1대가 보급되어 있는 자가용 승용차가 '필수품'이라니 놀라운 견해가 아닐 수 없다.

한국 언론의 '생활정보'라는 것도 그렇다. 신문이고 방송이고 할 것 없이 해외관광 안내를 해주는가 하면 시장정보는 으레 으리으리한 백화점을 한 바퀴 휘젓고 나서 알뜰구매를 해보라는 식이다. 심지어는 '수입상품 싸게 사는 법'까지 친절히 소개하고 있는 판국이다.

어디 그뿐인가. 한국의 상황과 미국의 상황이 전혀 다르다는 걸 뻔히 알면서도 미국언론의 객관주의를 그대로 수입해 망국적인 '양비론'을 펼치면서 양비론에 반하는 견해는 과격한 흑백논리라고 매도하는 것이 바로 한국의 언론이다. 그런가 하면 미국의 '아메리칸 드림'을 흉내 내 수십억 재산을 가진 할머니를 자꾸 '김밥 할머니'라고 우기고 멀쩡한 대학 수석합격생을 자꾸 '세차원 아들'이라고 불러대 '코리안 드림'을 만들어 내보겠다는 얄팍한 계산에 집착해 있는 것이 바로 한국의 언론이다.

상식 이하의 짓도 첨단유행과 멋으로 둔갑

　대중매체와 스포츠의 '결혼'은 문화제국주의를 미화시키는 데에 기여하고 있다. 텔레비전에 의해 지배되고 있는 국제스포츠는 세속적 사회의 종교적 충동과 같은 열기를 흡수하여 자본주의사회에서 그것을 상품화시키는 과정을 통해 제국주의의 원활한 운영과 정당성을 보강하는 기능을 수행하고 있다. 그러나 제3세계 국가들은 오직 국제스포츠를 통해 국가적 자존심을 만끽하는 데에만 골몰하고 있다. 그런 나라들에 국제경기에서의 좋은 성과는 대외적으로 국위선양에 이바지하고 대내적으로는 국민에게 자신감을 심어줌으로써 궁극적으로 효율적인 국민통합에 기여한다. 권위주의정권은 한 걸음 더 나아가 스포츠의 욕구불만 해소 및 현실도피 기능을 극대화해 스포츠를 정권안보의 도구로 이용한다.

　우리나라의 경우도 크게 다르지 않다. 대중매체의 적극적 후원에 힘입어 우리나라에 뿌리내린 스포츠제국주의의 추악한 면모는 골프를 통해서도 단적으로 드러나고 있다. '스포츠공화국'인 한국에서 골프는 '스포츠'라는 미명하에 국토훼손과 환경오염이라는 심각한 문제에도 불구하고 국가정책으로 장려되고 있다. 6공 출범 이후 무려 1백30여 개의 골프장이 신규로 허가되었으며 골프 인구는 이미 1백만 명을 돌파하여 미국·일본·캐나다·영국에 이어 세계 제5위를 자랑하고 있다. 이를 뒷받침하느라 신문들은 '중고생 골프 꿈나무' 운운하는 식으로 골프를 적극 장려하고 있고, 텔레비전은 골프경기를 중계해주는 지경에까지 이르렀다. 왜 이런 어처구니없는 일이 버젓이 국가정책으로 자행되고 있으며 국민은 냉소적인 방관자의 입장에만 있는 것일까? 이는 '문화제국주의' 이외에 달리 설명할 길이 없다.

한국의 골프 열기가 어처구니없는 일로 받아들여지지 않는다면 이 또한 문화제국주의에 함몰되었기 때문이다. 이는 분유의 경우를 생각해보면 분명해진다. 지금은 점차 인식이 바뀌고 있다곤 하지만, 한때 우리나라에선 유아에게 모유 대신 분유를 먹이는 것이 지성과 교양의 상징인 것처럼 여겨지던 시절이 있었다. 미국과 유럽의 다국적기업들이 분유를 팔아먹기 위해 분유가 모유보다 영양가가 높으며, 모유를 먹이는 것은 시대에 뒤떨어진 야만적인 행위인 것처럼 다루는 허위광고를 치열하게 해댔기 때문이었다. 게다가 분유판매원에게 의료복을 입혀 판촉활동에 나서게 함으로써 그들이 마치 의술적 권위를 갖고 분유를 권유하는 것처럼 소비자들을 오도했기 때문이었다.

그런 비열한 판촉활동 때문에 많은 제3세계 국가에서는 유아들이 영양실조 상태에 이른 건 물론이고 유아사망률이 크게 치솟았다. 결국 1981년 세계보건기구가 개입하여 분유 판매에 관한 국제윤리규정을 만들기에 이르렀다. 1백18개 국이 서명한 이 규정에 반대한 나라는 미국 한 나라뿐이었고 미국을 추종하는 한국 등 3개국은 기권하여 세계의 웃음거리가 되고 말았다.

이처럼 문화제국주의는 상식 이하의 참으로 어리석은 짓마저도 시대의 첨단을 걷는 유행과 멋으로 둔갑시키는 놀라운 힘을 발휘한다. 지금 한국을 휩쓸고 있는 새로운 소비행태와 삶의 방식도 따지고 보면 모두 대중매체가 문화제국주의의 앞잡이로 기능하는 데에 크게 연유한다. 대중매체가 촉진하는 유행과 '고의적 진부화'는 우리 형편에 전혀 어울리지 않는 '과소비'의 주범이 되고 있다. 일회용 상품이 범람하고 신용카드가 남발되는 것이 마치 선진화의 척도인 양 간주하는 분위기가 우리 사회에 팽배해 있다. 변화·개혁·독립·자주는 오로지 광고언어와 이미지 속에서만 존재할 뿐이다.

내재화된 문화제국주의와 대항문화

문화제국주의는 외부에서 침투해 들어오는 단계를 넘어 국내에서 독자적인 자생력을 갖게 되었다는 것을 간과하는 사람들은 문화제국주의를 부정하고 한국 문화의 밝은 전망을 역설하기에 바쁘다. 한국 대중매체 상품의 수출이 점차 늘어가고 있다는 사실을 그 증거로 지적하기도 한다. 그러나 이런 주장은 국내의 대중매체 상품이 구매자의 입맛에 맞춰 서구화된 '문화적 보세가공품'에 지나지 않는다는 사실을 외면하고 있다.

내재화된 문화제국주의는 '종속이론'의 아류가 아니라 '종속이론'마저도 소화해낼 만큼 세련된 면모를 갖추고 있다. 적지 않은 군부독재국가들이 한때 종속이론을 악용하여 국내 문제의 책임을 국외로 돌려버리는 묘기를 벌이지 않았던가. 5공의 서슬이 시퍼렇던 1985년 세계의 대표적인 종속이론가들이 적지 않은 돈을 받고 국내에 초청되어 서울의 '힐튼호텔'에서 학술세미나를 열었던 것도 바로 그런 경우일 것이다.

내재화된 문화제국주의의 지배하에 놓인 한국의 문화정책은 이미 제국주의적 성향에 오염되어 있다. 대통령이 미국에 가서 '의사전달의 효율성'이라는 이유만으로 영어로 연설을 하는 판국이니 그런 정부의 문화정책에서 무엇을 기대할 수 있겠는가. 형식적인 전통문화 보호정책이라는 것도 전통문화를 깊숙이 간직해 두려는 '박제정책'이지 전통문화를 활성화하자는 정책이 아니다. 전통문화가 일반 국민의 삶과 동떨어진 채 문화재로 추앙될 때에 그건 이미 죽은 문화이지 살아있는 문화가 아니다.

문화의 화석화는 사상의 화석화를 가져온다. 한 사회가 추구하는 발전의 정의를 내려주고 한 사회가 나아갈 진로를 결정해 주는 것이 바로 문화일진대, 제국주의문화가 판을 치는 나라에서는 그러한 결정이 옳게 내려질 수 없다. 이제 한국 문화를 되살려 한국이 나아가야 할 올바른 길을 되찾는 방법은 민족·민주문화로서의 대항문화를 창출해 내는 것뿐이다. 보다 생산적인 문화논쟁을 위해 이제 우리는 문화제국주의의 실체를 보다 구체적으로 밝히는 작업에 임해야 한다. 제국주의 사회과학에 의해 배척되고 있는 문화제국주의론의 위상을 옳게 되찾아 이 땅의 대중매체를 권력과 자본의 논리로부터 해방시키는 과업이야말로 우리가 당면한 시대적 요청이라 아니할 수 없다.

말 · 1991년 2월호

| 후기 |

문화제국주의는 건재하지만, 오늘날 한국에서 문화제국주의를 말하는 사람은 거의 없다. 한국이 문화제국주의의 피해자가 될 수 있다는 우려는 한국이 2000년 대 들어 한류 열풍에 힘입어 본격적인 문화수출국이 되면서 현실과 동떨어진 것으로 여겨졌기 때문이다. 한류를 '아류 문화제국주의'로 보는 시각도 있긴 하지만, 누가 이런 주장을 환영하겠는가. 오래 전에 쓴 글은 늘 부끄럽지만, 거의 30년 전에 쓴 글, 그것도 오늘날의 한국 상황과 맞지 않을 수 있는 글을 다시 읽는 건 더욱 그렇다. 그래서 이 글의 게재에 반대하고 싶은 마음도 있었지만, 역사의 기록이란 점에 의미를 부여하기로 했다. (강준만)

"한일합방은 조선의 행복을 위한 조약"

"천황폐하께 조선 출신 범인(犯人) 이봉창이 폭탄 던졌으나 무사히 환궁하시었다"

"광주학생운동은 조선의 불행"

"한일합방은 조선의 행복과 동양의 평화 위해 체결한 조약"

"데라우치 총독은 조선의 대근원 기초한 위대한 창업공신"

"일제의 30년 조선통치로 '문화조선 건설' 결실"

"'조선사상범 보호관찰령' 잘 운용해야 항일운동 근절 가능"

"일본육군지원병제도는 조선통치사의 신기원이자 성스러운 일"

정지환·본지 기자 (현 감사경영연구소 소장)

조선일보가 반공의 이름으로 마녀사냥을 벌이고 있다. 그들이 냉전시대의 낡은 레코드판을 다시 돌려야 하는 까닭은 무엇일까. 그 병리적 심리의 근저에 자리한 뿌리를 발굴해 보자.

내선일체(內鮮一體) 구현으로 민족융합의 이상적 경지로 맥진(驀進)-이는 모두 천황의 존엄스런 위세 때문인 동시에 팔굉일우(八紘一宇) 대건국정신 (大建國精神)의 발로.(『조광』 1940년 10월호 사설)

'국가안보의 파수꾼'이자 '사상검증의 심판관'을 자처하는 조선일보 자매지 『조광』(『월간조선』의 전신)의 지면을 장식했던 기사의 일부다. 여기서 '맥진'이란 "좌우를 돌아보지 않고 돌진"을, '팔굉일우'는 "온 세상 과 한 우주"를 뜻한다. 대동아공영권이라는 세계를 위해 좌우를 돌보지 않고 돌진했던 조선일보의 친일 전력을 상징적으로 보여주는 용어다.

조선일보와 『조광』의 친일보도 경향은 크게 네 가지로 분류할 수 있다. (인용 기사는 가능한 원문을 살리되 일부는 현대문법에 맞게 고쳤다.)

1. 일제침략에 항거한 민족항쟁을 테러로 매도

광주학생사건에서 발단이 된 학생시위사건이 전 조선에 확대된 오늘날에 있어 제군이 비상(非常)을 버리고 평상(平常)에 돌아와 고요한 책상 앞에 용기 있게 돌아오는 것은 당연하다 …… 허다한 불만과 실망 속에 이토록 확대된 것은 학생들의 불행이자 조선의 불행이었다.(1930년 1월 12일자 사설 「동요 중의 학생제군-책상 앞으로 돌아가라」)

한국근대사의 '상식'은 광주학생사건을 청년학생들의 반일민족항쟁으 로 규정하고 있다. 그러나 조선일보는 학생들에게 배일운동을 즉각 중단하 고 학원으로 돌아갈 것을 종용했다. 일제의 탄압에 맞서 온몸으로 항거한

의거를 '비정상적이고 불행한 일'로, 망국의 현실을 외면한 채 개인의
영달을 위해 공부나 하는 것을 '정상적이고 용기 있는 일'로 본 것이다.

> 천황폐하께옵서 육군관병식 행사를 마치고 돌아오시는 길에 앵전문 앞에
> 이르렀을 때 사고가 발생하였다……전방 약 18간에 수류탄과 같은 물건을
> 던진 자가 있어서 궁내대신 마차의 좌후부 바퀴 부근에 떨어지어 차체
> 바닥에 엄지손가락만 한 손상 두셋을 나게 하였으나 천황의 마차에는 이상이
> 없어 오전 11시 50분에 무사히 궁성으로 돌아오시었다. 범인은……조선 경성생
> 이봉창(32).(1932년 1월 10일자 기사 「천황폐하 환행도중 돌연 폭탄을 투척」)

결국 요지는 이봉창이라는 한국인 출신 '범인(犯人)'의 폭탄 테러에도
불구하고 천황폐하께서는 천만다행히도 무사하시었다는 말씀이다(부끄
럽게도 이 사건을 항일투쟁사건으로 특종 보도한 것은 중국의 「국민신보」
였다).

> 조선사상범 보호관찰령은 사회개조를 목적으로 한 사상범을 대상으로 하는
> 법령인 만큼 사회적 의의가 크다고 할 것이다 …… 운용을 잘못하면 점차
> 몰락의 길을 걸어가는 사상운동에 도발적 반동기운을 조장할 수도 있다는
> 점을 충분히 인식할 필요가 있으리라고 사유한다.(1936년 12월 13일자 사설
> 「조선사상범 보호관찰령」)

조선일보는 항일을 지향하는 독립운동과 사상운동을 말살하려는 이
악법의 사회적 의의가 크다고 평가했다. 그리고 총독부가 이 악법을

잘 활용하여 몰락의 길을 걸어가는 독립운동과 사상운동의 싹을 아예 밟아 버려야 한다고 충고하고 있다.

2. '황민화' 기사로 '천황폐하'께 복종과 충성을 서약

자칭 '1등 신문' 조선일보는 일제시대에도 수많은 1등 기록을 남겼다. 조선 신문으로는 최초로 새해 첫날 신문 1면에 일왕 부부의 초상을 대문짝만하게 싣기 시작했으며(1936년 1월 1일자), 가장 먼저 일본군을 '아군' 혹은 '황군'으로 표기한 것이다(1937년 7월 19일자). 일본군의 침략전쟁에 돈을 대라고 조선 동포들에게 강요한 '국방헌금' 사고(社告)를 제일 먼저 낸 것도 조선일보였다(1937년 8월 12일자).

그런 조선일보였기에 아주 자연스럽게 '조선의 민중'을 '천황의 신민(臣民)'으로 표기할 수 있었는지도 모른다(1937년 8월 23일자). 특히 '조선일보의 황제'인 일왕의 생일인 '명치절(明治節)'이나 '천장절(天長節)'이 되면 조선일보 지면은 '천황폐하'의 은혜로운 통치에 대한 감격으로 흥분의 도가니가 된다. '조선 침략의 괴수' 히로히토의 생일을 맞이해 자칭 '민족지' 조선일보가 지어 바친 '용비어천가'는 이렇게 시작된다.

춘풍(春風)이 태탕하고 만화(萬花)가 방창(方暢)한 이 시절에 다시 한 번 천장가절(天長佳節)을 맞이함은 억조신서(億兆臣庶)가 경축하지 않고는 견디지 못할 바이다. 성상폐하께옵서 옥체가 유강하시다니 실로 성황성공(誠惶誠恐) 동경동하(同慶同賀) 할 바이다. 일년일도 이 반가운 날을 맞이할 때마다 우리는 홍원(鴻遠)한 은(恩)과 광대(廣大)한 인(仁)에 새로운 감격과 경행이 깊어짐을 깨달을 수 있다. 뿐만 아니라 적성봉공(赤誠奉公) 충(忠)과 의(義)를 다하야 일념보국(一念報國)의 확고한 결심을 금할 수가 없는 것이다.(1939년 4월 29일자 사설 「봉축 천장절」)

봉건왕조시대에 정도전이 이성계에 바친 헌사도 이보다 더하진 못했으리라. 조선일보는 같은 용어를 쓰면서도 항상 극존칭을 사용했다. 예컨대 '황공(惶恐)'을 '성황성공(誠惶誠恐)'으로 경하(慶賀)'를 '동경동하(同慶同賀)'로, 충성(忠誠)을 '극충극성(克忠克誠)'이라고 과장되게 표현했다. 아니 조선일보는 신문 사설을 아예 교주에게 바치는 신앙고백이라고 생각한 모양이다. 일왕을 '지존'이라고까지 한 것이다. 조선일보는 '천황 지존'에게 "황공무지와 감격을 못 이기겠다"고 토로한 뒤 이번에는 "신동아 건설의 성업을 수행하여 황도일본의 위광을 빛내자"면서 충성맹세를 늘어놓는다.

조선일보는 '조선 백성의 신문'이기를 포기하고 '일본 천황의 신문'이 되기로 작정했다. 사설 말미에 "천황의 무강과 황실의 번영을 받들어 축하하면서 우리가 경행하는 이유를 강조하여 둔다"고 분명하게 밝힌 것이다. 이러한 충성서약은 매년 되풀이된다. 더 충격적인 것은 그동안 조선의 백성을 천황의 '신민(臣民)'이라고 한 것도 부족했던지, 이 무렵부터는 아예 '신자(臣子)'라고 바꾸어 표기했다는 점이다.

3. 내선일체 미화하고 침략전쟁에 조선 청년 동원

황국의 위무선양(威武宣揚)과 동양평화를 양 어깨에 짊어지고 제일선에

선 출정장병으로 하여금 안심과 용기를 가지고 신명을 다하게 하는 데는 총후에 선 일반국민의 정신적 물질적 후원이 절대로 필요한 것이다.(1937년 8월 12일자 사설 「총후의 임무-조선군사후원연맹의 목적」)

1937년 노구교사건을 빌미로 일제가 중국 대륙을 침략하면서 만주사변과 중일전쟁이 벌어졌다. 조선일보는 즉각 조선 민중의 임전태세를 강조했다. 후방에서 조선 민중이 일본군을 지원하는 것이 "일본제국의 신민으로서 당연히 발휘해야 하는 의무와 성의의 일환"이라고도 주장했다.

일제의 대륙침략이 본격화된 1938년부터 조선일보의 '친일보국'과 '전쟁미화'는 더욱 노골화되었다. 그해 1월 1일자 1면에 일본군 지원병들의 열병식 사진을 '대문짝만하게' 게재한 조선일보는 특집기사를 통해 당시 미나미 총독이 제창한 '내선일체'를 미화하는 일에 열중한다. 조선일보는 내선일체의 목적을 "조선 민중을 상대로 한 국민으로서의 신념상 의무, 권리의 동등을 전제로 한 일본과 조선 두 민족의 동족적 친화감을 깊게 하려 함에 있다"고 해석하고 "물론 이 실적은 괄목할 만한 것이었다"고 덧붙였다.

조선 통치사의 한 신기원을 이룩한 것(조선일보는 '에포크 메이킹'이라고 영어식으로 표현했다)이자 미나미 총독의 일대 영단 정책하에 조선에 육군특별지원병제도가 실시된 것에 대하여 이미 본란에 수차 우리의 찬의를 표한 바 있거니와 …… 금번 지원병 제도의 실시는 당국에서 상(上)으로 일시동인(日視同仁)의 성려(聖慮)를 봉체(奉體)하고 하(下)로 반도민중의 애국열성을 보아서 내선일체(內鮮一體)의 대정신으로 종래 조선민중의 국민으로서의 의무 …… 황국신민된 사람으로 그 누가 감격치 아니하며 그 누가 감사치 아니하랴 …… 장래 국가의 간성으로 황국에 대하여 갈충진성(竭忠盡誠)을 하지 아니하면 안 된다. 그래서 국방상 완전히, 신민의 의무를 다하여야 할 것이다.(1938년 6월 15일자 사설)

일제는 1938년 4월 '육군특별지원병제도'를 만들어 냈다. 한국 청년들을 그들이 일으킨 침략전쟁의 총알받이로 삼기 위해서였다. 그러나 조선일보는 이 제도를 가리켜 '조선통치사의 신기원'이라고 찬양했다.

아울러 전쟁에 나가는 것은 "천황과 일본의 신하이자 백성인 조선의 민중으로서 감격하고 감사해야 할 일"이라고 주장했다. 특히 기사의 마지막 부분에 나오는 '갈충진성'이란 말은 섬뜩하기조차 하다. '갈충진성' 중의 '갈진(竭盡)'은 "다하여 없어짐"이라는 뜻이다. 결국 한국 청년들에게 천황과 일본을 위해 충성을 다하여 싸우다 죽으라는 말이 아닌가.

4. 조선일보 폐간 뒤 더 노골화된 친일매국의 길

조선일보는 친일행각에도 불구하고 1940년 8월 11일 폐간된다. "동아 신질서 건설의 성업을 성취하는데 만의 일이라도 협력하고저 숙야분려(夙夜奮勵)한 것은 사회 일반이 주지하는 사실"이라고 고백한 폐간사의 한 대목처럼 조선일보가 무슨 항일을 해서 폐간된 것은 아니다.('숙야분려'는 "이른 아침부터 밤늦게까지 최선을 다하고 고민했다"는 의미인데, 결국 친일행각을 그렇게 열심히 했다는 자랑이다) 이는 당시 조선일보 사장 방응모가 월간지 『조광』(요즘의 『월간조선』을 연상하면 된다)을 확대 개편하고 "자유주의 개인주의를 지양하고 일로 전체주의적인 방향으로 향하여 국책에 따라 시국을 인식시키는 데 일단의 노력을 다할 것"을 다짐한 것에서도 잘 알 수 있다.

『조광』 1940년 7월호 권두언 「일본제국과 천황에게-성은(聖恩) 속에 만복(萬福)적 희열을 느끼며」에서 알 수 있듯이 조선일보는 이미 '돌아올 수 없는 다리'를 건넌 상태였다. 특히 조선일보의 친일행각은 방응모가 일제의 조선 통치 30년을 맞이해 쓴 다음의 글에서 그 절정을 이룬다. 그것은 민족에 대한 능멸이고 배반이며 반역이었다.

> 일한양국은 양국의 행복과 동양 영원의 평화를 위하여 양국 병합의 조약을 체결 …… 데라우치 총독은 조선통치의 대본(大本)을 정(定)하여 창업의 토대를 쌓은 위대한 공적을 남겼거니와 …… 30년 동안 7대에 이르는 총독들은 그 시대의 요구와 필요에 따라 특색 있는 정책을 실시하여 그 결과는 오늘날과 같은 문화조선 건설을 결실 …… 2천3백만 반도 민중은 한결같이 내선일체를 실천해 황국신민된 책임을 다하지 않으면 안 될 것은 물론이거니와 특히 사려 깊은 시정(한일합방을 말함) 30주년을 맞이하여 각각 자기의 시국인식을 반성하고 시국의 장래를 투명하게 관찰하여 일층 각오를 굳게 하고 또 일단의 노력을 더하여 그 영예를 선양하도록 힘써야 할 것이다.(『조광』 1940년 10월호)

친일매국신문 조선일보, 역사의 법정에 서야

조선일보는 지금까지 이 반민족적 친일행위에 대해서 시인하거나 사죄한 적이 단 한 번도 없다. 도리어 해방 후에는 이를 은폐한 채 민족지를 자처하면서 독재찬양의 길을 걸었다. 그런 조선일보가 살아남는 길은 오직 하나-친일파에 맞서 민족정기를 바로잡으려는 민족세력과 독재에 맞서 민주주의를 갈망하던 진보세력을 '반공'의 이름으로 때려잡는 일이었다. 최장집 교수에 대한 사상검증도 크게 보면 그런 친일콤플렉스의 맥락에서 나온 것이라고 할 수 있다.

1988년 12월 13일 언론청문회. 증인으로 출석한 조선일보 사장 방우영 (현 회장)은 이철 의원이 조선일보의 친일 전력을 언급하자 도리어 역정을 내며 이렇게 큰소리쳤다.

조선일보가 왜놈의 앞잡이 노릇을 했단 말이요? 악랄한 조선총독부 아래 선열들이 독립을 지키기 위해 고문당하고 피 흘린 것을 매도하지 마시오. 그렇게 매도하면 우리 역사가 모두 뒤집어져야 한다는 것을 알아야 한단 말이오.

조선일보의 친일행각을 비판하고 민족정기를 바로잡자는 것이 역사를 매도하는 것이다? 조선일보의 친일행각을 비판하면 한국의 역사가 모두 뒤집힌다? 그러나 조선일보 사주와 경영진, 그리고 조선일보 기자들은 알아야 한다. 프랑스가 항독 해방전쟁이 끝난 1945년 나치 독일에 협력했던 매국노들과 반역자들을 철저하게 색출하여 숙청했다는 사실을.

실제로 프랑스는 민족과 나라를 배신하면 절대 용서받지 못한다는 교훈을 후손들에게 보여주기 위해 '역사적 결단'을 내렸다. 그 중에서도 '지식을 팔아' 나치를 도운 언론인들이 가장 가혹한 처벌을 받았다. 친나치

행위로 떼돈을 번 언론사 사장 알베르 르죈느와 친나치 보도를 주도했던 언론사 주필 조르주 쉬아레즈 등 많은 언론인이 형장의 이슬로 사라졌다. 그들이 썼던 사설과 기사가 사형선고의 결정적인 증거가 되었음은 물론이다.

말 · 1998년 12월호

| 후기 |

일제강점기에 "한일합방은 조선의 행복을 위한 조약"이라고 보도했던 조선일보의 족벌사주는 역사의 심판을 받기는커녕 해방된 나라에서 '밤의 대통령'을 자처했다. 그들의 생존 방식은 단순하고 명쾌했다. 자신들이 반대하는 사람들을 '빨갱이'로 만들기만 하면 되었다. 1998년 최장집 교수에 대한 조선일보의 사상검증과 마녀사냥의 기원을 찾아 나섰다. '레드 콤플렉스'의 뿌리에 '친일 콤플렉스'가 있음을 알았다. 그로부터 20여 년이 흘렀지만 조선일보의 생존 방식은 바뀌지 않았다. 우리 국민들이 조선일보를 바로 보고 '편협한 극우지'에 걸맞은 지분을 찾아줄 때 상식이 통하는 세상은 비로소 시작될 것이다. (정지환)

제7장

여성

한국은 성폭력의 천국인가 오수연
사회주의의 위기와 여성운동의 진로 정현백

한국은 성폭력의 천국인가

우리 사회에서 여성을 위협하는 성폭력은 으슥한 밤길이나 인신매매단의 봉고차에만 있지 않다. 직장상사, 철거반원, 구사대, 수사기관 등은 신체적 사회적으로 약자의 위치에 있는 여성들을 끊임없이 위협하고 있는 것이다. 심지어 재판과정에서조차 가해자인 남성은 '재수 없는 사람' 피해자인 여성은 '수상쩍은' 존재로 된다. 우리 사회 성폭력의 현황과 해결 과제를 살펴본다.

오수연 · 소설가

"온 사회가 다 미친 것 같다"

한 여성단체의 인신매매 신고전화에 중년 남자가 전화를 했다. 사회가 하도 험악해서 자기 부인과 딸이 강간이나 인신매매를 당할까봐 불안해서 못살겠다는 내용이었다. 그래서 부인과 딸의 외출시간이나 남자친구와의 교제를 철저히 '감독'하느라 보통 피곤한 게 아니라며 정말 대책이 없겠느냐는 푸념까지 덧붙였다. 상담원이 전화를 거는 본인은 '여자가 나오는 술집'에 가지 않냐고 묻자 "사업을 해보면 알겠지만 남자들끼리의 거래에는 그런 것도 필요하다"는 대답이었다. 그곳에서 남자를 '접대'하는 여성들이 자기 가족만 아니라면 상관없다는 뜻이었을까.

연일 성폭행(강간)이나 인신매매 사건이 일간지 사회면을 오르내리고 딸 가진 부모들이 비상이 걸렸다고 야단이다. 그 틈에 여성을 대상으로 한 호신술 강좌도 등장하고 위급할 때 사이렌을 울리거나 냄새를 피워서 치한을 물리칠 수 있다는 아이디어 상품도 잘 팔린다고 한다. 그러나 한편에서는 꾸준히 여성을 '벗기고 주무르고' 있다. GNP의 6%가 향락산업으로 흘러들고 음란 비디오, 음란 만화에 최근에는 스포츠 신문들까지 가세해서 남성들의 '욕구'를 충동질하고 있다.

성의 폭력화는 성의 상품화와 밀접하게 연결되어 있다. 선정적인 대중문화는 우선 여성을 상품화해서 남성들의 무분별한 성욕을 정당화시켜 준다. 음료수나 옷 선전까지도 남자들의 눈요깃거리로 여자들이 거의 벗은 몸으로 등장한다. 이런 문화에서 남자들의 성욕은 자극받고 이를 해소하기 위해 강간이 자행되거나 일회용 상품으로 매춘여성이 동원된다. 남성들의 '수요'가 늘자 여성들의 '공급'을 여기에 맞추기 위해 인신매매가 급증하는 것이다. 또한 남성이 우위를 차지하고 있는 사회구조에서 여성이 성관계 자체를 원해서가 아니라 돈이나 다른 이유 때문에 남성의 성적 요구에 응할 수밖에 없는 경우, 예를 들면 매매춘까지도 광범위한 의미에서 성폭력이라고 본다면 성의 상품화가 곧 성폭력인 것이다. 성폭력, 그리고 성의 상품화는 인간마저 물질로 환원시킨 자본주의의 가장 추악한 단면이다.

일반적으로는 강간과 인신매매만이 성폭력이라 지칭된다. 그러나 언어를 통한 성적 희롱은 물론 공공장소에서 저질러지는 치한들의 '더듬기'나 남편의 아내에 대한 성적 강요 등 성을 매개로 한 강제는 다 성폭력의 범주에 넣어져야 한다. 요즘에는 다양한 형태의 성폭력이 사회 전반적으로 거의 일상화되었다고 한다. 성폭력에 대해 상담을 하는 어느 상담원은 그 양의 엄청남과 수법의 악랄함을 우려하면서 "온 사회가 다 미친 것 같다"고 표현했다.

직장 내에서 벌어지는 성폭력

여상을 졸업하고 중소기업에 입사한 ㄱ씨는 "갓 물오른 버드나무처럼 싱싱하고 먹음직스럽다"는 '칭찬'을 상사로부터 들어야 했다. 울면서 항의하니까 "귀여워서 한 소린데 속 좁게 괜히 회사를 시끄럽게 하느냐, 그래서야 사회생활을 어떻게 하려느냐"는 꾸지람이 돌아왔다. 출판사에 다니던 ㅂ씨는 지나칠 때마다 은근슬쩍 엉덩이를 만지는 사장 때문에 사표를 내고 말았다. 선배 여사원은 "사회생활을 하자면 그 정도는 수완 좋게 넘길 수 있어야지 너만 손해 아니냐"는 조언을 했다고 한다.

한 여성잡지사에 촉탁사원으로 근무하는 ㄱ씨는 자기보다 늦게 입사한 남자사원들이 정식사원으로 발령받는데도 여전히 촉탁으로 남아 있어야 했다. ㄱ씨가 지각이 잦기 때문이라는 것이었다. 그러나 친한 동료가 은밀히 알려준 바에 의하면 인사의 전권을 쥔 국장이 회식할 때 슬그머니 어깨에 올려놓은 손을 매정하게 뿌리쳤기 때문에 '뻣뻣하다'는 평을 받은 것이 진짜 이유라는 것이었다. 기획사무실에 근무하는 ㅇ씨는 업무에 관한 상의를 하는 척하면서 어깨를 짚는 사장을 정면으로 바라보면서 항의했다. 무안해진 사장의 농담조 대답은 "왜 이래, 팁 더 주면 될 거 아니야"였다.

직장 내에서 벌어지는 성폭력은 근래에 급증한 추세라고 한다. 여성운동단체인 '여성의 전화' 이유일 상담부장은 "대기업에서도 성폭력이 늘어나고 있지만 특히 중소기업에서는 여성들에게 취업을 권하고 싶지 않을 정도로 성폭력이 심각하다"면서 최근 AIDS 환자가 증가하자 남자들이 매춘여성을 기피하고 '안전한' 부하 여직원을 유린하는 경향도 있다고 말했다.

ㅎ씨는 직원이 3명뿐인 작은 회사에 취직해 1년간 열심히 일했다. 어느 날 사장은 그동안 수고했으니 저녁이나 먹자고 하면서 "집안 형편이 어떠냐" "1년이 지났으니 월급을 올려주겠다"고 했다. 사장의 강요로 술에 취한 ㅎ씨는 그날 밤 강간당한 이후로 임신중절을

두 번이나 해야 했다. 사장은 ㅎ씨의 명의로 아파트를 사주며 일 년만 동거하자고 했고 일 년이 지나자 ㅎ씨는 집을 전세 놓고 숨어버렸다. 그러자 사장은 부인까지 동원해서 ㅎ씨를 사기죄로 고소하고 아파트에 가처분신청까지 해놓았다.

'여성의 전화' 상담원 강영애씨는 상담해오는 미혼여성 중의 40% 이상이 직장의 상사나 유부남에 의한 강간, 혹은 혼전 성관계를 고민하고 있다고 말했다. 본인이 강간당했다고 말하지는 않더라도 승진이나 승급, 부서 이동 등의 특혜나 불이익을 조건으로 성관계를 요구받은 경우는 강제성이 있었다고 볼 수밖에 없다는 것이다. 상대방 남성은 1~2년이 지난 이후로는 "왜 이렇게 추근거리느냐" "네가 예뻐서 그랬는 줄 아느냐"면서 시큰둥하게 나오다가 부인을 동원해서 관계를 청산하는 경우도 있다

고 한다.

강간으로 인한 결혼과 배우자 학대

여기에서 눈여겨볼 것은 부인의 역할이다. '여성의 전화' 상담사례 중 20%가 남편의 외도를 걱정하는 부인들의 상담인데 외도를 하는 남성들은 한편으로 미혼여성에게 고통을 주면서 또 한편으로는 부인에게 상처를 준다. 자녀를 위해 가정을 지켰던 부인은 이번에는 미혼여성에게 돈을 주어 일을 무마하거나 머리끄덩이를 휘어잡고 모욕을 주는 역을 맡아야 한다. 남성은 외도(바깥에서 도 닦는 일)쯤 한 것뿐이고 피해자인 두 여성끼리 치고받아야 하는 것이다. 반면에 간통한 아내는 용서받지 못할 죄인이 된다. 1991년 7월 경남 의령에서는 바람을 피운 적이 있는 아내가 남편의 강요로 독약을 마시고 죽었다. 장소는 시장 입구였는데 사람들은 둘러서서 구경하고 있었다.

강간은 결혼을 위해 상대방 여자를 '정복하는' 수단으로 이용되기도 한다. 한때는 대학생들 사이에 변심을 막기 위함이라는 명목으로 여자 애인을 겁탈하는 일이 '도장 찍고 예방주사 놓는 일'로 불리어진 적도 있었다.

얼굴이 아주 예쁜 ㅇ씨는 대학교 신입생 때 남자 선배에게 강간을 당한 이후로 남자에 대한 환멸을 느끼고 있었는데 어떤 남자가 열렬히 구애를 해왔다. ㅇ씨가 그 남자와 결혼을 한 것은 그 사람에게 또 강간을 당해 임신했기 때문이었다. 엄한 아버지 앞에 나설 용기가 없어서 집에 가지 못하고 남자 쪽 집에서 동거하다가 결혼했다. 어느 날 남편이 문을 잠그고 칼을 갖다 놓는 등 공포분위기를 조성하면서 '과거'를 실토하라고 해 사실을 말한 후 지독한 학대가 시작되었다. 배가 불러 들어온 며느리에 대한 시집의 대우도 좋았을 리가 없다. ㅇ씨는 심신이 황폐해지고 말았다.

평소에 사귀었거나 구애를 하던 남자에게 강간당한 여성은 순결을 잃었다는 죄책감과 불안에 시달리면서 될 수 있으면 '정조를 바친' 그 남자와 결혼하려고 한다. 그와 결혼하는 한에서만 강간당했다는 게 '죄'가 안 되기 때문이다. 그러나 남성은 자기가 강간했으면서도 "그때 끝까지 반항했어야 한다"든지 "몸을 함부로 굴렸다"면서 부인을 구타하는 경우가 많다고 한다. 이유일 상담부장은 "강간에 의한 결혼은 아내 구타, 가정불화로 이어지기 마련이어서 상담자에게는 순결을 잃었다는 사실에 얽매이지 말고 사랑하지도 않으면서 그 남자와 결혼하지는 말라고 충고한다"고 말했다.

위와 같은 예의 강간들에 대해 서 일반적으로는 "저 좋아서 한 거지 그게 무슨 강간이냐" "몸단속을 칠칠맞게 했다"고 이야기한다. 그리고 이런 이야기의 뒷면에는 "여자가 원하지 않으면 절대로 강간은 성공하지 못한다"는 편견이 자리잡고 있다. 남자의 성충동은 거의 절대적이므로 허점을 보인 여성이 오히려 잘못이라는 남성 위주의 사고방식은 강간사건의 해결 방식에 그대로 반영된다.

재판과정에서의 정신적 강간

여성계에는 강간사건의 사법적 처리과정에서 피해자는 제2의 강간을 당한다는 말이 있다. 피해자는 경찰서에서 조서를 쓰면서, 그리고 재판과정에서 정신적인 강간을 또 한 번 당한다는 뜻이다. 강간범죄의 재판과정에 대한 박미선씨(이화여대 대학원 여성학과)의 연구에 의하면 심문과정에서 피해자는 커다란 수치심과 모욕을 느낀다고 한다. 같이 술을 마셨다거나 방문을 열어 놓고 자는 등 '부주의한' 행동은 간음에 대한 묵시적 승낙으로 취급된다. 그리고 "두 팔 두 다리가 멀쩡한데 왜 반항을 안 했나요?" "흉터도 안 남았는데 그게 반항한 거예요?"라는 식으로 피해자를 불신한다. 남자 대학생이 알고 지내던 여대생을 속옷을 찢고 온몸을 담뱃불로 지지는 등 저항이 불가능한 상태에서 강간했음에도 피해자가 구조요청을 하지 않았다는 이유로 강간죄로 인정하지 않은 대법원의 판례도 그 한 예가 될 것이다. 또한 피해자가 술을 먹고 담배를 피우는가, 성 경험이 있는가, 가출한 경력이 있는가 등 강간과 관련이 없는 사실들이 판결에 영향을 미친다고 한다. 그리고 구체적인 삽입 여부를 가리기 위해 피해자에게 삽입여부, 사정여부, 삽입시간, 삽입기간 동안 피해자의 느낌을 묻고 피해자는 여기에 답해야 한다.

강간범을 경찰에 신고해도 40% 정도만 기소가 되고 그중 또 40%만 유죄선고를 받으며 그래봤자 대부분 집행유예에 형량이 많아도 2~3년에 그치기 때문에 주위에서는 강간당한 피해자에게 고소를 권하지도 못한다고 한다. 그리고 강간에 저항하다가 죽지 않는 한 피해자도 무죄는 아니라는 게 일반적인 시선이라고 한다. 따라서 피해자는 '너무 억울하고 분해서'나, 순결을 잃었으니 인생을 망쳤다는 좌절감 속에 '흠이 있는 여자'로 낙인 찍혀 경제적으로 의지할 남성을 만나지 못하는 경우에는 아예 매춘여성이 되기도 한다. 반면에 가해자 쪽은 오히려 여유가 있는 편이다. "여자 하나 따 먹고 재수 없게 왔느냐"는 농담이 경찰서에서 오가기도 한다고 한다. 피해자가 더 비난을 받는 유일한 범죄가 강간죄이다.

강간하는 남성들은 점점 늘어나 최근에는 강도나 절도범들도 신고하지 못하게 하기 위해 으레 강간을 하는 추세이다. 강도짓을 하면서 국민학생·임산부 등 24명을 22차례(밝혀진 것만)에 걸쳐 강간하고, 특히 중학교 1학년 여학생을 강간하면서는 칼로 목과 손목을 그어 흐르는 피를 마시기도 했던 '박현룡 사건'이 그 한 예이다.

10대 청소년들이 저지르는 끔찍한 강간사건도 최근에 급증했으며 더구나 죄를 저지르는 청소년들의 나이는 점점 낮아지고 있다고 한다. 지난 11월 여자들만 있는 집에 들어가 40여 차례나 강도·강간을 한 혐의로 잡힌 5명은 16세의 고교 1학년 학생이 2명 낀 10대들이었다. 10월에는 교도소를 나온 뒤 31차례나 강도·강간을 한 17세 소년, 밤늦게 집으로 돌아가던 여고생을 윤간한 고등학생 등이 구속되었

다. 작년에는 17세 소년이 60대 할머니 2명과 일곱 살 난 여자어린이를 강간하고 칼로 찔러 살해한 사건이 발생하였다. '공부가 하기 싫어서'나 '비디오에서 본 대로'라는 게 그들의 범행동기였다. 어른들의 타락한 향락문화와 입시위주의 교육이 그들을 흉악범으로 만든 것이다.

민주화운동 탄압수단 된 성폭력

한편 사회 각계에서 벌어지는 사회변혁운동, 노동운동, 생존권 수호운동 등을 탄압하기 위해서도 성폭력은 행해진다. 부천서 권인숙씨 성고문 사건이나 신촌 '우리마당' 사건이 대표적인 예가 될 것이다.

1986년 청주시 청운동 철거과정에서 ㅎ씨는 무너져가는 집 속에서 항의하며 나오지 않았다. 그러자 철거작업을 하던 임광토건의

인부 6명이 들어와 ㅎ씨의 옷을 몽땅 벗기고 가슴을 만지며 "토실토실하다" "쓸 만하겠다"라며 희롱하다가 길거리로 끌어내었다. 이때 ㅎ씨는 너무 분해 분신하려 했으나 제지당했다. 역시 1986년 서울 노원구 상계동에서는 남편이 일하러 간 사이에 철거반원이 들이닥쳐 아기를 업은 채 항의하던 여자들이 옷이 찢기는 등 폭행을 당해 일부는 입원하기도 했었다.

노동운동을 방해할 목적으로 여자노조원을 강간하거나 성적으로 희롱하는 사례도 많다. 백양메리야스(주)는 폭력배를 동원하여 부당해고 철회를 요구하는 여자노동자들의 목을 조르고 구둣발로 밟았으며 옷을 벗기려 하거나 가슴을 주무르기까지 했다. 더군다나 경찰과 근로감독관이 보는 앞에서였다. 이외에도 구사대로부터 "시집 못 간 년"이나 "남편 잡아먹을 년" 같은 욕이 나오는 일은 비일비재하다고 한다. 이런 흐름에 편승한 성폭력도 있다. 1991년 10월에는 군 수사관을 사칭해 "좌경학생을 수사한다"며 여대생 등 4명을 강간한 일도 있었다.

요즘에는 매체들의 보도가 그리 떠들썩하지 않아 인신매매는 줄어든 것처럼 보이기도 한다. 그러나 실제로는 1989년에 좀 주춤하다가 작년에는 급증했다고 한다. 인신매매 상담실을 운영하는 민주시민운동연합의 김홍규 실장은 "길거리에서 납치하거나 구인광고로 유인하는 수법은 너무 알려져서 줄어드는 반면 가짜 대학생이나 안면이 있는 사람을 이용해 꾀어가는 사례가 늘어나고 있다"고 분석했다.

1991년 여름 경기도 하남시에서는 여고생 5명이 강원도의 '티켓다방'에 팔려간 일이 있었다. 인신매매범은 놀랍게도 5명 중 1명의 이모인 김정실(32)이었다. 김씨는 여름방학 바캉스 비용을 마련하기 위해 아르바이트 자리를 찾던 여고생들을 조카를 이용해 꾀어냈고 팔려간 여고생들은 평균 하루에 7천 원씩 내는 남자 5명을 상대해야 했다. 여고생들은 김씨의 조카가 일행 중에 끼어 있어 안심하고 따라갔으나 김씨는 나중에 조카만 살짝 빼돌렸다.

인신매매 신고전화 상담원인 서울 YMCA 조순옥 간사는 "요즘의 인신매매는 저소득층의 저학력, 저연령인 여학생들을 대상으로 저질러진다"고 말하고 "학교나 가정에 문제가 있어 가출, 먹고 잘 곳을 찾는 여학생들에게는 인신매매범이 따라붙기 마련"이라며 그들을 가출하게 만드는 교육·가족·사회 제도에 책임이 있다고 지적했다.

유일한 대안, 뒤틀림 없는 사회

성폭력에 대한 대처방안으로서 지금까지 제시된 것은 '엄벌주의'였다. 작년에는 인신매매·가정파괴범을 최고 사형까지 시킬 수 있도록 '특정범죄가중처벌법'이 강화되었으며 올해에는 흉기 등으로 위협했거나 집단 강간한 경우에는 피해자의 고소가 없어도 가해자가 처벌받고 법정형이 5년 이상으로 높아지는 '특수강간죄'가 신설될 예정이다. 그러나 이런 특별한 경우가 아닌 일반적인 강간에 대해서는 '보호할 필요가 없는 정조'라거나 피해자의 부주의와 반항의 정도가 강간을 유도했다는 불신이 여전할 것이다. 남성에게는 방탕과 '유린하고 정복할 자유'가, 여성에게는 순결과 '결사적으로 자기 몸을 보호할 의무'가 부여되는 이 사회의 뒤틀림이 고쳐지지 않는 한 성폭력은 사라지지 않을 것이다.

효성여대의 손덕수 교수는 성장위주의 경제발전으로 인한 빈부격차와 도덕적 가치가 도외시된 정치, 군사쿠데타와 군사문화, '3S'로 지칭되는 국민대중의 우민화 정책, 여성경시사상의 재생산 구조인 가부장제 가족제도와 여성을 성적 대상물로 비하하는 가부장제 문화의 도덕적 타락 등이 성폭력의 원인이라고 지적했다. 그리고 불균형적 경제발전과 차등적 분배 구조의 개선, '성의 정치적 악용'의 금지, 남성의 외도와 여성의 정절로 대별되는 이중적 성규범의 철폐, 남녀불평등 구조의 개선과 성폭력 근절을 위한 법적 긴급조치 마련 등이 시급하다고 강조한 바 있다.

결국 여성이, 나아가서 인간이 거래와 폭력의 대상이 아닌 사회의 건설이 이 문제에 대한 대안이라고 하지 않을 수 없다.

말 · 1991년 2월호

| 후기 |

근 30년 만에 후기를 쓰게 되다니, 글의 무서움을 실감한다. 이 기사가 다룬 문제에 있어 그때는 상상도 못할 만큼 바뀐 면이 있다. 그때는 상대적으로 용이하고도 조속하게 바뀌리라 기대했건만 뜻밖에 그렇지 않은 면도 있다. 방식은 다르지만 내가 여전히 이 문제를 고민, 고민하고 있음에 또한 놀란다. (오수연)

사회주의의 위기와 여성운동의 진로

미국에 비해 스칸디나비아국가 등에서 여성의 사회적 지위가 높은 것은 여성해방운동의 활성화보다는 사회주의 혹은 사회민주주의 정당들, 조직노동자들 그리고 그들 내부에서 여성들이 수행한 오랜 투쟁에 힘입은 것임을 상기하여야 한다.

정현백 · 성균관대 교수 · 사학과 (여성가족부 장관 역임)

자유주의 여성해방론의 한계와 사회주의 여성운동

지난 몇 년 사이에 동구 사회주의국가에서 나타난 위기상황은 국내의 사회운동이나 지성계를 크게 동요시켰다. 그래서 마르크스주의의 유효성이 논의되고 다양한 대안적인 이념들이 모색되기에 이르렀다. 그러나 이 분분한 논의의 와중에서 이러한 사회주의권의 위기가 세계인구의 절반을 차지하는 여성에게 부여하는 의미가 제대로 언급된 적은 없었다. 이런 무관심은 일차적으로는 활발한 논의를 추동해내지 못한 여성들

자체에 책임이 있겠으나, 다른 한편으로는 우리의 운동적 시각이 인구의 절반을 이루는 여성문제까지를 포함할 수 있을 정도의 탄력성과 총체성을 지니지 못하고 있음을 반영하는 것이기도 하다. 어쨌든 이런 사정을 감안하여 뒤늦게나마 여성들 자체에서 사회주의권의 위기가 여성 상황에 끼치는 영향을 검토해보려는 노력이 나타났다.

이미 『창작과 비평』 1991년 겨울호의 좌담 「변화하는 세계와 여성해방의 이념」을 통해서 사회주의의 위기가 여성해방 이념에 미치는 파장이 일차적으로 검토된 바가 있다. 최근에 이르러 『여성과 사회』 제3호는 통일독일이나 스웨덴의 사례를 구체적으로 분석하는 것을 통해서 사회주의의 위기가 여성의 현실에 끼친 영향을 알리고, 바로 이런 객관적 여건 속에서 여성해방의 진로를 모색해보려는 노력을 한걸음 더 진척시키고 있다.

여성운동의 역사를 되돌아보면, 사회주의 여성운동은 최초의 페미니즘 운동인 자유주의 여성해방론이 그 스스로 모순과 한계를 노출하는 시점에서 시작되었다. 부르주아 여성들에 의해 재산권과 고등교육을 받을 권리를 요구하는 운동에서 출발한 자유주의 여성해방론은 여성들의 선거권을 획득하기 위한 참정권운동에서 정점을 이루었다. 그러나 이 세 가지 요구사항이 관철되면서 자유주의 여성해방론은 그 목표를 상실하기에 이르렀다. 거기에다가 그들이 관철한 형식적 평등이 하층계급 여성들의 실질적인 해방과는 거리가 먼 것임이 인식되면서, 그리고 하녀들의 노동시간 단축을 둘러싸고 양 계급 여성 사이의 계급적 이해관계의 차이가 표출되면서, 사회주의사회의 건설과 여성해방을 결합하는 마르크스주의 여성해방론이 등장하였다.

전통적인 마르크스주의에서 여성문제의 이론적 기초는 두 권의 책, 엥겔스의 『가족, 사유재산 그리고 국가의 기원』과 베벨의 『여성과 사회주의』에 의해 놓여졌다. 이러한 여성해방의 이상은 독일 사회민주당의 활동 내에서는 부분적으로, 그러나 러시아혁명 후의 소비에트사회에서는 그 전면적인 현실화가 시도되었다. 우선 여성에게는 결혼·이혼의 자유를 포함한 법적인 평등, 가사노동과 양육의 사회화를 통한 사회적 노동에의 참여가 허용되고, 봉건적 의식이나 관행의 철폐, 그리고 매춘의 일소가 전 사회적으로 장려되었다. 그 결과 소련에서는 취업연령 여성의 약 90%가 사회적 노동에 참여하게 되었고, 여성에게 가장 큰 부담을 안겨주었던 탁아문제도 국가에 의해 제도적 차원에서 해결이 모색되었다. 이와 같이 사회주의사회에서는 여성문제의 해결이 구조적인 차원에서 시도되었고, 그래서 자본주의권에 비한다면 여성의 지위는 괄목할 만한 성장을 한 것이 사실이다.

그러나 동시에 사회주의권 여성의 지위에 대한 비판적 평가가 없는 것은 아니다. 우선 소련 여성은 가사노동과 생산노동의 이중부담에 시달려 왔다. 소련 남성들은 아무리 사회화가 실현된다 하더라도 여전히 가족의 몫으로 남을 수밖에 없는 가사와 양육의 부담을 나누어지려고 하지 않았다. 그래서 가정 내의 가부장적 관계가 서구보다도 더 공고한 것이 동구사회의 현실이었다. 두 번째 비판은 사회주의국가의 여성정책, 특히 여성의 사회적 노동에의 참여를 독려하는 정부의 조처가 여성해방의 시각에서보다는 높은 출생률의 필요성이나 노동력 부족을 메우기 위한 시도의 일환으로 진행되었다는 점이다. 셋째로, 여성들은 전통적인 남성 직업에 상당 정도 진출하였음에도 불구하고(소련에서 의사의 68%, 학자의 40%가 여성이다) 여전히 여성들은 수직적·성차별적 직업구조의 하층에 머물고 있다. 다시 말하면 여성의 참여율이 높은 직종은 어김없이 주변화된 직업으로 전락한다는 것이다.

스칸디나비아국가 여성의 사회적 지위가 높은 이유

상기한 몇 가지 약점에도 불구하고, 사회주의 사회에서 여성이 누릴 수 있었던 평등권은 페레스트로이카 이후로 사라질 위기에 처하게 되었다. 바로 이러한 징조가 확연하게 드러난 대표적인 예가 통일 이후 독일 여성들의 상황이다. "독일 여성의 지위는 3보 후퇴하였다"고 자평할 정도로 사회주의의 붕괴나 통일의 가장 큰 대가는 동독 여성과 아이들이 치르고 있다. 도로시 J. 로젠버그의 「통일 이후 동독 여성의 현실, 충격요법: 사회주의 복지국가에서 사회적 시장경제로의 변화」(『여성과 사회』 3호)에 따르자면, 1991년 여름 신규 실업자의 절반 이상이 여자였고, 이 실업여성 가운데에는 파행적으로 편모들이 많이 나타났다. 또한 아동보호시설이 자금 부족으로 값이 오르거나 폐쇄되자 점점 더 많은 여성들은 일을 하지 못하게 되었고, 가정으로 돌아갈 것을 강요받고 있다. 소련에서도 여성의 상황은 마찬가지로 급속한 속도로 열악해지고 있다. 최근의 통계를 보자면, 여성의 정치적 대표성 역시 점점 낮아지고 있다. 페레스트로이카 이전에 여성할당제가 적용되었을 당시에는 상급소비에트의 33%, 지역소비에트의 50%를 여성이 차지하였으나, 현재의 인민대표자회의에서 여성은 단지 17%의 의석을 차지하고 있을 뿐이다.

그러면 이전의 사회주의사회에서 가시화되는 여성 현실의 악화를 우리는 어떻게 받아들여야 할 것인가? 동구권의 몰락은 사회주의의 이상과 가치들은 물론 민주주의의 그것들마저도 엄청난 불신의 대상으로 만드는 데 40년간의 스탈린주의적 통치가 얼마나 효과적이었는가를 웅변해주고 있다. 확실히 현존사회주의는 붕괴되지 않을 수 없을 만큼 많은 약점을 안고 있었다. 그러나 딘 시걸이 「이 시대의 좌파는 누구인가? 사회주의 여성해방론, 그리고 미래」(『여성과 사회』 제3호)에서 비판하는 대로 이러한 현존사회주의의 폐단이 "사회주의란 여성에게 거의 아무런 약속을 해주지 못하고, 이제 여성운동의 급진적인 면모는 여성의 삶의 특수성에 초점을 맞추는 것에서 출발하여야 한다"는 주장을 합리화할 수 있는 것은 아니다.

지난 20년간 구미 자본주의국가의 여성운동은 여성문제를 사회구조 문제와 격리시켜, 여성적인 것에서부터 여성해방의 단초를 찾고자 하였다. 그러다 보니 여성의 몸이나 성적인 것, 인간재생산, 그리고 여성심리 등이 강조되었다. 그러나 여성적인 것이나 여성상과 같은 상징적인 의미체계는 여성운동을 심각하게 분열시켰다. 그래서 이런 운동방식은 일부 여성들에게 많은 이득을 가져다주었음에도 불구하고 그 사회 여성 모두의 사회·경제적 지위를 향상시키는 데 실패한 것은 틀림없는 사실이다. 세계에서 가장 크고 영향력 있는 여성해방운동이 존재함에도 불구하고, 지난 몇 십 년 사이에 여성차별이 가장 적게 감소한 곳이 미국이라는 사실도 그 좋은 증거가 될 수 있다.

이에 비해 스칸디나비아국가 등에서 여성의 사회적 지위가 높은 것은 여성해방운동의 활성화보다는 사회주의 혹은 사회민주주의 정당들, 조직 노동자들 그리고 그들 내부에서 여성들이 수행한 오랜 투쟁에 힘입은 것임을 상기하여야 한다. 마찬가지로 동구권의 몰락이 가져다준 여성 지위의 약화도 여성의 특수이해를 좀 더 전통적인 사회주의의 목표들과 함께 나란히 제기할 필요성을 부각시킨다. 이런 상황은 우리로 하여금 여성적인 시각에서 사회주의의 위기가 가져다준 역사적인 퇴보를 천명하고, 동시에 전체운동의 차원에서도 여성의 상황까지도 고려한 사회주의권의 변화가 지니는 함의를 재반추해 볼 것을 요구하고 있다.

말 · 1992년 9월호

| 후기 |

지난 30년 사이에 한국 사회에서 젠더 관계는 많이 변하기도, 변하지 않기도 하였다. 미투운동을 통해 여성을 향한 물리적, 문화적 폭력에 대해선 여러 처방이 나왔다. 그러나 여성 임금은 여전히 남성의 68.8% 수준이고, 여성 임금근로자 중 비정규직은 41.5%이다(2019 통계로 보는 여성의 삶 참조). 이 변하지 않는 현실 속에서 사회주의의 위기와 함께 던져졌던 문제는 여전히 해결해야 할 숙제로 남아 있다. (정현백)

제8장

환경

공해로 쓴 한국현대사 최열

핵발전소, 그 신화를 벗긴다 황상익

공해로 쓴 한국현대사

'공해'라는 낱말조차 없었던 1960년대, 우리는 한강에서 멱을 감고 밤 깊은 금호강에서 등불을 켜며 게를 잡았다. 그러나 30년이 지난 지금, 우리는 하늘과 땅 그리고 물을 잃어버리게 되었다. 어제의 30년이 내일의 30년에 미칠 '파국'을 걱정하며 이 글을 싣는다.

최열 · 공해추방운동연합 의장 (현 환경재단 이사장)

'전진'의 깃발만 바라보며 달려온 30년

1961년 5·16 군사쿠데타가 일어난 지 만 30년이 지났다. 그 사이 우리사회는 엄청나게 변했다. GNP는 70배, 자동차는 1백 배나 늘었다. 그때 서울에서 제일 높은 건물은 8층짜리 반도호텔이었지만 지금은 15층, 20층짜리 고층아파트가 숲을 이루고 있고, 여의도에 63빌딩이 우뚝 솟았다. 80%나 되던 농촌인구가 15%로 줄었고 식량자급률은 90%에서 34%로 뚝 떨어졌다. 우리 몸의 3분의 2가 수입농산물로 구성되어버렸다.

소나무와 배나무가 울창했던 강남의 압구정동과 신사동은 지금은 번화가의 상가가 평당 1억 원 금싸라기 땅으로, 아파트는 평당 1천만 원을 돌파했고 주변에는 오피스, 빌딩, 안마시술소, 룸살롱, 대형 갈비집, 성인 디스코클럽, 수입상품점이 빽빽하게 들어섰다.

생활양식도 급격하게 변해 주판이 전자계산기로, 딱지치기와 팽이돌리기는 컴퓨터 전자오락으로 바뀌었다. 호떡집이 햄버거하우스로, 빈대떡이 피자로, 수정과가 콜라로, 대폿집이 카페로, 막걸리에서 생맥주로, 전차 대신 지하철로, 빨래판에서 자동세탁기로, 비누 대신 합성 세제로, 멸치 국물 대신 다시다 국물로, 김치 대신 햄·소시지로, 고추장 대신 케첩으로 바뀌었다.

또 농촌 초가집은 슬레이트·기와·양옥으로, 탱자나무·측백나무·개나리 울타리가 시멘트 담장으로, 옹달샘 우물이 간이수도로, 농사철 때 시원한 샘물 대신 배달 커피로, 소 대신 경운기가 논밭을 갈아엎었다.

이처럼 지난 30년간 정신없이 뛰었다. "더 많이" "더 빨리" "더 편리하게"라는 깃발을 들고 "성장 제일" "수출 최고" "오직 전진" "서울에서 세계로"라고 외치면서 중진국을 뛰어넘어 선진국 문턱으로 들어서려고 발버둥치고 있다.

겨울엔 '런던 스모그', 여름엔 'LA 광화학 스모그'

그러나 온갖 공해를 내뿜으면서 뛰었다. 중금속을 내뿜고 농약을 살포하고 발암물질과 독성물질을 뿌리면서 뛰었다.

노동자의 콧구멍 벽에 구멍이 뚫려도, 15세 소년 노동자가 수은중독으로 생명을 잃어도, 공단주변의 주민이 공해로 쓰러지고 뼈마디가 쑤시고 "우리들은 죽을 때 죽더라도 애들만은 살려 주이소"라며 애걸해도, 박정희 정권과 전두환 정권은 "성장만이 살길이다"라고 몰아붙였다. 노태우 정권도 마찬가지로 몰아붙이고 있다. 그들은 공해산업 유치와 골프장 건설로 돈을 긁어모으면서 강과 바다와 공기와 땅을 오염시켰다. 오염시킨 그들은 공기 좋은 곳에 별장을 마련하고 농산물은 계약재배로, 물은 생수를 마신다.

주말이면 맑은 공기를 마시며 골프를 치고, 공해 때문에 시들어가는 국민들이 "경제성장보다 공해를 없애 달라"고 들고 일어나도 환경단체가 "이대로 방치하면 공해로 다 죽는다"고 나서도 "공해가 없는데도 왜들 야단이냐"고 도리어 큰소리쳤다.

그러나 그동안 쌓인 공해 물질로 우리가 먹는 '밥'에서 독이 나오고 그 밥을 계속 먹으니 암이 생기고, 당뇨병이 생기고, 고혈압이 생겼다. 공해를 먹고 출생한 아이는 귓바퀴가 없었고 항문이 없었다. 핵발전소 인근 지역에서 대두아가 나오고 무뇌아가 태어났다. 다리가 일곱 개인 기형 가축이 나왔고, 눈알이 없는 기형 물고기가 잇달아 잡혔다.

한반도가 암에 걸린 셈이다. 강이 죽었고 땅이 병들었다. 공해 때문에 '국민 총오염량'이 세계 1위로 올라섰다. 겨울에는 '런던 스모그'가, 여름에는 '로스앤젤레스 광화학 스모그'가 번갈아 일어났다. 비옥해야 할 토양이 화학비료로 산성화되었고, 살균제·살충제·제초제로 토양 속의 미생물과 지렁이가 죽어갔고 독극물만 남았다.

이와 같은 공해 때문에 우리나라 사람의 피 속에는 일본인보다 중금속인 카드뮴이 5배나 많다. 지난 30년간 우리는 얻은 것에 비해 치른 대가가 너무나 컸다.

'서울의 공기는 독가스'

애국가 2절은 '남산 위에 저 소나무 철갑을 두른 듯……'으로 시작한다. 그런데 그 울창했던 남산의 소나무가 솔잎혹파리나 송충이 때문이 아니라 산성비와 대기 중의 아황산가스로 대부분 말라죽어 버렸다.

바위에 붙어사는 이끼도 공해 때문에 사라진 지 15년이 넘는다. 이끼가 죽기 시작하면 우리 인간도 피해를 받게 된다. 갓난아이와 노약자부터 호흡기에 이상이 생기기 시작한다.

서울의 경우 공해에 강하다는 은행나무도 매연 때문에 시들시들해져서 링거를 맞아야 산다. 가을이 되어도 공기 중의 먼지 때문에 노란 잎이 못되고 칙칙한 갈색을 띤다. 도심지에서는 한나절만 지나면 와이셔츠가 검어지고, 세수를 해보면 물이 꺼멓다. 무말랭이를 만들면 회색빛이 돼 먹을 수가 없다. 디젤버스가 지나가면 목이 따갑고 눈물이 난다.

북한 여자 축구선수가 서울의 첫인상을 "공해가 너무 심해 머리가 아파 못 견디겠다"고 하는 것을 보면 보통 심각한 것이 아니다. 1970년대 말에는 아황산가스 오염치가 세계 1위를 차지했고 지금은 세계 50여 개 대도시 중에서 서울이 3위를 차지하고 있다. GNP 5천 달러를 넘어섰는데도 연탄공장 근처에 개업한 의사가 분진 때문에 진폐증에 걸렸다. 요즘 같은 겨울철에는 하루 중 가장 공기가 나쁜 시간이 아침나절이다. 이때 자기건강을 위한다고 조깅을 하면 보통 때보다 오염된 공기를 7~8배나 마시게 돼 머리가 아프거나 협심증 증세가 나타나는 경우가 많다.

같은 지구촌에 살고 있는 캐나다는 숲속에 도시가 파묻혀 있다. 영화를 보면 유럽의 도시도 숲으로 둘러싸여 있다. 병원도 숲속에 있고, 환자는 숲속의 오솔길을 걸으며 병을 회복한다. 우리나라의 병원은 시멘트 건물뿐이고 돈 있는 사람은 특실, 없는 사람은 8~10명씩 수용해 병실이 마치 시장판처럼 시끄럽다. 캐나다에서는 자동차를 1년 동안 세차 한 번 안 해도 먼지가 없다. 겨우내 한 번도 닦지 않은 빨래 줄을 봄에 걸레질해도 깨끗하다고 하면 모두들 믿지 않는다.

10cm 속이 안 보이는 한강 물 속

국민학교에 다니는 필자의 딸은 새벽이면 심한 기침을 한다. 필자의 딸뿐 아니라 굉장히 많은 애들이 기침을 한다. 이것이 바로 공해천식이다. 공해만 없어지면 기침은 멎는다. 겨울방학 동안 공기 좋은 춘천 할머니 댁에 있을 때는 기침을 안했다. 다시 서울에 올라오자 머리가 아프고 목이 아프다고 했다. 그리고 그날 밤 또 기침을 한다. 시골사람이 서울에 오면 하루도 안 돼서 못 살겠다고 하는 것도 공해 때문이다. 고속버스터미널 약국에 두통약이 많이 팔리는 것도 공해 때문이다.

서울만 이런 것이 아니다. 울산 주민이 올라와 필자에게 말하기를 "서울은 공기가 나쁘다고 들었는데 서울에 오니까 생기가 돕니다. 서울에는 가로수도 살아 있는데 유명한 울산 배는 다 죽었고 살아 있는 배도 매연 때문에 견디지 못해 탁구공만합니다"라고 호소하는 걸 보면 울산의 공해가 어느 정도 심각한지 알 만하다.

물도 마찬가지이다. 1989년 여름 수돗물에서 중금속과 합성세제 등이 검출되었다고 난리가 났을 때다. 방송사 취재팀과 잠수부와 함께 잠실 쪽 한강에 갔다. 잠수부들이 물속에 잠수한 후 2~3분 후에 올라오는데 병·깡통 등 온갖 오물을 가득 주워 올라왔다. 그들은 "물속에 들어가

보지 않고는 강물이 얼마나 심하게 오염되었는지 알 수가 없다. 10cm 앞이 안 보인다. 잘못하다 물 한 모금 들이키면 며칠 동안 속이 메스껍고 울렁거린다”고 흥분했다. 당국은 한강개발로 한강이 되살아났다고 떠들었지만 10cm 앞도 안 보이는 그 물 속에 무엇이 들어 있는지 국민들은 알 턱이 없다. 오염된 강물 따로 있고, 수돗물 따로 있고, 자기 몸 따로 있는 것으로 착각하는 사람이 주위에는 의외로 많이 있다.

대구 금호강은 우리나라 강 중에 가장 심하게 오염되어 있다. 공장폐수는 늘어나는데 금호강 상류에 영천댐을 만들어 그 물을 대구로 흘려보내지 않고 포항제철의 공업용수로 빼낸다. 26만 톤 중 1만 톤만 대구로 보내고 나머지 25만 톤은 포항제철에서 쓴다. 공업용수 확보 때문에 농업용수가 오염돼 주변 농작물의 중금속 오염이 심각하다. 그런데도 대구시민은 이곳에서 재배한 농작물을 그대로 먹고 있다. 이처럼 오염된 금호강물은 하류로 흘러들어가 부산시민의 식수가 된다. 금호강물이 시궁창이 되어도 악취가 풍겨도 대구시민이 항의시위를 했다는 소식은 들어본 적이 없다. 2백30만 명이 사는 대도시에 민간환경단체가 하나도 없는 것을 보면 우리 국민의 공해에 대한 의식수준이 어느 정도인지 알 만하다. 그러나 1990년대에 들어오면서 공해문제는 우리사회에서 가장 시급히 해결해야 할 과제라는 데 의견이 모두 일치하고 있다.

올해 들어 각 언론사도 환경문제를 중요 사안으로 다루기 시작했다. 1990년대 들어서면서 민간환경단체와 골프장건설반대 대책위, 공해공장 반대 대책위, 핵발전소건설반대 대책위 등 주민운동단체들이 잇따라 만들어져 활발한 활동을 하고 있다. 이제 공해추방운동은 우리의 건강과 생명을 지키기 위해서도 국민 모두가 나서야 결실을 맺을 수 있다.

'공장의 검은 연기는 민족의 희망입니다'

우리는 공기를 자유재(自由財)로 배워 왔다. 하루에 숨 쉬는 공기의 양이 어느 정도인지 알 필요도 없었다. 그냥 숨만 쉬면 된다고 믿었다. 30년 전에는 제련소, 시멘트, 연탄공장 등 특수한 지역을 제외하고는 공기가 오염된 곳이 없었다. 아스팔트가 안 된 비포장도로에서 자동차가 달리면 흙먼지가 이는 정도였다.

지금은 유독가스로 가득한 '공해백화점' 서울도 30년 전에는 공기가 좋았다. 서울의 가을 하늘을 보고 외국인들이 '원더풀'을 연발했다. 가을 하늘은 너무나 푸르렀고 뭉게구름이 떠 있었다. 밤이면 달이 밝고 은하수가 흐르고, 별들이 영롱하게 빛났다.

31세로 요절했던 여류작가 전혜린도 30년 전 독일 뮌헨에서의 유학시절 가장 그리웠던 것이 대추가 주렁주렁 달린 서울의 맑고 푸른 가을 날씨라고 할 정도였다. 그 당시 서울을 비롯한 대도시에는 강남에서 날아온 제비가 전깃줄에 떼 지어 앉아 있었다. 1960년대를 통틀어 대기오염에 관한 사설은 단 2개(「조선일보」)뿐이었다.

공장 굴뚝의 매연이 하늘을 뒤덮는 그림의 포스터가 '잘 살게 되었다'는 상징으로 거리에 나붙었던 시절이었다. 그때는 공해라는 단어도 없었고 가난을 벗어날 수 있다면 공해도 좋다고 생각했다.

그때의 상황을 가장 잘 나타내는 것이 1962년 2월 국가재건최고회의 박정희 의장의 울산공단 기공식에서 한 말이다. "공업생산의 검은 연기가 대기 속에 뻗어나가는 그날엔 국가와 민족의 희망과 발전이 눈앞에 도래하였음을 알 수 있을 것입니다."

그러나 30년이 지난 오늘 울산과 온산공단 주민 8천8백여 가구 3만8천

명이 공해 때문에 집단이주 할 것이라고는 아무도 상상하지 못했을 것이다.

경제개발이 시작되고 1965년 한·일협정이 체결되면서 우리나라에 공해산업이 들어오게 되었다. 당시 일본은 '미나마타병'으로 수백 명이 죽어갔고 유명한 석유화학공단 요카이치에서는 '주민들이 '요카이치 천식'으로 고통당하고 있었다. 주민들이 공해산업반대운동을 벌이자 일본의 공해산업이 한국에 진출하기 시작했다. 따라서 고도성장 정책을 위해서는 일본과 미국을 비롯한 선진국의 공해사양산업을 도입해야만 했다.

GNP·수출 증대를 위해 농업보다 공업에, 경공업보다 중화학공업에 우선적으로 투자했다. 중화학 중에서도 철강·석유화학·비료·에너지산업 등 자연낭비형, 환경파괴형 산업을 집중 육성시켰다. 이런 산업은 필연적으로 공기를 오염시킬 수밖에 없었다. 지역주민과 농어민의 삶을 파괴하고 농업과 어업의 생산기반을 파괴했다. 농민은 도시로 집중하게 되고 도시인구는 날로 늘어날 수밖에 없었다.

따라서 새로 주택이 들어서고 자동차가 늘어나고 빌딩이 들어서면서 매연의 양은 급속도로 늘어났다.

1967년 공해 예산이 단돈 2백80만 원

그러나 정부 당국은 공해에 무관심했다. 사실 우리나라에서 처음으로 공해대책비로 책정된 1967년도 예산이 단돈 2백80만 원이었다.

울산에는 1967년경부터 몇몇 공장이 가동되기 시작해 논밭의 농작·과수나무가 제대로 자라지 못하고 각종 질병으로 시달리고 있었다. 주민이상헌씨의 말에 의하면 '밤 10시만 넘으면 인근 공장에서 본격적인 가동을 시작하여 공해물질을 마구 뿜어내 바람이 없는 날은 온 마을이 안개가 낀 것처럼 가스가 자욱했다. 이 때문에 주민들이 원인모를 피부병·호흡기질환·눈병으로 시달리고 있다"고 고통을 털어놓았다.

1970년대 들어오면서 공해문제는 이미 사회문제화 되고 있었다.

충북 단양군 매포리 일대 1만5천 명 주민의 대부분이 인접해 있는 한일시멘트·성신시멘트 공장에서 내뿜는 시멘트 가루와 소음공해로 피부병·눈병·호흡기질환으로 고통당했고 농작물 피해도 1962년부터 나타났다. 그러나 20년이 지난 지금도 이주하지 못한 주민들은 여전히 공해로 고통받고 있다.

1971년도에는 이미 서울의 가로수 가운데 플라타너스는 85%, 은행나무 34%, 버드나무 28%, 포플러 28%가 잎에 반점이 생기고 고사현상을 일으키고 있었다.

그해 12월 3일자 「동아일보」 기사에 "매연으로 뒤덮인 서울의 공간에 사는 도시인들은 원인 불명의 각종 질환을 앓고 있으면서도 그 누구도 공해로 병들었다고 단정할 수 없다"고 쓰고 있다. 그때 '일부 공장지대와 동대문상가 지역은 아황산가스가 현재의 기준치 0.05ppm의 4배인 0.2ppm을 초과해 심각한 상태에 있었다.

부산도 1971년에는 공장매연으로 '공해싸움'이 시작되었다.

부산진구 우암동에 있는 제일물산에서 내뿜는 아황산가스와 염소가스 때문에 성지중·공고생 2천3백 명 중 30% 정도가 구토증을 일으켰고 심할 때는 피까지 토했다. 근처에서 양계업을 하다가 공장의 유독성가스로 닭 2천 마리를 죽였다는 김익수씨는 "하루아침에 몽땅 죽어버리면 차라리

전업이라도 할 수 있는 것을 야금야금 죽는 바람에 골탕만 더 먹었다"며 집 주변의 아카시아 나무도 2백 그루 가운데 20그루를 빼고는 모두 말라 죽어버렸다고 했다.

깨끗한 공기를 위한 몇 가지 제안

1970년대에 이미 서울 도심지나 공장지대의 대기오염은 심각했던 것이다. 그러나 정부는 관심 밖이었고 민간 환경운동단체도 없었다. 1970년대 유신체제에서 환경문제는 항상 뒷전으로 밀렸고 학자들도 입을 열 수 없었다. 1980년대 들어오면서 헌법에 환경권이 명시되긴 했으나 그것은 형식일 뿐이었다.

서울 시내 도심지에서는 창을 열어놓을 수가 없었다. 창을 열면 눈물이 나고 숨이 막히고 구역질과 두통으로 괴롭다. 남산이 보이는 날이 점점 줄어드는데도 라디오에서는 서울의 공기가 맑아졌다는 뉴스가 나왔다.

아시안게임을 앞둔 1986년 2월 2일 「중앙일보」 사회면 톱기사로 '서울의 하늘에 런던형 스모그'가 나가자 당시 염보현 서울시장은 "혼신의 힘을 다해 아시안게임과 올림픽 준비에 골몰하고 있는데 찬물을 끼얹을 수 있느냐"며 "잔칫상에 재 뿌리는 행위를 하지 말라"고 항의했다.

서울 등의 대도시와 공단지역에서 발암물질이 수십 종 검출되고 유독물질이 계속 늘어나는 것을 방치한다면 특수방독면을 끼고 데이트를 해야 할지도 모를 일이다. 따라서 대기오염의 해결을 위해 첫째, 행정당국은 지역주민들이 대기오염 상태를 늘 알 수 있도록 전광판을 설치하고, 신문·텔레비전 등을 통해 일기예보 식으로 국민에게 오염 상황을 알려야 한다.

둘째, 우리나라와 같이 좁은 국토에서 개인교통수단인 자가용에 의존하는 정책보다는 전철·좌석버스 등 빠르고 쾌적한 대중교통수단을 위한 당국의 획기적인 조처가 있어야 한다. 또 오염물질을 많이 배출하는 디젤차는 줄여나가야 한다.

셋째, 정유회사는 하루 빨리 탈황시설을 갖추어 아황산가스 오염을 줄이고 당국은 가정에서 사용하는 석유·연탄을 청정에너지인 도시가스로 바꾸도록 해야 한다.

넷째, 공장과 주거지역이 뒤섞여 있는 곳은 분리하고 그 사이에는 녹지대를 설치, 오염물질이 확산되지 않도록 해야 한다.

다섯째, 지역주민들은 공해를 감시·고발하고 공해공장이 들어오지 못하도록 스스로 공해추방에 나서야 할 것이다.

우리의 핏줄, 강물이 죽어간다

우리 인간은 물 없이는 단 하루도 살 수 없다. 인간은 누구나 매일 2~3리터 정도의 맑은 물을 마셔야 건강하게 살 수 있으며 모든 생명체는 물이 있어야 생존하고 번식할 수 있다.

실제로 우리 몸의 70%가 물이다. 만약 몸속의 물이 5%만 빠져나가도 정신을 잃고 실신하게 되며 10% 이상 빠져나가면 목숨을 잃게 된다.

그런데 흥청망청 쓸 수 있다고 생각했던 물이 상당히 제한되어 있고 더구나 심각하게 오염되어 있다는 사실이 뒤늦게 알려지게 되었다. 현재 우리나라에는 한강·낙동강·영산강·금강을 비롯하여 전국에 3천9백 개의 하천이 있는데 그 대부분이 상류에서부터 더럽혀지고 썩어가고 있다. 인구밀도가 세계에서 가장 높은 땅덩어리에서 4천3백만 인구가 방방곡곡에서 샴푸로 머리를 감고, 뭉게구름처럼 흰 거품을 뿜어내는 합성세제로 빨래를 하고, 들판과 골프장까지 맹독성 농약이 희뿌옇게 뿌려지고 있다. 아직도 많은 공장이 온갖 중금속과 독성물질을 한밤중에 몰래, 단속이 없을 때 몰래, 비밀배출구로 몰래 강물에 쏟아붓고 있다.

여기다가 2백만 마리의 소와 4백만 마리의 돼지가 배설하는 똥·오줌이 대부분 하천으로 흘러들어가고 있다. 가장 상류에 있는 소양호나 안동댐조차 가두리 양식으로 인한 항생제·방부제·호르몬제 등 온갖 화학물질이 첨가된 배합사료와 물고기의 배설물로 더럽혀지고 있다. 소양호의 수심 80m 이하에는 산소가 전혀 없는 죽은 물이 되어가고 있다. 이렇게 오염된 물로 물고기가 떼죽음 당하고 중금속이 검출되고 눈알이 없거나 혹이 달린 기형어가 생겨도 이젠 놀라는 사람조차 없다.

전국 도처에서 공장폐수로 오염된 농업용수 때문에 모내기철만 되면 손발이 가렵고, 다리에 물집이 생기는 만성피부병에 걸린 농민이 늘고 있다. 이제는 장화 없이 농사짓는다는 것은 생각할 수 없게 되어버렸다.

죽은 강물은 우리의 일상생활을 위협하는 데만 그치지 않는다. 죽은 강물을 농업용수로 쓰면 토양이 중금속에 오염되고, 그 중금속은 그곳에 자라는 농작물에 농축되어 먹이사슬을 통해 인체에까지 축적된다.

그뿐만 아니라 죽은 강물은 공업용수로도 사용할 수 없다. 또 그 강물이 흘러 들어가는 연안의 해안까지 오염시켜 해양자원까지 모두 망친다.

'밤게'를 잡던 금호강, 멱 감던 뚝섬

이처럼 많은 피해를 주는 하천오염도 지금부터 30년 전으로 거슬러 가면 맑고 푸른 하천이 대부분이었다. 전국 어디를 가도 강바닥의 자갈이 보일정도로 맑았고 소쿠리만 있어도 물고기를 잡을 수 있었다. 그 당시에는 오염물질의 양이 적었기 때문에 강이 가지고 있는 자기 정화능력을 초과하지 않았다. 햇빛이 세균을 죽이고 일부의 오염물질을 표백시켰고 밑바닥에 가라앉은 퇴적물은 박테리아에 의해 대부분 분해되었다.

가장 심하게 오염된 금호강도 30년 전에는 많은 사람들이 찾아왔다.

여름이면 금호강 모래사장에서 목욕도 하고 온갖 민물고기를 잡아 회도 쳐 먹었다. 밤이면 대구시내 사람들이 이곳에 나와 소주와 함께 피라미를 잡아 회를 쳐 먹었다. 특히 '밤게'가 무진장 잡혀 어린이들은 밤에 게를 잡으러 몰려들곤 했다.

물론 한강도 30년 전에는 맑은 강이었다. 그때에는 붕어·잉어·메기·쏘가리·뱀장어 등이 많았고 봄철에는 복어 같은 바닷고기까지도 볼 수 있었다. 지금은 폭파되어 없어진 밤섬에서 잡은 장어구이는 서울의 명물이었다. 낚싯대를 드리우면 수십 마리씩 잡아 올렸다.

요사이 늘어난 실내낚시터에서 낚시를 하는 사람들에게는 전설에나 나오는 이야기로 들릴 정도다.

필자도 중학교 시절인 1960년대 초 무렵에는 뚝섬에서 수영을 즐기곤 했다.

지금은 한강 개발로 모래가 전혀 없지만 그때에는 백사장이 넓어 한여름이면 십만 명 이상의 사람이 수영과 일광욕을 즐겼다. 맑은 물이 흐르는 정릉계곡에서도 많은 사람이 멱을 감으며 피서를 즐겼다.

그런데 1960년대 말에서 1970년대로 들어서면서 산업시설의 대단위화와 이에 따른 인구의 도시집중은 강을 빠른 속도로 오염시켰다. 폐수를 정화처리도 하지 않은 채 흘려보냈고 하수종말처리는 거의 되어 있지 않았다. 수질오염조사는 물론 서식 민물고기의 변화 상태와 중금속오염은 전혀 조사되지 않았으며 발표되지도 않았다. 1980년대 들어서면서 전국의 하천은 급속히 오염되었고 식수 때문에 심각한 사회문제가 생겼다.

물론 미8군 병사들은 오래전부터 수돗물을 먹지 않고 따로 생수를 마시고 있다.

물의 빈부격차

86아시안게임과 88올림픽 유치로 서울지역 공해공장이 인천·부천·동두천·의정부·성남 등으로 이전해 감으로써 이 지역 주민들은 피해를 보았다.

피혁·도금·펄프공장 등 군소공장이 1백50개 이상 들어선 동두천의 경우, 수원지가 오염돼 수돗물에서 독한 화공약품과 시궁창 냄새가 났다. 밥을 하면 밥이 불그스레해지고 밥 가장자리에 붉은 테가 생겼다. 시민들의 절반 이상이 물을 사 먹거나 길어 먹는데도 시청 수도과장은 "수돗물이 좋지는 않지만 먹을 만하다"고 답변했다. 필자가 중금속이 검출되면 어떻게 하겠느냐고 물었더니 "중금속이 검출되어도 국가보안상 발표할 수 없다"고 답변해 어이가 없었다.

이처럼 수돗물이 오염되면 돈이 있는 자부터 수돗물을 마시지 않는다.

수천만 원을 들여서 지하수를 개발해 마시는 사람이 늘어났고 한 말에 3천5백 원씩 하는 생수를 마시는 사람이 전 국민의 1할을 차지하고 있다. 수만 원에서 수백만 원짜리 정수기를 사용하는 가정이 2할을 넘어 섰고 이른 새벽부터 약수터에서 줄을 서 물을 길어가는 사람, 보리차나 옥수수 차를 끓여 마시는 사람 등 우리는 삶에서 가장 기본적인 물까지도 경제적인 능력에 따라 해결하는 시대에 살고 있다.

지금까지의 경제성장은 이처럼 강과 바다를 오염시킨 대가였다고 볼 수 있다. 그러나 이제 우리가 당장 마실 식수뿐 아니라 농사에 사용되는 물, 공장에 쓰이는 공업용수를 확보하기 위해서도 강은 되살려야 한다. 그러기 위해 우리가 시급히 해결해야 할 당면과제를 몇 가지 제시하면 다음과 같다.

첫째, 행정당국은 우리가 마시는 식수의 오염상태를 정기적으로 공개하고 현재의 정수방법을 하루 속히 선진국 수준으로 개선해야 한다.

둘째, 공장폐수에 대한 규제를 강화하고, 기준치 이상의 유독물질이 배출될 때에는 공장조업 중단과 함께 기업주에 대한 형사처벌이 이루어져야 한다.

셋째, 정부는 하수종말처리장 건설을 위해 과감한 투자를 해야 한다. 현재의 종말처리율은 불과 28%밖에 안 된다. 기업도 공해방지 시설에 대한 투자를 과감히 늘려야 한다.

넷째, 하천오염의 큰 원인이 되는 합성세제의 사용을 줄여야 한다. 기업은 공해가 적은 천연가루비누를 개발해 기업의 사회적 책임을 져야 한다. 소비자도 합성세제 대신 천연가루비누나 세탁비누를 사용해 오염을 줄여야 한다.

발암물질로 넘실대는 우리의 먹거리

　　우리 인간이 가장 무서워하는 질병은 암이다. 암은 현대의학으로도 고치지 못하고 있다. 그런데 암에 걸리는 원인의 75~90%는 환경오염과 잘못된 먹거리(식품)의 선택에 있다.

　　암은 새로운 화학물질의 증가와 함께 계속 늘어나고 있는데, 화학물질이 인체에 가장 많이 들어오는 경로는 물이나 공기보다 먹거리를 통해서이다. 수입식품인 자몽에서도 '알라'라는 발암물질이 검출되었고 햄·소시지에 사용되는 아질산나트륨이라는 발색제도 몸속에 들어가 발암물질로 바뀐다. 화학조미료인 '글루타민산나트륨'을 첨가한 불고기를 구워 먹어도 발암성으로 바뀐다.

　　1960년대만 해도 암으로 인한 사망이 전체 질병에서 아홉 번째였는데 이제는 단연 1위이다.

　　암 사망률이 1986년에 16%, 1987년 17%, 1988년 18%, 1989년 19%(19.4%)로 해마다 1%씩 늘어나고 있다. 지금 확률만으로도 두 쌍의 부부 중 1명이 암으로 사망할 확률인데 이처럼 암 사망률이 계속 늘어나는데도 삶의 양식이 바뀌지 않는 것은 보통 심각한 일이 아니다.

　　돌이켜 보면 지난 30년 동안 우리들의 식생활은 엄청난 변화를 가져왔다. 시장 갈 때 가져가던 장바구니가 없어지고 그 대신 모든 상품은 비닐봉지에 담겨졌다. 가정에서 메주를 띄워 간장과 된장을 담그고 고추장을 만드는 대신에 공장에서 대량생산된 간장·고추장이 식탁에 오르게 되었다. 매스컴을 통한 인스턴트 가공식품의 대대적인 선전광고로 우리들이 먹는 식품의 70%가 가공식품으로 변했다.

　　가공식품에는 식품의 부패를 막기 위해 방부제(식품회사는 보존료라

부름)가, 색을 아름답게 하기 위해 착색료가, 맛과 향을 내기 위해 인공향이나 화학조미료가, 기름과 물을 섞이게 하기 위해 유화제가, 그 밖에 표백·감미·강화제 등 무려 3백72가지 식품첨가물이 사용되고 있다. 가공식품을 좋아하는 사람이 하루에 섭취하는 화학물질은 70~80가지 정도 되고 무게는 10g 정도가 된다. 한평생 동안 2백kg 이상 먹는 셈이다.

식품가게에서 철학이 필요한가

현재 우리가 신용하고 있는 식품첨가물의 대부분은 인간의 오랜 역사 중에서 극히 최근에 사용된 것이다. 다시 말해 지금 40대 이상의 사람은 어릴 때 가공식품을 거의 먹지 않았다. 그런데 그들의 자녀들은 태어나면서 소젖을 먹고, 수입 이유식을 먹고, 콜라·케첩 등을 먹으면서 자랐다. 햄·소시지로 도시락 반찬을 하고, 라면으로 간식을 때우고, 후식으로는 아이스크림을 먹는다. 지금 어린이들은 부모들이 어렸을 때 전혀 먹지 않았던 화학물질을 어릴 때부터 먹고 있다. 그 결과 최근 어린이에게서 암이나 백혈병 그리고 비만증이 많이 나타나고 있지 않은가?

우리 동네에 사는 어느 여고 1년생은 키가 1백59cm인데 몸무게는 92kg이다. 그의 식생활습관을 보면, 밥을 빨리 먹고, 초콜릿·콜라·아이스크림을 수시로 먹고, 햄버거·튀김 등을 간식으로 먹는다. 수업시간에도 틈틈이 초콜릿을 먹는다.

또 한 중3 남학생은 키가 167cm인데 몸무게가 95kg이다. 국민학교 때부터 서서히 뚱뚱해져 지금은 몸무게 때문에 뒤뚱뒤뚱 걷는다. 이 학생의 식생활도 앞의 여학생과 마찬가지로 인스턴트식품이 주류를 이룬다.

이제 식품 하나 선택할 때에도 철학이 필요한 때이다. 텔레비전 등의 매스컴을 보고 선택할 것이 아니라 '이 땅에서 생산된, 제철에 난, 오염되지 않은' 음식을 먹고 가공식품을 적게 먹는 것이 스스로의 건강을 지키고 또한 암에 걸리지 않는 방법이다.

권력은 공해를 근심하지 않는다

1991년 1월 2일 서울대 사회과학연구소의 여론조사에 의하면 앞으로 10년 동안의 가장 심각한 사회문제 가운데 1위가 환경오염, 2위가 범죄로 나타났다. 환경오염이란 인간과 자연과의 관계에서 나타나는 최악의 관계이고 범죄란 인간과 인간의 관계에서 나타나는 최악의 상태라고 볼 수 있다. 이제 인간중심의 사회, 함께 더불어 사는 사회. 우리만이 아니라 우리 후손까지 살 수 있는 환경을 만드는 것이 1990년대의 주요한 과제 중의 하나이다.

지난 30년 동안은 빈곤에서 벗어나기 위해서 또한 정치적인 탄압과 격변하는 사회 속에서 공해문제는 금기시되기도 하였고 우선순위가 계속 밀리기도 하였다. 그러나 이젠 더이상 미룰 수가 없다.

지난 30년간 개발독재로 인한 환경오염을 경험한 우리는 이제 외국의 공해·사양산업을 거부하고 재생산구조를 파괴하지 않는 산업구조로 변화시키기 위해 노력해야 한다. 최근 서해안에 대규모 석유화학공단이 건설되는 것은 이런 의미에서 굉장히 심각한 일이 아닐 수 없다. 기업은 물과 공기를 오염시키는 대가로 높은 부가가치를 얻을지 모르나 주변 농토와 바다는 오염되고 지역주민은 공해로 시달릴 게 틀림없다. 지금이라도 서해안 개발에 대한 전면적인 재검토가 필요하다.

또 지나칠 수 없는 것은 대규모 국토파괴로 나타나고 있는 골프장 건설이다. 정부당국은 골프의 대중화를 위한다는 명분으로 골프장 건설을 계속 허가해주어 지금 건설 중인 골프장만도 1백21개나 된다. 지금 운영되고 있는 것까지 합치면 6천만 평으로 여의도 면적의 75배나 된다.

산이 다이너마이트로 까뭉개지고, 아름드리나무가 베어지고, 집에 금이 가고, 가축이 유산을 하고, 주민이 한겨울인데도 비닐하우스에서 골프장 건설 저지투쟁을 계속하고 있다. 자기의 이익을 위해 골프장을 건설하는 사람이나 이것을 허가해주는 당국은 시대의 흐름을 잘 읽어야 한다. 안면도 주민항쟁에서 보았듯이 골프장 건설문제로 엄청난 사태가 발생될 것이 예견되기 때문이다.

또한 환경자원인 물과 공기 등은 소유권이 결정되어 있지 않기 때문에 관리하거나 보존하기도 어렵다. 정치권력을 장악한 정부당국은 공해가 심각하다고 해도 당장 효력이 나타나는 일이 아니기 때문에 소홀히 하게 되고 공해가 심해져도 그 책임을 국민에게 돌린다.

어제의 공해는 오늘의 생명 문제

따라서 이제부터 우리는 공해문제를 주민의 문제로 보고 주민의 입장에 서야만 해결의 실마리를 찾을 수 있다. 그런 의미에서 이번 지방의회 의원선거는 환경문제를 푸는 데 중요한 의미를 가진다. 유권자는 이번 선거에서 누가 환경문제를 해결하는 데 적합한가를 판단하고 투표권을 행사해야 할 것이다.

마지막으로 국민 개개인의 삶의 양식도 변화해야 한다. 자원과 에너지를 절약하고 물건을 재활용하여 폐기물을 적게 버리는 일이 생활화되어야 한다. 한 개인의 실천으로 환경을 지키는 데는 한계가 있지만, 각자가 생활의 모범을 보이지 않으면서 정부와 기업을 상대로 공해추방운동을 하는 것은 설득력이 떨어지고 성공하기도 힘들다.

만약 우리가 1990년대에도 환경문제를 지금까지와 같이 방치한다면 일본의 미나마타병이 남의 일이 아님은 분명하다. 이제 공해문제는 내일의 문제가 아닌 오늘의 문제이고, 남의 문제가 아닌 나의 문제임을 다시 한 번 강조하고 싶다.

말 · 1991년 2월호

| 후기 |

30년 전 내가 쓴 글을 읽으면서 착잡한 생각이 든다. 당시에도 심각한 사회문제 1위가 환경오염이었는데 30여 년이 지난 지금도 가장 시급히 해결해야할 첫 번째 과제가 미세먼지 해결이다. 미세먼지 때문에 연간 조기 사망하는 사람이 1만2천 명이나 된다. 국민소득이 3만 달러가 되었지만 삶의 질은 최악이다. 내가 말한 삶의 양식의 변화와 에너지 절약. 재활용은 여전히 유효하다. 21세기, 환경은 생명이다. (최열)

핵발전소, 그 신화를 벗긴다

계속되는 반대에도 불구, 건설 또한 계속되어 전력 생산의 50% 이상을 차지하고 있는 한국의 핵발전소. 핵발전소는 과연 경제적이고 안전한가. 국토 전체가 핵폐기장이 되지 않는다는 보장은 무엇인가. 핵발전소의 강요된 '신화', 그 실상과 허상을 밝힌다.

황상익 · 서울의대 교수 · 생리학

핵발전소, '필요악인가 절대악인가'

1990년 11월의 안면도 '반핵 시위'를 계기로 다시 반핵발전소운동이 거세지고 있다. 핵발전소는 과연 우리에게 절대로 필요한 것인가, 필요선 또는 필요악인가? 아니면 불필요한 절대악인가? 이제 우리는 이 문제를 개방적으로 그리고 냉철하게 검토하여 합리적인 견해를 도출해야 할 것이다. 우리나라에서는 '원자력발전소'와 '핵발전소'라는 두 가지 말이 쓰이고 있는데 대개 찬성 또는 추진론자는 전자를, 반대론자는 후자를 즐겨 쓴다. 그러나 원리적으로 원자핵의 분열현상을 발전과정에 이용하는 것이므로 핵발전소라는 말이 과학적으로 더 타당하다. 그리고 한전 등에서도 영어로는 핵발전소를 뜻하는 'nuclear power plant'라는 표현을 쓰고 있다.

1989년 6월 일간지들은 다음과 같은 내용을 보도하였다. "아주대 에너지 문제연구소는 동자부와 한전의 의뢰로 보고서를 작성, 요지를 발표했는데 2031년까지 전력수요는 현재의 10배 정도로 늘어나 1백만kw급의 원전 55기와 90만kw급의 유연탄발전소 65기가 필요한 것으로 전망했다" "정부는 원전 건설 후보지를 선정, 공업지역으로 용도변경 고시까지 마쳤으므로" 핵발전소 추진에 대한 정부의 의지는 확고한 것으로 보인다.

한전 등의 견해는 전력 수요 증가에 대비하여 발전용량을 늘려야 하며, 특히 가장 경제적이고 환경피해도 적게 주며 안전한 핵발전소를 많이 건설해야 하는 것으로 요약할 수 있다. 여기에서 보듯이 핵발전소 추진론자들이 제일 먼저 내세우는 것은 전력 수요이다. 따라서 우선 그러한 전제가 타당한 지에 대하여 검토를 해야 할 것이다.

핵발전소 추진론자들은 핵발전소를 가장 이상적인 발전소로 생각하므로 전력 수요 증가에 대비하여 핵발전소를 많이 지어야 한다는 결론을 내리는데 그것은 그들의 논리로는 당연한 일이다. 또한 그들의 경제적·사회적 존재 근거가 핵발전소에 있으므로 핵발전소 건설을 적극적으로 지지하고 나서는 것은 자연스럽기까지 한 일이다.

그렇기 때문에 핵발전소 문제를 그러한 입장에 서 있는 '전문가'나 '핵발전 자본가'에게만 맡길 수 없는 것이다. 핵발전소에는 그들의 입장만 있는 것이 아니라 그보다 훨씬 중요한 주민과 국민의 입장이 있다는 것을 명심하면서 핵발전소 문제에 접근해야만 한다. 반핵발전소 움직임이 있으면 핵추진론자들은 항상 홍보이야기를 한다. 홍보가 제대로 안 되어서 핵발전의 장점은 모르고 일부의 '선동'에 국민들이 휘말린다는 주장이다. 국민을 누구의 선동에 부화뇌동하는 얼빠진 집단으로 보는 반민주적이고 반자주적인 사고에 대해서 다시 말할 필요는 없을 것이다. 홍보가 부족한 가? 학교 교육과 온갖 매체를 통해 우리 국민들은 핵발전의 장점에 대해서만 귀가 따갑도록 들었다. 핵발전소는 번영과 미래를 보장하며 핵발전에 반대하는 사람은 비과학적이고 심지어 반국민적이라는 식의 논리를 평생토록 듣는 것이다.

경제성 '신화'의 허구

현대에 들어서면서 기술과 과학이 비약적으로 발달하게 되어 생산력에 엄청난 향상을 가져왔다. 이러한 물질적 진보에 크게 기여한 것이 에너지산업과 에너지 과학기술 분야이다. 그렇지만 무절제에 가까운 에너지 소비의 결과 새로운 문제에 봉착하게 되었다. 그중 하나는 에너지원의 고갈이다. 석탄·석유 등 화석자원과 핵발전 연료인 우라늄은 극히 제한된 양만 남아 있다는 것이 이미 밝혀졌다.

또 하나의 문제는 무절제한 사용으로 인한 자연적·사회적 환경의 파괴이다. 화력발전 시 화석자원의 연소에 기인하는 대기오염과 온실효과, 핵무기 실험과 핵발전소에 기인하는 방사능 오염 등이 에너지 생산과정에서의 환경 파괴 문제로 많이 지적되고 있다. 에너지의 소비 현황은 어떠한가? 수많은 사치성 업체와 향락산업 등에 쓰이는 전력 소비는 우리에게 어떤 의미가 있는가? 또 생산업체에서는 에너지를 효율적으로 쓰고 있는가? '에너지 소비에 대한 생산력'이라는 지표를 보면 우리나라는 세계에서 제일 뒤떨어진다. 일본에 비해 절반 혹은 그 이하밖에 안 되니 에너지의 낭비가 얼마나 심한가? 에너지 절약을 위한 피를 말리는 노력이 없이 전력 수요 운운하는 것이 얼마나 안이한 태도인가를 생각하게 된다.

한정된 자원을 가지고 있는 인류가, 또 우리 민족이 에너지 수급을 생각할 때 수요와 공급 중 어느 것을 중심으로 생각해야 하는지 면밀히 검토해야만 할 것이다. 근거와 의미의 검토도 충분히 하지 않은 채 수요문제만을 내세워 그것을 중심으로 에너지문제에 접근하는 태도는 비과학적이기도 하지만 엄청나게 위험한 결과를 초래할 수 있다.

요컨대 핵을 포함하여 에너지문제에는 기술적인 측면도 있지만 그밖에 사회경제적인 측면과 철학적인 측면도 있는 것이다. 이 모든 것을 총체적으로 생각할 때에만 핵발전소에 대해 정당한 견해를 가질 수 있을 것이다.

이상 논의한 것을 염두에 두면서 핵발전소에 관한 문제점을 검토해보자. 우선 핵발전소는 과연 경제적인가? 핵발전의 추진기관인 한전에 의하면, 1988년도 가격으로 1kw당 건설단가는 핵발전소가 1백20만 원, 화력(유연탄)발전소가 49만 원이며 1kwh당 발전단가는 핵발전이 26원, 화력발전이 29원이다. 즉 1백만kw급 발전소 건설 시 핵발전은 화력발전보다 7천1백억 원이 더 든다〔(120만 원-49만 원)×100 만). 이 발전소들을 하루 24시간씩 30년간(핵발전소 수명이 약 30년이므로) 계속 가동할 때 핵발전은 화력발전보다 7천8백84억 원 싸게 든다〔(29원-26원)〕×100만kwh×24시간×365×30년). 건설과 발전단가를 생각할 때, 잠시도 쉬지 않고 가동이 된다 하더라도 30년간 불과 7백84억 원이 덜 드는 셈이다. 여기에 핵발전소의 해체비용과 수만 년을 사용해야 할 핵폐기장 건설 및 유지비용을 생각할 때 과연 경제적일까? 그리고 핵발전소가 몇 가지 장점이 있다고 하더라도 핵발전 의존의 적정 수준(총 발전량의 1/3 가량)이 있다는 것이 핵추진론자 스스로의 주장이다. 그런데 우리나라에서는 그 수준을 훨씬 넘어 전력생산의 50% 이상을 핵발전에 의지하고 있다.

핵폐기 기술수준, '착륙지도 없이 떠난 비행기'

환경에 대한 피해와 안전성은 어떤가? 화력발전은 대기오염과 온실효과 등을 유발하므로 대신 핵발전소를 지음으로써 환경문제를 해결할 수 있다고 핵발전론자들은 주장한다. 그 논리라면 화력발전을 축소하던지 적어도 확대는 억제해야 할 텐데 화력발전도 계속 확대할 계획인 것은 자기 논리를 스스로 거스르는 것이 된다. 즉 그들이 화력발전의 단점을 이야기하는 것은 환경문제를 해결하기 위한 것이라기보다는 핵발전소를 짓기 위한 구실로 내세우는 인상이 짙다.

그러면 핵발전은 아무런 문제가 없는가? 수만 년간 보관해야 할 핵폐기물이 인간과 환경에 주는 위협은 일단 제쳐놓더라도 핵발전소 종사자와 주민들의 일상적 건강문제 그리고 생태계에 대한 피해문제 등은 핵발전 선진국들에서 계속 제기되고 있으며 그것을 입증하는 구체적인 연구결과들도 속속 나오고 있다. 핵발전 역사 13년의 한국에서 다른 핵선진국의 문제가 생겨나지 않을 이유나 근거가 있겠는가? 두 사람의 핵발전소 종사자가 스스로 핵발전의 피해자라고 주장하면서 암으로 죽어갔고, 고리와 영광 등의 주민들은 생태계에 큰 변화가 이미 일어났다고 주장한다. 우리 땅의 핵발전소도 벌써부터 문명사적 경고를 시작하고 있는데 우리가 무지하고 태만하여 그 경고를 해독하지 못하고 있는지도 모른다.

체르노빌과 드리마일 같은 대형사고가 일어날 경우 한반도 같은 좁은 국토와 그곳에 사는 우리 국민에게 줄 피해는 새삼 말할 필요도 없이 자명하다.

필자는 사고의 가능성은 기술적인 결함에도 있겠지만 (우리의 기술이 소련과 미국보다 얼마나 앞서 있을까?) 그보다도 인간의 태도에 더 달려 있다고 본다. 모든 것을 비밀리에 결정하며, 사고가 있더라도 전혀 공개하지 않고, 은폐된 사실이 드러나면 그 의미를 축소·왜곡해오지 않았던가? 미국 핵규제위원회(NRC)의 심사도 통과하지 못한 CE사의 원자로 도입과 그 과정의 부정부패설, 월성의 중수 누출과 고리의 핵폐기물 불법 매립사건과 그 의미의 왜곡·축소, 핵발전소 인근과 핵폐기장 예정지역 주민들에 대한 각종 탄압, 보도의 통제와 일방적인 선전 등등, 이것들이 지금까지의 정부와 한전의 태도가 아닌가? 이것이 극명하게 드러났던 것이 지난번 '안면도 사태'일 것이다. 주민과는 상의 한마디 하지 않고 핵폐기장 내지는 처리장을 계획해 놓고서는 연구소 운운하면서 주민과 국민을 기만하고 우롱하고 거기에 대한 항의를 폭도라면서 호도하고, 탄압했던 사건은 정부의 태도를 적나라하게 보여주었다.

핵발전소를 가동하면서, 아니 계획하는 단계부터 가장 신경을 써야 할 것은 핵폐기물의 처리 및 보관 문제이다. 그런데 불행하게도 거기에 대해 완벽하기는커녕 장기적으로 타당한 대책조차 마련되어 있지 못한 것이 현재의 기술수준이다. 이 때문에 핵발전소를 '착륙지도 없이 떠난 비행기' 또는 '화장실 없는 맨션아파트'라고 한다. 완벽한 대책이 없기 때문에 핵폐기장을 마련하여 처리·보관하더라도 항상 위험이 따르기 마련이다. 그리고 그 위험이라는 것은 한국 같은 작은 나라는 온통 파괴시킬지도 모르는 정도이다.

'사용 후 핵연료'의 위험에 도전하는 과학의 맹신

정부는 1989년 초에 '방사성폐기물 관리 사업계획안'을 발표하였다. 이에 따르면 "핵폐기물 영구 처리장은 1백50만 평 규모로 건설될 것인데 1986년부터 부지 선정 작업을 시작, 이미 경북 영덕군 등 동해안 3개 지역으로 압축되어 세부 조사 작업을 진행 중에 있으며 적어도 1992년까지 부지를 매입하여 1997년에는 완공한다"고 한다. 또한 이 핵폐기장은 "1백만 드럼의 핵폐기물을 처분하고 사용 후 핵연료 3천 톤을 저장할 수 있는 규모로 설계되어 있다"고 하였다. 해마다 우리나라 핵발전소에서 나오는 핵폐기물 가운데 중저준위물 양이 1만5천 드럼 가량 되는 것을 감안해 보면 약 60년간의 핵폐기물을 저장할 수 있는 용량이다. 정부의 계획대로 앞으로 핵발전소를 더 많이 짓는 경우에는 핵폐기장도 그만큼 더 많이 지어야 할 것이다.

양적으로는 이러한 중저준위물이 많지만, 가장 위험한 것은 파괴력이 훨씬 강하고 반감기도 2만4천 년이나 되는 플루토늄(핵폭탄의 폭발물질) 같은 '사용 후 핵연료'이다. 현재 우리나라 핵발전소에서 나오는 양이 매년 수백 톤이다. 지금 계획하고 있는 핵폐기장으로는 10년밖에 감당할 수 없다는 계산이 된다. 플루토늄의 방사능이 1/10로 줄어들려면 10만 년은 걸리므로 최소한 그 기간 동안 철저하고 완벽하게 보관해야 한다.

그 10만 년 동안 지금의 규모 정도로 핵발전소를 계속 가동하는 경우에 1만 개의(!) 핵폐기장이 필요하다는 계산이 나온다.

가동되는 핵발전소 수를 늘리면 거기에 비례하여 핵폐기장도 늘어나야 하니 국토 전체가 핵폐기장이 되지 않는다는 보장이 어디에 있으며 핵폐기물의 위협을 받지 않을 사람이 어디 있겠는가? 이렇게 생각하는 사람도 있을 것이다. 핵폐기물 처리기술이 발전하게 되면 안전하게 보관할 수 있게 될 터인데, 또는 플루토늄 등을 무해한 물질로 변환시키는 것이 가능해지지 않겠느냐, 그러니 너무 걱정할 필요는 없지 않겠느냐고. 원리적으로는 타당한 말일 수 있다. 하지만 언제 그것이 가능하고 또 그것이 과연 가능하겠는가 하는 점에 대해 묻지 않을 수 없다. 희망사항과 실제로 실현되는 것을 혼동해서는 안 된다. 과학발전과 미래에 대한 막연한 기대만으로 핵폐기물을 다루기에는 그것은 너무 위험한 물질이다. 누가 또 어떤 과학기술이 10만 년을 장담할 수 있는가. 인류의 문화는 아무리 길게 잡아도 1만 년을 넘지 못한다. 그리고 지난 10만 년 동안의 지질과 기후의 변화에 대해 아무도 정확히 모른다. 미래 10만 년은 더욱 그러하다. 과학에 대한 불신도 곤란하지만 맹신은 더욱 위험한 것이다. 우리는 지금의 과학 수준에 대해 겸허한 자세를 가져야만 한다.

핵 유용성의 필요조건과 핵을 가질 자격

핵폐기장 문제에 대해 지역주민들과의 논의 한 번 없는 가운데 건설계획이 발표되자 1번 후보지인 영덕군 주민들을 중심으로 대대적인 반대운동이 일어났다. 그러자 정부는 계획을 슬그머니 변경하여 이번에는 비밀리에 안면도와 인근 무인도를 핵폐기물 중간처리와 영구매립장으로 결정하고 주민과 국민들에게는 엉뚱한 이야기로 우롱·기만하려 했던 것이다.

정부나 한전 쪽이 스스로 주장하듯 안전에 확신을 갖는다면 왜 처음부터, 아니 지금부터라도 공개적으로 문제를 다루어 주민과 국민들을 납득시키지 못하는가? 핵발전소 인근 주민들에 대한 문제도 마찬가지이다.

기술적으로 아무리 필요성과 경제성과 안전성을 확신하고 입증한다 하더라도 주민들의 동의를 얻어내지 못한다면, 또 그럴 것이기 때문에 아예 대화할 생각도 갖지 않고 비밀과 탄압으로 일관할 때 그 귀착점은 너무나 뻔한 것이다. 핵발전소의 참사는 그러한 비민주적이고 폐쇄적인 태도에서 비롯될 것이기 때문이다.

핵에너지는 그 위력과 파괴력 때문에 쓰기에 따라 크게 유용할 수도 있고 엄청난 재앙이 될 수도 있다. 유용성을 보장하는 첫 번째 필요조건은 민주주의이다. 그것이 보장되지 않을 때에 '평화적 이용'이라는 미명과는 달리 핵발전은 우리에게 재앙으로만 작용할 것이다. 그것이 핵 역사 50년, 핵발전 30년사가 우리에게 주는 교훈이다.

진정한 민주주의 사회에서만 핵에너지의 사용을 이야기 할 수 있다. 모든 정보가 공개되고 또 누구나 찬성하고 반대할 수 있는 자유와 실제적 기회가 보장되는 사회와 국가만이 핵을 가질 자격이 있다. 핵폐기장과 핵발전소 주변 주민을 비롯한 국민의 의사가 무시된다면, 심지어 그것이 탄압의 대상이 된다면 그러한 핵은 우리에게 아무런 소용이 없다.

이제는 핵에너지 문제를 허심탄회하게 거론하여 국민들의 지혜를 모아야 할 때이다. 에너지와 전력 소비는 우리에게 무슨 의미가 있는지, 그것을 어떤 방식으로 조달할지, 또 그 사용과 배분을 어떻게 할 것인지 ? 구체적으로는 50여 기의 핵발전소가 우리에게 필요한 것인지, 그중 대부분을 전남 해안지역에 밀집시켜야 하는지, 아직도 안보상 문제가 많다는 우리 사회에서 적의 중요한 공격목표가 될 핵화약고를 그렇게나 많이 세워도 되는지? 민주적 방식과 공개적 태도만이 문제를 풀 수 있을 것이다. 금년 봄의 지방의회 선거는 국민과 관련 지역 주민의 의사를 점검해볼 수 있는 좋은 계기가 될 수 있을 것이다.

말·1991년 2월호

제9장

학술

시장사회주의는 자본주의의 대안인가

최근 '현실사회주의'의 붕괴 이후 '시장사회주의'가 다시 그 대안으로 거론되고 있다. 사회주의와 시장 및 상품화폐 관계는 공존할 수 있는가. 시장사회주의론을 둘러싼 논쟁들을 분석하고 그 가능성을 점검한다.

김호균 · 중앙대 강사 · 경제학 (현 명지대 경영정보학과 교수)

'현실사회주의' 붕괴와 대안 '시장사회주의'

국가소유와 중앙계획에 기초했던 '현실사회주의' 모델이 붕괴하면서 그 대안에 대한 논의가 활발하게 진행되고 있다. 경제적으로 그 모델이 여전히 유효하다고 주장하는 경제학자는 이제 거의 없는 것 같다. 소련에서마저 이 모델이 실패한 지금 '시장사회주의'가 대안으로서 다시 거론되고 있다.

다시 거론되고 있다는 의미는 중앙집중적 계획경제를 개혁하려는 논쟁과 시도는 이미 1920년대 이래 소련에서, 그리고 1950년대부터는 동구나라들에서 벌어진 적이 있기 때문이다. 사실 '현실사회주의'의 건설과정은 동시에 끊임없는 개혁논의와 시도였다고 해도 과언이 아니다. 그럼에도 불구하고 '현실사회주의'가 실패한 것은 개혁이 일관되고 충분하게 관철되지 못했기 때문이었다.

'과학적 사회주의'를 정립한 마르크스가 미래사회에 관해서 많은 언급을 하지 않았다는 사실은 잘 알려져 있다. 그의 전체 저술을 검토해볼 때 그가 시장사회주의자인지 계획사회주의자인지는 단정적으로 말할 수 없다. 그에게서 서로 모순되는 언급들이 발견되기 때문이다.

예를 들어 마르크스는 「고타강령 비판」에서는 공산주의 사회에서 "생산자들은 그들의 생산물을 교환하지 않으며 여기에서 생산물에 투하된 노동은 마찬가지로 이 생산물들의 가치로 현상하지 않는다"고 말하고 있다. 이에 반해 「프랑스 내전」에서는 프롤레타리아혁명에 의해 "자본과 토지소유의 자연법칙들의 자발적인 작용"이 "자유로운 결사노동의 사회적 경제의 법칙들의 자발적인 작용"으로 대체될 것이라고 전망함으로써 계획성이 아니라 자발성을 원칙으로 천명하고 있는 것이다.

그렇지만 분명한 것은 마르크스나 엥겔스가 미래사회에 관해 언급한 부분들에서 계획 사회주의적 요소들이 많다는 점이다. 그러나 이 계획사회주의적인 언급들은 공산주의에 관한 다른 명제들과 충돌하기 때문에 후술하는 바와 같이 상이한 평가들이 나오고 있다.

레닌은 그의 유언적 논문이라고 할 수 있는 두 편의 「협동조합에 관하여」(1923년)에서 '신경제정책'의 의의를 보다 적극적으로 재평가함과 아울러 "사회주의로 이행하기 위해서는" 당시 소련인들을 모두 협동조합에 조직하는 것이 "필요하고 충분하다"고 역설했다. 그리고 이를 위해서는

"억지이론을 가능한 한 적게 펴고 미사여구를 가능한 한 적게 늘어놓아야" 하며 그 대신 "혁명적 열정을 쓰기와 셈하기에 능통한, 깨우친 상인이 되는 능력과 결합시키는 것"이 가장 중요하다고 강조했다. 이어서 그는 "협동조합의 단순한 성장이 우리에게는 사회주의의 성장과 동일"하며 따라서 국가는 협동조합에 대해 "중공업기업들에 대해서 보다 더 많은" 지원을 해야 한다고 쓰고 있다.

그리하여 레닌은 "우리의 전체 사회주의관이 근본적으로 변했다"고 명시함으로써 흔히 '사회공장관'으로 불리는 그의 사회주의관을 자신의 말처럼 "근본적으로" 수정하고 있는 것이다. 협동조합원들을 "셈하기에 능통한" 상인으로 만든다는 것은 협동조합이 더이상 국가의 계획에 따라 생산하는 것이 아니라 경제적 회계에 기초한 독자적인 경제단위가 된다는 것을 의미한다고 할 수 있다. 이 경우 협동조합들 사이의 관계는 당연히 교환을 매개로 할 것이기 때문에 시장과 가격메커니즘은 불가피해진다. 따라서 레닌의 최종적인 사회주의관은 협동조합의 전 사회적인 건설과 상품화폐관계의 전면적인 허용으로 귀결된다고 해석할 수 있을 것이다.

사회주의와 시장을 둘러싼 소련 논쟁사

레닌 사후 소련에서는 '신경제정책'의 의의에 관한 논쟁이 벌어지면서 시장과 사회주의의 관계에 관해서도 논란이 일었다. 당시 소련의 경제학자 프레오브라젠스키 등은 상품화폐관계와 가치법칙, 시장을 사실상 자본주의와 동일시하면서 이들의 급속한 소멸을 주장한 데 반해 부하린 등은 가치법칙을 노동 분배라는 초역사적인 사회적 과정을 규율하는 법칙으로 파악하면서 상품화폐관계의 적극적인 활용을 주장했다.

1929년 4월에 부하린은 중앙위원회 연설에서 '신경제정책'을 옹호하면서 "시장관계 형태가 수년 동안 경제관계의 지배적인 형태가 되어야 한다"고 주장했을 뿐만 아니라 사회주의와 시장이 배타적이 아니라는 의견을 거듭 밝혔다. "내가 자본주의적 시장을 선전한다고 비난을 받았다. 나는 무엇보다도 내가 아무리 공고한 국가적 규율을 언급하지 않는다 할지라도 우리에게서 자본주의적 시장이란 명백한 오류라는 것을 지적해야 하겠다. 시장이란-마르크스의 이론에 따르면-생산관계들을 반영하는 것이다."

그에 따르면 생산양식의 성격은 상품화폐관계의 존재에 의해서가 아니라 생산에 있어서의 실질적인 처분관계와 이의 민주적 조직에 의해 결정되는 것이다. 따라서 다양한 소유관계, 시장, 간접적 경제조정형태란 결코 어쩔 수 없는 '후퇴'가 아니며 사회주의 건설의 본질이었다. 그러나 시장을 둘러싼 이러한 대립은 스탈린의 소위 '대전환'에 의해 정치적으로 해결되었다. 그리하여 소련에서는 이미 이행기의 조건하에서도 가치법칙은 더이상 작용하지 않으며 국가의 계획이 경제법칙이라는 견해가 정설이 되었다. 그러나 이러한 견해는 당시 객관적으로 불가피했던 상품화폐관계를 부인하는, 따라서 현실로부터 괴리된 주관주의적 주장에 지나지 않았다.

스탈린의 정치적 결정 이후에도 소련에서는 사회주의에서 시장의 필요성을 주장하는 경제학자 보즈네센스크 등의 글이 계속 발표되었다. 이들은 소련에서 상업이 필요하기 때문에 혹은 노동자와 농민, 정신노동과 육체노동 사이의 차이 때문에 가치법칙의 작용이 불가피하다고 주장했다. 다만 사회주의에서 생산된 상품에는 사용가치와 가치, 사적 노동과 사회적 노동 사이에 모순이 존재하지 않을 뿐만 아니라 국가의 계획에 의해 가치법칙의 작용이 통제되기 때문에 자본주의에서와는 다른 '변용된 가치법칙'이라고 주장했다.

이러한 이의제기 속에서 심화되는 이론과 현실의 괴리는 스탈린으로 하여금, 시장의 불가피성을 인정하게 만들었다. 스탈린은 사회주의에 전 인민적 소유(국가소유)와 협동조합 소유라는 두 개의 소유형태가 존재하기 때문에 상품생산이 필연적이라고 지적하면서, 자본에 의한 임노동의 착취관계가 사라진 후의 상품생산을 사회주의 발전에 기여하는 요소로 적극적으로 평가했다. 스탈린의 이런 설명은 소유관계에 입각했다는 점에서는 긍정적이지만, 소유와 교환을 매개하는 연결고리-예를 들어 독립채산제와 경제적 회계의 원칙-가 설정되지 않았기 때문에 국가소유 내에서의 상품생산에 대해서는 설명을 하지 못하는 한계가 있었다.

동구의 경제개혁 논쟁과 '체제옹호론' 비판

2차 대전 후 동구 나라들에서 그대로 모방된 소련의 중앙집중적 계획경제 모델은 급속한 공업화와 실업 퇴치에 있어서는 일정한 성과를 보였다. 하지만 이와 함께 사실상 처음부터 자원의 낭비와 소비재 부족이라는 심각한 부작용을 수반했다. 즉 각 기업은 중앙계획당국에 의해 정해진 제품을 정해진 수량만큼 생산하기만 하면 되었고 얼마나 좋게, 얼마나 효율적으로 생산하느냐는 전혀 문제가 되지 않았다.

또한 중공업의 우선적인 발전은 경제부문간 균형을 깨뜨려 소비재의 만성적 부족을 야기했을 뿐만 아니라 소비재 가격의 동결은 인플레이션

위험을 누적시켰다. 수요와 공급을 중앙계획이 대체했기 때문에 왜곡된 자원분배를 교정할 메커니즘이 없었다. 나아가 경제규모가 커지고 복잡해지면서 중앙계획당국은 사용가치 지향적 계획에서 갈수록 다양한 경제단위들의 능력이나 투자필요성 등에 관해 파악하기가 어려웠다.

헝가리의 경제학자 코르나이는 이미 1956년에 과도한 중앙집권적 계획경제가 낳은 문제점을 다섯 가지로 요약하고 있다. 첫째, 경제관료가 비대해졌고 명령에 의한 작업방식이 일반화되면서 기업운영의 실패에 대해 벌칙을 가해야 할 필요가 커졌다. 둘째, 자발성을 배제하고 지시만능주의에 빠졌다. 셋째, 계획달성 여부를 감독하기 위한 기구가 팽창함으로써 엄청난 노동력 낭비가 초래되었다. 넷째, 사회주의가 건설되면서 계급투쟁이 격화된다는 주장에 따라 지식인과 기술자에 대한 불신이 팽배했다. 다섯째, 중앙계획의 강화는 공장민주주의의 발전을 저해했다.

이러한 다양한 문제점들이 부각되면서 이미 1950년대부터 모든 나라에서 경제개혁에 관한 논쟁이 일어났다. 1953년 스탈린 사망이라는 유리한 여건 속에서 진행된 이 논쟁에서는 우선 크게 두 가지 입장이 대립되었다. 당면한 경제적 난관을 타개하기 위해 하나는 계획의 완벽화와 계획지표의 개선을 통해 중앙관리의 효율성을 높이려는 입장이었고, 다른 하나는 시장경제적 요소를 보다 강하게 도입하려는 입장이었다.

현실적으로는 두 번째 안이 관철되었으나 이 관철 과정에는 우여곡절이 수반되었으며 개혁 자체는 미온적인 것이었다. 심각한 물자부족과 경제적 효율성의 하락이라는 문제가 전혀 해결될 기미를 보이지 않으면서 시장경제적 요소가 도입되었으나 그것은 처음부터 끝까지 양보조치로 간주되었다가 다시 취소되는 과정이 반복되었다.

1958년 체코슬로바키아의 개혁시도, 1963년 동독의 시도, 1965년에는 시장요소를 도입하려던 소련의 코시긴개혁, 1968년에는 '프라하의 봄', 1968년 헝가리의 '신경제메커니즘', 1960년대와 1970년대 폴란드의 개혁 시도들, 1960년대 이래 유고의 경험들은 대체로 그러한 과정이었다. 이러한 과정을 목격하면서 폴란드 경제학자 오스카 랑에는 이미 1958년에 마르크스주의 경제학이 '체제옹호론'으로 전락했다고 비판했다. 그리고 그는 이 옹호론이 다른 모든 옹호론과 마찬가지로 "일정한 사회집단의 이해"를 반영하는데 이 집단은 "낡은 행정체계와 결부되었고 공식적인 모습과 현실이 비판적으로 대조되고, 새로운 사회에 존재하는 내부모순이 발견되는 것을 두려워하는 관료층"이라고 지적했다.

분권적 모델과 '중앙계획에 포섭된 시장'

1950, 1960년대에 대표적인 시장사회주의자들로는 폴란드의 경제학자 블로지미에르 브루스와 체코슬로바키아의 경제학자 오타 시크를 들 수 있다. 브루스는 모든 경제적 의사결정을 ①성장률, 국민소득 중 투자와 소비의 비율, 투자재원의 부문 간 배분, 소비기금의 사회계층간 배분 등 경제발전의 일반적인 방향을 결정하는 거시적 주요결정 ②한 부문이나 한 기업의 총생산량이나 구조, 물자조달이나 판매방침, 인력구조, 보수체계 등에 관한 경상적 결정 ③가계소득 내에서의 소비재 구매구조나 직업선택에 관한 개인적 결정으로 나누고, 이 중 두 번째 차원의 의사결정이 개별기업에 있느냐 중앙정부에 있느냐에 따라 경제모델을 집중적 모델과 분권적 모델로 나누었다.

브루스에 따르면 집중적 모델은 자원을 일정한 우선부문에 배정하도록 지시할 수 있는 "고도의 선택성" 덕분에 경제구조가 급속하게 변화하는 시기에 중요한 부분에 자원을 집중할 수 있는 장점을 가지지만 생산의 경직성, 과대한 단위 생산비, 기업의 자기발전 노력 결여, 경제적 자극의 결여, 국가 및 경제기구의 관료화 등 부정적인 결과를 낳았다. 이에 반해 분권적 모델에서는 의사결정이 중앙과 기업의 두 수준에서 이루어지며, 둘 사이의 관계는 지시에 의해서가 아니라 간접적인 경제적 정책 수단에 의해서 맺어진다. 아울러 화폐가 자원배분을 매개하는 수단으로서 기능하며 가격체계는 생산물의 희소성을 포함한 경제적 요인에 조응한다.

브루스는 이 모델에서 다섯 가지 긍정적인 효과를 기대했다. 첫째, 시장에서 관철되는 수익성 원칙에 따라 기업의 생산이 이루어지기 때문에 수요에 대해 공급이 탄력적으로 적응할 수 있고 자원이 효율적으로 이용될 수 있다. 둘째, 기업이 이윤을 극대화하기 위해 끊임없이 생산비를 낮추려는 노력을 할 것이므로 생산요소가 합리적으로 이용될 수 있다. 셋째, 경제의 재생산과정에서 균형 잡힌 성장이 가능해진다. 넷째, 기업들에게 대폭적으로 자율성이 인정됨으로써 중앙계획의 범위가 줄어들기 때문에 전체적으로는 중앙계획의 효율성도 향상된다. 다섯째, 대중의 창의력이 발휘될 수 있다.

브루스는 집중적 모델의 단점과 분권적 모델의 장점을 주로 지적했지만, 두 모델의 절대적인 평가는 불가능하며 각 모델의 유효성은 그 모델이 적용되는 구체적인 조건들에 좌우된다고 보았다. 다만 그는 경제가 발전하면서 복잡해짐에 따라 집중적 모델의 유효성은 줄어들고 분권적 모델의 유효성은 높아진다고 지적했다. 따라서 브루스는 사회주의가 발전하면서 시장의 비중이 높아질 필요성을 지적했다고 할 수 있다.

그러나 그에게 있어서는 이 시장의 역할증대도 어디까지나 '중앙계획 우위의 원칙'이라는 큰 테두리에 머무는 것이었다. '중앙계획에 포섭된 시장'으로 요약될 수 있는 그의 개혁안은 계획의 직접성과 시장메커니즘의 간접성이 어떻게 양립할 수 있는가에 대한 명쾌한 답변이 결여되어 있다.

시장 존재의 필연성과 사회주의 상품생산양식

브루스의 이론에 내재하고 있는 이러한 불철저성을 비판하면서 제시된 이론이 오타 시크의 '사회주의적 시장경제론'이다. 그는 브루스보다 한걸음 더 나아가 '사회주의에서 상품화폐관계와 시장 존재의 객관적 필연성'을 주장하면서 이를 '구체적 노동과 사회적 필요노동 사이의 모순'에서 도출했다.

그에 따르면, 사회주의에서도 노동은 아직 인간의 '첫 번째 욕구'가 아니라 인간이 필요한 사용가치를 획득하기 위한 수단이므로 기업의 구체적 노동과 사회적 노동 사이에 모순이 발생하고 기업들 사이에 이해관계의 대립이 발생하게 되는데, 이를 해결하기 위한 장치로서 시장이 반드시 필요하다는 것이다. 그러나 시크도 중앙정부의 계획적 규제를 부정하지는 않기 때문에 그의 시장은 '규제된 시장'이라 할 수 있다. 다만 이 시장은 단순히 형식적인 계산 기능뿐만 아니라 진정한 자원분배 기능을 담당하는 시장이어야 한다.

1968년의 '프라하의 봄'이 무력으로 진압된 후 소련과 동구에서는 다시 중앙집중적 계획이 강화되고 경제적 정체는 더욱 심화되었다. 이 속에서 시장사회주의자들은 그들의 이론을 더욱 다듬으면서 시장 지향적 경제개혁의 필요성을 강조했다. '경제적 회계의 관철'이라는 이론 속에 시장요소를 수용하려는 시도들도 있었다. 그러나 현실적으로 엄연히 상품·화폐·시장이 존재함에도 불구하고 이를 직시하고 발전시키려는 정책적인 노력은 없었다. 시장이 가장 발전되었다는 헝가리에서도 개혁은 일관되게 실행되지 못했었다.

그러나 '현실사회주의'의 몰락으로 시장사회주의 논쟁이 다시 벌어지고 있다. 독일에서도 새로운 사회주의이념을 모색하는 과정에서 시장사회주의와 민주적 계획이 대안으로 제시되고 있다. 최근의 논쟁에서 보이는 특징은 우선 1950, 1960년대와는 달리 계획의 완벽화를 주장하는 마르크스주의자는 없다는 점이다.

경제학자 하인츠 융과 같이 페레스트로이카를 거부하는 이론가도 계획과 민주주의의 결합을 '현실사회주의'의 대안으로 제시하고 있다.(그렇지만 융도 페레스트로이카가 소련의 경제적 정체로 표현되는 잠재적 위기에 대한 대응책으로서 등장했다는 데에는 동의한다). 다수의 이론가들은 융과는 달리 시장사회주의를 대안으로 제시하고 있다.

동독의 경제학자였던 잉에보르크 둠머는 현실사회주의의 실패 원인의 하나는 역사적으로 주어진 전제로서의 상품생산의 객관적 법칙율과 요구들을 무시했기 때문이라고 진단하고 시장이 결코 자본주의적인 것은 아니며 유통영역이라고 강조하면서 분업의 존속에서 시장의 존속 필요성을 구하고 있다.

"상품생산은 사회적 분업의 일반적 기초에 의거한다. 그것은 오랜 역사적 시간 동안에 걸쳐 오늘날의 자본주의적 상품생산형태로 발전했다.

그것의 일반적 기초인 사회적 분업이 오랫동안 존속할 것이므로 어떤 생산양식이든 가까운 장래에는 상품생산의 한 형태로서만 현상할 수 있다. 따라서 자본주의에서든 사회주의에서든 시장관계에 찬성하느냐 반대하느냐가 문제가 될 수 없고, 주어진 생산양식의 범위 안에서 이 시장관계에 영향을 미치는 방식만이 문제가 될 수 있을 뿐이다. 내 생각에는 특유한 상품생산 형태로서의 자본주의 생산양식은 다른 특유한 상품 생산양식, 즉 사회주의적 상품생산으로 이어질 수밖에 없다."

나아가 그녀는 사회주의적 생산이 지금과 같이 사용가치 지향적이 아니라 욕구 지향적이어야 한다고 주장한다. "왜냐하면 욕구충족은 직접적인 사용가치에 의해서 뿐만 아니라 상품에 의해서도 충족 가능하기 때문이다." 그녀는 사회주의의 "보다 높은 형태의 상품생산"에서는 "모든 사회적 행동의 목표가 더이상 이윤획득이 아니라 인간들의 전 측면적 발전을 위한 욕구충족, 즉 '진정한 인간적 부'(마르크스)의 창조"일 것으로 전망한다.

사회주의운동의 관건은 자본관계의 지양

둠머가 마르크스의 상품화폐관계 지양에 관한 명제를 오류로 지적하는데 반해, 요아힘 비숍과 미하엘 메드나르트는 "시장이란 '생산영역과는 구별되는 유통영역' 일체에 대한 일반적 표현이다"라는 구절 등 마르크스를 방법론적으로 인용, 해석하면서 마르크스가 "널리 퍼진 편견과는 반대로 자본주의 사회구성체로부터 시장사회주의적 사회구성체로의 이행에 관한 구상들을 가지고 있었다"고 주장한다. 나아가 이들은 계획경제의 구조적 모순을 지적하고 있다.

메드나르트는 "중앙계획의 필요성을 고집하고 이의 실패를 민주성의 부족에서 구하는 자는 개인적 이해가 사회적 이해에 비해 가치가 적을 뿐만 아니라 자기 존립자격이 주어지기 전 일단 사회적 이해-그것이 어떻게 정의되든-라는 여과기를 통해야만 한다는 모순에서 벗어날 수 없기" 때문에 중앙계획경제는 구조적으로 개인의 발전을 가로막으며 계획과정의 민주화로도 달성 불가능하다고 주장한다.

"어디에서도 하나의 통일체로서의 사회가 생성되지는 않는다. 그것은 오히려 생산단위들의 개별 행위들로부터 비로소 구성되는 것이다. 그러나 이 생산단위들은 그들이 상품생산자이든 계획경제의 단위들이든 처음부터 자신들의 이해를 가지고 있으며, 이 이해는 처음부터 사회적 이해와 동일한 것이 아니다. 따라서 계획경제 관념은 민주화와 관계없이 개별이해를 추상함으로써만 사회가 의식적 기관으로 행동할 수 있다는 결론에 이른다. 보다 높은 사회적 이해를 매개로 해서만 개인적 이해는 비로소 관철될 수 있게 된다. 다시 말하자면 엄밀한 의미에서는 이 개인적 이해가 지양된 후에 비로소 이처럼 사회적 이해가 개인적 이해로부터 분리되는 것이다. 그러나 개인적 이해의 '보편적 이해에의 복속'은 마르크스가 원래 추구하던 목표, 즉 개인들의 발전이 전체 발전의 전제가 된다는 것과는 모순되는 것이다" 그러므로 "가치관계의 지양과 사회적 제 관계의 주체화는 언제나 개인적 이해를 사회적 이해에 순응시키기 위한 교육독재의 맹아를 안고 있다."

비숍과 메드나르트는 계획의 토대를 이루었던 국가소유에 대해서도 문제를 제기하고 있다는 점에서 다른 시장사회주의자들에 비해 앞서 있다고 할 수 있다. 이들은 "생산수단에 대한 국가소유와 생산의 민주화는 서로 배타적"이고 "사회적 소유를 국가소유로 제한하는 것은 폭압적 형태만을 낳는다"고 주장한다. 중앙집중적 계획모델에서는 사회적 욕구와 이해가 객관적으로 산출가능하다고 가정되었는데, 이 객관적 욕구와 이해란 사실 중앙계획당국이 일정한 목표에 따라 정한 요구와 이해였다고 지적한다.

이들은 국가소유에 대한 대안으로서 다양한 소유형태의 공존을 제시하면서 이 토대 위에서는 시장이 불가피하다고 주장하고 이러한 시각이 보다 마르크스주의에 일치한다고 본다. 즉 사회주의와 관련해서는 상품화폐관계의 지양보다 자본관계의 지양에 초점을 맞추어야 한다는 것이다.

"상품 및 화폐물신의 의미를 무시하려는 의도는 없지만 사회적 제관계의 자의식적 조성 또는 그 저해를 위해서보다 결정적인 것은 자본물신성의 문제이다. 그리고 여기에서 다시 사물의 인간에 대한 지배의 철폐, 객관적 생산조건의 자본성격의 취소는 소유관계의 단순한 변화에 국한되는 것이 아니라 주체들에 의한 생산의 사회적 성격의 재획득과 병행되어야 한다. 개별적인 노동들을 사회적 노동과 어떻게 매개할 것인가가 사회주의 운동의 관건이다" 비숍과 메드나르트는 자본물신성이 지양되고 나면 상품화폐관계는 "변화된 위상"을 가질 것이라고 주장한다.

'사회주의 시장경제'와 시장사회주의론의 과제

시장사회주의자들 중에서 자유시장을 주장하는 이론가는 하나도 없으며 한결같이 거시적 여건을 조성하는 국가의 조정과 규제가 필요하다는 데 일치하고 있다. 다만 이들은 중앙집중적 계획과 국가의 조정을 구분하고 있다. 예를 들어 요아힘 비숍은 "광범한 계획과 사회적 조정의 차이"를 구별하고 신용을 중요한 조정수단으로 간주하면서 "시장과 사회적 조정의 대립을 주장함으로써 토론을 봉쇄하기보다는 국가에 의한 규제체제의 한계와 발전가능성에 관해 토론할 것"을 제의하고 있다. 그에 따르면 "상품화폐관계의 인정과 다른 형태의 사회적 조정 및 통제로의 시행"이 없이는 사회주의세력은 수세에서 벗어날 수 없다.

중앙집중적 계획에 기초했던 현실사회주의의 붕괴에 직면하여 시장사회주의는 대안으로서 다수의 지지를 받고 있다. 시장사회주의들은 사회주의에서 상품과 가치법칙의 소멸에 관한 마르크스의 명제를 명시적으로든 묵시적으로든 포기하고 있지만 생산수단에 대한 소유관계를 중심에 놓는 마르크스의 유물론적 방법론은 견지하고 있다.

이들은 중앙계획이 원래의 목표였던 자원낭비를 방지하는 데 실패했고 오히려 더 부추겨졌다는 사실을 공통적으로 지적하고 있다. 오히려 선진자본주의 나라들의 '규제된 시장'이 자원의 낭비를 줄였을 뿐만 아니라 생산력 발전에 있어서도 우월했다는 사실이 확인되었다는 것이다. 따라서 시장사회주의자들은 자원을 시장보다 효율적으로 배분하는 장치가 아직은 발견되고 있지 않다고 주장한다. 이는 사회주의 사회에서도 수급불균형에 따라 일정한 정도의 자원낭비는 불가피한 것으로 전제한다고 해석할 수 있을 것이다.

문제는 이 제한된 낭비가 무정부성으로까지 이어질 것인가이다. 사실 계획사회주의자들이 시장사회주의에 제기하는 가장 큰 이의는 바로 이것이다. 이에 대해 시장사회주의자들은 자본주의적 생산은 '생산을 위한 생산'인데 반해 사회주의적 생산은 '욕구충족을 위한 생산'으로서 본질적으로 다르기 때문에 '사회주의 시장경제'에서 무정부성은 나타나지 않을 것이라고 주장한다. 즉 상품에는 아직 '잠재적 공황'(마르크스)만이 내포해 있으며 이는 비로소 자본에 의해 '실제적 공황'(마르크스)으로 발전한다는 것이다.

시장사회주의론이 안고 있는 과제는 사실 시장문제 그 자체라기보다는 그 밖에 있다고 할 수 있다. 비숍과 메드 나르트가 문제의 중심에 놓고 있는 소유관계에 대한 규명이 그것이다. 사실 시장에서는 다양한 종류의 생산자들에 의해 생산된 상품들이 교환될 수 있는데 이 상품이 어떤 조건하에서 생산되는가에 대해서는 '다양한 소유형태의 공존'이라는 명제 이외에 아직 구체적으로 제시된 바가 없다. 이를 위해서는 마르크스가 애매한 '사회적 소유'를 엄밀하게 규정하면서 명시한 "공동점유에 기초한 개인적 소유"를 출발점으로 삼아야 할 것이다.

말 · 1991년 11월호

| 후기 |

오늘날의 시점에서 본다면 시장 문제에 대해 정태적이 아니라 동태적으로 접근할 필요가 있다. 생산력 발전에 따라 시장의 위상이 달라질 수 있다는 점, 불균등 발전 경향에 따라서 부문별로는 시장의 유무에 대해서 고찰하고 국민경제 차원에서는 시장의 범위에 대해서도 고려할 필요가 있다는 점이다. 국가와 마찬가지로 시장도 '사멸'할 수 있다는 문제의식이다. (김호균)

고대사연구의 혁신적 방법론

본지 1991년 5월호에 실린 「박헌영은 미국의 간첩이었다」의 증언자 전 북한검사 출신 비전향장기수 김중종씨가 '혁신적 고대사방법론'을 제시했다. 감옥 생활 30년 동안 고대사 연구에 몰두해 얻었다는 그의 연구 방법론의 개략적 내용을 싣는다.

김중종 · 비전향장기수(2000년 송환) · 언어학 박사

오늘날 고대사학계에 가로놓인 장벽

우리 겨레의 가장 오랜 역사서로는 『삼국사기』와 『삼국유사』를 꼽을 수 있다. 그런데 그 사서들을 구성하는 문자는 우리의 글이 아닌 한자이다. 소리글인 우리말과는 달리 한자는 모양글자로 글자 자체에 뜻이 있지 소리에는 뜻이 없다. 그렇기 때문에 그 옛날 사서를 쓰던 시대는 한자가 건너와서 널리 보급·통용되지 않던 때로 다만 한자의 음만을 빌어서 최소한의 나라이름, 관직명, 성씨, 사람이름, 지명 등을

적어놓는 정도였을 뿐이었다. 본격적인 중국문장을 쓴 것은 5~6세기경의 일이다.

따라서 『삼국사기』와 『삼국유사』는 삼국의 전문적 기록관이 한문자를 배워서 기록문을 남겨놓기 전까지는 그동안 귀족 지배층 사이에 구전으로 내려오던 그들 조상의 이름이나 사실(史實)을 한자의 음을 빌어서 옮겨놓은 것이다.

그런데 당시에 쓴 한자음과 오늘의 한자음이 서로 소리가 같다면 모르지만 전혀 다른데도 오늘의 역사학계는 이 양자 간의 차이를 캐 들어갈 생각보다는 같은 것인 양 읽고 풀려 한다는 느낌을 받는다. 우리나라 역사가 몇천 년이 흘렀지만 한문의 뜻으로는 도저히 이해가 안 가는 옛 한자를 뒤적거리기만 하는 이러한 소극성으로는 상고사가 인간 생활과 동떨어진 신비의 장막에 가려 있을 뿐이라고 본다.

필자는 지난 30여 년 동안 고대사를 연구하는 과정에서 한자는 중국음과 우리가 읽는 음 사이에 대부분 차이가 있음을 알았다. 그것은 우리말의 변화법칙의 작용을 받아 우리말 자체가 변했듯이 한자음도 우리말의 변화법칙 작용을 받아 변음되었기 때문이다.

이러한 사실로부터 우리의 고대사를 해독하려면 한자의 음을 이루는 옛 우리말을 캐야만 한자로 옮겨놓은 우리의 사서를 옛 소리로 해독할 수 있다는 점을 깨달았다.

『삼국사기』나 『삼국유사』를 자세히 관찰하면 그들 속의 한문 문장은 두 가지로 풀어야 함을 느낄 수 있었다. 먼저 역사서의 서술문장은 중국식 문어체를 가지고 사실(史實)의 관계를 서술했다는 점이다.

또 하나의 사실은 사서 속의 누가 무엇을 어디서 성취했다는 표현

속의 여러 가지 명의(名義)·명사(名詞)는 우리 고유의 말소리를 표현하기 위해서 비슷한 음을 가진 중국글자를 골라 그 음으로 우리말을 옮겨 기록했다는 사실이다.

신라가 『원삼국사기』를 편찬하던 때도 구전으로 내려오던 것을 근사음자를 고른 후 우리말을 입혀 사서 속에 담아 재구성했다고 보아야 한다. 오늘날에 몇 편 남지 않은 신라의 향가가 그 대표적인 예로, 뜻과 음이 혼합된 글이지만 얼마나 풀기가 어려운가를 보아도 그 많은 사서 속의 옛 명의·명사는 음으로 풀어야할 뿐 아니라 체계적인 법칙적 원리로 말이 전개되고 있음을 알아야 한다.

다시 말해서 서술은 한문 문장으로 풀고 몇 안 되는 명의·명사인 우리 옛말은 '옛말'로서 풀어야 한다는 뜻이다. 그런데 오늘날의 고대사는 술어를 풀지도 못하고 그렇다고 정확히 읽지도 못하는 어정쩡한 수준에 머물러 있다. 그러다 보니 가르치는 사람이나 배우는 사람 모두가 지식으로서의 학문이 아닌 괴로운 대상으로 외면하는 결과를 낳고 있다. 따라서 지금과 같은 방법을 탈피해야 한다. 수많은 한학자들도 못 푸는 우리 고대사는 옛말을 찾아 그 말로 읽고 푸는 길밖에는 없다.

옛 말을 탐구하는 '고고어학적' 접근

박혁거세는 신라 최초의 왕으로 박(朴)은 성씨이고 혁거세(赫居世)는 이름이라고 암송하고 있지만 『삼국유사』에서 말하듯 '박혁거세=광명이세'라는 뜻은 어디에서 나오는지 느껴지지 않는다. 또 최초의 역사적 인물로 역사의 서장을 장식한 설화도 없다. 이렇게 읽어서는 체감이 나오지 않으니 그와는 달리 소리를 찾고 두드려보아야 한다고 생각하는 게 이 글의 요지이다.

박혁거세는 중국 음으로 '푸허쥐씨'이다. 그런데 『삼국유사』에서는 박혁거세가 아니라 불구내(弗矩內)로 기록하고 있다. 오늘의 논리라면 박혁거세의 성이 박씨이고 이름이 혁거세이므로 불구내는 성이 불(弗)씨이고 이름은 구내(矩內)란 말과 같은 논리가 된다. 이 모순된 상태로 어찌 역사를 푼다고 할 수 있겠는가.

이렇게 된 이유는 우리 고대사의 구성이 한자의 음을 빌어 옛 명의·명사를 사서에 남겨놓았다는 단순한 사실을 깨닫지 않고 한자에 '중독'돼 있다는 데 있다.

모양글자(象形文字)인 한자는 우리 겨레나 중국인이나 다같이 모양으로 내용을 판단하여 같은 상(像)을 머리에 그릴 수 있지만 우리말은 우리의 옛 소리에 가까운 자음을 빌려 썼기 때문에 옛 소리를 울리게 하여 그 소리를 들어야 상(像)을 그리고 판단할 수 있다는 게 필자의 주장이다.

오늘의 역사학계가 한자 모양에 따른 역사연구로 시종했지만 이제껏 고대사의 해독이나 해답을 얻지 못하는 이유도 바로 여기에 있다.

물론 고고학도 역사연구의 한 방법이기는 하다. 그러나 고고학은 유물을 분석·검토하는 간접적인 방법일 뿐이다. 직접적인 역사연구의 방법은 그 역사를 구성한 언어인 옛 우리말을 연구하여 그 말로 읽고 판단하는 것이 소리말인 소리로 직접 듣고 판단하는 방법이 된다.

옛 소리를 울리게 하여 옛말을 찾아야 한다. 옛 소리를 울리게 하여 옛말을 찾는 새로운 언어고고학적 역사연구로써 미궁에 빠진 우리 고대사를 해독할 수 있다. 이 옛말을 탐구하고 연구하는 학문을 필자는 '말의 고고학' '고고어학(考古語學)'이라 부르고자 한다. 이러한 방법으로 우리 고대사의 서장을 장식하는 말을 살펴보기로 하겠다.

박혁거세와 김알지는 역사 왜곡의 상징

사서에 나오는 박혁거세 또는 불구내라는 말은 『삼국유사』에서 "옛 신라말로 한문으로는 광명이세(光明理世)"라고 기록하고 있다는 점에 유의할 필요가 있다. 즉 박혁거세나 불구내는 한자음 광명이세를 발음하는 말의 변화단계 중의 하나이다. 그런데 그 음의 변화단계를 추적하면 박혁거세는 중국음 '바할쥐ㅅ' 이라는 음상(音像)이고, 불구내는 '발쥐ㄴ' 라는 음상으로 볼 수 있다. 그 음의 변화는 '바할쥣'→ '발쥔'→'밝쥔'으로 발전하였다.

그렇다면 '밝'은 한자로는 광명(光明)이고 이세(理世)는 '쥔'으로 보는데 '쥔'은 몽고어나 우리 옛말에는 신성(神聖)' 또는 '성(聖)' '빛나다(輝)' 등으로 쓰인다. 그밖에도 오늘의 언어감각과 같은 '잡는다' '쥔다'의 '쥐'로, 때로는 앞서의 두 말이 중복되는 '잡쥔다'로 쓰이고 있다. 사전에 의하면 '잡쥔다'는 명령하다, 제어하다, 다스리다 등을 뜻한다고 한다. 따라서 다스린다는 뜻의 '쥔'으로 보아 '밝쥔'의 '밝'은 광명이요, '쥔'은 다스리다이 다. 이로써 한문투의 광명이세가 풍기고 있음을 쉽게 알 수 있다.

결국 『삼국사기』 첫 장에서 말하는 박은 성씨이고 혁거세는 이름이라는 주장은 허구임이 드러난다. 다시 말해서 '밝쥔'이야말로 오늘날 박(朴)씨의 완전 성씨명임을 알 수 있다. 그러므로 오늘날 역사학계가 인정하는 상고사의 첫 장 첫 머리부터 허구임을 깨달을 수 있다.

이런 간단한 추적으로 고대사의 서장을 재발견하는 우리말의 고고학적 연구는 새로운 역사탐구의 방도가 되는 힘을 가지는 것이다.

결과적으로 지금까지 역사가 그릇되고 왜곡되게 알려지고 있었음을 알게 됐을 것이다. 그러나 역사 자체가 왜곡됐던 것은 아니다. 사실 우리 조상은 옳게 기록했던 것을 신라시대 사기 편찬자들이 신라역사를 재가공할 목적으로 성은 박이요 이름은 혁거세라고 왜곡되게 만들었던 것이다.

김씨 성도 마찬가지이다. 김씨의 조상 김알지는 김이 성이고 이름은 알지로 만들어놓았다. 그런데 김씨는 원래 아영리정(娥英利井) 또는 아영정(娥英井)으로, 그 표현을 압축시켜 '알쥔'으로 표기하고 기록하던 데다가 또다시 '김' 자를 첨가하였으니 결국 김김씨가 되는 셈이다. '아알쥐할'→'아알쥐알'→'알쥔'이라는 우리말 음의 한자 차자 아영리정(娥英利井)에서 알지(閼智)를 빌어 기록한 것이다.

'알쥔'에서 '알'은 정수(精粹)를 뜻하기도 하고 다른 한편으로는 우리가 잘 아는 알(卵)을 뜻하기 때문에 금속의 정수인 황금을 말하고 있다. 황금은 빛나는 금속 중의 정수로서 '빛나는 다스림' '황금이세' '광휘이세(光輝理世)'라는 뜻이 될 것이다. 그 '알쥔'이 우리말에서는 자취를 감추었으나 우리 주변 민족들은 근세까지도 이 말을 써왔다.

금사(金史)에서 금나라 말로 황금을 '알쥐할 : 알다할'의 대칭어로 기록에 남기고 있고, 그들보다 늦은 청(淸)은 황제의 성씨가 애친(愛親)인데 애친은 '알쥔'으로 읽는다. 또 이 말은 황제만의 성씨로 칭하고 그 일족은 우리와 마찬가지로 김씨라는 성을 쓰고 있다.

몽고도 '알쥔 : 알달'이라는 대칭말 중의 '알달'을 오늘날까지 황금이란 뜻으로 쓰고 있는데 그 예로 중국과의 경계에 있는 '알타이' 산맥을 중국식으로는 금산산맥(金山山脈)으로 표현하는 점은 옛날부터 몽고어족이 금(金)을 '알쥔: 알달'의 대칭어로 썼음을 알 수 있게 해준다. 사정이 이런데도 오늘날 김씨는 조상의 성이 김씨요, 이름은 알지라고 허황되게 알고 있다.

우리 상고사는 첫 장에서부터 이처럼 그릇되게 재구성되었고 우리의 말들도 왜곡시켜 판독이 안 되는 역사로 남아있다.

산 이름, 강 이름 통해 본 상고사의 실상

옛말을 캐기 위해서는 중간단계인 근세말을 살피지 않을 수 없다. 대표적인 근세말 잔영들로는 우리 주변의 수많은 산 이름, 강 이름 등이 있다.

오늘날 우리가 부르는 산 이름, 강 이름은 온갖 신비한 설화나 추측을 간직하고 있으면서도 지금까지 뜻도 모른 채 그냥 부르고만 있다. 그러나 지금 우리가 부르는 이름들은 '사실음'과 다르다. 대부분 한자음으로만 읽힐 뿐 우리 말소리로 읽지 못하고 있다.

서울의 옛이름 한성(漢城)은 '한청'으로, 신한(臣韓)은 '청한'으로, 계룡산(雞龍山)은 '쥐런산'으로 읽어야 한다. 그러한 소리를 잊은 나머지 궁색하게 계룡산은 '닭용의 산'으로 해독하고 있는데 이는 잘못된 것이다.

지이산(智異山)은 사실 지리산(地理山)으로 읽고 있지만 '쥘아알'의 'ㄹ'이 뒤로 처져서 '쥐라알'로 읽어야 하고, 그 대칭음인 '달아알: 다라알' 소리로도 읽고 말해야 한다. '달아알'의 구개음화(口蓋音化) 소리가 '쥘아알'로 변하기 때문이다.

소리로도 천왕봉(天王峰), 두류산(頭流山)을 지리산이 함께 간직하고 있는 것은 '달아알'→'다라알'이 '뎌라알'→'져라알'→'쥐라알'로 변하기 때문이다.

우리가 자주 드나드는 다방(茶房)의 '다'자는 '차'로도 쓴다. 하나는 'ㅊ' 음이고 하나는 'ㄷ' 음으로 이것이 '잘'과 '달'의 구개음화현상을 설명해 줄 수 있는 전형적 표현이다. 또 '천안(天安)'의 중국음은 '덴안'인데 우리는 천안으로 불러 지리산(地理山)과 천왕봉(天王峰)이란 대칭음을 조상들은 그대로 기록에 남기고 있는 현상과 같은 법칙을 보여준다. 불교사찰의 '절'과 일본말 '데라'는 살아있는 구개음현상이기 때문에 고대에는 천안(天安)의 'ㅊ' 음을 찾을 게 아니라 '달아알' 음의 'ㄷ' 음을 기록에서 찾아야 오늘의 천안을 찾는다.

이처럼 고고학적 연구방법은 오랜 시공의 간격을 메우는 분석과 비교를 거쳐야 오늘의 말과 접속·접근시킬 수 있다. 오늘날의 말로 역사의 시발점에서의 말을 자로 재거나 소리로 견주기가 지극히 어려운 것은 현재 수많은 역사학자들이 지금까지 고대사를 해독하지 못하는 데서도 잘 나타난다. 글자를 소리로 읽고 풀지 않기 때문이다.

우리들 주변에는 수락산(水落山), 수라산(水羅山), 수라산(秀羅山) 등 '수라알' 산들이 있는가 하면 수왕산(水王山), 설악산(雪岳山), 송악산(松岳山) 등 '술아알' 산도 있다. 이것들은 모두 같은 말인데 'ㄹ'이 뒤로 처지고 안 처지고의 차이이다.

지금은 무슨 뜻인지도 모를 수락산은 원래 '술아알'이 '수라알'로 변한 말로 '수리'와 '하얀'이 결합된 '큰수리' '한수리' 산인데 '한수리'는 자리를 바꾸어 '술한' 산이 된 것이다. 이 '수라알'을 일본인들은 '소라'라고 부르는데 하늘을 뜻하는 말이다.

이런 말은 고대 왕명에도 인용되었다. 고구려 소수림왕(小獸林王)은 한문 뜻대로 '작은 짐승의 숲왕'이 아니라, 서수라알' 왕이다. 즉 '한수리에 선 왕'이란 뜻인데 '선' '술' '하알' 세 말이 결합된 명사이다. 위인의 이름에 부합되고 왕의 시호(諡號)다운 말이다.

이러한 방법으로 우리말을 한자에서 되울려 나오게 하고, 그 말들의 구성이나 결합한 실례들을 연구하여 반대로 풀어헤치면 음성어의 결합을 뜻으로 얻을 수 있게 될 것이다. 역사 위에 씌워놓은 잘못된 굴레도 벗길 수 있다. 따라서 시간적 계기성을 고찰하면서 말의 고금(古今) 변화의 선후를 가릴 줄 알면 역사의 가공도 규명해 밝힐 수 있다.

신라가 재각색한 『삼국사기』의 왜곡을 바로잡는 방법

현재 역사학계에서 신라가 재각색한 『삼국사기』가 잘못되어 있다는 데는 이론이 없는 것 같다. 그러나 그것을 판독하고 찾는 데까지는 미치지 못하고 있다.

고구려의 유리명왕(琉璃明王)은 유류왕(儒留王)이라고도 부르는데 중국자음으로는 '룰루아알'→'율루라알 : 술루라알' 대등관계이고, 신라의 3대 왕인 유리왕(儒理王)은 누례왕(弩禮王·奈老王)이라고도 부르는데 중국음은 '눌루아알'→'율루아알 : 술루아알' 대등관계의 음이다. 신라의 내물왕(奈勿王)은 내밀왕(乃密王)이라고도 부르는데 '눌우아알 : 눌말아알' 대칭음상(對稱音像)의 음자(音字)로 보고 이 말은 '룰우아알'→'루루아

알 : 룰말아알' 대칭이 '룰'→'눌'→'율'로 변하는 두음법칙 현상이다. 동시에 '룰 : 술' 대등 대칭을 가지고 있다.

이렇게 살아있는 음으로 읽으면 고구려의 '룰루말알'→'눌루말알 : 눌루라알' 왕은 중국자음으로 남려왕(南閭王)의 어순이 나타나던 시대로 볼 수 있다. 또한 중국사서에 남려왕(南閭王)은 압록강변의 예왕(예맥조선) 이란 단서가 명기되고 있는데 예맥조선은 한때 고조선에 속했던 사실로 미루어 고구려 2대왕(유리왕)에 비견할 수 있다.

그렇다면 남려왕은 사기에서 기술한 시대보다 한 세기나 앞선 서기전 108년에 생존했고 그의 아버지인 동명성왕은 기원전 2세기 중반에 실재했다는 말이 된다. 이것은 사기의 기록보다 한 세기를 끌어올려야 사실상의 사실(史實)과 부합되는데, 이처럼 말로 풀어서 서투른 역사의 조작을 밝혀낼 수 있다.

이렇게 바로잡아야 광개토왕(廣開土王)의 능비에 기술된 대로 광개토왕은 동명성왕의 17세손이 된다. 또한 신라가 역사에서 지운 고구려의 4대왕 대해주류왕(大解朱留王)은 복원될 수 있다. 그렇지 않고는 광개토왕은 동명성왕의 12세손인 상태이다. 이처럼 3세대를 형제로 조작시켜 얼버무린 역사가 오늘 우리가 배우는 고구려 역사의 실상이다.

신라에 대해서도 왕의 세계를 조작했음을 발견할 수 있다. 유리왕은 '누루아알'→'유루알 : 수루아알' 대칭음으로 변한 소리다. 이 말의 변화는 고구려에 비해 2백 년 이상 뒤진다. 따라서 신라는 기원 후 2세기경에 성립되었다고 보아야 한다.

이처럼 옛말을 추적하여 변화의 흐름으로 신라가 고구려보다 2세기 이상 뒤늦게 성립됐음을 알 수 있다. 그런데도 신라는 고조선의 정통성을 계승했다는 명분을 얻기 위해 자신의 역사를 실제보다 2세기 이상을 끌어올렸고, 거기에는 왕이 아닌 인물을 왕으로 각색하고 고구려를 마구잡이로 끌어내리는 등의 수법이 동원되었다.

우리의 관찬사(官撰史)는 이렇게 신라가 외세를 빌어서 백제 고구려를 차례로 멸망시키고 조상의 터전의 오분의 일도 못 되는 대동강 이남의 왜소한 땅 왜소한 겨레로 만든 후 뒤바꾸고 구겨놓은 역사이다. 뿐만 아니라 겨레의 시원사를 말살하고 뿌리 없는 겨레로 만들어놓은 훼손된 역사이다. 그렇기 때문에 지워진 시원사를 살려야 하고 잃어버린 역사를 찾아야 한다.

중국의 『삼국지』 「위지 동이전」의 한전에 의하면 마한의 55개국, 변한의 12개국, 진한의 12개국의 나라이름들이 명기되어 있다. 그밖의 사료를 찾으면 임나한 12개국이 낙동강 우안 일대에 있고, 임진강 이남지역에는 백여 개의 나라이름이 있음을 알아낼 수 있다.

이러한 나라를 필자는 '고을나라'로 부르기로 하면서 그 중의 한 나라인 '해샐라알'을 추적해보기로 하겠다. 우리 옛말에 동(東)이란 말이 있었겠으나 기록에는 안 나타나므로 뱃사람 용어인 동풍, 즉 '샛바람'의 '새'에 주목해 보았다. 근세에 여진인들이 쓴 해삼위(海參衛)를 러시아인들은 '우라디보스톡'으로 개칭했다. 그 말의 뜻은 '동방' '초소'로, '보스톡'이 동(東)이고 '우라디'는 초소이다. 이로 보아 '해새웨'는 한자의 '동', 러시아어의 '보스톡'이기 때문에 우리의 옛말로는 '해새웨'로 보고자 한다. 일본의 '동'은 '히가시'로 아마 '해가새'가 그대로 일본 말의 동이 되었다고 본다.

그러한 동방의 나라라는 고을나라를 필자는 오늘날의 강원도 강릉의 옛 기록인 하슬라(何瑟羅)로 보고 있다. 하슬라는 중국음으로 '해셀라알'로

부를 수 있다.

결국 '해샐라알'은 오늘의 강릉이고 강릉이란 한자음은 옛말의 하나로 '잘라알 : 갈라알' 음으로서 그 옛날의 명의를 풍기고 있으나 우리가 마치 외국의 명의처럼 못 보고 못 읽는 상황이기 때문에 오늘날 강릉의 뜻을 모르는 부자연성을 연출하고 있다.

지면이 짧아 한 예만 들었지만 필자는 임진강 이남 백여 개의 나라를 찾아 새 지도를 그려 잃어버린 시원사를 정리하는 것이 이제는 꿈이 아닌 현실임을 강조하고자 한다.

묻혀버린 '고을나라' 발굴 방법

고대사에는 왕이나 영웅들의 이름이 등장하는 것이 보통인데 영웅에 해당하는 우리의 옛말이 없어졌다. 부득이 몽고말의 영웅을 빌어서 살펴보기로 하겠다.

몽고인의 영웅은 성길사왕(成吉思王)이다. 이 이름을 중국음으로는 '청지쓰'라 하고 영국인은 징기스(Jinghis)라고 기록하고 있다. 이는 '쥔쥐술 : 쥔커술'로 볼 수 있는데, 우리의 백제의 왕명 중에 근구수왕(近九首王)은 중국음으로 '쥔쥐술'이고 이는 몽고의 '쥔쥐술'과도 일치한다. '쥔'은 한문 뜻으로 '성' '신성'을 말하고 '쥐슬'은 '쥐'와 '술'의 결합이다. 다시 말하면 '수리'를 '쥐'는 말의 모습이니 한문 뜻으로는 위대함에 견줄 수 있겠는데 중국인은 '쥔쥐순·쥔커술'을 신성영무왕(神聖英武王)으로 표현하고 있다.

또한 근구수왕은 생전의 이름이 구수왕(仇首王)과 귀수왕(貴須王)인데 중국음으로는 '쥔쥐술 : 쥔커술'이다가 사후에 앞 말 '쥔' 곧 신성을 부가한 시호로 볼 수 있다.

우리의 삼국의 왕들은 이러한 이름으로 다시 불러야 몽고어족인 우리의 옛말이 풍기게 될 것이다.

말로써 시원사를 찾는 가장 빠른 길은 먼저 고대의 언어적 실상을 재현하고 우리가 바로 바라보는 일이다. 고대에는 큰 나라든 작은 나라든 수도 서울을 가지고 있었다. 그것들을 찾아보기 위해 우리 고대사에서 뜻을 모르는 말부터 차례로 살펴보겠다.

옛 역사에는 조선(朝鮮), 가섭원(加葉原), 가야(加邪)가 많은데 조선(朝鮮)도 아사달(阿斯達)조선, 진번(眞番)조선, 예맥(穢貊)조선 등 여러 개 있고, 가야도 금관가야(金官加邪), 고령(古寧)가야, 함안(咸安)가야, 성산(星山)가야 등 여럿이 있다. 이처럼 조선이나 가야는 어느 나라든 공통적으로 불렸던 공통명사라는 인상이 짙은데 이 한자음을 중국음으로 옮기면 조선도 '잡서원', 가야도 '잡서원', 가섭원(加葉原)도 '잡서원' 음을 가지고 있다. 남방의 여러 고을의 가야, 즉 '잡서원'이나 북방의 여러 고을의 조선, 즉 '잡서원'은 '잡고 서는 곳'이라는 인상이 풍겨온다. 진번군(眞番郡)의 수현(首縣)은 잡현으로 옛적에는 조선(朝鮮) 즉 '잡서원'이요. 군(郡)시대에는 잡현이다.

그런데 이 둘 다 중국음으로는 '잡서원'일 뿐 아니라 진번(眞番)도 '쥔바알' 또는 '잡바알' 중에서 '쥔바알'을 쓴 것이다.

예맥조선도 고구려를 말하고, 고구려 수도는 졸본(卒本)인데 졸본은 중국음으로 '잡바알'이다.

한자로 '잡바알-잡부리'를 이 이상 표현하기는 지금도 어렵다. 진번에서는 '잡서원'과 '쥔바알'을, 고구려에서는 '잡서원'과 '잡바알'을 같이 썼다. 남쪽나라 금관가야에서도 가야(加邪) 즉 '잡서원'과 구지봉(龜旨峰)의 중국음인 '쥔바알' 또는 주포(朱浦)의 중국음인 '잡바알' 등 세 가지로 나라의 존재를 나타냈다.

그뿐만이 아니라 중부 지방인 서울 부근의 가평(加平·嘉平)은 중국음 '잡바알'이면서 가평의 일명 근평(斤平)이 중국음 '쥔바알'을 겸용하고 있기도 하다. 이러한 말들은 일본의 대외명칭이 되다시피 하고 있는 재팬(Japan) 즉 '잡바알'이나 지팡(Jipang. 마르코폴로 기록) 즉 '쥔바알'이 우리나라에서 보편적으로 쓰이고 있는 수도를 나타내는 말임을 입증시켜 준다.

수도를 나타내는 말에는 오늘의 서울도 있는데 원래는 '술선'이 어순을 바꾸어 '선술'이 되고 '서술→서울'로 뒷말의 'ㅅ'이 탈락하여 '서울'이 되었다. 또 '수리'와 '부리'는 대등어이고 서수리와 서발도 대등어. 이밖에도 '쥔서원'이라는 한자음으로 수도를 나타내려고 죽산(竹山), 천산(千山), 진산(珍山), 금산(錦山), 금성(錦城), 직산(稷山) 등을 썼다.

결과적으로 여러 고을나라들이 좁은 영역이지만 나라를 세우고 다스리던 곳, 그곳이 바로 '잡서원 : 쥔서원'과 '잡바알 : 쥔바알' '서바알 : 서우알'→ '서울' 등으로 남았다. 그러나 오늘날은 이러한 우리의 전통말들 가운데 신라가 쓰던 말인 서바알(徐伐·서라벌)과 서울만이 살아있다.

역사상에 앞에서 말한 '서울'과 대등한 여섯 가지 말로 옛 지명을 찾아 올라가면 그곳에 고을나라가 있었다는 논리가 성립될 것이다. 다만 오늘처럼 한자가 변음된 것은 우리말의 법칙적인 변화의 소산일 뿐 그 규칙을 연구하여 적용한다면 변음의 원리도 쉽게 도출해낼 수 있다. 가령 'ㅈ'과

'ㄱ'의 대칭현상은 지금도 우리의 말의 습관 가운데 발견할 수 있는데 길(道)이 '질'로 김(海苔)이 '짐'으로 길마(鞍)가 '질마'로 사투리로나마 명맥을 유지하고 있는 경우이다.

이런 대칭현상은 가평이 중국음 '잡바알'인데 '커바알'로 읽는 것과 같은 이치이다.

'고고어학적 방법론'으로 고대사를 다시 풀자

우리는 통일신라가 정치적 의도에서 겨레의 고대사를 재각색하였기 때문에 사실의 진상을 밝혀 역사를 올바르게 정립해야 한다. 삼국시대 이전에 백수십 개의 고을나라가 있었던 시원사를 찾고 명색뿐인 삼국통일이 어떻게 이루어져 어떤 역사왜곡을 거친 끝에 이렇게 왜소한 겨레의 역사로 전락했는지를 후손들에게 가르쳐주어야 한다.

필자는 연구 결과 우리 땅에서는 네 개의 '한'을 포함한 백수십 개의 고을나라를 거쳐 마침내 삼국이 형성되고 변화된 사실을 새롭게 재조명할 수 있었다. 그 작업을 하면서 얻어낸 결론이 말의 고고학, 즉 고고어학적 방법으로, 이 연구방법이 아니고는 음성어로 된 옛날 기록이나 근세에 한자로 기록해놓은 우리 주변의 산명·강명을 옳게 읽어내지 못한다는 점이었다.

따라서 옛말을 통하여 우리 조상들이 어떤 정치·경제·사회적인 살림과 인간관계를 맺고 꾸려나갔는지를 살펴야지 오늘과 같이 남의 이론, 남의 방법에 매달려 고대사연구가 침체와 정체의 늪에서 벗어나지 못하는 현상은 주체성의 견지에서도 부끄러운 일인 줄로 안다.

전문지가 아닌 시사종합지에 취지만을 설명한 탓으로 지면의 제약과 한글로만 쓰는 어려움이 커서 매우 엉성하고 피상적인 글이 되지 않았나 한다. 그렇지만 부족한 대로 필자가 주장하는 고대사 연구의 결정적 길인 '고고어학적 방법론'의 윤곽이나마 전달되어 장막에 가려진 고대사 분야의 연구에 빛의 역할을 한다면 더할 나위 없겠다.

그리하여 관념적 역사를 털고 우리의 역사기록을 있는 그대로 읽어 잃어버린 고대사, 뒤바꿔놓은 고대사를 바로 세우기를 간절히 원한다.

글이 서툴고 표현이 껄끄러운 곳이 많은데 양해를 구하며 여기에 실은 취지문의 본 내용은 다른 기회에 발표할 것을 약속드린다.

말 · 1991년 9월호

| 후기 |

비전향장기수 김중종은 2000년 9월 2일 북으로 송환된 뒤 '조국통일상'을 받았으며, 2003년에는 언어학 박사학위를 받았다. 그의 나이 78세였다.

박사논문은 한자이름으로 된 조선의 인명과 지명, 관직명 등을 '조선말'로 표기하는 방안을 연구한 것으로 제목은 「역사의 이끼를 벗겨 본 옛 우리 이름말」이다.

저서로 『옛말로 풀어 읽은 우리이름, 우리문화』(2000)가 있다. (편집부)

단군신화와 고조선 논쟁

민족주체성 확립을 위해선 고대사에 대한 올바른 이해는 필수적이다.
이런 의미에서 단군의 실재 여부, 고조선의 영역, 위만조선과 한사군의 위치와
관련해 단국대학교 중앙박물관 관장인 윤내현 교수의 글을 소개한다.

윤내현 · 단국대 교수 · 사학과

고대사를 둘러싼 몇 가지 쟁점들

근래에 한국고대사에 관한 논쟁이 활발해지면서 이에 대한 국민의 관심도 높아졌다. 그런데 그간 발표된 한국고대사에 관한 저술이나 글들을 보면 가히 고대사의 춘추전국시대라고 할 만하다. 먼저 그간 쟁점으로 부각되었던 문제들 가운데 중요한 것들을 살펴보면 △단군신화는 단순한 허구인가 아니면 역사적 사실을 말하고 있는가 △고조선의 강역은 어디까지였는가 △고조선의 사회수준과 문화수준은 어느 정도였는가 △위만조선과 한사군의 위치는 어디였는가와 같은 것들이다.

이러한 문제들은 역사에서 사실에 해당하는 것들이다. 역사의 연구나 인식은 먼저 사실을 확인하고 다음에 그것에 대한 해석이 따라야 하는 것이다. 사실을 바르게 알지 못하면서 그에 대한 해석을 옳게 할 수는 없는 것이다. 그런데 해석부분은 학자에 따라 자신의 가치관이나 역사관에 의하여 달라질 수 있지만 사실 자체는 그럴 수가 없는 것이다. 있었던 그대로를 복원해야만 하는 것이다. 예컨대 학자들의 가치관이나 역사관이 다르다고 해서 고조선의 강역을 좁거나 넓게 마음대로 말할 수 있는 것이 아니다. 그럴 수도 없고 그래서는 안 되는 것이다. 만일 사실을 있었던 그대로 복원하지 않았을 경우 사실 그 자체만 잘못되는 것이 아니라 그 사실과 연관된 역사해석까지도 잘못될 수밖에 없게 되는 것이다.

그런데 한국고대사에서는 기본적인 문제들이 학자에 따라 다르게 말해지고 있는데 그것은 어떤 이유 때문일까? 역사연구는 전공분야나 시대에 따라 그 나름의 학문적 소양과 연구방법을 필요로 한다. 그러나 이러한 것들은 급속도로 발전하기 때문에 전공자도 미처 소화하기 힘든 것이 오늘날 국제학계의 추세이다. 그럼에도 불구하고 한국고대사에 대해서 연구할 만한 충분한 능력을 갖추지 못한 사람들까지 학자라는 이름을 빌어 한마디씩 하고 있으니 혼란할 수밖에 없는 것이다. 동일한 사실이 다르게 말해지고 있다는 것은 그 연구가 아직도 초보단계를 벗어나지 못하고 있음을 말해주는 것이기도 하고 연구방법이 대부분 잘못되었을 가능성도 말해주고 있는 것이다.

단군신화는 역사적 사실인가 허구인가

이제 그간 쟁점이 되었던 문제들을 하나하나 검토해보기로 하겠다.

첫째, 단군신화는 허구인가, 역사적 사실인가?

단군신화에는 하느님인 환인이 등장하고, 그의 아들인 환웅이 땅에 내려와 곰이 변신한 곰녀와 결혼하여 단군왕검을 낳은 것으로 되어 있다. 종교적 신앙이 없는 사람이라면 하느님을 인정할 수 없고, 하느님의 아들이 땅에 내려왔다든가 곰이 사람으로 변했다는 등의 내용도 사실로 받아들일 수 없을 것이다. 따라서 단군신화의 내용은 허무맹랑한 거짓말처럼 보인다. 그런데 단군신화가 실린 『삼국유사』와 『제왕운기』라는 책은 고려시대에 몽고침략을 받은 후에 쓴 것들이다. 이 점에 착안한 일본학자들은 몽고의 침략을 받은 고려 사람들이 민족을 뭉치게 하는 구심점을 만들기 위하여 단군신화를 꾸며냈을 것이라고 주장하였다. 단군신화의 내용을 사실로 받아들이기를 주저하는 사람들은 지금도 이러한 일본인들의 주장을 그럴듯한 생각이라고 믿고 있다.

이에 대해서 단군신화를 사실로 인정해야 한다고 생각하는 사람들은 신화라는 용어가 그 내용이 사실이 아니라는 오해를 낳게 하였다고 믿고 단군신화라는 명칭에 신화라는 용어를 사용해서는 안 된다고 주장하고 있다.

그러나 위 두 주장은 모두 옳지 않다. 고대신화의 내용을 표현 그대로 받아들여서도 안 되며, 신화라는 말을 사실이 아니라는 뜻으로 받아들여서도 안 된다. 고대신화는 사람들의 이야기가 신들의 이야기로 표현되어 있는 것이다. 다시 말하면 신화는 역사적 사실이 종교적으로 표현된 것이다. 따라서 신화는 고대의 역사적 사실과 고대인들의 종교를 함께 전해주고 있는 것이다.

고대인들은 자연은 물론 동물까지도 영이 있다고 믿고 그것들을 숭배하였다. 그리고 각 씨족이나 마을은 그들의 수호신을 가지고 있었다. 자신들의 운명은 수호신의 능력에 달려 있다고 믿었다. 그래서 그들은 세상에서 일어난 일들을 수호신들의 이야기로 표현하였다. 이러한 이야기가 짧게 압축되어 남아 있는 것이 신화인 것이다.

따라서 단군신화에 하느님 환인이 등장하는 것은 아주 먼 옛날 하느님을 수호신으로 숭배한 씨족이 있었다는 뜻이며, 그 후손인 환웅이 곰을 수호신으로 받드는 씨족마을의 족장 딸과 결혼했다는 것을 말해주는 것이다. 그리고 곰은 사람이 되었으나 호랑이는 사람이 되지 못했다는 내용은, 호랑이를 수호신으로 받들었던 씨족은 곰을 숭배했던 씨족보다 사회 신분이 낮았음을 뜻하는 것이다. 단군신화의 내용에 나타난 이러한 사회는 인류학자들의 최근 이론에 따르면 국가가 출현하기 이전 단계의 사회이다. 단군신화에 의하면 이후에 단군왕검이 성장하여 고조선이라는 나라를 세우게 되므로 단군신화의 내용은 인류학자들의 이론과 일치하는 것이다.

그런데 여기서 다음과 같은 의문이 제기된다. 고려시대에는 인류학이 존재하지도 않는데 어떻게 고대사회에 대한 최근의 인류학 연구결과와 일치하는 단군신화의 내용을 당시에 꾸밀 수 있었겠는가? 이것은 단군신화는 거짓이 아니며 후대에 꾸며서 만들어진 것도 아니라는 사실을 말해주고 있는 것이다.

단군은 천자처럼 실존했던 역사적 인물들

둘째, 단군은 실존했던 인물인가?

하느님의 아들인 환웅과 곰이 변신한 여자 사이에서 단군왕검이 태어났다는 것부터가 있을 수 없는 일이고, 『삼국유사』에 의하면 단군이 고조선을 1천9백8년간 다스렸다고 하는데 이것도 믿을 수 없는 일이라고 생각하는 사람들이 있다. 이러한 점들에 근거하여 지난날 일본 학자들은 단군이나 고조선은 존재하지도 않았다고 주장하였는데 그 영향이 지금까지 깊게 뿌리내려 있는 것이다.

환웅과 곰녀에 대해서는 앞에서 이미 밝혔으므로 더이상 설명하지 않겠다. 그러나 단군이 과연 그렇게 오랫동안 고조선을 통치할 수 있었겠는가에 대해서는 해명이 필요할 것이다. 먼저 필자는 이 점에 대해 의문을 품고 있는 사람들에게 중국에서 천자가 1천9백8년을 통치했다고 하면 어떻게 생각하겠는가라고 질문을 하겠다. 아마도 그것은 가능하다고 대답할 것이다. 왜냐하면 천자는 통치자에 대한 칭호이며 한 사람이 아니기 때문이다. 그렇다면 왜 단군에 대해서는 그렇게 생각하지 않는가? 우리는 여기서 한국고대사에 대해서 매우 잘못된 사대주의적 선입관이 작용하고 있음을 알 수 있다.

단군은 중국의 천자와 같은 고조선의 통치자에 대한 칭호였다. 따라서 실제로는 수십 명이 있었던 것이다. 그리고 고조선을 건국한 단군은 그 가운데 한 사람인 단군왕검이었던 것이다. 47명의 단군 이름을 전하는 『규원사화』나 『단기고사』 같은 책도 있다. 그러나 이 책들은 너무 후대에 씌어졌기 때문에 단군의 숫자나 이름들이 정확한지는 알 수가 없다. 그렇다고 달리 단군의 이름들을 확인할 방법도 없다.

따라서 단군들은 실존했던 인물들이었으며, 수십 명은 되었을 것이라는 결론에 도달할 수 있다. 그러나 그들의 이름이나 생존연대는 확인할 길이 없다. 『규원사화』와 『단기고사』에 나오는 47명의 단군 명칭을 인정할 것인지의 여부는 학자 개개인의 주관적 판단에 맡길 수밖에 없다. 그것이 맞는지 그렇지 않은지를 현재로서는 아무도 밝힐 수 없기 때문이다.

고조선의 강역은 북경 근처와 만주, 한반도 포괄

셋째, 고조선의 강역은 어디까지였는가?

이 문제는 그간 가장 논쟁이 많았고 복잡한 부분이다. 그런데 고대사에서 강역은 그 연구의 기초가 되는 것이므로 분명하게 확인할 필요가 있다. 강역이 밝혀져야만 그 연구에 이용될 자료의 지리적 범위를 결정할 수 있게 된다. 예컨대 고조선의 강역이 한반도에 국한되어 있었다면 한반도에 관한 기록과 그 지역 내에서 발견된 유적이나 유물만을 고조선의 연구 자료로 이용해야 하고, 만주까지였다면 자료 이용도 만주까지 확장되어야 하는 것이다. 여기서는 지면관계로 자료 이용의 원칙과 고조선의 강역에 대해서 개략적인 부분만을 소개하겠다.

자료이용에서는 다음과 같은 원칙이 지켜져야 한다. 문헌의 기록은 고조선 당시의 것을 가장 기본적인 것으로 삼아야 한다. 그 후의 것 가운데서는 고조선시대와 가까운 시기에 기록된 것을 우선적인 것으로 삼아야 한다.

동일한 시기의 기록에, 동일한 문제에 대해서 서로 다른 내용이 있을 경우에는 그중 하나는 잘못된 것으로 취급하기보다는 서로 다른 내용을 모두 충족시키는 상황은 없었겠는지 생각해 보아야 한다. 그리고 종교 또는 다른 목적으로 윤색되었을 가능성이 있는 책의 기록은 피하고 객관성이 있는 기록을 택해야 한다. 고고학 자료를 활용할 때는 국제학계에서 택하고 있는 과학적인 방법을 충분히 소화하고 이용해야 한다. 문헌이나 고고학의 새로운 자료들이 계속해서 나타나므로 지난날의 연구결과에 집착해서는 안 된다.

그간 고조선의 강역에 대해서는 여러 견해가 제출되었다. 고조선과 중국의 국경에 대해서도 청천강·압록강·요하·난하, 심지어는 중국 동부 대부분을 차지하고 있었을 것이라는 등의 견해가 제출되었고 이러한 견해들을 절충하려는 시도도 있었다. 그런데 위의 견해들 가운데 대부분은 지난날 문헌이나 고고학 자료가 충분하게 발굴되지 않은 상황에서 제출된 다분히 상상적인 것이었다. 그 가운데는 종교적으로 너무 윤색된 것도 있었다. 그리고 지난날의 사실을 확인할 때 불확실한 견해들을 가지고 절충한다는 것도 옳은 연구방법이 아닌 것이다.

따라서 앞에서 말한 원칙을 토대로 하여 고조선의 영토를 확인해볼 필요가 있다. 그런데 고조선에 관한 국내 기록은 너무 후대에 쓰인 것이고 내용도 충분하지 못하다. 따라서 중국문헌을 참고할 수밖에 없다. 고조선 시대에 해당하는 중국의 역사책으로는 사마천의 『사기』가 있다. 사마천은 고조선 말기에 해당하는 서한(전한)시대에 살았던 사람이므로 그의 기록은 신빙성이 있다.

사마천은 『사기』「진시황본기」에서 중국의 진제국은 요동에서 고조선과 국경을 접하고 있었는데 요동은 갈석산 지역이라고 기록해놓았다.

갈석산은 지금의 북경 근처 난하 유역에 있는 산이다. 다시 말하면 옛날의 요동은 지금의 요동과는 달리 북경 근처 난하 유역이며 그곳이 고조선의 서쪽 국경이었다는 것이다. 고조선시대와 그 직후에 해당하는 중국의 전국시대로부터 한 시대에 이르기까지의 책인 『관자』『여씨춘추』『회남자』『염철론』『한서』 등의 고조선과 관계된 기록은 『사기』의 내용을 뒷받침해주고 있다.

그간 고조선의 남쪽 국경에 대해서는 청천강·대동강·예성강 등의 견해가 있었는데 그것은 고조선의 청동기인 비파형 동검이 과거에는 그 이북지역에서만 출토되었기 때문이다. 고조선은 청동기시대였는데 청동기시대에는 청동기가 지배계층의 독점물이었다. 따라서 같은 청동기유물이 출토된 지역은 동일한 통치지역이라는 것이 국제학계의 일반적 견해이다. 그러므로 위 견해들은 지난날 그런대로 설득력을 지니고 있었다. 그러나 근래에 고고학적 발굴이 계속되면서 상황은 달라졌다. 비파형동검이 전라남도와 경상남도의 해안으로부터 한반도 각 지역에서 출토되고 있기 때문이다. 그러므로 고조선의 강역을 한반도 남부해안까지로 보지 않을 수 없게 된 것이다.

지금까지 확인된 바와 같이 고조선의 강역은 북경 근처 난하를 서쪽 경계로 하여 만주와 한반도 전 지역이었던 것으로 나타난다. 이렇게 보면 강화도에 단군이 쌓았다는 참성단과 삼랑성 유적이 있는 것이라든가 『제왕운기』에 고조선의 강역은 만주와 한반도 전 지역이었으며, 고조선이 붕괴된 후 그 지역에 있었던 부여·비류·고구려·신라·남옥저·북옥저·예맥 등의 나라는 모두 고조선의 후계세력이었다고 기록된 것을 이해할 수 있게 된다.

고조선의 사회성격과 문화

넷째, 고조선의 사회수준과 문화수준은 어느 정도였는가? 고조선은 농업이 매우 발달해 있었다. 고조선시대의 유적에서는 벼·보리·조·기장·콩·팥·옥수수·수수·기장수수·피 등의 곡물과 더불어 추수용 농구가 많이 출토된다. 이것은 곡물재배가 일반화되고 매우 성행했음을 말해주는 것이다.

고조선은 중국과 매우 활발한 무역을 하였다. 고조선과 중국 사이에 무역이 있었음은 『관자』 등에 기록되어 있으며 유물로도 확인된다. 고조선의 유적에서는 중국 전국시대 연나라 화폐인 명도전이 매우 많이 출토된다. 어떤 유적에서는 5천여 점이 출토되었다. 이것은 고조선이 외화를 많이 보유하고 있었음을 알게 해주는 것이다.

고조선은 강한 나라였다. 흔히 고조선은 전국시대 연나라 진개의 침략을 받아 서부 2천 리의 땅을 빼앗겼다고 말한다. 그러나 그렇지 않았다. 연나라의 침략을 받은 것은 사실이지만 『염철론』의 기록에 의하면 고조선은 연나라의 침략을 물리치고 오히려 연나라로 쳐들어가 응징했다고 한다. 연나라는 춘추시대 이래 많은 실전경험을 가진 나라였는데 이를 응징했다고 하는 것은 고조선이 강한 나라였음을 알게 해주는 것이다.

고조선은 국가단계의 사회였기 때문에 이미 심한 계층분화가 이루어져 있었다. 이것은 고대국가들의 공통된 현상이었다. 단군을 정점으로 한 지배계층이 있었고 최하층민으로 노예가 있었다. 고조선시대의 무덤인 강상묘와 누상묘에서는 수십 명의 순장된 노예가 확인되었다. 그러나 중국에 비하면 지배계층은 검소한 생활을 했고, 큰 궁궐이나 큰 사원을 짓지도 않았으며, 큰 능묘도 만들지 않았다고 『맹자』「고자」 편에 기록되어 있다.

『후한서』나 『삼국지』의 「동이전」 기록에 의하면 한국의 고대사회에서
는 중요한 의식 때 온 나라사람들이 함께 음식을 먹고 술 마시며 노래와
춤을 즐겼다고 하므로 중국에 비하면 신분 차별이 덜했던 듯하다.

고조선은 문화수준도 높았다. 흔히 고대문화를 말할 때 거대한 조형물
을 기준으로 한다. 그러나 그러한 기준이 반드시 옳은 것은 아니다. 그러한
조형물은 대개 소수 지배층을 위한 착취의 결과인 것이며, 크다는 것이
반드시 높은 예술성이나 정교한 기술을 뜻하는 것도 아니기 때문이다.
고조선의 비파형동검이나 세형동검은 무기로서의 실용성과 조형적 예술
성이 잘 조화를 이룬 수준 높은 공예품이다. 고조선의 청동유물 가운데는
0.25mm의 가는 청동실로 짠 그물 모양의 장식품도 있다. 이러한 것들은
고조선의 금속공예가 높은 수준이었음을 알게 해주는 것이다.

고조선의 시가문학과 음악도 상당히 높은 수준이었다. 고조선의 한
서민의 아내 여옥이 지어 공후라는 현악기를 타며 노래했다는 '공무도하
가'('공후인'이라고 한다)가 지금까지 전해온다. 서민의 아내가 이 정도의
시가를 지었다면 당시에 시가문학도 상당히 높은 수준이었을 것임을
알 수 있다. 그리고 공후는 하프 모양의 현악기인데 이러한 악기를 서민의
아내가 가지고 있었다는 것은 그것이 상당히 널리 보급되었을 가능성을
말해주는 것이다. 근래에 함경북도 웅기군 굴포리 서포항 유적에서는
고조선시대에 해당하는 유물층에서 새다리뼈에 구멍을 뚫어 만든 피리가
출토되었는데 이러한 악기도 널리 보급되었던 듯하다.

위만조선과 한사군은 지금의 요서지역에 위치

다섯째. 위만조선과 한사군의 위치는 어디였는가?

위만조선과 한사군은 지금의 요서지역에 있었다. 그런데 그간 한국사학계에서는 위만조선과 한사군의 위치를 대동강유역을 중심으로 한 한반도 북부였던 것으로 믿어왔다. 그렇게 된 것은 기자라는 인물이 조선으로 망명했다는 『사기』 『상서대전』 등의 기록을 잘못 해석한 데서부터 기인되었다. 기자는 중국 상왕국의 왕족으로서 기국의 제후였는데 상왕국이 멸망하고 주왕국이 서자 조선으로 망명했었다.

조선지역에서 거주하던 기자 일족은 40여 세대 후손인 준왕 때에 서한 (전한)으로부터의 망명객인 위만 일당에게 정권을 빼앗겼다. 이렇게 건국된 위만조선은 후에 서한 무제에 의하여 멸망되고 그 지역에 서한의 행정구역인 낙랑·임둔·진번·현도의 4개 군이 설치되었다. 이것이 한사군이다.

기자는 주왕국을 건국한 무왕에게 정치의 대요인 홍범을 가르쳤다고도 하는 인물로 공자도 그를 어진 사람이라고 칭찬하였다. 그런데 조선시대 학자들은 공자도 칭찬한 기자가 조선을 통치했다면 조선은 문화국이 되는 것이라고 생각하고 그가 단군의 뒤를 이어 통치자가 되었던 것으로 고대사를 체계화하였다. 중국을 상국으로, 중국 황제를 지구 상의 유일한 천자로 받들면서 유교를 정치와 학문의 지도이념으로 삼고 있었던 조선시대 학자들의 발상이었던 것이다. 이렇게 되어 고조선의 뒤를 이어 기자조선과 위만조선, 한사군이 한반도에 위치해 있었던 것으로 체계화되었다.

그런데 광복 후 고대사를 정돈하면서 기자가 고조선으로 망명왔다는 것은 믿을 수 없다고 해서 이를 삭제하였으나 위만조선과 한사군은 그대로 남아 있게 되었던 것이다. 이것이 그간 통설로 되어 있는 한국고대사 체계이다.

그런데 이러한 문제는 근본적인 연구와 검증을 통해서 확정되어야 하는 것이다. 우선 문제로 제기되는 것은 『사기』나 『상서대전』에는 기자가 조선으로 간 것으로 되어 있을 뿐 기자가 간 조선지역이 고조선의 도읍이었다거나 그가 단군의 뒤를 이어 통치자가 되었다고는 기록되어 있지 않다는 점이다. 그리고 『한서』와 『진서』의 「지리지」에는 기자가 이주하여 살았던 곳은 북경 근처 난하 동부유역이었으며 그곳은 후에 한사군의 낙랑군 조선현이 되었다고 기록되어 있다. 『사기』 「조선열전」에 의하면 위만조선도 이곳에 위치해 있었다.

이를 종합해보면 기자는 고조선의 서부 변경인 지금의 요서지역에 망명 와 있었고, 그곳에서 그 후손인 준이 위만에게 정권을 빼앗겨 위만조선이 건국되었으며, 다시 위만조선이 멸망하고 그 지역에 한사군이 설치되었음을 알 수 있다.

따라서 기자국, 위만조선, 한사군의 위치는 지금의 요서지역이었고 그 교체는 고조선의 서부 변경에서 일어난 사건이었다. 위만조선의 건국으로 고조선이 멸망하지도 않았으며 위만조선과 한사군은 고조선의 서부에서 고조선과 병존해 있었던 것이다. 그 후 고조선 지역에서는 중앙권력이 약화되어 그 제후국이었던 부여·고구려·읍루·동옥저·동예·최씨 낙랑국·한(후에 백제·신라·가야로 나뉘어짐) 등이 독립함으로써 여러 나라 시대가 시작되었던 것이다.

민족주체성 확립은 고대사의 올바른 인식에서부터

한국고대사에 대한 바른 이해는 한국의 역사와 문화를 바르게 인식하는 기초와 출발점이 된다. 고대사에 대한 바른 이해를 통해서 한민족 고유의 요소를 지닌 고대의 사회와 문화를 인식하고, 그것이 주류가 되어 후에 불교나 유교 등의 외래문화를 수용하면서 변천되어가는 과정을 분명하게 확인해야 하는 것이다. 그러한 작업이나 인식 없이는 현실문제에 이르기까지의 한국사 전체에 대한 본질적 이해나 인식이 잘못될 위험이 있는 것이다. 따라서 고대사는 그것 자체로서만 의미를 지니고 있는 것이 아니라 한민족의 현실은 물론 미래의 문제와도 직결되어 있는 것이다.

근래에 민족을 강조하고 민족주체의식 확립이나 민족동질성 회복이 시급하다고 주장하는 것을 자주 본다. 그런데 이러한 논의는 한국고대사에 대한 바른 인식 없이는 한낱 현상적인 구호에만 그칠 위험이 있는 것이다. 미래의 사회는 보다 더 다양화될 것이다. 그러므로 한민족 모두가 공감하며 공유할 수 있고 공유해야 하는 가치관이나 철학이 없다면 분열로 치달을 위험이 있는 것이다. 한민족 모두가 공감하며 공유할 수 있고 공유해야 하는 가치관과 철학을 정립하기 위해서도 고대사에 대한 바른 인식은 필요한 것이다. 미래사회는 보다 더 개방되고 국제화될 것이다. 그러한 사회에서 다른 국가나 민족에게 종속되지 않기 위해서도 주체의식은 필요할 것인데, 고대사에 대한 바른 인식은 그 기초가 될 것이다. 뿌리가 튼튼하지 않은 사회는 건실할 수 없다는 사실을 명심할 필요가 있다.

말 · 1991년 6월호

윤내현 교수는 지금 병환이 위중해서 글쓰기는 물론 말도 하기 어려운 상태다. 2016년 펴낸 『고조선연구』(만권당)의 서문에 쓴 필자의 말로 후기를 대신한다. "어떤 이유로도 역사가 왜곡되어서는 안 된다. 고조선의 역사가 가볍게 취급되어서도 안 된다. 만약 고조선의 역사가 왜곡되거나 가볍게 다루어진다면 지난날 한민족의 민족의식을 말살하기 위해 고조선의 실체를 부인하고 한국사를 왜곡했던 일제의 교육 정책과 똑같은 결과를 가져올 것이기 때문이다."(편집부)

제10장

문화

한국에 상륙한 포스트모더니즘 현상들 이재현
매국의 시인 서정주 김상욱

한국에 상륙한 포스트모더니즘 현상들

"신문사의 납 활자를 컴퓨터 자막 속의 활자가 대신하고 운동화를 신는 대신 '나이키'라는 상표를 신는다"—기호가 물질을 대신한다는 포스트모더니즘의 논리를 뒷받침하듯 우리 사회 곳곳에 이른바 포스트모던한 현상들이 나타나고 있다. 이러한 현상들은 어떠한 것이며 이를 어떻게 해석해야 하는가?

이재현·문화평론가

수세식 변기의 모더니티?

시인 황지우는 사람들이 자신의 시에 관해서 모더니즘이라는 혐의를 씌우자 그에 대한 응수로 변화된 시대의 특성을 가리키며 매우 강렬하고 인상적인 어조로 '똥 누는 자세의 모더니티'에 관해서 말한 바 있다. 아파트의 수세식 좌변기 생활에 익숙한 취학 전 아동들이 입학 후 학교생활에 적응하지 못하는 까닭 중의 하나가 재래식 변소 때문이라는 신문 기사를 읽어보면 시인의 통찰이 그럴 듯하다고 여겨지기도 한다.

478

그뿐만인가, 바로 그 신문지로 별로 불편함을 느끼지 않고 밑을 닦았던 시절이 그리 오래된 것만도 아닌데 누르께한 똥종이에서 시작해서, "뽀뽀 뽀뽀 뽀, 삐삐삐삐 삐 뽀삐 뽀삐" 두루마리 화장지를 거치고, '크리넥스'를 한 장씩 뽑아 쓰게 된 지도 오래다. 이제는 비키니 차림의 외국인 모델이 신문 광고를 읽는 우리에게 프랑스제 수입 비데를 권유하고 있다.

욕실의 모습만 달라진 것은 아니다. 식생활도 많이 바뀌었다. 컴퓨터로 설계된 '키친 시스템'에서 갖가지 주방용품들, 예컨대 예술적인 '키친 아트' 삼중 바닥 냄비를 사용해 가스레인지로 끓이고 전자레인지로 다시 덥힌 찌개를 먹는다. 그 찌개거리들은 '원적외선' 냉장고 안에 '칸칸으로 냉풍'을 맞으며 살아 있는 듯 숨 쉬던 것이다.

슈퍼마켓 식품부의 축소판인 냉장고는 깨끗이 씻겨서 포장된 채소며 양념거리들과 포장육은 물론이고 각종 인스턴트 식품들로 가득 차 있다. 어느새인가 우리 입맛은 냉장고 속 가공식품들, 참치 통조림이며 게맛살 이며 소시지며 햄 같은 것을 마요네즈와 케첩에 찍어 먹는 것에 길들여지 기 시작했다. 애들일수록 녹두 빈대떡보다는 켄터키 프라이드치킨 같은 패스트푸드를 일회용 식기에 담아 먹기를 더 좋아한다. 다듬고 데치고 무쳐서 나물을 만드는 것보다 더 시간이 절약되고 편하므로 많은 가정에서 는 야채샐러드를 먹는다.

인간 삶의 생물학적 토대인 먹고 싸는 데에서 벌어진 이 같은 변화는 대략 20년 전부터 일어났다. 1970년대의 고속산업화 과정에서 우리의 일상적 삶은 급격하게 변하기 시작해서 이제 우리는 초기 산업사회와 고도 공업사회, 그리고 후기 산업사회의 모습들이 겹쳐진 채 동시에 나타나는 국면에 접어들었다고들 한다.

그렇다면, 근대화(modernization)나 근대성뿐만 아니라 후기근대화, 후기산업화와 관련해서 포스트 모더니티(post-modernity)가 문제로 되는 셈이다.

최근에는 하이테크 사회, 정보화 사회라는 말도 심심치 않게 들려온다. 각종 첨단 가전제품들-평면사각 브라운관 TV, 기능이 다양한 비디오, 퍼지를 이용한 세탁기와 전기밥솥. 무선 전화기 등으로 집안이 채워져 있다. 사무실도 마찬가지로, 에어컨은 물론이고 축소 확대가 자유자재인 복사기, 복사기 겸용의 팩시밀리, 이미 1990년에 1백만 대를 돌파했다는 퍼스컴 등이 없으면 업무가 제대로 처리되지 않는다. 일간지 보도에 의한다면 일부 운동권에서도 모뎀과 퍼스컴을 이용한 커뮤니케이션을 통해 업무 연락을 한다는데 이는 보안에도 더 유리하다는 것이다.

일부 사회학자들은 우리 사회가 대중사회, 산업사회, 대량소비사회임과 동시에 후기 산업사회, 정보화사회 혹은 포스트모던(post-modern)한 사회가 되었다고 한다. '비동시적인 것들의 동시적 혼재'가 다른 어디보다 강력하게 이루어져 있는 곳이 우리 사회라는 것이다. 과연 어느 정도나 그러한가. 특히 우리 사회에서 포스트모던한 측면의 비중은 어느 정도일까.

나이키와 프로스펙스 팸플릿

1970년대 말에 대학생들 사이에 랜드로버가 유행하기 시작한 이래, 소위 '발목 문화'라는 게 생겨났다. 나이키니 프로스펙스니 하는 상표의 운동화가 청소년들 사이에 급속하게 퍼지게 된 것은 1980년대 초반이었다. 비교적 유행에 둔감한 학생운동권의 일부에서조차 팸플릿의 이름을 은어로 부를 때, 나이키('야'학 비판)와 프로스펙스(학생운동의 '전망')로 대신할 정도였다. 나이키 상표와 프로스펙스 상표 둘 중에서 어느 것을 택하느냐 하는 것이 광고주나 소비자에게서 서로 경쟁적이었던 것만큼이나 운동권에서는 두 지하유인물이 각기 대변하고 있던 입장 역시 서로 경쟁적이었다(이 병립적인 비교에서 '만큼이나' 앞뒤의 문장을 서로 바꾸어 표현하는 것이 더 포스트모던할는지 모르겠다.

1980년대 초반이라면, 텔레비전이 컬러로 방영되고, 전라도에서는 프로야구의 해태팀이 DJ에 대한 정치·문화적 은유로서 막 작동하기 시작하던 때였다. 그 당시 비평가 현준만은 지금은 정치적으로 고인이 된 시인 김지하에 관해 평론을 쓰면서 "'타는 목마름'이 결코 코카콜라 한 잔으로 해소될 수 없는 우리의 정치적, 사회경제적 상황에서는 나이키냐 프로스펙스냐 하는 문제가 거짓 선택, 거짓 자유, 거짓 고민일 수밖에 없다"고 질타하고 있었다. "2차 대전 후의 미국과 같이 경제적 토대에서나 이데올로기적으로나 '풍요로운' 사회에서조차, 그런 선택과 자유라는 것이 비록 충족된다고 하더라도 인간 존재의 참된 의미를 구현하는 것과는 거리가 멀 뿐더러 더 나아가 그런 충족 자체가 도리어 인간을 지속적으로 억압하는 기제를 만들어낸다"는 것이었다. 그러므로 아직 산업사회의 초기적 폐해만 드러나고 있던 1980년대 초반에서는 그러한 사회문화적 징후들은 더욱더 비판될 수밖에 없었고 또 그에 대한 문화적 대안으로서 김지하의 서정시나 담시가 제시되었던 것은 아주 정당했다. 그러나 그로부터 거의 십 년이 지난 지금 어쨌든 간에 그런 거짓 자유와 거짓 욕망이 전 사회를 압도하고 있음을 부인할 수는 없다.

캐주얼슈즈, 캐주얼웨어, 캐주얼 스포츠웨어 …… 일상생활 내지는 평상생활을 우리가 꾸려나가는 것이 아니라, 상표로 상징되고 '패션을 타는' 캐주얼 상표의 홍수 속에서 허우적거리며 떠내려가는 꼴이다. 이런 메커니즘에서 평범해야 할 일상생활은 '캐주얼' 상품 때문에 결코 평안해질 수가 없다. 무언가 특별한 것('썸씽 스페셜'?)으로 가득 차야만 행복하다고 광고에서 쉴 새 없이 떠드는 통에, 유명 캐주얼 상품을 몸에 걸치지 않으면 제대로 '캐주얼'한 나날을 꾸려나갈 수 없게 되어버렸다.

'BYC'냐 'VICMAN'이냐

양말이나 속옷도 마찬가지로 어떤 특정한 상표를 신거나 입는다. 지금은 누구나 아놀드 파머의 파라솔이나 피에르 가르뎅의 독특한 무늬를 발목의 복숭아뼈 자리에 붙이고 다닌다. 텔레비전 광고에서 낯익은 상표가 붙지 않은 양말을 선택하기란 아예 불가능하다. 그런 양말은 팔지 않기 때문이다. 하다못해 육교에서 천 원에 두세 켤레 하는 양말에조차 도용된 외국상표들이 붙어 있다. 독점자본 혹은 텔레비전 광고를 할 여력이 있는 중소자본이 제공하는 상품과 상표로 우리들의 일상생활은 가득 차 있다. 아니 포위되어 있다. 포로인 우리가 할 수 있는 것은 'BYC'냐 'VICMAN'이냐 하는 선택일 뿐이다. 시장에서 남편의 속옷을 고르는 가정주부들은 이덕화나 유인촌이나 노주현 중에서 불가피하게 하나를 고를 수밖에 없다. 물론 자본과 광고 에이전시가 강제한 메커니즘에 의해서 주부는 결국 이덕화나 유인촌 혹은 노주현과 '같은 상표'를 입은 남편과 이부자리를 함께 하게 된다. 주부들이 보는 여성잡지는 매 호마다 번갈아가면서 이러저러한 용품이나 물건을 싸게 살 수 있는 '생활의 지혜'를 특집으로 싣고 있지만, 이와 동시에 본문보다 더 두꺼운 컬러 페이지의 광고들이 부추기는 소위 과소비의 유혹을 이겨낼 참다운 지혜는 독자들에게 용납하지 않는다.

모든 것이 상품화되는 경지를 훨씬 지나 이제는 상표화, 패션화되고 있다. 패션 가구, 블랙 센스의 가전제품들 …… "기능보다는 멋을, 감성 소비시대" "하이터치에 의한 제품 차별화"라는 구호가 심심찮게 등장한다. 애들 장난감과 문구용품이 팬시 상품으로 패션화된 지 오래다. 담배를 피우는 것이 아니라 켄트나 말보로를 피우는 것이고, 맥주를 마시는 것이 아니라 미국식으로 버드와이저를 마시거나 독일식으로 레벤브로이를 마신다. 이런 추세는 최근 4~5년 사이에 질적으로 더 강화된 느낌이 든다.

안기부의 악랄한 발표에 따르면, 박노해가 잡힐 당시 몸에 걸치고 있던 옷·신발·양말·시계·머플러 등은 피에르 가르뎅이나 찰스 주르당과 같은 유명 외제상표 일색이었다고 한다. 물론 안기부는 박노해의 도피생활이 호사스러웠다는 점을 부각시켜 그를 도덕적으로 매도하려 했을 터이다. 그러나 사실은 그게 아니다. 1990년대의 수배생활은 바로 그러한 상표 속에서만 안전한 것이다. 노태우식의 '보통사람'이 되려면 바로 그러한 상표들을 걸쳐야 하며, 더 나아가 전경들의 불심 검문을 피하려면 약간 고급의 상표들에 몸을 숨겨야 한다.

상품의 이름 하나를 지어주고 수천만 원에서 1~2억 원씩을 챙기는 회사가 각종 언론 매체의 새로운 비즈니스란에 소개된다. 물론 같은 란에는 매수와 합병을 전문으로 도와주는 회사, 그리고 "우아하게 해고해

드립니다"라는 캐치프레이즈를 내건 해고 대행회사가 번갈아가며 등장한다. 심지어 중남미에서는 우리나라 상표가 도용되고 있다고 한다. 아직 이태원에서는 우리나라에 찾아온 외국인들이 세계 유명 상표를 단 가짜들을 싼 맛에 무더기로 사가고 있는데 말이다. 과연 상표 혹은 기호가 상품 혹은 실물을 대신하고 있다는 포스트모던한 상황이 우리 사회에 도래한 듯도 하다.

광고를 본다, 살아야겠다

　　문학에 입문한 필자를 매혹시킨 시구 중의 하나로 발레리의 것이 있다. 발레리의 시 「해변의 묘지」 마지막 연은 이렇게 시작한다. "바람이 분다 …… 살려고 애써야 한다" 언젠가 한 번쯤은 자유주의적 문학청년, 문학소녀였던 우리 모두에게 그 시구는 너무 매혹적이었다. 그러나 이 1990년대 남한에서의 삶은 그렇지 않다. 텔레비전의 광고문화 안에서 자본의 포로로서 우리는 살아가야 한다. "광고를 본다, 살아야겠다"라고 할까. 광고 속의 상품들, 광고의 파편적이고 환상적인 이미지들에 의해 허구적으로 구성된 영상 속의 삶이 더 매력적인 시대가 온 것이다.

　1970년대까지만 해도 광고가 나오면 채널을 다른 데로 돌렸던 시청자들은 그런데 언제부터인가 모르겠지만, 이제 광고도 열심히 본다. 심지어 비디오 가게에서는 애들을 위해 광고만 따로 모아 녹음한 테이프를 빌려준다. 길거리에서 파는 불법 카세트테이프 중에서 시엠송 시리즈만 해도 네댓 가지가 있다. 사실 웬만한 드라마보다는 광고가 더 감각적이고 재미있다.

컬러텔레비전을 통한 상품 광고는 사실 우리의 일상적 지각과 체험의 틀을 혁명적으로 변화시켰다. 이제 상품의 이름에 외국어를 쓰는 것에 대해서도 심리적 저항감이 거의 없을 뿐더러, 그것을 탓하는 목소리도 국산품 애용을 외치던 때 같지가 않다. 공공연하게 외국인이 모델로 등장하는가 하면, 이젠 리서치라든가 정치 광고란 말도 낯설지 않다. 미국과 일본의 광고 마케팅 문법 및 전략과 똑같이 구성된 코카콜라 광고에서 볼 수 있는 빠른 장면 전환과 현대적이고 경쾌한 감각의 여가생활은 대도시에서의 일상적 삶의 리듬과 양상을 집약적으로 표현한다. 주로 20대 여성 의류 광고와 중형 자동차 광고는 한국판 여피(yuppie)적 생활의 이미지를 형성해낸다. 그것은 전문적인 분야에서 성공적으로 활동하는 사람들의 "여유 있고 발랄하고 안락하고 유쾌하고 감각적이면서도 우아하고 개성적인" 삶의 이미지이다. 하이테크의 수용을 즉각적으로 반영하는 가전제품들이 집중적으로 강조해대는 신제품·신형·신모델 등이 벌이는 엄청난 속도 경쟁은 멀쩡한 성능의 구제품·구형·구모델을 도태시키면서 자원의 낭비를 유발한다. 광고 물량 자체도 엄청난 가속도로 늘어나고 있다. 신문·텔레비전·잡지·라디오 등에 기업이 광고비로 지출하는 돈이 1990년에 1조8천억 원인데 이 수치는 1989년과 비교해서 36.9%나 늘어난 것이라고 한다. 그만큼 우리의 욕망도 인플레 되는 것이고, 늘어난 광고비의 곱절을 우리는 광고주의 상품을 사면서 지불해야 한다.

기호 관계가 인간관계를 대신한다

산업자본주의 사회에서 상품 관계가 인간관계를 대신한다는 표상을 그 체제 안의 사람들에게 주었다면, 이제는 상표들에 의한 기호 관계가 상품 관계를, 또 결국은 인간관계를 대신하고 있다는 표상을 준다. 자본주의 상품사회에 고유한 물신숭배와 주술성의 차원이 하나 더 높아진 것이다. 대개의 광고는 '선택된 당신'이나 '당신의 선택'을 강조하는데, 그런 광고에 나온 상품을 사서 소비하지 않고서는 선택할 수도, 선택될 수도 없다. 이런 상황에서 인간의 욕망에 대해 늘상 "가진 자들의 작은 양보와 없는 분들의 허리끈 졸라매고 노력하기"만을 강조하는 국민 윤리 교과서나 제도 언론의 사설이 통할 리 없다.

광고에 의해 유발되는 주술적 효과에 의해 우리 욕망은 저 깊은 무의식 안에서 더욱더 꼬이고 비틀어진다. 광고 속에 모든 것이 있다. 광고 속에 품위와 낭만이 있고, 지혜가 있고 야망이 있으며, 인생의 깊이와 생활의 멋이 있고, 자연과 도시가 함께 숨 쉬며, 전통과 혁신이 동시에 있으며, 야성과 지성이 겸비되어 있다. 우리가 무엇을 알고자 한다면, "○○을 아는 당신이 선택"할 수밖에 없다는 어떤 상품을 사야만 한다. 결국 '앎'이란 소비하는 것'이다. "직접 확인하십시오"라는 광고 문구를 따른다면, 소비하는 것은 검증하는 것이기도 하다. 광고는 우리 시대 실천의 보편적 지침이며, 소비는 실천의 가장 본원적 형태이다. 광고가 이렇게 현대의 신이라면, 욕망은 우리 속의 악마가 되지 않을 수가 없다. 충족되지 않은 욕망은 우리를 이리저리 끌고 다니다가 황무지에 내팽개쳐버린다. 억압되거나 좌절된 욕망은 상처 입은 영혼처럼, 아니 회복할 수 없는 치명적 상처를 입은 맹수처럼 우리를 상품의 밀림 속에서 신음하며 헤매게 만든다. 동독을 흡수 통합시킨 것은 정확히 말해 서베를린 백화점 쇼윈도의 그 휘황찬란한 불빛이었다.

일상 문화가 상품화되고 상표를 포함한 광고 이미지가 그 자체로 문화가 된 상황에서 비싼 상표가 이제 상품의 질을 대신한다. 나아가 상표가 상품을 대신한다. 그것은 신용카드가 현찰을 대신하고, 통장의 비밀번호가 도장을 대신하는 것과 같다. 실물들은 제자리에서 추방되고 그 자리를 상표라는 이미지가 차지하게 된 것이다.

상품의 광고들이 만들어내는 현실에 대한 가상적 이미지는 어떤 정치적 이데올로기를 명시적으로 표출하지는 않는다. 다만 그런 이데올로기를 은유적으로 함축하고 있을 뿐이다. 대중조작이 보다 교묘하게 여러 겹으로 매개되고 은폐된 채 행해지는 것이다. 광고가 선전해대는 행복하고 안락한 삶에 대한 순응주의적 태도가 거부할 수 없게끔 부드럽고 은밀하고 자연스럽게 텔레비전 화면을 통해 우리 모두에게 강제된다. 파업을 끝낸 현대자동차·금성사·삼성전자의 노동자들은 집에 돌아와서 '휴먼테크' '테크노피아' '현대는 항상 인간을 생각합니다' 등의 광고 메시지를 조금씩 먹고 산다. 컴퓨터 그래픽으로 처리된 독점자본의 기업이미지 광고를 보면서 우리는 미래의 복된 삶의 이미지를 시뮬레이션하게 된다.

우리의 무의식 속에 텔레비전 광고가 '내삽'시키는 풍요롭게 소비하는 복된 삶의 이미지를 우리는 다시 미래 시장에서의 우리 모습으로 '외삽'시킨다. 소비자로서의 개인-이것이 바로 우리의 참된 모습이라는 것이다. 독점자본의 상품 광고는 바로 그 단일 품목만을 광고하는 것이 아니라 언제나 그 배후에 독점자본주의 자체, 독점자본주의에서의 풍요로운 소비로 충만한 일상적 삶 자체를 선전한다. 그래서 광고 이미지 속에서 체제 자체가 선전되고, 재생산된다.

변화한 것과 변화하지 않은 것

물론 이러한 변화의 뿌리는 현대 자본주의 자체이며 특히 테크놀로지에 있다. 최근 특히 테크놀로지의 위력을 새삼 보여준 것으로 페르시아만 전쟁을 거론할 수 있다. 앨빈 토플러의 지적을 빌릴 필요도 없듯이, 이 전쟁은 주로 혁명적 전자정보통신기술에 바탕을 둔 각종 최신 첨단무기 체계가 재래식 무기 체계를 압도해버린 전쟁이었다. 전쟁이 수행되는 실제적 과정에서만 테크놀로지가 위력적으로 작용했던 것이 아니다. 소련산 스커드 미사일을 미국산 패트리어트 미사일이 요격하는 장면을, 우리는 통신위성이 중계하는 CNN-TV의 현지 실황뉴스에서 동시통역을 통해서 매일 밤 질리도록 보았다. 우리뿐만이 아니다. 당시의 외신보도에 의하면 팔레스타인 난민들도 며칠을 매일 밤 CNN 뉴스를 보다가 '미제에 대한 적개심'을 느낄 새도 없이 결국 다음날 머리가 멍해서 아무 일도 못하는 CNN 증후군 증세를 나타낸 사람도 적지 않았다고 한다.

결국 전쟁 자체가 일종의 전자오락 게임처럼 텔레비전 화면에 나타남으로써 파괴와 학살이라는 참상적 본질이 은폐되고 텔레비전을 통해 픽션화된 영상 이미지가 그것을 대체한 것이다. 그래서 그 결과 자신을 영화 「탑건」의 톰 크루즈와 동일시한 미국의 '애국 시민 여러분들'이 중강도 전략에 의한 부시의 패권적 전략과 그에 따른 미국의 승리를 열광적으로 지지하게 되었다는 사실은 매우 의미심장하다.

이 대목에서 테크놀로지의 발전으로 인한 부작용과 폐해를 지적하는 것은 이미 낡아버린 감마저 준다. 그런 지적만으로는 대안 없는 휴머니즘에 대한 추상적 강조가 되기 십상이다. 또한 "작은 것이 아름답다"고 하면서 미시적 문제의 부분적 해결을 꾀하는 것도 사회 전체의 거시적,

구조적 모순의 해결과는 거리가 멀다. 그렇다고 해서 아직 서구에서조차 비판받는 포스트모더니즘 이데올로기와 문화를 용인해야 할까. 그것도 말이 안 된다(『말』지 1990년 12월호 도정일 교수의 글 참조). 포스트모던한 현상들이 아직 우리 사회에서 전면적으로 작용하는 것도 아니며, 또 설령 그렇다고 하더라도 포스트모더니즘 이데올로기와 문화를 적극적으로 받아들여야 한다는 것은 전혀 문제 밖의 일이기 때문이다. 문제는 우리 사회에서의 포스트모던한 면들이 모던한 측면 및 전근대적이고 과도적인 측면과 병존하면서 복잡하게 얽혀 있다는 점이며, 더 나아가서 이런 다면적이고 복합적이고 중층적인 상황에서 기존의 계급적 시각이 유효하고 적실한 분석을 낳지 못할 수도 있는 가능성이 조금씩 생겨나고 있다는 점이다.

포스트모던한 현상과 노동계급의 헤게모니

포스트모더니즘 이데올로기까지는 아니라고 하더라도 부분적으로 포스트모던한 측면들이 다른 측면과 용해되어가며 우리 사회에서 더 강화되어가는 추세가 있음은 분명하다. 더불어 이런 맥락에서 전 세계적 상황 변화를 타고 포스트 소셜리즘이라든가 포스트 마르크시즘 등의 이데올로기가 알게 모르게 스며들어서 조금씩 우리의 기존 현실인식 틀을 갉아먹어 들어가는 것도 사실이다. 국제적으로도 사회주의권의 개혁은 결국 자본주의적 회귀를 꾀하는 것으로 관측되고 있다. 현존 사회주의권은, 우리가 한때 간단히 비판하고 넘어갈 수 있었던 부르주아적 수렴론을 이론과 실천 양면에서 수행하고 있는 듯이 보인다.

또 우리 사회 내부에서는 아직 문화예술의 측면에서 포스트모더니즘 이데올로기만 있을 뿐이지 실제 포스트모던한 내용과 성격을 갖는 작품이나 문화 생산물은 본격적으로 존재하지는 않는다는 것이 중론이기는 하다. 그렇지만 롯데월드와 같은 건축물, 주로 국영 및 공영의 텔레비전에 의해 시도되는 부분적으로 포스트모던한 성격을 갖는 대형 쇼나 공연물, 그리고 각종 이벤트 등의 존재를 부인할 수도 없다. 「터미네이터」나 「로보캅」과 같은 영화의 상영도 그렇고, 특히 텔레비전의 공상과학 우주 만화 등이 아이들에게 일상적으로 분명한 영향을 미치는 것도 사실이기 때문이다.

또한 일상적 삶의 국면에서 뿐이 아니라, 사회적 생산의 몇몇 중요한 국면에서는 과학기술혁명의 수용에 따른 사무자동화, 공장자동화 등의 결과로 노동의 성격 및 계급 구성에서 어떤 변화가 시작되고 있는 것도 사실이기는 하다.

이런 점과 연관하여, 우리 사회의 변혁에 대한 의사-대안으로서 소위 '민주적 헤게모니'에 입각한 '급진적 민주주의'가 제시되는 것도 우리 사회의 포스트모던한 측면들을 반영하고 있다고 볼 수 있다. 물론 이러한 측면들이 과연 우리 사회에서 중심적, 전면적인가 하는 문제, 그리고 그러한 의사-대안들이 현실을 옳게 반영하고 있는가 하는 문제는 진지하게 따져보아야 하겠지만, 어쨌든 제 목소리를 내기 시작한 의사-대안은 노동자계급의 사회존재성·보편성에 바탕한 지도성을 부인하고 따라서 정치적으로 노동자계급의 헤게모니를, 또 인식론적으로 노동자계급의 우월성(노동자계급의 당파성)을 공공연하게 부정한다.

물론 반면에 '포스트모던'이라는 술어로 우리 상황을 전면적으로 규정하는 데에는 강력한 반증이 현실적으로 엄존하고 있다. 미국의 수입개방 압력, 물가고, 토지 및 주택난, 일상적으로 노출된 종속 파시즘의 벌거벗은 폭력 등은 분명 민중 생활의 어려움을 가중시키고 있다. 지난 4월에서 5월에 이르기까지 작업장에서 이황화탄소를 마시다가 죽고, 대낮에 백골단의 쇠파이프에 맞아 죽고, 분신해서 죽은 사람들의 숫자만 꼽아보아도 포스트모던한 측면에 대한 강조를 정치·문화적 분야에서 포스트모더니즘 이데올로기로까지 확장시키는 사람은 분명 자유주의적이라는 혐의를 벗어날 수는 없을 것이다.

포스트모던한 현상에 대한 실사구시적 탐구를

그럼에도 불구하고 지난 1987년 6·29선언 이래 일반 시민들의 일상생활 양식과 의식의 차원에서 어느새인가 조금씩 이루어진 변화들을 보지 않고서 좁은 의미에서의 정치 정세 차원에서만 현실을 분석하는 것은 아무래도 한계가 있을 것 같다. 물론 그 사이에 이루어진 변화에는 포스트모던하다기보다는 모던한 측면이 더 많을 수도 있고 심지어는 5공으로 회귀한 면도 있다.

하지만 변화된 맥락에서 볼 때 [노태우의] 6·29는 프랑스의 1968년 5월과 유사한 점이 없지도 않다. 또한 그 후 4년 동안에, 예컨대 이랜드 상표와 2~3만 원대 구두가 일상적 소비문화의 차원에서 중간 제계층의 아랫부분에 위치한 사람들을 실물적으로든 상표-기호적으로든 체제 안으로 더 포섭해냈다는 측면이 고려되어야 한다. 대도시적 감수성을 대변하는 민해경이 민중당을 위해 노래하고, 반면에 노래 정서와 감수성에서 그 보다 덜 독점자본주의적인 듯 느껴지는 이선희가 민자당 후보로 광역선거에 나서는 복합적 정치·문화가 대중에게 주는 사소한 듯한 영향은 더욱 섬세하게 분석되고 제대로 해석될 필요가 있다.

일상적 대중소비문화를 중심으로 해서 모던한 측면, 또는 포스트모던한 측면이 어떻게 사회 전체에 기능적으로 접합되어 있는가 하는 점에 대한 구체적이고 설득력 있는 분석 없이는 우리 사회의 종속적임과 동시에 독점적인 본질에 대한 이론적 분석이 공허할 수밖에 없다. 사회과학자들의 실사구시적 탐구와 문화예술인의 창조적 분발이 요구된다.

말 · 1991년 8월호

매국의 시인 서정주

고등학교 교과서에 실린 '국화 옆에서'로 더 잘 알려진 시인 서정주.
그러나 그 뒤에 감춰진 그의 매국적 친일행각을 알고 있는 이는 드물다.
이제 왜곡되게 알려진 '말당 서정주'를 다시 평가하고자 한다.

김상욱·문학예술연구회 회원

상식이 통용되지 않는 교과서

더러 취미가 무엇이냐고 물었을 때 '독서'라고 답하는 이들이 있다. 독서가 숨을 쉬고 밥을 먹는 것 같이 생활의 일부가 되어야 함에도 불구하고 그렇게 답할 수밖에 없는 문화적 빈곤은 일단 접어 두기로 하자.

그리고 작가 중 누구를 좋아하느냐는 다음 질문으로 넘어가자. 더러는 헤르만 헤세를 들먹인다. 또 지금은 그저 여염집 아낙처럼 채마밭을 가꾸지만 한때는 강짜가 대단했던 이 모씨는 '말당' 서정주라고 말했다는 만화 같은 풍문도 들려온다.

비록 말문이 막히는 노릇이기는 하나 다시 한 번 인내심을 발휘하여 어떤 작품이 기억나느냐고 묻기로 하자. 그들은 어김없이 고개를 갸우뚱거리다 마지못해 기억이 나지 않는다고 말할 것이다.

우리는 이 세 가지 순차적인 질문을 통해 몇몇 그릇된 관행을 확인할 수 있다. 첫 번째, 앞서 잠깐 언급하였지만 아직껏 독서를 일부 지식층의 전유물로 여기는, 그리하여 책 읽기를 마치 고매한 선택된 이들의 주전부리로 간주하는 경향이 그것이다.

그러나 자본주의의 급속한 발전으로 활자·문화는 대중화되어 튼튼히 우리 사회에 뿌리박아 가고 있다. 이제 독서는 더이상 취미가 될 수 없는 것이다. 그것은 다른 한편 작가의 사회적 책임이란 문제를 떠오르게 한다.

두 번째, 작가와 작품을 분리하여 생각할 수 있는가 하는 점이다. 우리는 끊임없이 작가의 삶과 작가를, 작가와 작품을, 작품과 작품을 분리하여 왔으며, 이들을 서로 동떨어진 별개의 사항으로 치부해 왔다.

물론 작가의 훌륭한 삶이 작품의 우수한 질로 곧장 연결되는 것은 아니다. 비록 왜곡된 삶을 살았을망정, 문학사에 오래도록 남을 작품을 쓸 수도 있으며, 가장 탁월한 역사적 인물이 가장 빛나는 작품을 남긴 것도 더욱이 아니다.

그럼에도 불구하고 현실을 굳게 딛고 선 체험, 그것을 드러내는 것이 진정한 작가 본연의 몫임을 생각할 때, 미처 닦지도 않은 뒤를 보던 더러운 손으로 새로 차린 음식상을 덥석 움켜쥐는 것을 그저 두고 본다는 것은 직무유기이다.

그러나 이 건전한 상식은 무엇보다 소롯이 진실을 끌어안아야 할 교과서 속에서 여지없이 허물어지고 만다. 상식이 통용되지 않는 교과서가 오래도록 우리들 삶의 푯대로서 기억되지 못하는 것은, 마지막 질문을 그다지 궁색하게 답변한 그 아낙이나 아저씨의 탓이 아니다. 그것은 너무도 당연한 귀결일 뿐이다. 우리는 그러한 전형적인 모습을 미당 서정주의 삶과 작품에서 새롭게 확인하는 바이다.

독자가 선정한 애송시를 모은 시집뿐만 아니라 여느 시선집에도 어김없이 미당의 작품은 실려 있다. 그것은 그의 시가 지닌 독특한 예술적 성취와 함께 교육과정의 중심인 교과서 속에 그의 시가 얼굴을 내밀고 있음에 기인한다. 우리는 누구랄 것 없이 그 시들을 외고, 부랴부랴 시험 답안지를 메우던 쓰라린 경험을 겪으며 자라왔다. 미당의 시는 중학교 교과서와 고등학교 교과서에 각기 한 편

씩 실려 있다. '누이 어깨 넘어 / 수틀을 보듯 세상을 보자'는 「학」이 중학교 교과서에, '머언 먼 / 인생의 뒤안길에서 / 이제는 돌아와 거울 앞에 선'다는 「국화 옆에서」가 고등학교 교과서에 실려 있다. 이 두 편의 시는 모두 고난에 찬 삶의 현장에서 배어 나오는 퀴퀴한 땀내와 피로에 지친 노동을 단호히 거부하는 도도한 자세를 여지없이 보여 준다. 그러나 이 의연한 달관의 풍모 뒤에 일그러진 삶의 그늘이 각인되어 있음을 우리는 놓치지 않고 본다.

잊고 싶은 화려한 추억

일제 식민지시대 말기 그는 자진하여 "마쓰이 히데오 오장 송가(頌歌)"를 지어 바쳤던, 본인으로서는 되살리고 싶지 않을, 아니 오히려 결코 놓치기 아까웠던 그러나 묻어둘 수밖에 없었던 화려한

추억을 지니고 있다.

하지만 끝내 5월 광주의 잔혹한 군홧발을 지울 수 없었듯, 역사는 꾸밈없이 복원되어 우리를 숙연케 한다.

마쓰이 히데오!
그대는 우리의 오장, 우리의 자랑
그대는 조선 경기도 개성 사람
인씨의 둘째 아들 스물한 살 먹은 사내

마쓰이 히데오!
그대는 우리의 가미가제 특별 공격대원
귀국대원

......

우리의 동료들이 밤과 낮으로
정성껏 만들어 보낸 비행기 한 채에
그대 몸을 실어 날았다간 내리는 곳
소리 없이 벌이는 고흔 꽃처럼
오히려 기쁜 몸짓하며 내리는 곳
쪼각쪼각 부서지는 산더미 같은 미국

군함

......

우리의 땅과 목숨을 뺏으러 온
원수 영미의 항공모함을
그대 몸뚱이로 내려쳐서 깨었는가?
깨뜨리며 깨뜨리며 자네도 깨졌는가

장하도다
우리의 육군항공 오장 마쓰이 히데오여
너로 하여 향기로운 삼천리의 신천이여
한결 더 질푸르른 우리의 하늘이여.
(「매일신보」, 1944. 12. 9)

미당 서정주의 조국(?), 일본을 위해 꽃다운 젊은 넋을 송두리째 귀축영미(鬼蓄英尾)의 군함에 내어 던진 조선인, 그러나 창씨개명을 한 마쓰이 히데오의 영웅적 죽음을 절절이 노래한 이 시는 가히 절창에 가깝다.

그 충성스러운 열정만으로도 부족한 시의 형식적 결핍을 충분히 메우고도 남는다. 어찌 이 시를 읽었을 동시대의 젊은이들이 죽음을 불사하고 조국(?)의 안녕을 위해 전선에 나서지 않았겠는가?

그 뜨거운 열정을 한 몸에 안은 일본이 2차 대전에서 패전하였다는 사실은 역사의 발전법칙을 무색게 하는 것이 아닐 수 없다.

그의 매국적 행위는 이 시만으로 그치지 않는다. 이밖에도 그는 세 편의 시와 한 편의 평론, 시인인 그로서는 쓰지 않아도 되었을 단편소설, 수필, 르포 등 거의 모든 문학의 갈래를 두루 꿰뚫으며 친일에 복무하고 있다.

더욱이 그가 1915년에 태어났으며 식민지 시대 말기인 1940년에 고작 20대 후반으로 잘 알려지지 않은 애송이 시인이었음을 고려할 때, 이만한 분량의 친일 작품들은 어디에 내어놓아도 손색이 없을 지경이다. 이광수와 최남선이 한국문단의 대부로서 회유와 탄압의 최첨단에 서서 겪었을 신산에 비한다면 또 얼마나 자주적인 선택이었던가?

어느 한 평론에서 그는, 시다운 시는 의당 국민시가이며, 민중 전체에게 주어져야 할 것이라고 온당하게 지적하였다. 그러나 뒤이어 '민중의 대부분이 더구나 새로운 문화의 창성기에 있어서는 구미를 맞추기 전에 지도해야 할 존재'라고 못 박고 있다.

백번 천번 양보하여 민중을 단지 이끌어야 할 수동적 대상으로 볼 수도 있다고 하자. 그렇다면 보다 중요한 문제는 그 지도의 방향일 것이다. 무엇을 위한, 누구를 위한 지도인가 하는 점이다.

기회를 놓치지 않고 그는 '동양의 정신문화'를 중심에 둘 것을 역설하고 있다. 그것은 곧 '한자를 중심으로 하는 일환의 문화'이며, 제국주의 일본을 위해 맹목적으로 질주하도록 하는 지도인 것이다.

그러나 이처럼 문학을 통한 내선일체, 일본황민화 정책은 1940년대 문학의 비극적 드라마로 금새 막을 내리고 만다. 이와 더불어 자연인으로서의 서정주와는 달리 작가로서의 서정주는 내려진 막의 뒤켠으로 표표히 사라져야 했을 것이다. 작가는 글을 쓰는 순간 이미 사회라는 공동체에 여하한 방식으로도 책임을 져야하기 때문이다.

그럼에도 불구하고 그는 동업자들과 은밀히 손을 잡고 '순수'라는 이름의 새롭게 잘 꾸며진 가게를 열었다. 그리고 해방 이후 45년이 지난 오늘날에 이르기까지 그와 그의 동업자들에 대한 단죄는커녕, 소박한 자기비판조차 있어 본 적이 없다. 우리는 꿈을 꾸듯 살아왔던 것이다. 오물이 잔뜩 든 요강단지를 백자인 양 청자인 양 품에 안고 하염없이 쓰다듬기에 여념이 없었던 것이다. 심지어 민족교육

의 새 장을 열어야 할 교과서에까지 나타나 과거의 잘못된 역사를 제대로 청산하지 못한 우리의 과오를 호되게 질책하고 있다.

청산되지 못한 친일문학

기실 해방 이후 식민지 잔재의 청산은 전 민족의 공통된 생각으로 정리되었다. 일제 식민지 잔재의 청산은 참으로 시급한 과제이자 민족문학이 견고하게 뿌리 내리기 위해서는 무엇보다 필요한 일이었기 때문이다. 해방 이후 최초의 작가 단체인 '조선문학가동맹'은 그 선언에서 "조선문학의 발전과 성장의 가장 큰 장애였던 일본 제국주의가 붕괴한 오늘, 우리 문학의 이로부터의 발전을 반대하는 그 잔재의 소탕이 이번에는 조선문학의 온갖 발전의 전제 조건이 되는 것이다"라고 천명하였다.

그러나 친일문학을 위시한 일본

제국주의의 식민지 지배 유산은 민족 구성원 대다수의 바람에도 불구하고 극복되지 못하였다. 해방이 지닌 역사적 한계 때문이다. 해방이 우리 민족의 힘으로 싸워 되찾은 것이 아니라, 미국과 소련을 중심으로 하는 연합국에 의해 주어진 것이었기에 해방 이후 우리의 역사에 대한 미국과 소련의 간섭은 필연적이었고, 우리 민족의 자주적 결정의 폭은 그만큼 좁혀들 수밖에 없었다.

남한의 경우 미군정은 점령 초기에 정당한 민족 세력을 도외시한 채, 일제의 통치기구를 고스란히 유지시키고, 독립지사·노동자·농민의 삶을 끊임없이 억박지르던 친일 세력을 등용함으로써, 일본의 순사가 독립된 해방조국의 경찰로, 일본의 욱일승천을 노래하던 시인들이 조국 건설의 시인, 예술가로 득세할 빌미를 마련해 주었다.

이렇게 건너 뛰어버린, 식민지 잔재의 청산이란 민족적 과제는 반민족적 반민주적 독재 권력의 손에서 손으로 이어지는 동안 순수문학의 너울을 쓰고 분단 조국의 아픔은 아랑곳없이 우리들의 귓전에 자장가를 불러대고 있는 것이다.

어떻게 할 것인가? 이미 45년이 지난 지금, 서정주의 친일문학을, 또 그에 연이은 현실을 초탈한 순수문학을 어떻게 처리할 것인가? 단순히 가혹한 식민지 지배의 탓으로 치부하여 건너뛸 것인가? 아니면 우리 모두 그 시대가 낳은 죄인이며 똑같은 책임을 나누어야 하니 용서하고 대화합의 기치를 높이 휘날려야 하는가?

친일의 문제는 아직도 아물지 않은 민족사의 상처로서 우리가 '더불어' 부끄러워해야 할 문제일망정 한 두 개인의 윤리문제로 환원시켜 손쉽게 욕해

버리고 말 일이 결코 아니라고 우리는 생각한다. …… 그 부끄러움은 일단 우리들 전부의 것이다.

(김병걸, 김규동 편, 『친일문학작품선 2』, 실천문학사 6쪽)

우리 모두가 죄인이므로 '누워서 침 뱉기'에 불과하다는 편자들의 생각은 동전의 한 면만 보는 편협한 시각이다. 배운 자들, 기득권을 움켜 쥔 지식인들의 변절, 혹은 침묵으로 일관하던 모습의 이면에는 일제 식민지 시대 말기까지 음으로 양으로 치열한 노동자들의 투쟁과, 식민지 지배 및 봉건적 착취에 과감하게 저항한 농민들의 혁명적 투쟁, 만주와 중국 각지에서 부단히 전개된 항일 독립운동 등이 엄연히 존재하고 있기 때문이다.

더욱이 붓을 꺾고 농촌으로 낙향하여 보습과 쟁기로 땅을 갈던 소설가, 한 점 불빛조차 들지 않는 차디찬 감옥의 벽에서 기어코 와야 할 해방 조국의 그날을 노래하며 죽어 간 윤동주와 이육사, 그 밖의 숱한 선열들이 엄연히 우리 문학사에 당당하게 자리잡고 있는 한 결코 이들을 민족 화합의 이름으로 껴안을 수는 없다.

우리는 서정주와 그 동업자들의 부끄러운 한 시대를 명확히 단죄하여야 한다. 그 시대를 은폐하고자 덧칠한 또 다른 시대와 함께.

현실과 작가와 작품을 끌어안는

친일문학, 순수문학에 대한 단죄는 먼저 작가와 작품을 분리시키고자 하는 자본과 권력의 의도에 쐐기를 박는 일에서부터 비롯되어야 한다. 현실과 작가와 작품을 송두리째 끌어안은 잣대로 작품을 평가할 때야만 역사와 사회에 튼튼히 뿌리 내린 작품을 다음 세대에게 대물림 할 수 있을 것이다.

그것은 분단 조국의 뒤틀린 현실에 대한 겸허한 헌신이자, 친일 문학·순수문학을 진정으로 자유롭게 하는 유일한 길이다.

직업으로서의 작가는 더이상 입에 풀칠하기 위한 방편일 순 없다. 호구지책을 넘어서기 위해 작가는 반드시 사상을 가져야 한다.

그의 작업이 단순히 개인적인 자기만족에 그치는 것을 원하지 않고, 동시대를 살아가는 수많은 사람에게 정서적인 영향력으로 말을 건네고자 할 때, 현실을 정당하게 재구성할 수 있는 올바른 사상을 작가는 반드시 가져야만 한다.

그릇된 사상은 그릇된 작품, 왜곡된 현실을 낳으며, 우리를 끊임없이 잠재우고자 한다. 청산하지 못한 친일의 잔재는 민족적 허무주의를 만연케 하며, 순수는 현실에 맹목적인, 뒤틀린 개인주의를 유도할 따름이다.

이제 미당 서정주의 시는 더이상 우리의 애송시일 수 없다. 민족교육의 대의 아래 일구어 갈 새로운 교과서에 그의 이름은 시인으로서가 아니라, 부끄러운 역사를 반추하는 거울로써, 언제나 마쓰이 히데오와 함께, 말당 서정주라고 명명한 아낙과 함께 우리 앞에 나타날 것이다.

말 · 1989년 10월호

* 1986년에 창간된 『말』지는 동아일보와 조선일보 등의 해직기자가 모여서 만든 민주언론운동협의회의
  기관지로 시작했고, '민족 민주 민중언론을 향한 디딤돌'을 표방한 그 시절 대표적 진보시사지라 하겠다.
  『말』지는 2009년 3월호를 낸 뒤 폐간됐다.

말⁺ 2호

오래된 비판_그 후 30년

발행일 | 2019년 10월 28일
지은이 | 백기완, 강준만, 김민웅 외 31인
기획위원 | 이재화 김종석 정지환
펴낸이 | 최진섭
편 집 | 플랜디자인
펴낸곳 | 말⁺

출판신고 | 2012년 3월 22일 제2013-000403호
주소 | 서울시 영등포구 대림로 29가길 1 (3층)
전화 | 070-7165-7510
전자우편 | dream4star@hanmail.net
ISBN | 979-11-968254-0-9 (03300)

〈말+〉는 도서출판 말의 임프린트이며, 정치사회 비평을 주로 하는 **말⁺**를 발간합니다.